VARIÉTÉS LITTÉRAIRES

DÉPOSÉ AUX TERMES DE LA LOI

BRUXELLES. — TYP. DE Vᵉ J. VAN BUGGENHOUDT
Rue de Schaerbeek, 12

JULES JANIN

VARIÉTÉS

LITTÉRAIRES

PARIS
COLLECTION HETZEL
LIBRAIRIE DE L. HACHETTE ET Cie
RUE PIERRE-SARRAZIN, N° 14

HISTOIRE ET HISTOIRES

DE LA PRESSE

LES JOURNALISTES ET LES JOURNAUX

I

Les premiers journaux et les premiers journalistes. — La publicité à Rome. — Comment et par qui elle fut fondée. — Les lettres de Célius à Cicéron. — Le journal de Chrestus. — Les sténographes romains. — Les *Actes des apôtres*. — Les variétés, les faits divers et le feuilleton dramatique, en ce temps-là.

De toutes les professions calomniées, celle-ci est la plus calomniée, la plus méconnue. Ceux qui en parlent, l'outrage à bouche, sont presque tous des trembleurs, des vanités froissées, des grands hommes ignorés, des gloires bâtardes; ils se vengent, avec de petites morsures obscures, des grands coups de pied qu'ils ont reçus à la face du ciel. A cette toute-puissante profession qui mène le monde, c'est la mode d'aujourd'hui de refuser toute chose, l'esprit, le talent, le courage ; on s'écrie que le journal est un parvenu d'hier, et à peine si l'on fait remonter sa naissance à quelques années de là. Au contraire, l'origine de cette puissance à laquelle rien ne résiste est, à coup sûr, une origine illustre : à ne la faire remonter que jusqu'aux Romains, nous trouvons que les premières pages du journal ont précédé l'histoire écrite. Dans les premiers temps de Rome, un peu après le clou sacré que le grand prêtre enfonçait chaque année dans la poutre du Capitole, les pontifes écrivaient jour par jour, et comme ils se rencontraient dans leurs souvenirs, les événements de la terre et du ciel. Les pontifes ont été les premiers journalistes de ce monde ; c'est dans leurs feuilles éparses que les historiens de Rome ont ramassé les matériaux solennels de leurs histoires. Ainsi ce grand peuple avait commencé comme les nations modernes finissent, il avait écrit sa vie au jour le jour ; puis enfin, quand il eut accompli assez de grandes choses pour être obligé de les résumer, l'histoire échappa aux pontifes ; elle était religieuse, elle devint civile : ainsi fit le journal, il quitta le temple de Jupiter Stator pour le Forum. Celui qui le premier arracha le journal aux pontifes, le savez-vous ? ce fut Jules César en personne : c'était passer deux fois le Rubicon. « Il institua le premier, dit Suétone, l'usage de rédiger et de publier les actes quotidiens du peuple et du sénat. » *Primus instituit ut tam senatûs quam populi diurna acta conficerentur et publicarentur.* C'était là tout simplement une révolution, et la plus grande qui se pût faire alors, que d'introduire la publicité dans les travaux de ce terrible sénat romain, aussi mystérieux que le fut plus tard le conseil des Dix à Venise. Ainsi s'introduisit par cette grande porte la publicité des affaires ; en même temps furent créés toutes sortes de journaux, *Acta populi, urbis,* journaux de l'armée, journaux des campagnes. Les Grecs, qui avaient inventé les éphémérides — et vous voyez que nous sommes modestes en ne faisant pas remonter jusque-là nos titres de noblesse — furent dépassés à l'instant même par cette révolution que fit César : ainsi chaque jour apportait sa pâture à ces esprits inquiets et avides de nouveauté. Et ne pensez pas que les journalistes à la suite de César se soient contentés, à l'exemple des pontifes, de raconter brièvement les bruits de la ville, de mentionner les éclipses et les pluies de crapauds, de vous dire quelle vestale était morte et quel général avait obtenu les honneurs du triomphe; au contraire, la porte ouverte à la discussion, la discussion n'eut plus de bornes. Le premier journaliste de Rome qui ait laissé sa trace et son souvenir dans ces feuilles volantes, plus fugitives encore, s'il se peut, que les nôtres, et que Virgile semble désigner en disant : *ludibria ventis*, est un chevalier romain nommé Célius; il était jeune et beau, et il avait dans la tête et dans le cœur bien de l'esprit et de l'éloquence, mais une éloquence tout athénienne; l'inspiration ne le quittait ni la nuit ni le jour; il était célèbre dans la ville par plusieurs qualités contraires. On le distinguait au Champ de Mars comme un rude lutteur, dans le Tibre comme un nageur intrépide; il était le meilleur danseur de Rome, et, à l'aide de ces belles qualités, il trouva le moyen d'obtenir toutes sortes de magistratures importantes; il fut tour à tour édile, préteur, tribun du peuple; il a son nom dans les pages de Quintilien comme orateur, Tacite en parle comme d'un homme tout disposé à l'histoire. Plus tard, enfin, Marc-Aurèle lui-même, le saint empereur païen, lisait avec soin les lettres de Célius. Vous pensez bien qu'un homme ainsi disposé, avide d'esprit et de plaisir, amoureux de toutes les vanités heureuses de la vie, qui en eût remontré à César sur la façon de lâcher sa ceinture, ne manqua pas de bonnes fortunes et de maîtresses. La ville entière s'entretenait des galanteries de Célius; il fut longtemps l'amant heureux de la belle et fameuse Clodia; même il l'aima à ce point qu'à la fin de ses amours il voulut l'étrangler de ses mains. Faut-il donc tout vous dire? Notre jeune ancêtre avait été l'ami, le compagnon de Catilina en personne; il partageait tout à fait l'ambition de ce révolutionnaire débauché, qui ne comprenait pas pourquoi, au milieu de la corruption universelle, il ne serait pas le premier des corrupteurs? Il va sans dire qu'avec une telle vie Célius était criblé de dettes; l'usure le dévorait comme s'il n'eût été qu'un grand poëte dans un temps de guerre; on le rencontrait dans chaque émeute, regardant l'émeute passer d'un air goguenard; plus tard, il était à la bataille de Pharsale du parti de César, comme un véritable ami de César qu'il avait été; et savez-vous comment il est mort? Il est mort un jour d'émeute en se battant contre César dans les rues de Rome. Il y avait dans ce jeune et beau Célius un soldat, un orateur, un magistrat, un historien; il y avait toute la verve, tout le courage, toute la dignité romaine; seulement, il eut le grand malheur d'arriver à cette misérable époque de l'ambition de César, toute remplie d'incertitudes sanglantes, triste époque qui n'était plus la république, qui n'était pas encore la monarchie, et alors tout cet esprit et ce courage fut misérablement dépensé au jour le jour; et que d'esprit, que de verve ce brave Célius a perdu!

De son travail comme journaliste, il est resté dix-sept lettres écrites dans le plus charmant style, et dont Pline le jeune eût été bien fier. Ces lettres étaient adressées à Cicéron lui-même, proconsul en Cilicie, tant notre ami Célius avait vite oublié son ami Catilina. Célius, à Rome, faisait pour Cicéron ce que Grimm et Diderot ont fait, à dix-sept cents ans de là, pour la grande Catherine, à savoir une correspondance politique et littéraire, qui s'inquiétait des moindres détails de la vie et de l'histoire de chaque jour. Célius allait naturellement où il faut aller pour bien faire un journal, dans le salon et dans la rue, s'informant des uns et des autres, acceptant la chronique scandaleuse au dedans et la bataille au dehors; et, chose étrange, quand il n'avait rien de nouveau à dire au proconsul, il faisait, lui aussi, ce que font les journalistes de nos jours, il prenait ses nouvelles toutes faites dans un autre journal : de quoi Cicéron, qui devait être un grand lecteur de journaux, il aimait tant que l'on parlât de lui! se plaint avec véhémence. « Vous moquez-vous de moi, s'écrie-t-il, de m'envoyer des nouvelles que j'ai déjà lues dans le journal de Chrestus? » Ce Chrestus était comme qui dirait le gérant responsable de César; c'était un Grec habile et fin qui devinait à demi-mot, qui avait l'art d'embrouiller les nouvelles de façon à pouvoir les démentir lorsque les grands seigneurs de la ville venaient à se plaindre. C'est lui, un jour, qui fit courir le bruit de la mort de Cicéron, et qui mit Cicéron en si grande peine de se voir mort. Vous voyez donc que déjà le journal est fondé; vous avez Célius, l'homme d'esprit, qui donne à sa nouvelle toute la forme et toute la grâce oratoire; vous avez Chrestus qui dirige la compilation, qui vient prendre le mot d'ordre tous les matins dans l'antichambre de celui qui gouverne; vous avez les coureurs de nouvelles; vous avez les rédacteurs des nouvelles politiques qui se tiennent dans le forum au pied de la tribune, *subrostrani;* vous avez — mais bien avant nous (car, chez nous, le premier qui eut l'instinct de la sténographie, ç'a été le duc de Bassano) — les sténographes, qui attrapent au vol ces admirables discours, l'honneur de la parole romaine. Dans ces feuilles volantes, on parle de toutes choses; on dit, par exemple, que César est perdu de dettes, ou bien qu'il a remporté une grande victoire dans les Gaules. « Vous savez bien le procès de Messala? Il était défendu par son oncle Hortensius; l'oncle a sauvé le neveu, mais c'est une terrible injustice! Aussi, quand le lendemain Hortensius a paru au théâtre, il a été accueilli par les huées et les sifflets du peuple. » — « C'est une chose avérée que Dolabella divorce avec sa femme et qu'il épouse Tullia; on dit même que c'est ce bandit de Célius (notre ancêtre) qui a noué toute l'intrigue de ce divorce et de ce mariage! » — « Vous saurez tout bas, je vous le dis en confidence, que le tribun Servius Ocella a été surpris en flagrant délit d'adultère, et, si vous saviez dans quelle maison, *ubi herculè ego minimè vellem* (où moi-même je ne voudrais pas mettre les pieds). » C'est toujours Célius qui parle. Vous avez aussi comme *variétés* des portraits littéraires et politiques : Caton est accusé de manquer d'esprit ; César, de probité ; Cicéron est un avare et un fastueux. En général, dans ces premiers essais du journal, pour les grands hommes qui gouvernent la chose publique, c'est, comme de nos jours, une familiarité peu respectueuse. Vous avez aussi ce qu'on peut appeler le *premier fait romain*; la déclamation politique. « *O res miranda et stupenda!* ô crime! ô prodige! le sénat est débordé, César a passé le Rubicon! » Et figurez-vous trois à quatre colonnes sur ce ton-là.

En même temps arrivent tous les détails des tribunaux, des comices, de la voie publique ; les histoires de famine, d'inondation, de récoltes ; revient César, apportant avec soi, plus que jamais, la publicité qui doit ôter au gouvernement du sénat tout son prestige ; plus tard, enfin, arrive Octave, que cette publicité épouvante et qui a bientôt apposé son veto sanglant sur cette façon de commenter l'autorité souveraine. Quand Octave est devenu l'empereur Auguste, quand le besoin de la flatterie la plus exagérée se fait sentir, le journal recommence de plus belle; mais, cette fois, vous n'avez plus qu'une gazette sans autorité, sans importance, vous n'avez plus votre ami Célius qui jetait à tout venant sa verve, ses bons mots, son ironie, son courage. Quand le journal n'est plus qu'une compilation où sont loués, chacun à son tour, les méchants empereurs, Tibère, Néron, Domitien, Caligula, le journal descend aux plus grandes lâchetés. Il demande, chaque matin, des honneurs nouveaux pour ses empereurs bien-aimés, des temples pour Néron, l'apothéose de Claude l'empereur, le titre de dieu pour Domitien. — Ah! voilà justement une des gloires de cette institution qu'on appelle le journal, c'est qu'il ne peut pas vivre sans liberté, c'est qu'en le laissant agir dans de justes limites, il est toujours quelque peu la voix du peuple et, par conséquent, la voix de Dieu; c'est qu'enfin rien n'est abominable à lire et à entendre comme un journal écrit sous les impressions de la peur, quel que soit le despote qui épouvante l'écrivain, Néron ou le cardinal de Richelieu, M. de Sartine ou les terroristes de 93, le sceptre ou la pique sanglante, la couronne ou le bonnet rouge ; tout ce qui est la flatterie ou la terreur ne convient pas à ce vagabond et libre messager de l'histoire qu'on appelle le journal.

Plus tard, enfin, quand la société romaine s'est dévorée elle-même, quand les vieux dieux se sont enfuis pour faire place au Dieu de l'Évangile, savez-vous qui nous retrouvons parmi les fondateurs du journal ? Saint Pierre et saint Paul ; saint Paul surtout, cet homme si habile à constituer l'autorité. A ce moment solennel, tous les apôtres sont des journalistes ; leur journal existe, *Acta apostolorum*, et c'est ainsi seulement, par la parole écrite et parlée, que l'Évangile est devenu la croyance catholique ; il fallait se faire entendre, d'un bout du monde à l'autre, et il n'y avait que ce moyen-là. Le Maître lui-même l'avait dit, *qu'il ne fallait pas mettre la lumière sous le boisseau.*

Un homme, qui est en même temps un des membres les plus savants de l'Académie des inscriptions et belles-lettres et l'un des plus graves journalistes de ce temps-ci, M. Victor Leclerc, voulant retrouver, lui aussi, les titres de cette généalogie perdue, a fait en ce genre de piquantes découvertes ; il a découvert des journaux de la première année de Rome ; il a suivi, tant qu'il a pu, les lignes d'airain, à moitié effacées des tables annuaires ; il a retrouvé les prodiges, les dépenses de l'État, la mort de Virginie qu'il faut arracher à la brutalité d'Appius Claudius, toutes les éclipses qui étaient un si grand sujet d'épouvante, les statues accordées aux citoyens tués injustement, la pluie de lait et de sang sous le consulat de Marcus Asilius, le procès de Valérius Triarius contre Scaurus, accusé de concussion devant Caton le préteur ; il a fouillé dans les actes de la ville, dans le gouvernement impérial, il a retrouvé les insultes contre Livie, la mère de Tibère. Un jour, un architecte redresse un grand portique de Rome qui s'en allait d'un côté, toute la ville crie au miracle ; mais l'empereur, jaloux du succès de l'artiste, ne veut pas que son nom soit inscrit dans le journal : la précaution a réussi, l'architecte est resté inconnu. C'est ainsi que dans la gazette de Renaudot, sous le roi Louis XIII, quand la propre mère du roi est envoyée en exil, quand elle meurt dans cet exil loin de son fils, vous ne trouvez pas une seule fois le nom de la reine, à ce point qu'il n'est pas même fait mention de cette mort. Tous les despotes se ressemblent dans leur despotisme, comme tous les lâches journaux se ressemblent dans leur lâcheté.

En général, ce que nous appelons aujourd'hui le *fait Paris*, les historiens de la rue et du carrefour, jardins publics, maisons à élever, arcs de triomphe interminables, antiquités de tout genre, abondent et devaient abonder, dans les journaux romains écrits sous les empereurs. Vous avez l'histoire du chien de Sabinus le conspirateur, qui accompagne le corps de son maître aux gémonies en poussant des cris plaintifs ; vous avez l'histoire du phénix apporté dans Rome et exposé, par les ordres de l'empereur Claude, à l'admiration de tous ; vous avez, comme aujourd'hui encore, l'histoire des grands et des petits levers, chez les peuples qui ont une cour et une royauté ; chaque matin, on écrit dans le journal de la ville les réceptions de l'impératrice Agrippine. Aujourd'hui, l'empereur élève un grand amphithéâtre au Champ de Mars ; le lendemain, Poppée, sa maîtresse, est placée parmi les déesses de l'Olympe. Voici maintenant pour le feuilleton dramatique, qui n'est pas inventé d'hier, et vous allez voir que c'étaient de rudes comédiens, dont on ne pouvait guère parler en plaisantant : « Félix, cocher de la faction rouge, ayant été mis sur le bûcher, un de ses partisans se jeta dans les flammes pour ne pas survivre à l'histrion qu'il adorait ; ce que voyant, la faction bleue, pour diminuer cette gloire de la faction rouge, prétendit que le fanatique en question était ivre quand il s'était jeté dans les flammes. » Vous pourriez, aujourd'hui, allumer un grand bûcher et y jeter en même temps toutes les chanteuses et toutes les danseuses de l'Opéra, tous les tragédiens et les comiques du Théâtre-Français, que du diable si pas un de leurs auditeurs se jetterait dans le bûcher pour les suivre! — D'où il suit que le journal est de toute antiquité; ç'a été la forme première de l'histoire; c'était, en effet, la façon la plus commode et la plus simple pour la bien écrire.

II

Le *Journal d'un bourgeois de Paris.* — La *Chronique scandaleuse du roi Louis XI.* — Le journal de Louise de Savoie. — Le journal de l'Estoile. — La *Chronologie* de Palma Cayet. — Règne du pamphlet. — Luther. — La dynastie des Estienne. — La *satire Ménippée.* — Le *Mercure de France.*

Le plus grand nombre de nos chroniques nationales est écrit sous la forme du journal : *diarium*, jour par jour.

Dans les premiers siècles, il n'était pas de bourgeois, quelque peu clerc, qui n'écrivît, sur la marge de son missel, l'ordre chronologique des événements qui l'intéressaient, le prix des denrées, l'état des saisons, la naissance du dauphin, la mort du roi, le mariage de ses propres enfants, à lui, bourgeois. Déjà sous le règne de Charles VI et sous le règne de Charles VII, vous avez un véritable journal, d'une très-grande importance, le *Journal d'un bourgeois de Paris.* Cette histoire a été composée d'une façon singulière : ce fut d'abord un cahier de papier blanc, où chacun était admis à écrire ses propres réflexions; on y reconnaît évidemment, à leur style et surtout à leurs passions, le bourgeois, le clerc de l'université, le prêtre, le capitaine de la milice. Vous avez aussi, et c'est un terrible journal, la *Chronique scandaleuse du roi Louis XI,* écrite par le greffier de l'hôtel de ville, Jean de Troyes, parent du chirurgien Jean de Troyes, qui joua un assez grand rôle dans la guerre des Armagnacs et des Bourguignons;

mais qu'est-ce que cette *Chronique scandaleuse du roi Louis XI*, comparée à la Chronique scandaleuse et sanglante de l'empereur Commode, quand il avait soin de faire inscrire dans *les actes de la ville* la liste entière de ses débauches, de ses cruautés, de ses exploits de gladiateur et d'homme infâme! Aussi, le même journal, — car c'est là encore la grande puissance du journal, de se survivre à lui-même, de pouvoir se purger le lendemain de sa bassesse de la veille, — s'écrie-t-il, quand l'empereur Commode est tombé : « Pour l'ennemi de la patrie, point de funérailles! point de tombeau pour le parricide! Sur la claie! aux gémonies! mettons en pièces le gladiateur, le bourreau du sénat! Point de pitié! Vive Pertinax! vive Pertinax l'empereur! vivent les cohortes prétoriennes! vivent les armées romaines! vive la piété du sénat! » Il n'y a que le journal pour parler ainsi, il n'y a que le journal qui trouve tout de suite ces vigoureux accents d'une indignation empruntée à l'âme des peuples; il frappe plus fort et plus vite que l'histoire, s'il ne frappe pas plus juste ; il résume toutes les passions du moment, l'enthousiasme de la foule et ses colères ; il est toujours sûr d'être aussi juste que les peuples auxquels il commande ; il exalte le vainqueur, il brise le vaincu, il s'attache à la claie, il s'attelle au char de triomphe : il est comme l'écho vivant et fasciné de toutes les grandeurs et de toutes les bassesses de l'histoire; et, lorsque toutes ces passions sont mortes, lorsque, par la seule force du bon sens et de la loi, chacun est remis à sa place, le vaincu et le vainqueur, le bourreau et la victime, où donc voulez-vous que l'histoire aille les retrouver, toutes ces passions éteintes, sinon dans les cendres qu'elles ont laissées après elles? Or, la cendre de l'histoire, c'est le journal. Vous avez encore, et c'est un journal très-curieux, le journal de Louise de Savoie, véritable gazette de cour; le journal de l'Estoile, véritable journal à la main, dont plusieurs copies couraient dans les familles de magistrature. Ce journal renferme plus d'un siècle, mais surtout les règnes de Henri III et de Henri IV. Le XVIe siècle, aventureux et voyageur, s'inquiétant à la fois du passé et du présent, du vieux monde et du nouveau monde, avait adopté avec une grande ferveur cette forme facile de raconter ses émotions, ses découvertes, ses batailles. Ainsi, vous avez le voyage de Louis XII en Italie, de Charles VIII, d'André de la Ville, de Villeneuve, de Jean d'Autun ; en suivant toujours cette ligne de l'histoire au jour le jour, vous retrouvez pour la première fois, avec une forme régulière et périodique, la *Chronologie* novennaire et septennaire de Palma Cayet, continuée par *le Mercure français* pendant quarante ans, et publiée par le libraire Richer depuis 1609.

Mais déjà le journal, comme le représentant des passions de chaque jour, s'était révélé à la France d'une façon bien plus formidable ; nous voulons parler du pamphlet, cette terrible menace et défense de tant d'hommes courageux, qui, n'étant ni magistrats ni capitaines, voulaient cependant entrer d'une façon ou de l'autre dans les affaires publiques ; sous ce rapport, et si en effet vous définissez la presse comme on la peut définir, la parole ailée, il faut compter que le premier qui ait déchaîné la parole en ce monde, c'est Luther. Il est bien remarquable, en effet, que la presse et Luther soient venus à la même époque, l'un pour tout briser, l'autre pour tout débattre ; ce sont là deux révolutions qui se tiennent comme la boussole et la découverte du nouveau monde ; il faut donc remonter dans les premières et nébuleuses clartés du XVI° siècle, pour remonter jusqu'à l'origine du journal en France. C'est la lutte qui commence, pour ne plus s'arrêter jamais, entre l'autorité et la résistance, entre le bourgeois et le gentilhomme, le moine et le prêtre. Voilà encore un grand journaliste, ce Luther. Une grande voix, un beau visage, un caractère passionné, une âme forte, un immense orgueil, cette chose indispensable à tout homme qui veut renverser et détruire, voilà Luther ; il a affranchi à la fois la parole parlée et la parole écrite ; soudain l'Europe, ainsi frappée, se réveille, et, dans sa première épouvante, elle prête l'oreille à ses étranges discours : qu'est-ce donc ? la cour de

Rome n'est plus que *la grande prostituée;* les prélats sont des *loups dévorants;* les moines, des *sépulcres blanchis!* Cet homme arrive, qui brise toutes choses, le célibat monastique, les vœux monastiques, l'abstinence de la viande, l'invocation des saints ; il ne veut plus ni pape, ni cardinaux, ni moines, ni abbés ; surtout il proscrit la confession, il met à l'index le libre arbitre, il proclame que la Bible est tout le dogme, toute la croyance, toute la liberté, toute la philosophie humaine. « Oh ! dit-il, avec cette voix qui frappe Rome au cœur comme un soufflet vous frappe au visage, ce que c'est que la parole, ce que c'est que l'écriture, je n'ai pas encore mis la main à la moindre pierre, je n'ai incendié aucun monastère, et déjà tous les monastères s'écroulent par la force de ma parole et de ma bouche! » Une fois la discussion entrée dans le monde par cette porte, vous comprenez qu'il était impossible de l'arrêter. Luther a mieux fait que fonder le journal en Europe, il est le père de la controverse. Quand il mourut, il n'y avait plus ni vrai ni faux, tout était à refaire, à prouver; il laissa l'Europe divisée en deux parts qui ne se rapprocheront jamais : d'un côté la Bible, de l'autre côté l'Évangile; ici le pape, là-bas Luther; d'un côté l'Angleterre et l'Allemagne, d'un autre côté la France et l'Espagne, Rome au milieu. Au même moment, commencent à s'étendre, comme fait une tache de vieux sang, toutes les rivalités étrangères, et toutes les rivalités intestines qui ont été toute notre histoire. Depuis le XVI° siècle, l'unité est rompue, l'unité, ce rêve de Charlemagne, appuyé et sacré par l'Église ; c'en est fait, l'histoire qui avait été d'abord une légende, l'histoire devient un pamphlet ; toutes les puissances du monde s'écrivent et se répondent à haute voix en présence des peuples étonnés d'entrer ainsi, pour la première fois, dans les disputes et dans les secrets de leurs maîtres. Chose étrange! le silence qui pesait autrefois sur toutes les affaires politiques, le silence du vieux sénat romain, se rompt tout d'un coup pour ne jamais revenir; Luther a accompli à tout jamais le rêve interrompu de César, la publicité dans la politique.

François Ier, le roi de Bayard, attaque Charles-Quint par l'épée d'abord, par la parole ensuite ; il appelle à son secours, non-seulement les soldats, mais encore les écrivains de la France. Charles-Quint répond à François Ier par l'épée et par la parole tout à la fois, et ainsi voilà le peuple en contact avec ses maîtres ; voilà les maîtres, ces imprudents ! qui prennent les sujets pour juges de leurs querelles. Aussi bien, lorsque en 1789 le peuple eut bien entendu tous ces discours pour et contre, l'envie lui vint de formuler sa sentence, et alors il dit à toutes les parties qui étaient en cause, au roi de France et à tous les rois de l'Europe, au pape et à l'empereur : « Vous avez tort ; c'est moi qui ai raison ! » Et, de son geste, il les brisa.

Et notez que le pamphlet, aussi bien que le journal, à chaque instant, reflète fidèlement l'époque au milieu de laquelle il élève sa voix stridente ; cette grande dispute des protestants et des catholiques fait lever en France autant de pamphlets nouveaux que de nouveaux crimes. Sous Charles IX, ce sont les théologiens qui se disputent, et ils se disputent tout à fait à la façon des théologiens, par la satire, par la violence, par la calomnie, et, enfin, quand ils n'ont plus d'injures à se dire, par le meurtre. Bientôt, quand s'élève dans le monde politique Catherine de Médicis, cette froide élève de Machiavel, quand le danger grandit en s'ennoblissant, quand ce ne sont plus quelques malheureux hérétiques qu'on menace, mais bien la tête de la nation, quand la Saint-Barthélemy, cette immense et ineffaçable tache de sang au front de notre histoire, se fut levée dans l'ombre menaçante, alors le pamphlet s'éleva aussi comme les événements dont il parle, comme les hommes qu'il censure. Alors paraissent de vraiment grands écrivains et de vraiment grands satiriques, en un mot, tous les hardis ligueurs dont les paroles tombaient sur les âmes, comme autant de torches brûlantes sur des gerbes de blé. Ainsi donc, voici la satire à la hauteur de toutes les têtes, aussi bien que le poignard est au niveau de toutes les poitrines. Voici que les gouvernants se sont habitués bien vite à entendre maudire ceux qui les gouvernent; le combat est dans la chaire élevée au-dessus de toute censure, le combat est dans la rue, le combat est partout; on crie, on s'accuse, on s'attaque; bien plus, on se révolte, et, dans cette triple mêlée de la plume, du sermon et de l'imprimerie, dans cette arène qui mène au triomphe et qui mène au supplice, souvent au supplice et au triomphe tout à la fois, voici venir un homme d'une haute probité, d'une science infinie, d'un génie dévoué, un citoyen net et ferme, un chrétien sans fanatisme, un grand homme peut-être, Henri Estienne III, le fils de Robert Estienne II, le petit-fils de Henri Estienne Ier; car, dans cette famille de grands imprimeurs, c'est comme une illustre famille royale dont il ne faut pas confondre les membres glorieux. Celui-là, comme il était le plus courageux et le plus savant, et le plus grand écrivain, et le plus prévoyant de tous, s'attaque à la plus puissante de toutes, à Catherine de Médicis, sans trop penser au supplice qui attendait dans ce temps-là les pamphlétaires trop hardis, et à ce pauvre petit libraire qui venait d'être pendu par ordre de la reine, *pauperculus librarius*, comme dit M. de Thou. Or, vous pouvez penser ce que devait être un pamphlet écrit par l'homme qui a lu Suétone, qui a traduit Sophocle et qui sait Tacite par cœur.

Nous arrivons ainsi, car malheureusement l'espace nous manque, au plus magnifique article de journal qui ait jamais été écrit dans aucun siècle et dans aucune langue, à la *satire Ménippée*; jamais la presse populaire, jamais la satire jetée à la foule, n'ont produit une plus grande page, n'ont porté des coups plus terribles; c'était tout simplement une révolution qui s'opérait, c'était quelque chose comme la charte de Saint-Ouen; mais il ne faut pas vous attendre que le journal aura souvent de ces bonnes fortunes-là. Il y eut donc, à ce moment de l'histoire de France, une halte dans la satire. La *Ménippée* prépara l'avènement de Henri IV, tout autant que la bataille d'Ivry; enfin, Henri le Grand arriva pour fermer les plaies de la France. Un instant les partis s'arrêtent tout haletants dans le chemin qu'ils ont fait en pure perte, les haines religieuses paraissent endormies; ne faut-il pas donner le temps à Ravaillac d'aiguiser son poignard? Tout fait silence dans ce désolé royaume de France; plus d'injures, plus de clameurs, plus de pamphlets : chacun est occupé à panser ses blessures. La France entière lève les yeux vers le ciel ou plutôt vers le blanc panache d'Ivry, qui l'abrite sous son ombre fécondante : mais, tout à coup, la tête royale qui le portait si haut, le blanc panache! elle tombe; c'en est fait alors, la France a perdu son guide des champs de bataille et son espoir dans la paix; le Henri le Grand, à la barbe déjà grise, est mort assassiné par un pamphlet, comme est mort le Valois, comme a manqué mourir Louis XV plus tard, comme est mort M. le duc de Berri; car vous remarquerez que tous les assassins de rois sont de grands lecteurs : un pamphlet se rencontre dans leur maison, sous leur chevet, sous leur prie-Dieu. Alors, à la mort du Béarnais, toute émotion se ranime, toute faction recommence; mais, cette fois, soyez tranquilles, on ne se battra plus pour les idées religieuses; déjà, sous la régence de Marie de Médicis, la reine aux belles mains, mais si faibles, le peuple est à bout de religion, il s'est tant battu pour la croyance, il a été si fort ballotté du pape à Luther, de Luther à Calvin, de Rome à Genève; il a versé tant de sang, il a été le témoin de tant d'apostasies, il a si bien compris que la Ligue était une chose abominable, il s'est repenti si fort d'avoir fermé ses portes à Henri IV qui lui donnait du pain! Enfin, il a été frappé au cœur par le poignard de Ravaillac; avec Henri IV s'est envolée sa dernière croyance. Voilà donc de nouvelles passions qui entrent en jeu : on se battra toujours, mais pour d'autres motifs moins sérieux; les vieux fanatiques de la Ligue, qui regrettent leur jeunesse perdue à ces batailles, aiment mieux voir leurs enfants débauchés, joueurs, duellistes, coureurs de jolies filles et d'aventures galantes, que de leur voir commenter l'Évangile et la Bible, le fusil à la main et le poignard au côté.

Oui, ces vieux ligueurs devenus sages étaient contents de la folie de ces enfants : *la caque ne sentait plus le hareng*, pas plus de leur côté que du côté de Henri IV. « Si Paris vaut une messe, se disaient-ils, une messe ne vaut pas qu'un enfant livre son frère, qu'un père égorge son fils ; une messe ne vaut pas que Paris mange ses morts faute de pain ; une messe ne vaut pas qu'on égorge M. l'amiral de Coligny dans sa maison ; il nous faut du repos avant de mourir. » Et voilà, en effet, nos fanatiques qui se reposent sur le doute, cet oreiller si bien fait pour bien dormir.

C'est ainsi que l'autorité paternelle, jusqu'alors si sévère en France, se relâche tout d'un coup ; ceci vous explique les faiblesses de tant d'honnêtes bourgeois pour leurs enfants, ces faiblesses dont Molière devait faire son profit plus tard ; ceci vous explique aussi comment la chaise à porteurs de Marion Delorme, la courtisane, était entourée, en plein jour, d'autant de flatteurs que la litière de M. le cardinal de Richelieu. Allons donc, un peu de trêve, la bataille n'est plus dans la rue, le peuple en a assez pour cette fois, il n'est plus en train de se battre ; parlez-lui de déchirer de ses mains le maréchal d'Ancre et sa femme, à la bonne heure ; ce n'est pas s'entr'égorger, cela, c'est égorger. Messieurs de la noblesse, battez-vous entre vous, à votre tour ; le peuple vous regardera faire ; et, en effet, voilà nos gentilshommes, ruinés par la guerre (Henri le Grand les avait assez mal payés), qui se battent pour toutes les places du royaume. Chacun veut arracher à cette faible régente quelques-unes de ses dépouilles, jusqu'à ce que la faiblesse et la puissance de la mère passent aux mains de Louis XIII. Ici, nous rentrons plus que jamais dans notre sujet ; car, à ce moment de l'histoire, est fondé un journal régulier, intitulé *le Mercure de France*, et, comme si jamais le journal ne devait déroger, vous verrez tout à l'heure quel était le fondateur du *Mercure de France*. En même temps s'établit chez nous une chose qui a particulièrement favorisé l'établissement et la fondation du journal en France, je veux parler de cette succession non interrompue jusqu'à Louis XIV, et depuis Louis XIV jusqu'à Bonaparte, de favoris et de ministres tout-puissants, tour à tour l'appui, la haine, le mépris ou la pitié de la France, pouvoirs éphémères, rarement aimés, vite oubliés, regrettés parfois, ce qui est rare. Ceci, vous le savez, s'appelle : la fiction. Ce qu'on n'ose dire au roi, on le dit à son ministre, à son favori, à son conseil. Rien n'est plus commode pour le journal que cette fiction, c'est un marchepied du haut duquel la presse peut abattre les plus hauts pavots de Tarquin ; le ministre est pour la presse le bouc émissaire de la royauté, c'est lui qui reçoit toutes les injures que l'on dit au roi, c'est lui qui est vaincu quand le roi est vaincu ; en revanche, c'est le roi qui triomphe à sa place : injures, calomnies, menaces, journaux, pamphlets, tout revient de droit au ministre, même quand il est soutenu par l'opinion publique ; l'opinion publique ne le défend pas, par la raison qu'il n'y a que les pouvoirs légitimes et héréditaires qui n'excitent pas l'envie. Quant à l'homme, exposé à toutes les attaques, c'est à lui à se défendre, et, d'ordinaire, il n'y manque pas ; de cette attaque et de cette défense est résulté le double mouvement du journal ; il vit encore sur ce mouvement-là, qui n'est pas prêt à s'arrêter de sitôt.

III

L'histoire écrite par *le Mercure*. — Les *Petites Affiches* — La *Gazette de France*. — Renaudot et son collaborateur anonyme. — Les spécialités du journalisme. — La *Gazette en vers* de Loret. — Mademoiselle de Longueville. — Couplets à la main. — *Le Cid* et *Mirame*.

Nous en étions tout à l'heure au *Mercure de France, histoire de notre temps*. Cette histoire est écrite de 1631 à 1633 ; si vous la lisez avec attention, vous y retrouverez toute l'époque. *Loi contre le duel. — Loi somptuaire, faisant défense de porter or, perles, broderies, pierreries, et même le roi tint si ferme, qu'il fallut qu'un prince qui voulait lui parler ôtât ses gants, où il y avait de l'or. — Voyage des Espagnols. — La découverte de la cinquième partie du monde appelée Australie. — Guerre du roi d'Espagne et du duc de Savoie. — Incendie du Palais de Justice.* Et plus loin : *Mort de Barnevelt.* Nous pouvions bien nous douter que Barnevelt allait mourir, car les premières pages du *Mercure de France* sont consacrées à insulter ce grand homme ; telle est cependant la simplicité héroïque d'une pareille mort, que le journaliste français, homme sans talent et sans style, ne peut pas la raconter sans émotion. Les moindres détails de cette heure suprême vous apparaissent dans ces pages écrites au hasard...

En fait de nouvelles littéraires, vous avez : *Le poète Théophile est chassé de France. — Ballet de la reine : Psyché. — Les Génies d'amour ;* au nombre des pages qui jouaient dans le ballet, était M. le DUC DE MONTMORENCY. Enfin, nous trouvons une petite pièce de vers fugitive qui vaut certainement toutes les pièces fugitives de ce temps-ci.

DAMON. Dois-je perdre tout mon âge
Sans repos, ni liberté ?
SYLVIE. Berger, vous étiez volage,
Mais vous êtes arrêté.
DAMON. Au moins qu'on me fasse entendre
Pourquoi je suis détenu.
SYLVIE. Berger, vous me vouliez prendre ;
Mais je vous ai prévenu.
DAMON. Pour vous, en cette contrainte,
Je meurs la nuit et le jour.
SYLVIE. C'est de regret ou de crainte,
Vous ne mourez pas d'amour.
DAMON. Qui pourrait sur votre face
Voir les lis sans vous servir ?
SYLVIE. Mais vous avez eu l'audace
De vouloir me les ravir.

Et, après ces jolis vers, vous lisez tout simplement ceci sans autre réflexion : *Pillage du maréchal d'Ancre.* — *Mort du duc de Joyeuse.* — *Mort d'Étienne Pasquier*, ce même Pasquier qui disait : « Si j'avais été le maître, j'aurais fait brûler toute la famille de Ravaillac, père, mère, frères, sœurs, tantes, jusqu'aux arrière-petits-cousins. »

Arrive alors l'homme qui, en France, devait régulariser toute chose, M. le cardinal de Richelieu lui-même, un de nos ancêtres; c'était un homme qui prévoyait tout, très-versé dans les sciences du temps présent, qui, n'étant encore qu'évêque de Luçon, avait eu à souffrir, tout comme les autres, des *Nouvelles à la main*, des facéties satiriques, autrement dit *Caquets de l'accouchée*, et qui, enfin, maître de la France, voulut que le journal lui appartînt comme tout le reste. Il trouva sous sa main, pour le servir comme il fallait servir le cardinal, un homme alerte, ingénieux, prêt à tout, nommé Renaudot. Ce Renaudot était né à Loudun en 1584, et savait beaucoup de choses; il avait eu beaucoup d'emplois; c'était un esprit actif et remuant, et, quand il était nécessaire, il arrivait jusqu'à l'éloquence. Il avait été maître d'école, puis il s'était fait recevoir docteur à la faculté de Montpellier, puis il avait inventé toutes sortes de choses qui ont été inventées depuis lui. Les bureaux d'adresses et de placement, les *Petites Affiches*, le mont-de-piété, surtout les consultations gratuites; mais les consultations gratuites avaient soulevé contre Renaudot toute la faculté de Paris. Guy Patin, qui avait bien de l'esprit, s'éleva de toutes ses forces contre ce gâte-métier; il eut aussi à se batailler avec d'Hosier le généalogiste, homme puissant parce qu'il tenait entre ses mains toute la noblesse de France; bref, c'était l'homme qu'il fallait au cardinal; du reste, écrivain assez habile pour ce temps-là : écrivant vite et d'un assez honnête français. Le cardinal lui confia la rédaction de son journal, et ce journal, qui s'appelle la *Gazette de France*, pour ceux qui savent le lire, est la plus terrible histoire du cardinal de Richelieu qui ait été faite. Là, vous rencontrez, *ad vivum*, cette inaltérable volonté ; vous retrouvez, en le cherchant bien, tout cet homme qui a brisé les protestants, non pas comme catholique, mais comme roi de France. Vous savez, d'ailleurs, qu'il y a tout un journal écrit de la main du cardinal, et intitulé : *Journal fait durant le grand orage ;* ce que le cardinal appelait le grand orage, la cour l'appelait la journée des dupes, et elle avait raison. — Ainsi, la *Gazette de France* a été écrite sous ses yeux ! C'est le plus vieux des journaux réguliers : commencé en 1631, par Théophraste Renaudot, il ne s'est arrêté qu'en 1792, et ne forme pas moins de 163 volumes in-4º avec ou sans privilége.

Étudié avec soin, cet immense recueil fournirait une mine inépuisable d'anecdotes terribles et plaisantes. Qu'un plus hardi le fasse.

C'est ici le lieu de signaler une division importante du journal qui, à peine fondé et ne pouvant suffire à accomplir sa tâche entière, fut obligé de se diviser en plusieurs parties, pour être au courant des faits et des idées de chaque jour. Nous voulons parler du journal savant, du journal littéraire, du journal badin à l'usage des femmes et des petits-maîtres, et même cette espèce de journal, s'il en était besoin, ne manquerait pas, lui aussi, d'une origine illustre ou tout au moins antique.

Le premier qui ait fait un journal purement consacré à la science, et en dehors des débats des rois et des peuples, c'est le fameux Photius, le patriarche d'Alexandrie, un homme qui était trop savant dans un temps où la science, après la peur, était la passion dominante. Au reste, grand hypocrite dans sa parole, grand pervers dans ses actions, il a laissé, entre autres journaux, un journal intitulé *Bibliothèque,* qui contient l'analyse d'un grand nombre d'auteurs avec les jugements sur leurs écrits ; c'est le *Baillet* du moyen âge. Son livre est d'autant plus curieux, que les ouvrages dont il est question ne sont pas parvenus jusqu'à nous. Nous allons arriver au *Journal des Savants ;* mais, avant de parler de cette entreprise sérieuse, il est besoin que nous disions quelque chose d'une gazette bouffonne qui n'a pas manqué de lecteurs, nous voulons parler de la *Gazette en vers*, qui a précédé de quelques jours les feuilles de Renaudot, et qui, sans contredit, doit le jour aux journaux satiriques et gaillards qui s'écrivaient comme des nouvelles à la main et qui étaient remplis d'un terrible fiel. Les petits journaux étaient déjà inventés dans ce temps-là, et cruellement inventés, et personne n'y était ménagé, ni les hommes ni les femmes, ceux-là dans leur courage, celles-là dans leur beauté; même cette chanson manuscrite, qui circulait chaque matin toute remplie d'une ironie sanglante, était, selon nous, d'une attaque plus rude et plus féroce que tous nos petits journaux imprimés avec la signature de l'imprimeur et le nom du gérant.

L'injure imprimée a quelque chose de solennel qui en amortit l'effet : on sait d'où cela vient, et, si on ne le sait pas, on pourrait le savoir et, par conséquent, s'en venger, ce qui est beaucoup. Mais allez donc vous fâcher contre une chanson qui tombe des nues tout armée de rimes acérées, que l'antichambre répète un instant après le salon ! Dans ces couplets à la main, personne n'était respecté ; l'outrage était pour quiconque avait un succès dans le monde, succès de guerre, de politique, d'esprit ou d'amour. Ainsi, par exemple, voici pour les femmes de la cour :

> Dolone (1) est cruelle ;
> Luynes (2) n'est pas belle ;
> Lamothe est si prude,
> Qu'elle en paraît rude ;
> Et, pour Coëtlogon,
> Si elle sait vous plaire,
> Ce n'est pas une affaire,
> Elle ne dira pas : non.

En fait de couplets et de petits journaux, voici ce qu'on écrivait

(1) Sœur de la maréchale de la Force.
(2) Mademoiselle de Rohan.

sous Louis XIV, et les vers qui circulaient dans sa cour. Louis XIV venait de prendre pour maîtresse madame de Montespan, qui avait appartenu à M. de Lauzun. Écoutez la lettre de M. de Lauzun au roi :

> « Votre Majesté, sire,
> M'a fait un vilain tour ;
> Mais je n'en puis que rire,
> Car je n'ai plus d'amour.
> Je vous laisse ma maîtresse ;
> Mon Dieu, que j'en étais las !
> Faites-en tous vos choux gras ;
> Moi, je n'en fais plus de cas :
> Elle est vieille et sans appas.

On sait, au reste, que M. le comte de Bussy-Rabutin, qui avait plusieurs des qualités et plusieurs des défauts d'un journaliste, et qui excellait à écrire ces sortes de petits couplets, fut disgracié à tout jamais et sans miséricorde pour avoir écrit le noël où se lisaient les vers suivants :

> *Alleluia !*
> Que DÉODATUS est heureux !
> Il baise ce bec amoureux (1)
> Qui d'une oreille à l'autre va.
> *Alleluia !*

Bien entendu que le journal en vers, une fois qu'il parut imprimé et signé du nom de l'auteur, n'osera pas s'attaquer ainsi aux puissants de ce monde et qu'il saura respecter quiconque le pourrait envoyer à la Bastille. Ce journal était écrit par un nommé Loret, un poëte bas normand, qui arriva à Paris sachant à peine lire et écrire, et que le cardinal de Mazarin comptait au nombre de ses domestiques. Dame ! celui-ci gâte quelque peu notre généa-

---

(1) Mademoiselle de la Vallière.

logie; mais quel est l'écusson qui n'ait pas sa barre de bâtardise? Ce Loret pénétra, on ne sait comment, jusqu'à mademoiselle de Longueville, qui lui permit de lui adresser une lettre en vers tous les huit jours. Ainsi naquit la *Gazette burlesque*. Publié sous un si beau patronage, ce journal réussit. L'auteur eut des pensions de tout le monde. Nous avons lu ces deux volumes, qui sont très-rares, et, à notre grand étonnement, il s'est trouvé que le domestique de Mazarin, le flatteur de mademoiselle de Longueville, le bouffon Loret était un homme qui avait quelquefois du courage, qui savait être reconnaissant et fidèle, qui ne courbait pas trop la tête devant les puissants de ce monde. Mademoiselle de Longueville fit très-bien de l'aimer et de le protéger comme une digne sœur du prince de Condé et du prince de Conti qu'elle était. L'hôtel de Rambouillet (c'était la belle époque de l'hôtel de Rambouillet) s'enorgueillissait à bon droit de mademoiselle de Longueville, qu'on entourait de respects et d'hommages; car elle avait été l'héroïne de la Fronde, comme la duchesse de Montpensier avait été l'héroïne de la Ligue. Elle avait une langueur qui touchait plus que le brillant de celles même qui étaient belles; elle avait dans l'esprit des retours lumineux et surprenants, comme disait Saint-Simon; elle aurait eu peu de défauts, si la galanterie ne lui en eût donné beaucoup, et, comme sa passion l'obligea de ne mettre sa politique qu'en second dans sa conduite, d'héroïne d'un grand parti, elle en devint l'aventurière. Elle défendit le sonnet d'*Uranie*, par Voiture, contre le sonnet de *Job*, par Benserade; enfin, elle tomba de toutes ces hauteurs sur les hauteurs de Port-Royal; elle fut l'amie d'Arnault, de Nicole, de Sacy; elle expia sa jeunesse par vingt-sept ans de pénitence : ce qui était un chemin un peu rude pour conduire une si belle âme au ciel.

C'est pourtant pour cette femme qu'a été écrit le journal de Loret; dans cette gazette, les plus grands événements sont réduits à l'état de bouffonnerie. Voici comme on y parle de Charles Stuart et de la restauration anglaise :

> Tout va des mieux vers la Tamise :
> Le ciel toujours y favorise
> Charles Stuart et les Germains ;
> Et les Anglais battent des mains,
> Dans un ravissement extrême
> De lui revoir le diadème.

Si le cardinal a la colique, voici comment le poëte raconte cette colique :

> Au premier jour de la semaine,
> Le grand Jule, étant à Vincenne,
> Fut persécuté rudement
> Un jour ou deux par ce tourment.

Quand on lui fait un cadeau, car le pauvre homme les accepte, et il s'en vante, triste école fondée par l'Arétin, cet impudique et admirable satirique :

> Un de nos plus généreux hommes,
> Seigneur illustre et des plus francs,
> M'a fait présent de six cents francs.

Si le roi va à la campagne, en son château de Saint-Germain, avec la reine, Loret se réjouit à sa façon :

> Dans ce lieu, ces âmes royales,
> Goûtant des douceurs sans égales
> Dans leurs réciproques amours,
> Reviendront dans deux ou trois jours.

Il a aussi des portraits littéraires ; car il est complet. Le portrait de Scarron, par exemple :

> Lui, qui ne vivait que de vers,
> Est maintenant mangé des vers.
> Il était de bonne famille ;
> Il ne laissa ni fils ni fille,
> Mais bien une aimable moitié,
> Digne tout à fait d'amitié.

Or, cette *aimable moitié si digne d'amitié*, c'était madame de Maintenon en personne.

Loret, qui n'y voit pas bien loin, ajoute :

> Elle est jeune, charmante et belle,
> Et *même fort spirituelle*.

Il ajoute encore, et il le ferait exprès que ce ne serait pas plus charmant :

> C'étaient deux beaux esprits ensemble :
> Leur mariage, ce me semble,
> S'entretenait par les accords
> Bien mieux de l'esprit que du corps.

Sans nul doute, madame de Maintenon, devenue reine de France, se souvenait du bon Loret, quand elle se fâcha tout rouge contre Despréaux, qui parlait mal de Scarron. A la mort du cardinal de Mazarin, Loret, son poëte, lui rend cette louange :

> Que cette sage éminence
> Lui donna pour récompense
> D'avoir constamment été
> Toujours du même côté,
> Une pension bien payée;
> Et cela venant à manquer,
> Me voit bien embrelicoqué.

Arrive ensuite le surintendant Fouquet, cet homme qui comprenait toutes les élégances, qui veut avoir le journaliste à sa solde, et qui l'a. Un jour, un brave journaliste, nommé Mathurin Hénault, est condamné à faire amende honorable, et mons Loret

> Se réjouit
> De le voir de France banni.

Quant à M. le dauphin, qui vient de naître, il a aussi son petit couplet, qui est le plus joli du monde :

> Monseigneur le dauphin de France
> Tette nuit et jour d'importance
> A deux tetons bien conformés
> Et à la cour bien estimés ;
> Car, outre qu'ils sont agréables,
> Ils sont, dit-on, intarissables.

Vous voyez aussi apparaître l'abbé Bossuet, 4 février 1662. Leurs Majestés, l'après-dînée,

> Ouïrent un jeune docteur,
> Admirable prédicateur ;
> L'abbé Bossuet, c'est son nom :
> Il s'acquiert partout grand renom.
> Le monde serait trop féroce,
> S'il n'avait un jour mitre et crosse.

Ce brave Loret était sorcier. Vous avez aussi Molière,

> Dont l'esprit, doublement docteur,
> Est aussi bien auteur qu'acteur,
> Et que l'on tient, par excellence,
> De son temps le Plaute et Térence.

Puis, quand il avait fini, il adressait toujours un petit adieu à mademoiselle de Longueville :

> Voilà trop de paroles ;
> Adieu, je vais manger deux soles.

> Fait sur le dos d'un escabeau,
> Le dix avril, plus laid que beau.

> Le sept d'août, fait par moi, Loret,
> Qui ne vais guère au cabaret.

> Fait en janvier, le vingt-neuf,
> Pendant qu'on me cuisait du bœuf.

> Fait le dix-neuf du présent mois,
> Ayant bâillé plus de cent fois, etc.

Eh bien, ce bouffon, quand son protecteur fut tombé, lorsque Fouquet fut enfermé à la Bastille, il eut le même courage que la Fontaine, le même courage que Pellisson : il osa défendre le surintendant et lui adresser publiquement d'honnêtes et de tendres adieux. Qui le croirait? Colbert, irrité contre Loret, raya sa pension. Fi donc, s'emporter à ce point contre la *Gazette en vers!* M. Fouquet, ayant appris dans sa prison la disgrâce de son poëte, lui fit remettre, par mademoiselle de Scudéri, une somme de 1,500 livres, et pourtant M. Fouquet avait de terribles affaires sur les bras. Loret mourut peu de temps après, en 1665. Voici les derniers vers qu'il ait écrits :

> Le vingt-six mars, j'ai fait ces vers,
> Souffrant cinq ou six maux divers.

En passant en revue la *Gazette de France* sous le cardinal de Richelieu, nous avons remarqué qu'il n'était pas une seule fois question du grand Corneille, et que *le Cid* même, ce chef-d'œuvre qui est toute une révolution poétique, était passé sous silence. C'est qu'en effet, comme vous le savez, Richelieu était jaloux de Corneille, mais jaloux à ce point, qu'il n'a pas voulu que le nom et le succès du *Cid* fussent inscrits dans son journal, l'insensé! comme si son journal devait être toute notre histoire! En revanche, vous avez dans ce même journal l'éloge sans réserve de la tragédie de *Mirame*, par le sieur Desmarest et un collaborateur qu'on ne nomme pas. Le sieur Desmarest est traité d'*esprit fertile* et *poli ;* la tragédie de *Mirame* vous est montrée comme n'ayant *pas sa pareille de notre âge, si vous la considérez dans toute son étendue, le sujet en étant excellent, qui fut traité avec une telle abondance de pensées délicates, fortes et sublimes, qu'il serait difficile de trouver, dans tout l'amas des tragédies de l'antiquité, les raisonnements qui sont dans cette seule pièce, ornés des plus nobles sentiments et des tendresses les plus grandes de l'amour.*

IV

Le *Journal des Savants*. — M. de Sallo. — Le premier homme de paille. — Naissance de la critique littéraire. — *Genus irritabile*. — Le *Journal de Trévoux* et la Société de Jésus. — *Les Provinciales*. — Pierre Bayle. — *Le Mercure galant* du sieur de Visé. — Madame de Sévigné. — Le duc de Saint-Simon. — Rollin.

Vous voyez donc que la critique littéraire, ainsi faite, avait grand besoin d'une réforme. Déjà le XVIIe siècle se faisait pressentir dans toute sa magnificence. Toutes les questions qui étaient au fond de cette illustre époque allaient s'agiter tout à l'heure, et il fallait bien qu'elles fussent représentées quelque part. Voilà comment nous arrivons au *Journal des Savants*, fondé en 1665, et qui, tout comme la *Gazette de France*, s'est arrêté en 1792, au moment où il n'y avait plus en France d'autre science que la science politique.

Au *Journal des Savants* proprement dit, commence la critique littéraire, dont vous avez vu que nous avions grand besoin. Mademoiselle de Longueville était morte. Pascal et Port-Royal étaient dans toute leur austérité. Le jeune roi n'avait pas encore enseigné à la France cette grande vivacité pour le plaisir qui a été une grande partie de sa puissance ; en un mot, le siècle était sérieux, et le moment était bien choisi pour un ouvrage pareil. M. de Sallo fut le premier inventeur du *Journal des Savants*, « idée si neuve et si heureuse, dit M. de Fontenelle, et qui subsiste aujourd'hui avec plus de vigueur que jamais, accompagné d'une nombreuse postérité, » M. de Sallo (encore un de nos ancêtres) était un homme considéré et considérable au XVIIe siècle ; il était l'ami de M. de Colbert. Mais l'étude et la science et le ferme exercice des plus austères vertus remplissaient toute sa vie. Il est le héros d'une aventure dont l'Anglais Fielding a fait son profit dans *Tom Jones*, ce chef-d'œuvre. Il revenait un soir dans sa maison, durant la grande famine de Paris, lorsqu'il est abordé, le pistolet à la main, par un homme qui lui demande la bourse ou la vie. « Vous faites un méchant métier ! dit M. de Sallo à cet homme. Allons, vous tremblez, c'est bon signe ; venez avec moi. » Et, du même pas, il sauva de la misère toute la famille de cet homme.

Les premiers collaborateurs de M. de Sallo au *Journal des Savants* furent M. de Bourzé, M. de Gomberville, M. Chapelain. Afin de garder toute son indépendance, M. de Sallo imagina de publier son journal sous le nom du sieur d'Hédouville, son valet de chambre. Voici, au reste, le plan du *Journal des Savants* : « annoncer les livres nouveaux, en faire l'analyse, rapporter les découvertes de physique et de chimie, les arts et *les tribunaux*, etc. »

Le style de cette critique était simple, honnête, plein de réserve et de goût. Seulement, ceux qui s'étaient étonnés le plus de cette critique littéraire, qui n'avait pas été définie par Aristote, ceux qui, en désespoir de cause, l'avaient acceptée parce que le prospectus avait été écrit en latin et en bon latin, s'indignaient cependant que des gens qui s'intitulaient des savants, se missent à parler avec de grands éloges des fables de la Fontaine, et des tragédies de Corneille, et des comédies de Molière. Le latin, le grec et la théologie étaient encore dans les habitudes de ce temps-là.

Non pas que nous voulions vous donner le *Journal des Savants* comme le modèle de la critique littéraire : les grands noms que nous venons de vous dire là, les maîtres du monde poétique, ne s'y rencontrent que rarement. Toute l'attention de la critique se porte d'abord sur M. Lefebvre, M. Mesnage, M. Huet, évêque d'Avranches ; et encore sont-ils bien chagrins, ces hommes, même des éloges qu'on leur accorde. Chose étrange ! si tous les journalistes de toutes les époques se ressemblent, il faut dire aussi que tous les écrivains de toutes les époques sont les mêmes. Ceux que nous vous disons là, par exemple, en véritable gens de lettres qu'ils étaient, se sont soulevés tout d'abord, même contre l'urbanité de M. de Sallo; ils ont fort bien deviné où les devait conduire cette inquisition nouvelle de la critique publique; ils ont pressenti son influence, et ils se sont révoltés contre elle. Nous trouvons, par exemple, une grande colère de M. Mesnage, qui, dans un livre, avait traduit : *graculus*, une *corneille;* M. de Sallo, dans un numéro de son journal, avait fait remarquer à M. Mesnage que *graculus* voulait dire un *geai*. A ce propos, M. Mesnage s'abandonne à toute l'impétuosité de son tempérament. « Je n'ai pas, dit-il, une opinion fort avantageuse de ces journalistes, et non-seulement je n'attends aucune louange de ce côté-là, mais, s'ils voulaient me louer, je le leur défendrais par la gorge. » Il n'y a pas un poëte sifflé qui n'ait dit cela de nos jours.

Nous n'irons pas très-avant dans le *Journal des Savants*. C'est une critique peu avancée, mais une critique honnête et sincère. Ces pages sont, d'ailleurs, remplies de puérilités incroyables. C'est *un homme sauvage rencontré dans les Indes, et si prodigieusement* CAMUS, *qu'on n'ose pas dire qu'il avait un nez*. Cet homme sauvage sera tout simplement un singe. C'est une description de l'île de Ceylan, et l'on vous raconte *qu'à Ceylan, pour guérir la colique, on piétine sur le ventre du malade*. C'est ensuite la description de l'arche de Noé. *L'arche avait trois étages : le premier étage contenait l'eau douce; le deuxième étage était le grenier pour les fourrages, les vivres, les fruits, les légumes. Il y avait trente-six étables le long des cordages, et une cour sablée pour la promenade. Le troisième étage était consacré aux oiseaux et au logement de Noé, composé d'une cuisine, d'une salle à manger, de quatre grandes chambres de plain-pied.* — Vous avez aussi des conseils pour vivre longtemps : il ne s'agit que de manger douze onces pesant de nourriture et de boire quatorze onces de vin *nouveau* par jour. On définit ainsi la sympathie : *La sympathie vient de ce que les corpuscules qui sortent du corps d'une personne* sont propres à entrer dans nos pores, de manière à les nourrir d'une manière impalpable, imperceptible, mais agréable ; et autres quintessences tout à fait dignes du *Mercure galant*, qui plus tard aura son tour.

Vous pensez bien que ce *Journal des Savants*, d'un ton si honnête, qu'il ne prenait parti ni pour ni contre aucune des puissances établies, ne pouvait pas rester ainsi sans contre-poids. Ceci est à proprement dire la naissance non plus de la critique, mais de la discussion. Comme la discussion n'est plus permise dans la politique, elle se reporte, autant qu'elle le peut, dans la philosophie et dans les lettres. L'arme étant trouvée, chacun la veut tenir à son tour. De là naquit le *Journal de Trévoux*, rédigé sous le patronage des jésuites. Le coup des *Provinciales* venait de leur être porté, et cette grande compagnie avait enfin senti qu'elle était vulnérable. Elle eut peur, qui le croirait? du *Journal des Savants*, et elle voulut le faire supprimer. Ils ameutèrent contre cet innocent journal le grand Colbert, M. le président de Lamoignon, M. de Mesme, si bien que M. de Sallo fut sommé ou de renoncer à son journal ou de se soumettre à la censure ecclésiastique. A quoi M. de Sallo répondit comme il fallait répondre et comme tant d'autres journalistes ont répondu après lui, qu'il ne se soumettrait pas à la censure, et qu'il aimait mieux briser sa plume et rentrer dans son repos : ce qu'il fit en effet, laissant à d'autres à continuer son œuvre. Ce que voyant, les jésuites obtinrent le privilége d'un journal. En ce temps-là, la ville de Trévoux appartenait à Son Altesse royale le duc du Maine; et les jésuites en avaient fait comme l'entrepôt de leurs doctrines. C'est dans la ville de Trévoux qu'ils établirent leur journal. Ils étaient fiers de commencer ce journal avec le XVIIe siècle; et, pour que la chose fût plus facile, ils avaient établi à la porte de l'imprimerie une boîte où chaque auteur pouvait jeter l'analyse de son propre livre.

« Monseigneur veut bien qu'il y ait dans l'arsenal, sous l'horloge, une boîte pour recevoir l'analyse de chaque chose, n'importe en quelle langue. »

Nous ne voulons pas suivre le *Journal de Trévoux* dans ses perfidies et dans ses batailles. Toute la Société de Jésus attachée à la même œuvre, voilà, je l'espère, encore un terrible journaliste. Dans ce journal, toutes choses sont mélangées d'une façon si habile, qu'il est bien difficile de distinguer le vrai du faux : la théologie, la médecine, la rhétorique, la poésie même, ont une odeur de vieux saint qui fait mal à sentir. On y fait la guerre aux sciences humaines, parce qu'elles sont entièrement opposées à la *science ecclésiastique;* à la philosophie, parce qu'elle introduit la chicane dans les matières de religion. Aristote et Platon sont mis à l'index, *parce qu'ils ont inondé la religion de questions épineuses.*

On en veut à l'éloquence, parce que, disent-ils, *il n'est pas plus permis à un chrétien de parer sa parole qu'à une femme de mettre du fard.* En même temps, vous pensez si le mensonge leur manque, si la calomnie leur fait faute, s'ils jettent çà et là leur venin et leur colère, s'ils ont peur de l'arme puissante dont ils se servent; non pas que nous voulions nous livrer à de misérables déclamations contre cette savante société qui a donné tant de grands hommes à la poésie, à l'histoire, à l'éloquence : nous voulons dire tout simplement que cette société n'était faite ni pour écrire ni pour supporter le journal. La publicité lui faisait peur, et ne lui convenait pas ; elle aimait à attaquer dans l'ombre, à se défendre dans l'ombre ; les regards perçants de la foule la mettaient mal à l'aise ; et puis, en écrivant le *Journal de Trévoux,* les jésuites se rappelaient avec toute sorte de douleurs cet irrésistible journaliste nommé Pascal, dont les feuilles volantes s'imprimaient chaque jour sous la forme d'un journal. Telle a été, en effet, la première forme des *Provinciales,* et dans quelques bibliothèques d'élite, vous pourrez voir encore le *Journal de Pascal.*

Mais, pour avoir installé la soumission et l'autorité dans le

Journal de Trévoux, le jésuite ne peut pas rester sans réponse; il y avait quelque part un sceptique nommé Pierre Bayle, qui devait élever plus tard autel contre autel, le doute contre la croyance. Pierre Bayle, un de nos ancêtres toujours, pour avoir le droit de douter de tout, s'était donné bien de la peine; il avait été d'abord protestant, puis catholique, puis encore protestant, et il se comparait lui-même à Jupiter, assembleur de nuages. « Mon talent, dit-il, c'est d'assembler des doutes et rien que des doutes. » Celui-là écrivit un journal, mais toujours hors de France, l'*Histoire de la république des lettres*, et, dans ce journal, vous pouvez reconnaître déjà l'auteur du *Dictionnaire historique* et le maître de Voltaire. Dans ces pages rudement écrites, l'opposition la mieux prononcée et la plus habile se fait sentir à chaque instant. Pascal est porté aux nues comme le plus grand homme de la chrétienté; Lucrèce, le matérialiste, est préféré, et hautement, à Virgile. Quand la reine Christine de Suède s'en vient en France, traînant çà et là ses ennuis, ses inquiétudes et ses amours, Bayle s'attaque à elle, et il a le courage de lui dire que, lorsqu'on naît sur un trône, il y faut rester, ou ne pas se repentir quand on en est descendu. Il accepte avec transport M. de Fontenelle, un gentilhomme de son école; il vante, sans attendre que le signal lui soit donné par le XVIIIe siècle, la morale de Tacite; il s'extasie à propos d'Érasme, une espèce de Pierre Bayle du siècle passé; il est à genoux devant le *Télémaque* de Fénelon; il ose parler des *Contes* de la Fontaine, dont la licence toute florentine ne lui déplaît pas. Voilà un grand journaliste, courageux, dévoué, ne s'arrêtant devant aucune disgrâce, regardant en face le soleil de Louis XIV, laborieux surtout, et pesant d'une main ferme toutes les disputes de l'univers. Mais quel malheur que nous ne puissions pas le suivre dans ses rudes et ingénieux travaux!

C'est ici le cas de dire un mot, rien qu'un mot, du sieur de Visé : il est l'inventeur d'une espèce de journal dont nous ne nous sommes jamais passés depuis lui, du journal *galant et dameret*.

C'était un bon petit homme sans trop d'esprit qui ramassait çà et là, dans les antichambres, les nouvelles de la cour, et quelquefois les nouvelles de la ville. Ce *Mercure galant* était un journal de ruelles ; on y trouve toutes sortes de choses, et surtout l'énigme, le griphe, le logogriphe, le rébus, la devise, l'emblème, l'hiéroglyphe, le paradoxe, le problème, l'axiome, l'aphorisme, la sentence, la maxime, le proverbe, l'apophthegme, le bon mot, la turlupinade et le quolibet.

L'énigme, on sait ce que c'est ; le griphe est une énigme en paroles ; OEdipe a fait un griphe : quatre pieds le matin, deux le jour, trois le soir ; le logogriphe est un mot dont on retranche des lettres ; le rébus, figure énigmatique par lettres ou par signes, et ainsi de suite, jusqu'à la turlupinade, qui est une mauvaise plaisanterie. Par exemple, *un plaisant disait qu'il était étonnant que les chrétiens fussent aisés à corrompre, puisqu'ils étaient salés dès la naissance.*

Le Mercure galant était tout inspiré, dans son langage, des héros de d'Urfé, des pastorales et des contes d'amour. Aussi la Bruyère avait-il bien raison, lorsque, avec ce magnifique sang-froid qui ne l'avait jamais quitté, il dit, en parlant du *Mercure galant :* « C'est un livre qui est un peu au-dessous de rien. » Dieu merci ! il y avait à côté du sieur de Visé un autre journaliste qui devait écrire d'une façon merveilleuse, et, pour ainsi dire, divine, le journal du grand siècle. Il y avait madame de Sévigné, qui résumait jour par jour toute cette grâce, tout cet esprit, toute cette magnificence, toute cette poésie, tout ce génie, tous ces beaux-arts ; celle-là aussi, elle pouvait dire comme Cicéron : *Quant à mes lettres, je les écris tout simplement dans le style de tout le monde.* Mais quels siècles où le style de tout le monde n'était pas moins que la langue de Cicéron ou de madame de Sévigné !

A côté d'elle, il y en avait un autre qui écrivait, pour ainsi dire, le journal de l'histoire, le plus dédaigneux et le plus éloquent des grands seigneurs, le duc de Saint-Simon en personne. Ce sont là encore d'illustres ancêtres, n'est-ce pas? Toujours est-il que peu à peu le style périodique faisait aussi de grands progrès ; il a déjà passé, comme nous l'avons vu, par bien des transformations : il a obéi à toutes les rigueurs du cardinal de Richelieu, à la fougue romaine des jésuites, au scepticisme de Bayle, à la politesse de M. de Sallo, à la prose rimée de Loret, à la quintessence du sieur de Visé. Plusieurs bons esprits, chemin faisant, se sont attelés à cette œuvre : l'abbé Terrasson, l'abbé de Vertot, l'abbé Bigre, l'abbé Bignon, M. Odry, M. Dupin, Guy-Patin en personne. Déjà Rollin, dans le *Traité des études*, avait fixé, de la façon la plus ingénieuse et la plus charmante, le véritable langage de la critique. Lui aussi, il est un de nos grands instituteurs; lui aussi, il est le premier qui nous ait appris comment il faut lire sérieusement un livre sérieux, comment il le faut envisager sous toutes ses faces, comment l'analyse doit être nette et rapide, comment la critique doit être équitable, sincère, et en même temps réservée et polie. Nous avons un mot de lui qu'il ne faut pas oublier; c'est qu'un jour, comme on lui parlait du *Journal des Savants*, qui venait de reparaître après la mort de M. de Sallo, ruiné au jeu (il avait perdu 58,000 livres en une soirée, *pour faire comme tout le monde*, disait-il) : « C'est une bagatelle d'écrire dans un journal, disait-on à Rollin.—C'est, répondit-il, une bagatelle qui présentera de grandes difficultés quelque jour. Puis, gardez-vous, ajoutait-il, de faire comme Charles Patru, de jeter dans vos disputes du sel et du vinaigre à pleines mains. »

V

Le chocolat et le café considérés dans leurs rapports avec le journalisme. — *Le Nouvelliste du Parnasse.* — L'abbé Desfontaines. — Fréron et Voltaire. — Les journaux pendant la Révolution. — *Le Vieux Cordelier.* — *Le Père Duchesne.* — *L'Ami du Peuple.* — Linguet. — Olympe de Gouges. — Champcenetz.

Maintenant l'habitude du journal était prise.

Une révolution inattendue venait encore de donner à ce besoin, tout nouveau parmi nous, la plus grande extension : je veux parler, et il ne faut pas rire, de l'invention du chocolat. M. de Sallo — que nous aimons de tout notre cœur, parce qu'il a été véritablement un gentilhomme de très-bonne humeur — disait, dans les derniers jours de sa vie : « Je meurs avec un seul remords, c'est d'avoir dit du mal du chocolat dans mon journal ; c'est d'avoir soutenu d'abord, contrairement à l'opinion du cardinal Brancaccio (*de usu chocolati*), que le chocolat rompait le jeûne, et ensuite qu'il échauffait les estomacs trop froids. Non-seulement j'étais un insensé, mais encore j'étais un ingrat, car véritablement l'inventeur du chocolat a été la fortune des journalistes et des journaux. » Or, voici comme : Pendant longtemps, ç'a été une des habitudes du beau monde de Paris, et des plus galants seigneurs, de passer au cabaret la nuit et le jour ; les plus beaux esprits de ce temps-là, à commencer par Despréaux et Molière, ne dédaignaient pas de hanter le cabaret ; Marion Delorme et Ninon de l'Enclos elle-même, quoique bien plus retenue, y sont allées plus d'une fois dans leur vie.

En ce temps-là aussi, le vin de Bordeaux était plus en disgrâce que le chocolat et le café. « Nous buvons sur les bords de la Garonne, disait M. le duc de Richelieu, un petit vin qui se laisse boire ; « d'où il suit que, même au cabaret, on ne buvait que les vins les plus capiteux, les plus féconds en disputes et en duels de tout genre. Dans cette vie de violences, bien plus faite pour des mousquetaires que pour des gentilshommes de bonne maison, toute idée étrangère à l'ivrognerie et à l'amour était bannie, et bien certainement, en pareil lieu de batteries et de disputes, personne ne songeait à demander ce qu'il y avait de nouveau dans la république des lettres?

Au contraire, l'usage plus fréquent du café et du chocolat (*usus chocolati*), l'ouverture de ces beaux salons plus calmes, exposés dans les beaux quartiers de Paris, où les honnêtes gens pouvaient entrer sans honte à toute heure du jour sans être obligés d'en sortir ivres-morts; l'intérêt qui s'augmentait chaque jour pour les travaux de la pensée; l'opposition qui, dès les premiers temps de la Régence, était entrée dans la poésie; le jeune Arouet qu'on envoyait à la Bastille pour un libelle qu'il n'avait pas écrit : toutes ces causes réunies devaient contribuer à faire du journal, de l'histoire périodique, un besoin de tous les instants. Jusqu'à présent, le journal a été fait pour les oisifs de la cour, pour les savants, pour les magistrats ; maintenant, il va être écrit pour le peuple. Ce fut alors (le *Journal des Savants* paraissait toujours, mais étouffé par sa modération) que l'abbé Desfontaines institua *le Nouvelliste du Parnasse*. Cet abbé Desfontaines est le même que Voltaire a brisé si souvent et traité comme le dernier des va-nu-pieds. Il était cependant d'assez bonne maison : il était né à Rouen en 1685; son père était conseiller au parlement ; il avait été élevé avec grand soin, à ce point qu'il était devenu d'emblée professeur de rhétorique à l'université de Paris. Cet homme est peut-être l'écrivain dont la vie a été la plus remplie d'événements purement littéraires ; il était d'un caractère inquiet, d'un esprit chagrin ; il aimait le bruit, le tapage, le changement ; M. de Sallo l'avait admis à l'honneur d'écrire quelques articles dans son *Journal des Savants*, mais jamais il n'avait pu lui faire comprendre que la critique doit avoir son urbanité et sa politesse. Délivré de ce censeur indulgent et bien élevé, l'abbé Desfontaines voulut être son maître, et il institua ce journal, *le Nouvelliste du Parnasse*, dont il fut bien vite fatigué au bout de trois volumes. Il est le premier qui ait fait sortir la critique littéraire de sa voie naturelle, qui l'ait rendue violente et mordante, qui lui ait mis l'injure à la bouche et le fiel dans le cœur; mais aussi il est le premier qui ait ajouté de la grâce et de la chaleur à l'intérêt de l'analyse, il est le premier qui ait su résumer un livre de façon à en montrer toutes les beautés, tous les défauts, tout comme si vous l'aviez lu, vous-même, d'un bout à l'autre. Prose, vers, brochures, romans, poésies, traductions, l'abbé Desfontaines a fait de tout ; mais son plus bel ouvrage, son œuvre immortelle et impérissable, c'est *Fréron*. Je l'ai dit bien souvent, mais en toute conscience, Fréron est le fondateur et il est resté le roi de la critique; il en a l'énergie, la conviction, la clarté, la véhémence; son coup d'œil est rapide, net et profond ; rien ne lui échappe, ni la belle pensée sous le plat style, ni le défaut de pensée sous la magnificence de l'expression, ni la mauvaise action qui dissimule l'habileté de la parole; il était, celui-là aussi, de bonne race littéraire, car il appartenait à la famille de Malesherbes, et il avait eu pour ses deux professeurs, au collége Louis-le-Grand, l'abbé Brumoy et le savant père Bougeaud, qui fut le professeur de Gresset.

La vie de Fréron a été remplie de toutes les variations de la vie littéraire; il n'y a que la vie de l'abbé Prévost qui ait été plus agitée. Fréron avait d'abord été abbé comme tout le monde, puis chevalier, et, en petit collet ou en habit noir, il avait toujours été un pauvre diable. Un jour, comme il se trouvait dans la détresse la plus absolue, il s'en alla trouver l'abbé Desfontaines, lui demandant de le mettre à l'œuvre, et l'autre, brave homme, y consentit. « Mets-toi là, lui dit-il, — car l'abbé Desfontaines vivait un peu en bohémien, — et voyons ce que tu sais faire. » Alors il se trouva que Fréron était encore un plus grand rhétoricien que Desfontaines ; il savait à fond toute l'antiquité classique, il était très-versé dans les écrits modernes, car c'est là une remarque à vous faire, que, les uns et les autres, ces féroces critiques, ils sont arrivés dans l'arène sous l'armure classique. Desfontaines, Fréron, Geoffroy et M. Duvicquet, cet excellent homme, d'un esprit si fin, d'un goût si sûr, étaient tous des professeurs distingués, et il nous semble qu'avant d'entrer dans la voie qu'ils ont tracée avec tant de talent et de courage, il faudrait commencer par étudier ce qu'ils ont étudié, par savoir ce qu'ils ont su.

Je ne veux point ici vous dire toute mon admiration, tout mon respect pour Fréron : je l'ai dit autre part, je l'ai dit partout. Quand il eut abandonné l'abbé Desfontaines à son dévergondage, et quand, après plusieurs années de critique, il eut fondé ce magnifique journal, *l'Année littéraire*, la vie de Fréron devint une vie de luttes et de labeurs infinis. Il avait apporté, en venant au monde, les deux plus grandes qualités d'un journaliste, deux qualités qui semblent s'exclure et qui s'excluent souvent, l'ironie et la prévoyance.

Pendant quarante ans que cet homme a régenté les arts et les lettres, dans l'époque la plus turbulente de notre histoire littéraire, il a gouverné d'une façon souveraine les lettres et les arts. Sa lutte éternelle, énergique, infatigable contre Voltaire, contre l'esprit de Voltaire, contre la prose, contre la tragédie, contre les vers de Voltaire, restera comme un modèle de persévérance, de courage et de loyauté. Oui, certes, s'attaquer pendant quarante ans à cette puissance sans égale de l'esprit et du génie, être seul contre tous, contre Diderot, contre d'Alembert, contre Helvétius, contre La Harpe, contre Jean-Jacques, contre Voltaire en personne; faire face à toutes les inimitiés, à toutes les colères, à toutes les vengeances, à toutes les haines de l'amour-propre littéraire; ne leur donner de trêve ni la nuit ni le jour; les deviner à demi-mot, les suivre dans leurs moindres détours, retrouver leur trace perdue, dégager la révolution du nuage dont elle s'entoure; voilà un rude travail. Aussi vous pensez, eh! mon Dieu! vous le savez de reste (car ce sont peut-être les seuls vers de Voltaire que vous sachiez par cœur), quelles injures attendaient ce pauvre Fréron. La colère de Voltaire a été si loin, qu'il l'a traîné sur le théâtre, vous le montrant dans le plus odieux rôle qui puisse échoir à un homme, délateur et entremetteur, et, ce soir-là, le soir de l'*Écossaise*, Fréron était au théâtre à sa place accoutumée. Il écouta de sang-froid cette insulte qui le mettait en dehors de la loi sociale, et il remporta dans ses bras, sans que nul lui vînt en aide, sa femme évanouie. Mais aussi, le lendemain de cette fatale journée, fatale pour Voltaire, la critique prit sa revanche sur le poëte. Le feuilleton de Fréron sur *l'Écossaise* est un chef-d'œuvre; raison à part, justice à part, l'homme qui a le plus d'esprit des deux, c'est Fréron. C'est très-beau à voir, cette lutte; c'est très-triste à entendre. Voltaire accuse Fréron d'avoir été aux galères. Fréron, sans s'inquiéter de ces clameurs, prend en main la défense de Racine, de Molière; il défend Corneille contre les notes de Voltaire, il prononce tout haut le nom de Shakspeare, il se place à l'ombre vertueuse du roi Stanislas qui le protége, et lui-même il tend une main amie et dévouée à tous les jeunes gens opprimés par l'*Encyclopédie*. Il eût sauvé Gilbert, si Gilbert avait pu être sauvé; mais il a été étouffé par son immense orgueil. Ainsi a combattu Fréron toute sa vie. Lui seul, il a deviné et prédit l'abîme où devait s'engloutir, perdue par l'esprit, cette monarchie de tant de siècles. Imprévoyant pouvoir! stupide pouvoir! qui le croirait? le garde des sceaux, M. de Miromesnil, vaincu par les ennemis de Fréron, qui étaient ceux de la monarchie, ôta au grand critique le privilége de son journal. Fréron mourut deux mois après cette stupide injustice, et, comme ses amis en pleurs se serraient autour de son lit de mort : « Allons, dit-il, ne vous plaignez pas tant! parce que le garde de sceaux a été un lâche, ce n'est pas une raison pour manquer de cœur. Ceci est un malheur particulier qui ne doit détourner personne de vous de la défense de la monarchie, car le salut de tous est attaché au sien. » Ainsi mourut cet homme, dont on peut dire ce que le cardinal de Retz disait de Matthieu Molé : « qu'il avait été plus brave que César, » car il avait osé braver toute l'artillerie voltairienne. Il était, du reste, du naturel le plus aimable et le plus facile, esprit enjoué, caractère bienveillant, d'une générosité inépuisable, d'une grandeur d'âme peu commune, et ne haïssant personne, pas même Voltaire, qui grinçait des dents au nom de Fréron. Du reste, la critique littéraire et la polémique de chaque jour ont dévoré là sans pitié un rare talent, une vive imagination, un poëte, témoin l'ode sur la bataille de Fontenoi, qui vaut mieux que le poëme de Voltaire. Mais que voulez-vous! il obéissait à sa destinée, à sa conscience, à sa vocation. Il savait que les hommes ne sont pas toujours ingrats, et que, pour lui, Fréron, le temps de la réhabilitation viendrait un jour.

A Fréron finit la critique littéraire, proprement dite, pour renaître bien plus tard. A Fréron s'arrête le journal primitif; le vieux sentier des belles-lettres et des sciences est parcouru tout entier. Vous avez, d'ailleurs, un autre journaliste nommé Voltaire, qui écrit le journal du XVIIIe siècle dans ses lettres, tout comme madame de Sévigné a écrit celui du XVIIe siècle dans les siennes. D'ailleurs, 89 s'avance. Il y a au collége Louis-le-Grand, où fut élevé Fréron, un futur journaliste, nommé Robespierre. Avant peu, toutes choses seront bien changées dans le journal; il ne s'agira plus de comédies, ni de poëmes, ni d'histoires : il va s'agir de la guerre des peuples contre les rois. Et que les rois ont dû être étonnés, mon Dieu! quand ils ont vu le débat politique s'éloigner des trônes pour tomber dans les masses, vous savez avec quel épouvantable fracas !

Nous parlerons en très-peu de mots des journaux de la période révolutionnaire, qui ressemblent beaucoup à de l'histoire faite à main armée. A l'heure de 1789, Mirabeau se met à écrire à ses commettants; c'est le journal politique qui se manifeste. Camille

Desmoulins paraît ensuite, et il écrit *le Vieux Cordelier*, ce pamphlet sous lequel il méritait de mourir. Entendez-vous tonner d'ici *le Père Duchesne*, ivre de vin et de sang ? Entendez-vous hurler la lie du peuple, c'est-à-dire Marat répondant à Hébert ? Avez-vous lu le *Journal de la Montagne ?...* Comment voulez-vous que nous mettions la main dans tout ce sang ? que nous vous disions le nom et les écrits de Chaumette, de Carrier, de Gacon, d'Hébert, un ancien voleur ? Non pas, certes ; ces gens-là ont déshonoré tout ce qu'ils ont touché : le trône, l'église, le journal, jusqu'à Dieu lui-même, que Robespierre a pensé rendre ridicule en le reconnaissant en si grande cérémonie. Nous aimons mieux inscrire dans notre liste, parmi nos devanciers dont il faut estimer le courage, Linguet, qui avait tant d'esprit, tant de colère, une imagination si ardente et si féconde. Il écrivait à lui seul le *Journal politique* et les *Annales politiques*, et, après avoir passé une partie de sa vie à la Bastille ou dans les prisons, il est mort comme il fallait mourir dans ce temps-là, sur l'échafaud ; et madame Olympe de Gouges, cette courageuse femme, qui a écrit de si admirables pages contre Robespierre ; et Mirabeau jeune, aussi brave que son frère était éloquent, aussi grand duelliste que son frère était un grand révolutionnaire ; et cet aimable marquis de Champcenetz, qui portait encore des dentelles en 1792 et la tête si haute, et qui est allé à la mort en riant et en plaisantant, comme s'il eût été encore dans les jardins du Petit-Trianon. De 1789 à 1792, Champcenetz et ses amis ont écrit un très-piquant journal intitulé *les Actes des Apôtres*. Dans ces feuilles toutes remplies du plus aimable persiflage, vous retrouverez beaucoup de la grâce et de l'esprit de l'ancienne cour. Ces gentilshommes ont trouvé que cela était beau de sourire jusque sur l'échafaud : ils ont défié à la fois les juges, les bourreaux et les spectateurs. Leur bonne humeur ne s'est pas démentie un seul instant. Comment pouvaient-ils faire, les malheureux, avec leur esprit contre les piques et les bonnets rouges ? Toujours est-il que, même sous la Terreur, le journal a trouvé ses représentants qui ont été vrais, spirituels, courageux et sincères jusqu'à la mort.

VI

Napoléon Ier et les journaux. — Le *Journal de l'Empire*. — La presse menée tambour battant. — Sa renaissance sous la Restauration. — Le quatrième pouvoir de l'État. — Les journaux et les journalistes d'aujourd'hui. — Ce qu'on les estime et ce qu'ils valent.

Maintenant que nous voilà arrivés aux temps modernes, et que chacun de vous peut facilement retrouver les archives du journal contemporain, je n'irai pas vous faire une histoire que vous savez tous aussi bien que moi. Vous savez comment le despotisme impérial s'empara de cette arme pour en faire son profit; comment l'empereur Napoléon, aussi habile qu'avait été le cardinal de Richelieu lui-même, et qui eût pris en très-mauvaise plaisanterie toute espèce de contrôle, ne permit à personne d'écrire une ligne qui ne fût pas revue par son préfet de police et par lui-même. A peine si le jaloux empereur accordait au journal un peu de liberté pour parler des tragédies, des comédies et des livres qui s'écrivaient dans son empire. Nul n'était à l'abri du despote; les plus grands écrivains de cette époque, M. de Chateaubriand et madame de Staël avaient supporté au préalable toute l'inquisition de la censure. La liberté qui restait à la critique, censurée comme tout le reste, était peu de chose. Cependant, ainsi rétrécie dans le cadre le plus jaloux, la critique de ce temps-là trouvait le moyen de rendre le plus grand service aux belles-lettres et aux beaux-arts. Elle a relevé, tant qu'elle l'a pu, les ruines du passé, elle a remis en honneur les vieux noms oubliés, elle nous a rappelés à l'étude des chefs-d'œuvre qui ne peuvent pas mourir; elle a osé parler de la vieille histoire et des vieux monarques. Plus d'une fois, ne pouvant pas protester par la parole contre la violence du maître, elle a protesté par le silence. Tant qu'il a régné, c'est-à-dire tant qu'il a vécu, l'empereur Napoléon s'est tenu en dehors de cette puissance de la presse, qui était en dehors de sa puissance; il l'a restreinte, il l'a écrasée, il l'a dépouillée de toutes les manières. Un jour même, comme il ne savait plus que faire pour être le maître dans le *Journal de l'Empire* comme il était le maître dans le sénat conservateur, il confisqua au profit de ses familiers le *Journal de l'Empire*. Il envoya saisir le rédacteur en chef par deux gendarmes, et il le fit conduire, devinez où? A l'île d'Elbe, où le rédacteur du *Journal de l'Empire* est resté jusqu'à ce que l'empereur vînt prendre sa place. Ici, il faut reconnaître encore l'intelligence de l'empereur, car, s'adressant à celui-là, le premier journaliste du monde, qui a été toute sa vie un journaliste, et qui n'a voulu être que cela, qui a vu passer, sans courber la tête, les plus hautes fortunes, les positions les plus belles, rare esprit d'une bienveillance infinie, intelligence avancée et infatigable, l'empereur frappait, en effet, sur le plus important représentant de la politique et de la littérature périodiques dans toute l'Europe civilisée.

Avec la charte de Louis XVIII, arriva, pour le journal en France, une ère admirable où la pensée humaine put se livrer enfin au plus magnifique développement. Le journal devint alors ce qu'il était sous les pontifes romains, le livre universel; seulement, dans ce livre ouvert à tous, chacun venait écrire ses haines, son amour, ses regrets, son espoir, ses ambitions, sa passion pour le bien public. Dans ces feuilles ainsi composées, la tribune et le barreau jetaient chaque matin le double reflet de leur éloquence; à cet écho retentissant, l'homme politique venait demander la popularité, le poëte de la gloire, l'homme d'État la puissance, l'historien des faits, le comédien des conseils. Ce n'est pas que la Restauration, elle aussi, qui avait, quoi qu'on dise, le sentiment de sa destruction prochaine, ne se soit inquiétée de l'envahissement d'un quatrième pouvoir que la Charte et Louis XVIII n'avaient pas prévu ; mais l'impulsion était donnée, le fleuve avait pris son courant dans cette arène où la royauté elle-même ne pouvait arriver qu'avec ses propres raisonnements, tout obstacle étranger étant brisé en un clin d'œil. En vain les anciens et éternels rédacteurs du *Journal de Trévoux* étaient rentrés dans la lice ; en vain les gentilshommes qui écrivaient *les Actes des Apôtres* étaient sortis de leur tombe pour recommencer leur guerre d'épigrammes ; en vain les plus rares talents et les plus excellents courages du ministère public avaient soutenu, par une magistrature prudente, avaient défendu pied à pied ce terrain d'alluvion conquis par la maison de Bourbon sur 1789 : rien n'y fit, ni les menaces du pouvoir, ni les nombreuses séductions, ni les peines afflictives et infamantes, à ce point,—en ceci est la honte de la Restauration,— que les journalistes condamnés furent accouplés à la même chaîne avec des galériens couverts de lèpre. La maison de Bourbon devait mourir par le journal. Un jour arriva enfin, un jour décisif, où la magistrature elle-même, appelée à se prononcer entre la maison de Bourbon et ce même rédacteur du *Journal de l'Empire*, que Napoléon avait fait saisir par les gendarmes, prononça du haut de son tribunal l'arrêt de la maison de Bourbon. Telle est cette puissance du journal, que, si nous voulions nommer tous les hommes qui ont apporté leur pierre toute taillée à cette œuvre de géant, il faudrait nommer tous les hommes qui ont eu quelque valeur et quelque crédit dans le gouvernement des affaires, dans les lettres, dans les sciences, dans les arts ; à leur tête, il faudrait placer le roi poétique du monde moderne, M. de Chateaubriand en personne. Cherchez bien, et vous trouverez que tous les hommes qui meuvent le monde aujourd'hui, après Dieu, sont des enfants de la presse périodique. Le grand mérite de M. Thiers, cette vive éloquence, ce hardi courage, ce scintillant génie que rien ne trouble et n'arrête, cet homme qui a vaincu, surmonté ou brisé tous les obstacles, ce prince de Talleyrand sorti du peuple, c'est de n'avoir jamais oublié qu'il avait appris l'éloquence, l'administration et le gouvernement dans le journal. Aussi, comme nous l'avons dit quelque part, quand celui-là est entré dans le gouvernement pour n'en plus sortir, la presse a gagné sa bataille d'Austerlitz. Vous comprenez donc que, pour écrire cette petite histoire du journalisme, il nous fallait nécessairement remonter jusqu'à l'origine de l'art, car c'est une opinion commune, que c'est là un métier d'hier, un pur hasard, une profession où le premier venu sans profession peut apporter les rognures de son esprit et le tâtonnement de son style. Nul ne pense à tous les grands maîtres qui nous ont précédés, à tous les beaux exemples qu'ils nous ont laissés, à leur courage, à tout l'esprit qu'ils ont dépensé. Et que la prédiction du bon Rollin s'est bien réalisée : *que le journal serait difficile à écrire quelque jour!* Et que la Bruyère, qui a si mal traité *le Mercure galant*, avait bien la conscience de ces difficultés à venir lorsqu'il a dit : « Pour badiner avec grâce et raconter heureusement sur les petits sujets, il faut trop de manières, trop de politesse et même trop de fécondité ; c'est créer que de réveiller ainsi et faire quelque chose de rien. » Ce qui n'empêche pas le dernier échappé de collége, le cuistre sans esprit et sans étude, le bas bleu aux bas troués de s'étonner chaque matin de se voir renvoyés, celui-ci à son collége, celui-là à sa férule, cette dernière à sa cuisine, d'où elle n'eût pas dû sortir. Quant au journaliste tel qu'il est et se comporte, vous voulez le savoir, rien n'est plus facile. Entrez chez lui, à tous présents et à venir, salut! sa porte est ouverte à quiconque y vient frapper ; il est plus accessible que l'avocat le moins occupé, car, parfois, l'avocat le moins occupé traîne sa robe inutile sur les dalles des Pas-Perdus ; jour par jour, quel que soit le journaliste, il peut rendre compte de sa vie, il peut vous dire ce qu'il faisait à telle heure de la journée, à telle heure du soir. Comme il s'agit chaque matin de composer pour le lendemain, non pas une feuille volante, mais la valeur de deux volumes in-8º de nos romanciers, chaque homme de la presse périodique a pris sa part dans le travail commun, et sa vie se passe à exploiter le domaine qui est son partage : celui-ci est versé dans la science de l'économie politique, il sait par cœur toutes les lois de ce pays, il a fait de l'histoire de l'Europe une étude particulière, il sait, à n'en pas douter, où commence la France, où elle devrait finir, et, la plume à la main, il la défend contre tous les voisinages, qu'on l'attaque par les armes, qu'on l'attaque par la parole, par les congrès, par les discours dans les tribunes étrangères, par les terreurs et les mauvaises haines des royautés hostiles. Celui-là ne date que de 1789, il commence à Mirabeau; la longue échelle qui mène à la tribune politique, il l'a montée et descendue plusieurs fois sans jamais s'étourdir du bruit qui se fait à droite, ou à gauche, ou au centre; par une longue habitude des assemblées délibérantes, il a deviné tous les secrets de la tactique oratoire ; il passe sa vie dans les chambres, il prête l'oreille à tous les discours et à toutes ces longues batailles que la nuit n'interrompt même pas, et, quand tout est dit, il trouve encore assez de temps pour expliquer à l'Europe, et quelquefois aux chambres mêmes, ce que les chambres ont dit la veille ; il leur apprend où elles vont, et quelquefois il leur impose ce qu'elles doivent vouloir; il est tour à tour le héraut des vainqueurs, le consolateur des vaincus ; il tempère ou il'excite toutes ces passions entassées là. Oui, son œuvre est grande et belle; et, si vous ôtiez ce conseiller intrépide de ces assemblées bruyantes, que deviendraient, je vous prie, la plupart de ces députés ignorants, qui ne savent même pas pourquoi ils sont arrivés là, qui ignorent en même temps leurs droits et leurs devoirs? que deviendraient les électeurs qui les ont nommés, bonnes gens arrachés à leur charrue et à leur commerce, dont on fait tous les cinq ans, pendant vingt-quatre heures, les arbitres de la chose publique? Et, comme dans un journal et dans un État bien réglé, toutes choses se tiennent, pendant que les uns s'occupent des affaires étrangères, pendant que les autres s'occupent de l'intérieur, d'autres esprits sont là, attentifs au mouvement industriel, philosophique, littéraire, commercial; celui-ci s'est occupé de l'histoire de l'argent, il le suit dans ses variations imprudentes et quelquefois criminelles, il dit à la France où en est sa fortune, où en est son crédit, et, par conséquent, la fortune et le crédit de l'Europe; celui-là revient des pays lointains, il a visité les cours étrangères, il a étudié le jeu rouillé des monarchies et le mécanisme compliqué des républiques; il s'est attaché surtout à deviner les intérêts matériels des peuples, il a vu comment se creusent les canaux, comment se dessinent les chemins de fer, comment se règlent les prisons et les hôpitaux, autre part que chez nous; et, au retour de ces utiles voyages, il nous dit : « Faites ceci, faites cela, » et plus d'une fois le conseil d'État, ayant besoin de son secours, l'envoie chercher et lui demande ses conseils. Tel autre est tout simplement un savant, il a pâli sur les sciences exactes, et naturellement il fréquente le lieu où s'étudie la science, dont il suit pas à pas tous les progrès ; quand il a bien butiné dans les académies, dans les sciences de l'Orient, dans toutes les langues étrangères, dans tous les livres qui s'impriment à l'usage d'une vingtaine de personnes en Europe, il arrive tout chargé de sa science, et il donne à tous et à chacun les secrets qu'il a pénétrés avec tant de peine et de labeur. Les autres enfin, les amoureux des belles-lettres, ceux-là qui se sont passionnés pour la belle forme, pour le beau langage, pour le grand style, qui ont suivi autant qu'ils l'ont pu leurs modèles et leurs maîtres, ceux-là s'attaquent corps à corps avec tous ceux qui écrivent des livres, des poëmes, des tragédies, ceux-là sont, à proprement dire, des gens qui se mêlent de tout ; toutes les idées sont de leur domaine, tous les nouveaux venus leur appartiennent par droit de conquête et par droit de naissance; ils pénètrent de gré ou de force dans tout ce qui est la nouveauté et le mouvement. Et, pour faire ce métier-là longtemps, savez-vous qu'il faut être un soldat intrépide, toujours sur la brèche la nuit et le jour, toujours à disséquer, toujours à combattre; c'est, à proprement dire, le métier du général d'armée, tel que l'a dépeint Fléchier dans l'oraison funèbre de M. de Turenne : exciter les lâches, encourager les timides, retenir ceux qui vont trop loin, encourager ceux qui faiblissent, découvrir les mieux faisants de la journée, dominer le combat, préparer la bataille, prévoir la défaite, annoncer la victoire; dans ce rude métier, il faut savoir manier à la fois la louange et le blâme, l'ironie et la colère; parfois même il faut aller, hélas! jusqu'au sarcasme, jusqu'au mépris, il faut oser dire ce qu'il y a de plus difficile à dire au monde, à toutes les passions mauvaises : « Je vous connais! Toi, tu es l'orgueil; toi, tu es le mensonge; toi, tu es la calomnie; je sais votre nom : votre nom est *légion;* » il faut être inaccessible à l'amour ou à l'amitié, voire même à la charité, qui est la plus douce et la plus facile des vertus; il faut se dire que chaque matin, si l'on veut être sincère et vrai, on va se faire un ennemi nouveau, et non-seulement cet ennemi, mais la femme, mais les enfants, mais les amis, mais le vieux père de cet homme qui vous regarde comme un homme abominable, et qui meurt en vous maudissant. Rude métier, penser que l'on s'attaque aux plus forts, aux plus rebelles, aux plus indomptés, aux plus indomptables!

Tous ces hommes ainsi réunis pour l'accomplissement de la même œuvre, qui tendent tous au même but, sont gouvernés, le plus souvent, par un homme plus rempli d'expérience et plus calme.

En même temps, au-dessous même du rédacteur en chef, et pour mener son journal, pour le conduire chaque matin où il faut qu'il aille, vous avez la foule que ce journal représente, c'est la foule qui lui donne ses inspirations, qui lui impose ses colères et ses vengeances, son admiration et son amour; elle veut bien être gouvernée quelquefois, mais à condition qu'elle dominera souvent; et, d'ailleurs, la foule ne se trompe guère, elle sait très-bien au fond de l'âme ce qu'elle doit faire, elle sait quelle part d'estime lui revient et quelle part de respect; d'où il suit que, lorsque vous voyez un journal qui a conquis sa place en Europe et dont la voix est écoutée, si l'on vous demande quels sont ceux qui le dirigent, vous pourrez répondre à coup sûr : « C'est tout le monde. » Je sais bien toutes les objections qu'on peut faire, tous les crimes que l'on reproche au journal, toutes les lâchetés, toutes les bassesses dont on l'accuse : les uns disent qu'il est vénal, les autres qu'il est menteur; on l'accuse de vivre souvent d'épigrammes et de calomnies. Comme nous sommes de bonne foi, nous dirons qu'en effet il y a, parmi ces nobles écrivains de tant d'esprit et de tant de courage, plus d'un malfaiteur. Peytel n'était-il pas notaire en même temps qu'homme de lettres? Hélas! oui, rien n'est plus vrai, dans les régions infimes de la presse, et pour peu que vous vouliez descendre dans ces impurs cloaques, vous trouverez bien des crimes et bien des hontes; il est des hommes qui tiennent une plume comme les *bravi* italiens tiennent leur poignard, à la disposition de qui les paye. Pénétrez dans une de ces boutiques de calomnies et d'injures, et, pour très-peu d'argent, notre homme va vous distiller toute la calomnie dont vous aurez besoin; il dira de votre voisin qu'il est un traître, un voleur, un fripon, que sa femme est adultère, que sa fille se vend chaque soir au coin de la borne; la chose sera imprimée en autant d'exemplaires qu'il vous plaira, et, pour dix écus, vous aurez l'honneur d'un homme dont vous n'auriez pas osé acheter la vie, de crainte de l'échafaud. Mais encore une fois, que des misérables de cette trempe se rencontrent dans une profession, qu'est-ce que cela prouve? C'est là l'éternelle histoire du mendiant à l'escopette dans *Gil Blas*, et puis, quand on en veut finir avec de pareils drôles, il y a la police correctionnelle ou le bâton.

Quant au journal qui aiguise de préférence l'épigramme politique, qui procède par le coup d'épingle comme les autres journaux procèdent par le raisonnement, qui traite toutes les grandeurs et toutes les gloires d'une époque comme autant de bulles de savon que le souffle emporte, ce journal est parfaitement dans son droit : c'est là, en effet, une des conditions de toutes les grandeurs modernes, d'être traitées fort lestement tant qu'elles sont des grandeurs. Vous avez voulu avoir une constitution, vous l'avez; la liberté de la presse, la voici; l'égalité pour tous, à la bonne heure! Mais l'égalité consiste aussi bien à partager les charges que les bénéfices, à être à l'insulte aussi bien qu'à l'honneur; c'est la loi commune de toutes les républiques. Vous rappelez-vous comment le général Cléon est traité dans les comédies d'Aristophane, et comment Socrate est traité? Vous rappelez-vous ce citoyen d'Athènes qui condamne Aristide à l'exil, uniquement parce qu'il est fatigué de l'entendre appeler le Juste? A Rome, quand le grand César triomphe des Gaules, il y a derrière lui les goujats de l'armée qui l'insultent et qui lui disent : « Tu es chauve, tu es un libertin, tu es un lâche, tu es un rhéteur. » Eh bien, vous autres grands hommes d'aujourd'hui, ne vous plaignez pas d'être traités comme Socrate ou comme César; n'ayez pas l'épiderme sensible à ce point, ou sinon allez planter vos choux dans vos domaines; quittez la vie publique où vous appartenez à tout le monde; rentrez dans la vie privée qui est murée, qui doit être murée; grâce à Dieu, l'épigramme, qui ne respecte rien parmi nous, a toujours respecté les faibles et les vaincus. Quand le roi Charles X a perdu ce grand royaume avec un stoïcisme plus que chrétien, pas une épigramme ne s'est élevée sur son passage, mais, au contraire, chacun s'est découvert avec respect : qui eût pu sourire à ce moment solennel eût été pis qu'un lâche, eût été un homme sans esprit et sans tact. Je ne suis même pas bien sûr si dans la foule des écrivains il ne s'en est pas rencontré plus d'un qui n'ait regretté au fond de l'âme d'avoir eu tant d'esprit et de verve contre un si bon roi.

Ah! que le journal brise et renverse, qu'il nous pousse chaque jour de changement en changement, qu'il soit le grand agitateur des sociétés modernes, qu'il excite les tempêtes et les batailles, qu'il épouvante les rois sur leur trône et les bourgeois dans leur maison, qu'il pénètre même invinciblement au milieu des armées qui ne doivent ni voir ni entendre, qui ne doivent qu'obéir; qu'il s'attaque, en furieux, à coups d'épingle, à coups de poignard, à la gloire acquise, aux services rendus, aux génies qui se révèlent, à la royauté, à l'éloquence, à la poésie, à toutes les supériorités incontestables du monde, la chose est vraie; mais, si vous êtes juste, vous reconnaîtrez que ces attaques font vivre; qu'au fond de ces colères il y a de la célébrité pour tous ceux qui la méritent; qu'au fond de ces injures il y a de l'équité et du respect, et, si vous comptez les morts dans ce vaste champ de bataille des faits et des opinions, vous trouverez que ceux qui sont en effet véritablement blessés ou morts n'avaient pas vingt-quatre heures à vivre, et que la presse leur a fait bien de l'honneur en les empêchant de mourir dans leur lit.

Disons aussi que tout ce qui est la presse en France, tous ceux qui la mènent, tous ceux qui apportent là chaque jour leur esprit et leur style, sont tout à fait ce qu'on appelle d'honnêtes gens. Otez les injures de l'esprit de parti, qui est la monnaie courante des disputes de chaque jour dont les hommes de la presse ont leur bonne part comme arrivant les premiers à la bataille, pour en sortir les derniers, et vous verrez que, dans ces existences exposées au grand jour, il n'y a rien que d'honorable. Il se fait plus de trafics honteux en un seul jour dans le ministère le mieux tenu, qu'il ne s'en fait en deux ans dans toute la presse parisienne. Voyez-vous, il ne faut pas vous en laisser imposer par des épigrammes qui courent le monde, depuis les spirituelles et abominables lâchetés de l'Arétin. Ceux qui vous disent que la presse est à vendre, ceux-là vous mentent. « Si elle était à vendre, disait un homme qui se connaît en affaires, il faut avouer que je serais bien bête de ne pas l'acheter. » Et cet homme avait raison. Qui aurait toute la presse de ce pays pour soi, seulement pendant deux fois vingt-quatre heures, serait plus puissant que l'empereur Napoléon Bonaparte ne l'a jamais été; et puis avec quoi voulez-vous acheter la presse?

Par la puissance? elle est elle-même la puissance ; par l'autorité? vous tenez l'autorité de ses mains ; par l'argent? elle est plus riche que vous ; toutes les affaires lui appartiennent, depuis le marchand qui débite les productions de l'esprit, jusqu'au charlatan qui vend la santé en bouteilles ou en pilules; il ne se vend pas une maison, pas un tableau, il ne se fait pas un enterrement ou un mariage, qu'elle n'y soit conviée la première, et cela sans violence, par la force même des choses, parce qu'elle rend plus qu'on ne lui donne. Autrefois, il y a des siècles heureusement, quand l'écrivain ne savait pas la valeur de son génie, quand le grand Corneille à pied était éclaboussé par le tragédien en voiture, quand *Cinna* était dédié au financier Montauron pour quelques écus, à la bonne heure! le financier pouvait se vanter d'avoir donné un peu d'argent à Corneille. Mais, aujourd'hui, sous le rapport même de la fortune, l'écrivain que la foule adopte et qu'elle aime, parce qu'il ne la trompe pas, parce qu'il est loyal avec elle, parce qu'il lui dit chaque matin ce qu'il a sur le cœur, l'écrivain est l'égal de tout le monde; il marche de pair avec le notaire, avec l'agent de change, avec le maître de forges, avec les professions que la société paye le plus. S'il n'est pas protégé par le monopole et par une charge achetée à beaux deniers comptants, il est protégé par son esprit et par son talent, dont il faut qu'il ait autant de soin qu'une femme a soin de sa beauté, un soldat de son armure. Dans les premiers temps de l'émancipation littéraire, quand les écrivains de ce temps-ci ont eu échappé au grenier et aux 1,200 livres dont les menaçait M. de Peyronnet, ils ont eu le tort et le grand tort de vouloir lutter avec le luxe éphémère des joueurs de la Bourse; ils ont fait, eux aussi, leur petit scandale, qu'ils ont cruellement regretté depuis ; ils ont eu des tableaux flamands et des chevaux anglais; on montrait du doigt leur livrée et leurs équipages. Mais pardonnons à leur repentir : cette petite fièvre de luxe n'a pas duré; le bon sens a bientôt repris tous ses droits; les chevaux ont été vendus à perte, les tableaux donnés pour rien. A peine si notre Mondor littéraire a gardé ses livres ; il est rentré dans la vie de tout le monde, et il sait très-bien maintenant que, pour être heureux et sage, il ne faut faire ni envie ni pitié.

Tout au rebours, combien en avons-nous vu, je parle des plus beaux esprits de ce temps-ci, pendant que leurs collègues dépensaient leur esprit à payer des carrossiers et des maquignons, qui s'en allaient fièrement dans les rues avec un habit tout en loques, qui portaient fièrement la tête sous un chapeau tout troué : on les eût pris pour des mendiants, si leur tête eût été moins belle, leurs mains moins bien lavées, leur parole moins hautaine ; mais ceux-là aussi se sont corrigés de leurs vices, et, le jour même où leurs collègues sortaient de leur voitures éphémères, ceux-là rentraient dans leurs habits neufs.

Ceux qui disent que cela est facile de réussir dans cette éclatante façon de parler à la foule chaque matin, ceux-là sont les mêmes qui répètent que l'esprit court les rues. J'ignore si la chose est difficile, mais ce qui est vrai, c'est que tel orateur dont la voix est écoutée à la tribune et qui va parler deux heures durant, sur un sujet qu'il connaîtra bien, si par hasard il veut résumer dans un journal ce qu'il a dit le matin même à la Chambre, aussitôt tout lui manque, l'esprit, le style, l'art, le goût, le sang-froid, l'à-propos, il ne sait plus ce qu'il veut dire, il ne sait plus ce qu'il a dit. Je pourrais vous en citer des plus célèbres, les plus gros bonnets de l'Académie, les plus magnifiques rhéteurs, qui toute leur vie ont écrit dans les journaux, sans que nul songeât à demander à son voisin : *De qui donc est la polémique de ce matin?* Et je vous parle ici d'écrivains célèbres. Les rhétoriques, qui s'inquiètent de toutes choses, qui vous enseignent toutes les parties oratoires, depuis le *griphe* jusqu'à la *turlupinade*, à l'usage du *Mercure galant*, ne se sont pas encore occupées de nous dire quelles étaient les qualités de style que réclamait le journal. Les rhétoriques vous enseignent comment se fait l'ouverture d'un sénat, comment se convoquent les états généraux, comment vous devrez parler quand vous serez archonte à Athènes, consul à Rome, souverain pontife, impératrice de Russie, maréchal d'armée ou paysan du Danube ; mais vous expliquer ce que doit être le style du journal, élégant sans manière, fier sans orgueil, poli sans bassesse, familier sans être flatteur, prudent, réservé, comment parfois il doit arriver à l'éloquence, les rhétoriques n'en savent rien, et vous pensez bien que, moi qui vous parle, je n'en sais pas si long que les rhétoriques ; Dieu merci !

S'il y a une profession qui réclame quelque indulgence pour ses jeunes adeptes, à coup sûr, c'est le journal. Ils commencent en étourdis une œuvre sérieuse, mais qu'importe? Vos graves magistrats ou vos médecins soucieux, qui tiennent en leurs mains la vie et la mort des citoyens, n'ont-ils pas été de rudes tapageurs dans leur jeunesse? Que de tuteurs trompés, que de filles séduites, que de femmes menées à mal ! Cependant, eux et vous, vous avez tout à fait oublié les folies de ces premiers jours. Soyez aussi indulgents pour la jeunesse des journalistes que vous l'avez été pour toutes les autres. Sans doute, le jeune journaliste est méchant, mais il est méchant comme le jeune dogue à qui sa dent pousse et qui veut savoir si ça mord. Mettez entre les mains d'un enfant un vrai sabre, un vrai fusil, il veut apprendre à vos dépens si la lame de son sabre est affilée et si son pistolet est chargé ; il vous le tirera aux oreilles pour vous faire peur. Ainsi un honnête jeune homme qui tient sous sa main, à ce qu'il pense, la gloire et la renommée, l'applaudissement ou le sifflet, se laisse d'ordinaire emporter à sa première ardeur ; il loue ou il blâme au hasard, et sa louange non plus que son blâme ne connaissent pas de bornes. Avec lui, pas de milieu, vous êtes un dieu ou un démon, vous êtes Apollon ou Thersite, vous êtes Napoléon ou l'infâme Deutz. Il vous écrase ou il vous exalte, tenez-vous bien. C'est fini, et, quand il a tiré son grand coup de tonnerre, notre jeune journaliste, à l'exemple de Fieschi, sort tout de suite dans la rue, pour voir l'effet qu'a produit sa machine ; mais, ô surprise! ô désappointement! ô rage! cette grande machine a éclaté en pure perte; on se promène tranquillement dans la rue; nul n'a senti passer ni cette louange ni cette satire : l'homme couronné passe devant son faiseur d'apothéose, son chapeau sur la tête, et à peine s'il daigne lever son chapeau; l'homme écrasé sourit à celui qui l'a écrasé et lui donne une franche poignée de main, et, quand l'autre, tout honteux, lui dit : *Mais j'ai brisé votre statue*, il passe sa main sur son visage, et il répond comme l'empereur Théodose : *Je ne me sens pas blessé*. C'est aussi le jeune et le très-jeune journaliste que vous rencontrerez dans les coulisses des théâtres, à l'instant le plus infect du drame, quand le sang va couler, quand la poix résine va brûler, quand Desdémone étend sa pâleur sur son visage, pendant qu'Othello noircit sa face ronde avec un bouchon brûlé. C'est le journaliste novice qui ne manque jamais de se présenter à la porte de la comédienne à la mode, quand madame, après avoir poussé son dernier hoquet, revient toute rayonnante dans la niche où elle a déposé ses habits de simple citoyenne. Spectacle peu attrayant, soyez-en sûr, cette femme toute préoccupée de quelques applaudissements de plus ou de moins, qui jette çà et là sa couronne, son manteau royal, ses cheveux, ses belles formes, les lis et les roses de son visage dont elle salit son mouchoir! et cependant le vulgaire, voyant sortir ce journaliste de ce beau lieu, s'écrie avec admiration : *Qu'il est heureux!* Ainsi, dans *le foyer de la danse*, cet Éden de squelettes osseux et contrefaits, où il faut entrer chapeau bas (c'est l'ordre de Louis XIV), où, pour avoir ses entrées, il faut être membre de la diplomatie européenne, journaliste tout-puissant, ou tout simplement petit cousin d'une de ces dames, si vous rencontrez un journaliste, vous pourrez bien dire que c'est le dernier des novices. Il en est ainsi des grands dîners, des orgies de la presse dont il est question dans toutes les chansons de la Restauration, dans tous les livres de la révolution de Juillet. Pour accepter à dîner dans un ministère, il faut encore avoir au bout des lèvres le lait quelque peu amer de notre bonne nourrice la presse, il faut n'avoir jamais vu ces vieilles fleurs fanées, ces services d'argent jaunâtre, ces meubles éclopés, toute la misère de ces grandes hôtelleries où tant de dîneurs ont passé sans laisser plus de traces que les ministres dont ils ont été les convives. Quant à l'orgie littéraire, elle n'existe plus que dans les livres; ce n'est pas avec du vin de Champagne et des excès de tout genre que l'esprit arrive. Mais il en est de la presse comme il en est de tous les divers états des Français; les plaisanteries sur les médecins seront éternelles; les plaisanteries sur l'Académie française n'auront pas de fin; c'est une chose reçue maintenant à tout jamais que l'on séduit les juges par les épices, que l'on bat le guet le soir sur le pont Neuf, et qu'il faut laisser le critique ivre-mort sur la place pour en avoir satisfaction.

Heureusement qu'en vieillissant, le journaliste a bientôt appris à se méfier de la coulisse, pour y avoir eu ses habits tachés d'huile; de la loge d'actrice pour avoir vu, comme le poëte Ovide, ce qu'il ne devait pas voir; du dîner corrupteur du ministère pour en être sorti mort de faim; en même temps, il a appris à se méfier du libraire et de ces insipides volumes qui sont déjà payés bien cher seulement à les lire; il a appris à tenir à distance respectueuse le poëte qui vous apporte ses vers et qui vous dédie sa plus belle élégie, *la Nuit sur la montagne;* le comédien qui vient de déclamer son rôle de façon à faire hurler votre chien; le romancier qui place en tête de son chapitre une épigraphe à votre nom; la femme méconnue, incomprise, qui s'en vient des régions célestes pour vous demander une occupation à son âme; le débutant littéraire qui s'en va vendre les petits mystères de votre intérieur. En même temps, il apprend à être poli, bien élevé, clément, charitable; à rester vrai sans être grossier, à mettre toujours un peu de miel au bord du vase; mais il faut bien du temps avant que de persuader à ces novices que, dans cette profession de la critique de chaque jour, il y a bien plus de mérite à tenir convenablement une belle petite épingle d'un acier très-fin, dont les piqûres se font à peine sentir, qu'à égorger brutalement un homme d'un grand coup de poignard. Ainsi le critique en vient peu à peu à gagner la confiance des honnêtes gens qui n'aiment ni la violence, ni les grands cris, ni les grands tapages; peu à peu ses justiciables le voyant à peu près juste pour chacun et pour tous, et découvrant qu'il est aussi accessible que tout autre aux larmes, à la pitié, à toutes les émotions du cœur de l'homme, cessent de tant le haïr, de tant le flatter, de trembler devant lui. Bien plus, ils l'acceptent comme on accepte un nécessaire, un peu fâcheux, il est vrai, mais enfin, disent-ils, puisqu'il le faut, autant celui-là qu'un autre; et ainsi ils vivent chacun de son côté, sans se chercher, sans se fuir, se rencontrent avec plaisir, se quittent sans trop de peine, et au fond s'estiment fort, et chacun est resté indépendant, celui-ci de celui-là.

La fraternité des hommes de la presse française est passée en proverbe, et même les étrangers ne se lassent pas de l'admirer. Ils ne comprennent pas que tant de gens dont les opinions sont si opposées, dont les drapeaux sont si contraires, se rencontrent à chaque instant de leur vie, non-seulement sans haine et sans chagrin, mais encore avec la joie la plus naïve et la plus sincère.

Celui-ci a attaqué celui-là le matin même; violemment attaqué la veille, il a répondu le lendemain sur le même ton; ou bien même, ils se sont rencontrés le pistolet ou l'épée à la main; celui-ci a sur les mains du sang de celui-là (hélas! qu'il en est resté sur le pavé de ces braves gens, qui tiennent si bien une plume, si mal une épée), eh bien, regardez-les, c'est à peine s'ils se souviennent de ces violences pour et contre, qui vont peut-être recommencer tout à l'heure. C'est peut-être un peu l'histoire de la bataille de Fontenoi, où MM. les gardes françaises offrent le premier feu à l'ennemi, après quoi on se bat à outrance; car, dans la presse parisienne, pas un homme n'est à l'abri de l'épigramme, pas un n'est au-dessus de la satire et de la déclamation.

Après avoir dévoré tout le monde, ils se dévorent les uns les autres, attaque d'autant plus vive et d'autant plus vraie, que chacun se connaît mieux. Cependant le public applaudit à cette violence. Les auteurs sifflés font la haie autour des combattants, en pensant qu'ils auront un peu de relâche. Et voilà pourtant les hommes que l'on accuse d'être des hommes de coterie, quand il n'en est pas un qui n'ait été blessé par son voisin.

Vous voudrez savoir peut-être si c'est là une vie heureuse? Mais c'est la plus heureuse vie de ce monde! Parler à la foule chaque jour, lui imposer sa louange ou son blâme, lui livrer ce duel à armes courtoises qu'elle aime tant, protéger les infimes, abaisser les superbes, découvrir quelque beau jeune talent inconnu et tremblant, pour lui ouvrir le grand chemin de la fortune et de la gloire ; donner à tous la renommée que l'on ne veut pas pour soi-même, et, populaire malgré soi, assister de près à toutes les lâchetés de la vanité littéraire, à toutes les bassesses de l'amour-propre ; voir ramper devant soi les plus fiers, les entendre gémir et vous supplier les mains jointes pour obtenir l'aumône d'un éloge ; savoir au plus juste prix ce que vaut la gloire courante, et, partant, n'aimer que la vraie gloire ; entendre à son oreille, et le premier, tous les bruits qui se font dans le monde ; être partout et tout voir, ouvrir sa porte aux idées qui vous viennent de tous côtés, être le confident de celui qui invente, et souvent lui prêter sa plume ou sa parole pour qu'il puisse expliquer sa découverte à la foule ; résumer la vie de ceux qui meurent, et payer la dette nationale, en se souvenant des travaux oubliés, certes, c'est là une belle œuvre, c'est là une noble tâche. Un pareil homme n'est-il pas, à tout prendre, l'historien de son temps, et n'aura-t-il pas un peu de la louange, de la reconnaissance et du respect des annalistes à venir?

Mais encore une objection. Toute cette vie ainsi dépensée à jeter l'esprit et le style à pleines mains, est tout à fait perdue ! de tous ces efforts, rien ne reste ! chaque jour emporte avec lui ce qu'il a usé de science, de goût, d'esprit, d'indignation, d'infamie et de gloire! ces feuilles volantes, écrites avec tant de soin, deviennent, pour ainsi dire, le linceul de la vie de chaque jour! de tout ce bruit, rien ne reste, pas même l'écho! Eh! mon Dieu! qui en doute? Mais, je vous prie, que restera-t-il de tout ce siècle? Est-ce que l'on sait aujourd'hui qui vit et qui meurt? Les hommes qui ont eu la triste précaution d'enregistrer une à une leurs œuvres complètes, qui entassent tous les trois mois des volumes sur des volumes, sont-ils donc plus assurés de l'immortalité que les gens d'esprit qui livrent au vent leurs idées de chaque jour, comme l'oiseau livre sa chanson au premier feuillage du mois de mai?

L'oubli, l'obscurité, c'est la loi de ce siècle; d'où il suit que l'homme sage, l'esprit facile, l'imagination légèrement vagabonde, qui aura abandonné au vent ces faibles parcelles de la production de chaque jour, aura été en effet plus sage que tous les braves gens qui croient à l'éternité de leurs œuvres. Le monde est ainsi fait, grâce à Dieu, que pas une bonne pensée n'est perdue. Le temps, qui est juste et qui déchire tout ce qui n'est pas né viable, ramène nécessairement à la surface les belles choses. Rien ne vit de ce qui devait mourir; rien ne meurt de ce qui est né viable. Regardez bien ce tas d'immondices imprimées qui rempliraient cinq cents fois le Champ de Mars, jusqu'au sommet du dôme des Invalides, eh bien, reliées en volumes par Thouvenin ou bien pliées en feuilles volantes par quelque vieille femme qui se lève à minuit, toutes ces inventions sont également attendues par le jour de la justice. Dans ce tas immense des productions de chaque jour, il y a bien des gloires qui seront réduites à rien, c'est-à-dire à leur juste valeur; mais aussi il y a là plus d'un écrivain sans nom qui se réveillera couvert d'honneur. Et, en fin de compte, que la volonté de Dieu s'accomplisse, pour les livres comme pour les journaux!

LE FEUILLETON

SON ORIGINE, SON HISTOIRE ET SA FONCTION EN CE MONDE

L'origine du feuilleton n'est pas de celles qui se perdent, comme on dit, dans la nuit des temps. J'ai entendu raconter par nos anciens qu'à la naissance du journal politique en France, en 1789, l'usage s'était établi de laisser au bas du journal un espace où le journaliste écrivait, la veille, les travaux que l'Assemblée avait indiqués pour le lendemain. Cet espace avait nom le feuilleton. Bientôt, dans les jours, trop rares, où se reposait l'Assemblée, il arriva que de petites nouvelles dramatiques se glissèrent humblement à cette place imposante, et enfin, la politique allant toujours et prenant tout l'espace, il n'y eut plus de feuilleton. Cela dura jusqu'aux jours du Consulat, vingt-quatre heures avant l'Empire ; et naturellement, quand l'Empire fut venu, la politique alla décroissant toujours, rendant au feuilleton tout l'espace qu'il avait perdu.

Parmi les écrivains de la fin du XVIIIe siècle, que les tempêtes de la tribune avaient fait taire, et qui s'étaient enfuis, faute d'un peu de courage, en présence des excès de la place publique et des tribunaux révolutionnaires, il y avait un certain abbé Geoffroy, naguère le disciple et le collaborateur de Fréron dans *l'Année littéraire*, lequel abbé Geoffroy s'était si bien caché, que nul ne savait ce qu'il était devenu. Les uns disaient qu'il avait émigré, les autres pensaient qu'il était mort ; il était pis que tout cela, il était maître d'études dans une infime pension, hors de la ville, en plein désert, et là, quand par hasard son étude était en paix, quand il pouvait rêver aux bonheurs littéraires d'autrefois, il revenait par la pensée à tout ce qu'il avait perdu, et c'était, dans cet esprit plein de passions et de mouvement, toutes sortes de peines et de regrets. Il se revoyait alors au beau milieu de la bataille ardente, quand l'*Année littéraire* se battait contre Voltaire, et que le vieux lion, seul contre cette meute ardente à le mordre, lui rendait morsure pour morsure. Quelle fête c'était alors d'entendre rugir le redoutable ennemi de Patouillet, de Nonotte et de Desfontaines! Comme ils s'amusaient les uns et les autres à le piquer de leurs petits dards! En même temps, le pauvre abbé Geoffroy se rappelait les grandes soirées de la comédie et les entr'actes du café Procope. Il entendait retentir à son oreille les bons mots de Piron et les satires de Gilbert. Ces gros volumes qui passent là-bas en toute hâte, évitant la Sorbonne et la Bastille, vous représentent l'*Encyclopédie* errante, aujourd'hui tolérée, et le lendemain poursuivie à outrance; pendant que le colporteur, affrontant Saint-Lazare et le bâton, va proposer sous le manteau aux plus belles dames de la ville, aux plus beaux esprits de la cour, un tas de petits livres, pleins de sel et de fiel, de liberté et de licence, de poison et de contre-poison.

Un jour d'été qu'il était plongé plus profondément que jamais dans les souvenirs de sa jeunesse, et qu'il voyait errer sous ses yeux mademoiselle de Lespinasse et d'Alembert, mademoiselle Voland et Diderot, Jean-Jacques Rousseau et la comtesse d'Houdetot, le baron de Grimm et madame d'Épinay; au moment où tout chantait à ses oreilles, mademoiselle Fel, dans *le Devin du village*, et madame Saint-Huberti dans *Armide;* à l'heure où mademoiselle Clairon se préparait pour jouer Zaïre, où Lekain devait jouer Orosmane, la grande cantate promettant pour la petite pièce *le Legs* de Marivaux, l'abbé Geoffroy entendit dans la cour du pensionnat une voix qui demandait M. Geoffroy. La voix était haute, sonore et d'un beau timbre, et l'homme qui venait d'entrer portait la tête la plus intelligente et la plus noble qui se fût jamais montrée en ces parages du *qui quæ quod*. C'était M. Bertin lui-même. Il venait d'acheter aux frères Baudouin le privilége d'une humble feuille, intitulée le *Journal des Débats*, qui avait été oubliée dans la proscription universelle. A peine il eut son titre et son but de journal, M. Bertin, qui eut l'honneur, avec M. de Chateaubriand, d'être le plus grand journaliste de ce siècle, s'inquiéta de l'abbé Geoffroy. Qu'était-il devenu dans cette tourmente? où donc se cachait-il à cette heure? On lui indique enfin la pension de la barrière Blanche, où il arrive à quatre heures, en disant à l'abbé Geoffroy qu'il a besoin de lui, qu'il veut lui remettre à la main sa plume à demi brisée, et que les temps anciens vont revenir. Vous jugez de la joie et de l'étonnement de l'abbé ; s'il fut content de planter là cette aimable jeunesse, et de dire adieu au pain sec, à l'eau fraîche, aux retenues, aux *pensums*, à cette odeur d'encre, à la classe, à l'école, à la faim, à la servitude, à la misère des colléges, à l'existence d'un cuistre ! « Allons, dit-il à M. Bertin, allons-nous-en! » Et le voilà parti sans demander son reste. Il s'en alla dîner, d'abord, comme il n'avait pas dîné depuis tantôt six années; après le dîner, il s'en fut à l'Opéra, où il vit sauter une danseuse maigre et *désossée* (un mot de l'abbé Geoffroy) ; puis, le lendemain, dans le nouveau *Journal des Débats*, qui paraissait pour la première fois, il écrivit d'une main délibérée, un peu pédante encore, mais habile et féconde, le premier feuilleton du *Journal des Débats*. Ce premier feuilleton représentait les deux premières colonnes au bas de la première page du journal, la troisième colonne étant abandonnée à l'annonce des huit ou dix théâtres dont s'amusait en ce temps-là le bon peuple de Paris. Le succès de ce premier feuilleton fut immense, incroyable ; on s'arrachait le journal ; et ce premier jour suffit pour fonder la renommée de maître Geoffroy, et la célébrité du *Journal des Débats*, qui devint bientôt le *Journal de l'Empire*. Ainsi fut fondée cette humble puissance et cette autorité de si peu de durée. En ce lieu, non pas choisi, mais toléré du journal, se réfugièrent désormais les plumes légères, plutôt faites pour la causerie et pour la conversation futile que pour les luttes sérieuses et pour les joutes oratoires. Là seulement, on parlait du vaudeville et de la chanson de la veille, de la nouvelle tragédie et de la nouvelle comédie. On eût dit une espèce de café Procope, où chaque comédien et chaque comédienne apparaissait à son tour, applaudis, sifflés, loués, blâmés, librement discutés, et cette inoffensive liberté, cette discussion peu dangereuse, représentaient réellement tout ce qui nous restait de tant de libertés si chèrement conquises, si vaillamment défendues et dont nous avions été privés si vite ; uniquement parce que le feuilleton semblait à l'abri de la censure et du censeur, parce qu'on y discutait avec une certaine aisance et parce qu'il semblait dédaigné du maître, et comme un terrain neutre où se rencontraient les poëtes, les artistes, les critiques, les inventeurs. Talma et mademoiselle Mars, Elleviou et madame Gavaudan, mademoiselle Andrieux et mademoiselle Arnaud, et toute la Comédie, et toute l'Académie, il avint que chacun se mit à lire avec zèle et grande persévérance ce petit bout de prose non officielle ; et tout le feuilleton trouva des lecteurs, tant il devint populaire.

Des gens de bien, qui vivaient en ce temps-là, m'ont raconté que, dans les lanternes magiques à l'usage des petits enfants, entre la représentation de madame la Lune et de M. le Soleil ; la lanterne avait adopté de préférence, au milieu de tous les héros de ce bas monde, Sa Majesté l'empereur, et l'abbé Geoffroy. La figure de l'abbé Geoffroy se retrouvait inévitablement dans tous les salons de Curtius, dans toutes les caricatures, dans toutes les collections de portraits. Lorsqu'il mourut, en 1814, la mort de ce grand homme fut annoncée dans les colléges après le *Benedicite*. Mais là s'arrêta toute sa gloire. Après tant de bruit de chaque jour, il n'y eut pas de monde à ses funérailles, et l'on ne sait même plus ce qu'est devenu son tombeau. Vanité ! et tout n'est que vanité ! Ne dirait-on pas que cette parole du sage a été faite uniquement pour expliquer le bruit, le murmure et la gloire éphémère du feuilleton?

Ainsi, contrairement aux origines romaines, qui sont humbles, cachées, funestes, le feuilleton est d'origine éclatante et populaire. Il aurait pu, nous en convenons, rencontrer un père un peu plus sévère aux tentations de ce bas monde, et il n'eût rien perdu à ne pas tant calculer sur l'amour-propre du genre humain; mais enfin le voilà fondé : laissons-le vivre; il vivra parce qu'il est à l'abri, beaucoup plus que les colonnes d'en haut, des caprices de l'autorité et des violences du pouvoir. Ce mot de *colonnes d'en haut*, pour contre-balancer les *colonnes d'en bas*, est un mot d'un charmant, honnête, ingénieux et piquant feuilleton que faisait Étienne Béquet, lorsque Étienne Béquet eut remplacé M. Charles Nodier, qui lui-même avait remplacé l'abbé Geoffroy. Charles Nodier était un esprit bienveillant et laborieux, mais laborieux à ses heures, et il n'a jamais compris cette nécessité d'être prêt à toute heure et de s'imposer pour vingt ans, pour trente ans, la tâche ingrate de se trouver en verve, en haleine à tout propos, et de faire en sorte que le lecteur de journaux, qui ne demande qu'un prétexte à ne pas lire, à la fin soit forcé de jeter les yeux sur les pages qui ne parlent ni de la paix ni de la guerre, et qui n'ont rien de commun avec le jeu de l'argent, qui monte et qui descend au hasard. Ce fut cependant une fortune heureuse pour le feuilleton de tomber dans les mains délicates de Nodier : s'il n'y resta qu'une heure, il y resta assez de temps pour y laisser son empreinte et ce ton exquis de la meilleure compagnie. En passant de Nodier à M. Étienne Béquet, le feuilleton ne perdit presque pas au change : il restait dans la ligne et dans la modération du second maître; il obéissait plus que jamais aux meilleurs, aux plus fidèles souvenirs de la double antiquité; car, si l'abbé Geoffroy savait les anciens comme un pédagogue, en revanche, Étienne Béquet les savait comme un bel esprit, comme un bon écrivain, comme un initié à ces élégances qu'il recommandait d'abord par son exemple, et bientôt par les meilleurs préceptes qui aient jamais été professés dans les colonnes d'en bas. A côté d'Étienne Béquet, en même temps que lui, tant la tâche est difficile une fois que l'on s'en rend compte, il y avait un savant homme, appelé M. Duvicquet; un professeur, lui aussi, un bon et solide écrivain, mais qui ne savait guère sacrifier aux grâces mignardes et fardées, sur les autels fanfreluchés du bel esprit de tous les jours. Cependant, il faut dire à la gloire, à l'honneur de M. Duvicquet et de ce vaillant feuilleton qu'il accomplit vaillamment pendant dix années, qu'il fut le premier à remettre en belle lumière un certain Marivaux, le favori de mademoiselle Mars, pendant que, de son côté, à la même heure, sinon le même jour, Étienne Béquet saluait de ses fanfares les plus charmantes le nouveau venu dans la carrière, un esprit infatigable, inépuisable, le plus grand vaudevilliste de la France et de l'Europe. J'ai nommé M. Scribe et vous avez dit son nom avant moi.

Mais tout marche et tout grandit jusqu'à l'heure où tout diminue, où tout s'arrête. Il y eut en 1830 un mouvement formidable, un mouvement tout littéraire et si violent, que le bon roi, Sa Majesté le roi Charles X lui-même, en ressentit le contre-coup. Il s'agissait de l'éclatante éclosion de l'école romantique : *Hernani* venait d'apparaître; Alexandre Dumas s'était révélé; M. Victor Hugo sonnait la *diane* à tous les éveils d'alentour. Accouraient en même temps, à cette curée immense, un certain Frédérick Lemaître, une certaine Dorval, une autre héroïne appelée miss Smithson, que le grand Kean tenait par la main... C'était toute une révolution dans les mœurs dramatiques et dans les lois du beau langage, et le nouveau peuple et la génération nouvelle, également passionnés pour les envahisseurs sans vergogne et sans pitié, se précipitaient, pleins de fièvre et de passion, au milieu de cette mêlée ardente et voisine du délire... A ces nouveautés sans exemple, il fallait, pour les raconter, un feuilleton nouveau; en même temps que la poésie, il fallait que la critique allât et suivît son chemin par ces sentiers non frayés, par ces abîmes, par ces obstacles, par ces dangers, poussant les timides, arrêtant les téméraires; caressant ceux-ci, ramenant ceux-là; surtout il fallait imposer au public rebelle ces nouveautés qu'il ne comprenait pas encore, tant d'œuvres pleines de tumulte et tant d'esprits remplis de révolte. Heure éclatante et souveraine entre toutes! Elle n'avait pas assez de toutes les rumeurs et de tous les bruits de la publicité la plus envahissante et la plus active pour envahir tant de domaines, et tant d'écueils qui échappaient à sa domination. En ceci le feuilleton fut une force, un appui, une popularité véritable, et moins, au premier abord, il avait les apparences de l'autorité et de la séduction, plus il rendait d'éminents services aux chercheurs de nouveaux mondes. En ce temps-là, comme il obéissait aux puissants efforts de l'esprit humain; comme il marchait d'un pas léger et sans être ébloui dans le sillon lumineux, et du côté même où le nuage était une lumière, il avint que le feuilleton s'éleva parfois même à l'éloquence, et fut semblable à la comédie élevant la voix (*interdum vocem comœdia tollit!*) dont il est parlé dans *l'Art poétique*. Et, tantôt jeune et bouillant, tantôt superbe et parlant la langue même de l'âge mûr, don Rodrigue aujourd'hui, demain don Diègue, et passant de Chimène à l'infante, il se vit fêté, écouté, consulté, déchiré, calomnié, lacéré, tantôt sur les hauteurs, tantôt dans le fond des abîmes, comme une véritable puissance! Ah! quelles batailles sans fin! quelles luttes acharnées! Le feuilleton, c'est le clairon avant la bataille; et, pendant la bataille, il bat la charge à la façon du tambour. Es-tu vainqueur, il te proclame, il te couronne, il raconte à tout venant le *pourquoi* de ta victoire; et même, s'il n'est pas de l'avis de ceux qui t'admirent et qui t'applaudissent, il faut absolument qu'il proclame et ta bataille et ta victoire; ou bien, si tu es vaincu dans cette mêlée, et si tu tombes, à la façon de ce jeune homme, au dixième livre de l'*Iliade* : « Il tomba, rit et mourut! » le feuilleton te relève et souvent il te console. Il est habile à trouver la consolation du poëte méconnu et le beau côté de l'œuvre ainsi disputée.

Des chants vifs, courts, nets et rapides; des larmes bientôt séchées; de la gloire pour un jour et des colères d'un instant. Il ne vit guère, il a peu de souffle; il est semblable à ces grands bruits soudains qui vibrent vite et que l'écho répète. Il est rempli de passions, de vapeurs, de fantaisies, de vibrations; rarement dans le tout à fait vrai, rarement dans le tout à fait faux. C'est plus qu'un jugement, c'est moins qu'un arrêt; c'est ce trait vif, incisif, du témoin oculaire et jeté dans la mêlée; il est semblable à ces vases d'airain de la scène antique, agrandissant également la joie et la douleur, la victoire et la défaite, et le combat poétique, afin que, frappés par la sonorité même de l'airain, les peuples qui assistent à ces faits de la commune patrie en retirent une émotion profonde, et remportent les grands bruits de ces instruments sonores! Essayez pourtant de définir ce genre de composition qui n'est pas encore indiqué dans les rhétoriques, dont les livres d'enseignement n'ont jamais osé parler; que M. Gérusez lui-même, un savant, ose à peine indiquer dans son compendium! Expliquez la limite et commentez le but, le point de départ, le milieu, le commencement, la fin de cette œuvre aux mille accents, aux mille instincts, revêche à toute obéissance, et contraire à la coutume. Ou bien vantez-vous, si vous l'osez, d'une certaine habileté à toucher à la harpe éolienne attachée à cent murailles croulantes qui ont renversé tant de vieux murs! Tout vous échappe alors; tout se rit de votre autorité et de votre habitude en ces joutes oratoires exposées à tous les caprices, et qui vont changeant, toutes les vingt-quatre heures, de forme et d'accent, de langage et de position! Travail d'enfants perdus! œuvres à part, dont les gros bonnets de l'ordre des lettres n'ont jamais tenu compte, et la plus futile manifestation de cette littérature facile, éternellement exposée aux mépris des cuistres; voilà le feuilleton! Un jour, un homme arrive, et, sous les yeux d'Alexandre le Grand, il fait passer un pois chiche à travers une aiguille. « Il faut donner à cet homme un boisseau de pois chiches! » s'écrie Alexandre le

Grand. — Voilà justement la récompense unique du feuilleton ; or, j'en connais beaucoup qui n'ont pas même obtenu un pois chiche.

Amis, voulez-vous m'en croire et faire un certain chemin dans le grand monde, ayez grand soin d'appartenir à la littérature difficile ; obéissez aux cuistres ; méfiez-vous de la grâce et de l'abandon ; quand vous aurez à tuer une mouche, empoignez-moi cette pierre, et la jetez sur le nez de votre ami, l'amateur des jardins. Écrire un feuilleton dans la vivacité, dans l'enjouement, dans la courtoisie et les élégances, il faut être absurde, idiot, mal conseillé! Écrire, eh quoi! si loin des philosophes, si loin des historiens, si loin des politiques, si loin des penseurs, en dépit des têtes fortes, écrire un feuilleton ! « Te voilà bien content, disait Horace en voyant que le pepin d'une pomme, entre les doigts pressé, va toucher le plafond. » Le feuilleton, c'est le pepin qui frappe en passant quelque oisif aimable et jovial, mais qui n'est pas ce qui s'appelle un homme sérieux.

Consolons-nous cependant les uns et les autres, les anciens et les nouveaux, les religieux et les profanes, les charitables et les sans pitié, tous les parias du feuilleton, exposés aux foudres de la littérature difficile et des grands esprits qui nous prennent en si grande et si profonde pitié ; consolons-nous en pensant que parfois ce tout petit feuilleton a brillé d'un certain éclat voisin de la poésie. Il est peu de chose, il est moins que rien, et pourtant, tel que le voilà, mieux vaut souvent l'avoir écrit en se jouant, que d'avoir mis au jour, péniblement et dans un suprême effort, quelque œuvre énorme assez semblable au premier canot de Robinson Crusoé, qu'il faut laisser loin du rivage et loin du flot. Que de graves, éloquentes et superbes pages qui trouvent à peine un lecteur, pendant que le feuilleton court et s'agite à travers les émotions de la veille, et, dès le matin, s'empare ardemment au profit de l'œuvre nouvelle — hier inconnue, — des volontés, des secrets, de l'admiration de tout un peuple! Il a fait trembler les plus formidables empiriques ; il a charmé les hommes les plus inquiets de leur gloire, ou tout simplement de leur renommée ! Il est le cri de la foule, en un mot. Tel est le feuilleton ! une œuvre inexplicable et semblable à la première rose qui s'offrit aux yeux de certain Groënlandais que l'on avait arraché à ses glaces éternelles. Lorsque cet homme des neiges vit pour la première fois une rose..., il eut peur, et il retira sa main, parce que, cette rose, il l'avait prise pour du feu. « Ça ne brûle pas, lui dit quelqu'un du jardin des Plantes, mais ça pique !... » Et nous nous arrêterons, s'il vous plaît, à cette définition du feuilleton.

Quant à ce qu'on appelle aujourd'hui le *roman-feuilleton*, il s'agit du roman envahissant l'espace où naguère se jouaient la critique et la fantaisie ; il n'est pas de notre tâche d'entrer dans aucune espèce de commentaire et d'explication du *roman-feuilleton*, qui est tout simplement une espèce de roman dont chaque chapitre est invariablement terminé par cette formule inévitable et palpitante : *La suite au prochain feuilleton !!!*

PROCÈS COMIQUE OU LE JOURNAL EN 1745

I

Les contes d'aujourd'hui et les contes d'autrefois. — Boccace, la Fontaine, Marguerite de Navarre. — La littérature périodique au XVIIIe siècle. — Ce qu'on trouve, en cherchant bien, dans *le Mercure de France*.

Nos illustres conteurs s'évertuent à grand'peine pour imaginer des histoires nouvelles. Ils ont détrôné Boccace, ils ont dépassé la reine Marguerite de Navarre, et ils ont jugé que la Fontaine était immoral ; ils ont trouvé une espèce de conte plus gazé, où le vice se cache sous la dentelle, où l'adultère est essentiellement vaporeux et romanesque. Dans les contes moraux de notre siècle, on ne voit que des femmes qui s'évanouissent, de blondes poitrinaires qui se meurent d'amour, de mélancoliques beautés de trente-six à quarante ans qui succombent sous le fardeau de la vie réelle. Dans ces contes, tous en l'honneur des femmes, les hommes sont représentés comme des monstres : l'âme leur manque, le cœur est absent ; ils n'ont d'esprit que pour leur fortune ; ils renferment leurs passions en eux-mêmes, comme l'avare renferme son argent dans son coffre-fort ; les hommes sont des monstres cachés, les femmes sont des anges méconnus. Or, tout le travail du romancier aujourd'hui se réduit à ceci : Trouver un nouveau crime aux hommes, découvrir une perfection nouvelle *à la femme;* voilà toute la question.

Par ma foi, j'aime mieux le conte de Boccace ; hommes et femmes, tout le monde y allait de franc jeu. Parlez-moi d'un amant qui s'appelle *le Magnifique!* Parlez-moi de l'*Oraison de saint Julien!* Parlez-moi des *Trois Commères!* Parlez-moi de *Joconde*, ce charmant poëme digne de l'Arioste, digne de la Fontaine, digne des plus grands poëtes, et que nous avons vu réduit aux prosaïques et vulgaires proportions d'un opéra-comique de M. Étienne! Voilà la belle passion, voilà le naïf entraînement, voilà l'amour véritable comme l'entendait la Fontaine, voilà la femme comme l'entendait Molière! Voilà ce qui a charmé ce chaste et rougissant XVIIe siècle, voilà ce qui a suffi longtemps au XVIIIe siècle, plus perverti ; voilà la grande fête de toute dix-septième année qui, du collége, se fait jour à travers le monde poétique! Était-ce bien la peine, je vous prie, quand nous avions ce beau monde galant, tout rempli de belles déclarations bien vives et de belles tendresses bien soudaines, et de rendez-vous qui ne se faisaient pas attendre ; quand nous avions ces robes de satin aux bruyants falbalas, ces guirlandes de fleurs sur toutes les têtes, ces alcôves qui servaient de salon, ces ruelles qui servaient de parloir; était-ce la peine de changer tout cela, pour inventer un monde de convention qui rougit de son vice, qui cache sa passion, et qui, au lieu de prendre l'élégant et transparent négligé du matin, s'enveloppe fièrement dans son néant? Le néant, triste manteau sans transparence, sans consistance aussi, cette robe funeste du monde moral, qui n'est ni une robe de bal ni un linceul!

Ces réflexions me venaient l'autre jour, en parcourant *le Mercure de France*, au XVIII° siècle. *Le Mercure de France*, c'est la *Revue de Paris* de ce temps-là. On y trouve toute la poésie et toute la littérature de cette belle époque; je parle de la poésie courante et de la littérature amusante; surtout on y rencontre, comme dans nos *Revues*, beaucoup de nouvelles, beaucoup de contes moraux, beaucoup d'histoires, qui toutes ont, comme nos nouvelles et nos histoires, l'innocente prétention de représenter les mœurs *de ce siècle*. La plupart de ces histoires du *Mercure de France* sont encore aujourd'hui pleines d'amusement et d'intérêt; peut-être même sont-elles d'autant plus intéressantes que le temps et plusieurs révolutions ont passé par là, jetant leur venin et leur poussière sur ces œuvres d'un jour. Figurez-vous, en effet, un article de journal, cette minute littéraire, ce souffle d'une seconde, ce petit cri dans l'espace, cette goutte d'eau dans la mer, ce parfum de violette dans un bosquet d'oranger, cet innocent pétard dans un feu de file, cette note de flageolet dans un orchestre de Rossini, ce rien dans le monde; figurez-vous dans quel état cela doit être quand on le retrouve par hasard étouffé par un siècle, écrasé par une révolution! Oh! que nous sommes petits et médiocres! Oh! que nous sommes néant, nous autres, les grands journalistes! Approchez-vous, courbez-vous, prenez vos meilleures lunettes; voyez-vous ce que j'ai là sur le bout de l'index? voyez-vous ce peu de poussière que votre souffle peut enlever?

voyez-vous cet imperceptible atome historique? Eh bien, saluez, mes maîtres; prosternez-vous, orgueilleux; cette poussière, cet atome, ce néant, c'est tout un journal du xviiie siècle... O vanité!

J'ai tenté de recomposer quelques pages éparses dans ce journal du xviiie siècle, avec la poussière que j'en ai recueillie. Je n'y veux rien changer; seulement, je veux faire un seul chapitre de tous ces chapitres épars; vous aurez ainsi une idée de la littérature périodique comme cette grande époque l'entendait.

II

Quatre poëtes au coin d'un bois. — Leur état civil. — Joute lyrique. — Hilas et Timarette. — *Le Triomphe de Thémire.* — L'ode-fléau. — Chanson à boire. — Épître familière d'un chanoine.

Commençons. Il y avait dans une ville de province un présidial, un bailliage, une maîtrise des eaux et forêts, et même il y avait une forêt, mais une belle forêt bien percée, bien sablée, de grands arbres, de belles allées tout unies, et, dans le feuillage, un beau soleil; en un mot, cette forêt était l'honneur et l'amour de cette ville de province; elle lui servait de salle de bal; elle tenait lieu de l'Opéra : c'était la grande fête de chaque jour; là venaient se promener les ambitions rivales; là venaient les poëtes réciter leurs vers et deviner les énigmes du *Mercure.* Forêt plus redoutée que celle de Dodone, les peupliers balançaient mollement leurs têtes sur le conteur élégiaque; les ormes frémissaient de plaisir à la lecture des énigmes, pendant que les frênes dansaient tous en cadence aux sons harmonieux de l'innocente idylle; d'autres arbres, moins grands, étaient témoins d'entretiens plus doux; la blanche aubépine prêtait son ombre à des passions moins innocentes et plus réelles; en un mot, cette forêt était toute l'oisiveté, toute la poésie, toute la médisance et toute la calomnie de cette petite ville, dont les héros vont jouer un si grand rôle dans mon récit.

Je vous disais qu'autour de cette forêt, il y avait un bailli, un président, un maître des eaux et forêts, et même un chanoine honoraire : en tout, quatre grands poëtes, mais dans des genres différents. Le bailli se reposait de préférence sous le hêtre amoureux de Tityre, et chantait en vers harmonieux les appas et les cruautés d'Amaryllis; le président était porté par les ailes d'Icare dans les nuages de l'ode de Pindare; le maître des eaux et forêts était le plus élégant animal qui eût jamais pris place dans le troupeau d'Épicure; et, pour un animal de cette espèce, il avait la plus douce voix, les manchettes les mieux brodées et les refrains les plus choisis; quant au chanoine honoraire, son esprit et ses sens, son état dans le monde et son habit, se livraient depuis longtemps une guerre acharnée : homme indécis, qui avait un pied à Cythère et l'autre pied à Jérusalem, il tenait un livre d'heures à la main droite et un Tibulle à la main gauche : c'était en un mot, un poëte catholique, apostolique et fugitif; il s'était réfugié dans les ombres douteuses de la poésie sentimentale, et, là, il pouvait tout à son aise comprendre et mêler le sacré et le profane. Tels étaient ces quatre poëtes sévères de la forêt : trois poëtes mariés, trois poëtes en place et un chanoine, ce qui faisait bien au juste quatre poëtes mariés. Ceci soit dit pour bien montrer que les mœurs de ces messieurs n'étaient pas les complices de leur poésie, qu'ils pouvaient chanter en vers les plaisirs et les amours, mais qu'une fois descendus du cheval Pégase et remontés sur leur mule prosaïque, ils retournaient tout droit, ceux-ci à leur maison, celui-là à son abbaye; enfin, ceci soit dit encore pour que vous ne confondiez pas nos quatre poëtes avec les autres poëtes de la ville et de la forêt, papillons chantants des quatre saisons, qui déposaient leurs hommages rimés sur le cœur de toutes les belles et sur la mousse de tous les carrefours.

Un jour de printemps, nos quatre amis — car ils étaient encore amis — se rencontrèrent au pied du vieil arbre qui leur servait de rendez-vous. Le zéphyr était plus doux que de coutume, l'ombre était plus épaisse, le gazon était plus vert, et le ciel, tout bleu, était inondé de clartés. C'était un de ces moments faits pour la poésie et pour l'amour. Ces quatre messieurs firent de la poésie, et telle était l'influence du ciel et la toute-puissance de ces molles haleines, que ces quatre poètes avaient payé tous les quatre, ce matin même, leur doux tribut au printemps, à la nature, à l'amour, au zéphyr, au bonheur.

A peine réunies, ces quatre âmes s'entendirent bien plus vite que ne le font les bergers dans cette églogue de Virgile :

Cur non, Mopse, boni quoniam convenimus ambo ?

Je dis nos quatre bergers : en effet, ce n'étaient plus là ni un président, ni un maître des eaux et forêts, ni un chanoine, ni un bailli : c'était Mopsus, c'était Tityre, c'était Mélibée, c'était le bel Amyntas. Nos quatre bergers se furent à peine dit bonjour, et à peine se furent-ils assis, que l'honnête bailli se mit à souffler dans ses pipeaux rustiques. Il s'agissait d'une idylle dialoguée entre le jeune Hilas et la belle Timarette. « Parlez, mon cher, dit le président ; nous sommes tout silence. — Nous sommes tout attention, reprit le chanoine. — Nous sommes tout oreilles, » ajouta le maître des eaux et forêts.

Alors le bailli commença :

HILAS, à *Timarette*.

Tu dédaignes l'amour...
TIMARETTE.

Non, mais je le redoute.
HILAS.

C'est que tu méconnais sans doute
Les charmantes douceurs de l'empire amoureux.
TIMARETTE.

Ah ! je ne cherche point, berger, à les connaître.

HILAS.
Pourquoi cet arrêt rigoureux?
TIMARETTE.
Si je les connaissais, je m'y plairais peut-être :
Les penchants les plus doux sont les plus dangereux.
HILAS.
Reçois du moins la tourterelle
Qu'en chassant l'autre jour j'ai prise dans nos bois :
Tu pourras apprendre par elle
Ce que l'on souffre sous tes lois.
TIMARETTE.
Non, Hilas, je ne veux ni la voir ni l'entendre,
Et tu peux la garder pour toi.
Quand on craint de devenir tendre,
Il ne faut point avoir de tels oiseaux chez soi.

On admira beaucoup cette pastorale du bailli ; on lui fit même répéter les quatre derniers vers, et on trouva on ne peut plus galant ce berger qui va *à la chasse* aux tourterelles. D'ailleurs, l'allégorie était diaphane et chaste à la fois, ce qui était bien difficile à trouver en ce temps-là, pour peu qu'on tînt à avoir une allégorie nouvelle.

Quand tous les murmures flatteurs furent apaisés, et quand tous les arbres de la forêt eurent frémi, à leur manière, l'imposant président se leva tout debout, et, prenant son air prophétique : « Laquelle de mes odes vous plaît-il que je vous dise, ô mes amis? Voulez-vous mon ode sur les *Grâces*, ou mon ode à la *Médiocrité*, ou mon ode à la *Fortune?* — Mon cher président, dit le chanoine, nous sommes seuls ; dites-nous votre ode à *Thémire.* » Alors le président, sans se faire autrement prier, tira de sa poche un assez gros manuscrit dans lequel il lut ce qui suit :

LE TRIOMPHE DE THÉMIRE

OU LA PETITE VÉROLE DE MADEMOISELLE ***

Avec les grâces qu'on admire
Chez la déesse des amours,

La jeune et charmante Thémire
Faisait fleurir le tendre empire
Sur les bords que la Vienne (1) enrichit par son cours.

Elle reçoit dès son aurore
L'hommage de tous les bergers :
Telle une fleur qui vient d'éclore
Fixe les papillons légers.

Jalouses de l'éclat d'une si belle vie,
Les bergères qu'anime une aveugle fureur
Implorent le secours de la cruelle Envie,
Monstre né pour porter le trouble et la terreur.
Aussitôt l'Envie infernale
Sur la belle Thémire a jeté son poison,
Et cette belle joue, autrefois sans rivale,
Se flétrit. En hiver, tel on voit le gazon
Se courber sous le faix d'une ardeur glaciale.

Mais l'Amour, qui veillait, descend du haut des cieux ;
Il vole au secours de Thémire,
Rend le rose à sa joue, leur éclat à ses yeux,
Et sauve ainsi sa gloire et son empire.

Chantons, célébrons l'empire
Du puissant fils de Cypris ;
Il nous conserve Thémire.
Accourez tous, Jeux et Ris,
Chantons, célébrons l'empire
Du puissant fils de Cypris.

Ce mouvement lyrique du président eut à son tour le plus grand succès. La petite vérole est, en effet, en ce temps-là, une terreur toujours cachée ; c'est la laideur suspendue à un fil sur les plus belles têtes ; elle arrête dans leur course les existences royales ; c'est le fléau qui tombe, et qui ne se contente pas des premiers-nés, et qui laisse sur les plus jeunes fronts des traces ineffaçables

(1) Châtellerault, la patrie des petits couteaux.

de sa présence. Cette ode du président fut d'un effet d'autant plus puissant sur l'âme des quatre amis, que, tous les quatre, ils avaient été atteints, comme cela était écrit sur leurs visages,

> Par le *poison* de la cruelle Envie,
> Monstre né pour porter le trouble et la terreur.

Le président ayant ainsi parlé, *ore rotundo*, ses trois amis restèrent plongés quelque temps dans l'étonnement et l'admiration. La petite vérole n'était pas, en effet, le seul fléau de la France ; à cette époque, la France avait encore un autre fléau : c'était l'ode. Autant le XVIIIe siècle avait peur de la petite vérole, autant il avait d'admiration pour une ode bien faite. Pindare était le dieu de cette époque, si peu pindarique. On faisait des odes pindariques, on faisait des odes anacréontiques ; chaque poëte avait sa *lyre* et son *délire;* chaque poëte se demandait, à l'exemple de Jean-Baptiste Rousseau : *Où suis-je ? où vais-je ?* Boileau lui-même, dans l'autre siècle, avait voulu faire une ode. Singulières maladies de l'esprit ! elles sont comme les maladies du corps : il y en a qui se perdent ; il y en a qui se retrouvent à de longs intervalles ; il y en a qui arrivent toutes nouvelles. Ainsi, aujourd'hui, nous ne savons guère plus ce que c'est que l'ode de Pindare et de Jean-Baptiste Rousseau, et, grâce à la vaccine, nous n'avons plus aucune peur de la petite vérole ; mais, en revanche, au lieu de ces maladies perdues, que n'avons-nous pas gagné, hélas !

Après le président, vint le tour du maître des eaux et forêts, le gentilhomme provincial. Celui-là était l'ami de la bonne chère, et, s'il parlait quelquefois de Philis et d'Amaryllis, c'était uniquement pour obéir à la mode. Il était né chanson, comme l'autre était né Pindare. Dans cette littérature française, à cette époque, il n'y avait que deux espèces d'hommes : des idiots ou des hommes de génie ; mais, entre les deux camps rivaux, d'idiots et d'écrivains de talent, il y avait une forte et intelligente nation de gens d'esprit qui composaient le corps d'armée des grands maîtres dans l'art d'écrire. Le maître des eaux et forêts avait donc fait, lui aussi, sa petite chanson ; mais, bien qu'il fût de sa nature un grand buveur de vin de Mâcon, — car, en ce temps-là, le vin de Bordeaux, cette chaleur glacée, était encore le breuvage exclusif des laquais, — notre homme avait fait une chanson galante. La galanterie, c'était toute l'époque ; partout vous trouviez des bergers et des bergères et des guirlandes de fleurs ; à la poignée des épées, des bergers et des bergères ; dans les opéras, des bergères et des bergers, au plafond des boudoirs et même dans les écuries de Chantilly ; Philis était la reine de France, et le berger Lysidor en était le roi. O puissance de la mode ! Les buveurs eux-mêmes, oui, les buveurs, cette race à part de gens d'esprit, ces gais poëtes du monde matériel, l'âme du vin en bouteilles, du perdreau en pâté et du lièvre à la broche ; oui, les buveurs, les premiers sceptiques en ce monde, et les seuls sceptiques éternels, ils étaient forcés de chanter Chloris, dans leurs transports bachiques. Voilà ce qui vous explique la singulière chanson à boire, composée *ad hoc* par le maître des eaux et forêts.

CHANSON A MADAME DE ***, QUI M'AVAIT PLACÉE ENTRE DEUX DES PLUS BELLES FEMMES DE LA PROVINCE.

> Entre deux Grâces, l'autre jour,
>   Je me trouvai placée.
> Qui peut m'avoir joué ce tour ?
>   Oh ! que je fus piquée !
> « Bon ! dit l'Amour d'un air badin,
>   Cesse d'être en colère,
> Car, à ce trait un peu malin,
>   Je reconnais ma mère. »

Comme vous voyez, ce n'est pas là tout à fait la chanson d'un ivrogne ; seulement, vous avez pu remarquer la liberté grande prise par notre poëte des eaux et forêts :

> Entre deux Grâces l'autre jour
>   Je me trouvai *placée.*

Le poëte, par la seule force de sa volonté et la seule puissance de son vers, a passé d'un sexe à l'autre. Toujours est-il que sa petite chanson eut presque autant de succès que l'ode de M. le président. « J'aimais pourtant mieux votre chanson de l'autre jour, disait le président. — Et moi aussi, reprenait le chanoine, — Et moi aussi, » disait le bailli. Et tous les quatre de chanter à gorge déployée et sur un *air nouveau* les jolis couplets suivants :

    Pour effacer de ma mémoire
    L'ingrate qui m'a su charmer,
    Pour lui dérober sa victoire,
    Je cherche ailleurs à m'enflammer.

    Soins superflus ! A ma bergère
    Malgré moi je reviens toujours ;
    Toute autre chose est étrangère
        Au bonheur de mes jours.

    J'ai dit : « Cette jeune merveille
    Tiendra-t-elle contre Bacchus ?
    L'ouvrage du dieu de la treille
    Détruira celui de Vénus. »

    Soins superflus ! etc.

    Sur le récit du long martyre
    Qu'elle avait à se reprocher,
    Églé répondit à Tityre,
    Sans pourtant encor l'approcher :

    « On touche à la fin sa bergère
    Quand on persévère toujours ;
    Notre rigueur est étrangère
        Au bonheur de nos jours. »

Enfin, quand les trois premiers bergers eurent ainsi exhalé leur poésie *dans le bocage*, le quatrième et dernier berger, prenant à son tour la parole, fit ainsi sa petite préface à ses bienveillants auditeurs :

« Pour moi, messieurs, je ne puis pas, comme vous, me livrer à mon délire, je suis chanoine ; les transports trop violents sont défendus à ma profession ; et ma veine, pour être décente, doit toujours se tenir dans les étroites limites de l'épître familière. Je suis avant tout, vous le savez, l'homme de la poésie légère. Aller jusqu'à l'ode, comme vous, monsieur le président, c'est trop haut pour moi ; aller jusqu'à la chanson, comme vous, monsieur le maître des eaux et forêts, c'est trop bas pour moi. *Medio tutissimus ibis*, comme dit Ovide, notre maître et celui de bien d'autres. Écoutez donc, s'il vous plaît, cette épître écrite chez M***, mon ami, qui est marié tout nouvellement ; vous verrez, à leur douceur, que ces vers ont été écrits sous les rayons fugitifs et trompeurs de la lune de miel :

> De cet agréable ermitage,
> De ce délicieux séjour
> Où depuis longtemps règne un sage,
> Où depuis peu règne l'Amour,
> Sur un gazon, dans un bocage,
> Où la rivale de Procris
> M'annonce un soleil sans nuage,
> Cher président, je vous écris.
> Rouillé par le sot badinage
> De vingt châtelains, beaux esprits,
> J'ose envoyer jusqu'à Paris
> Ces vers, dignes du voisinage :
> L'adresse en fera tout le prix... »

III

Les bourgeoises en équipage. — Madame la baillive et madame la présidente. — Robes et harnais. — Dispute de femmes à propos de goûts et de couleurs. — La vengeance sous la figure d'un huissier.

L'abbé en était là de son épître, et son auditoire commençait à être singulièrement mécontent de ces quatre vers :

> Rouillé par le sot badinage
> De vingt châtelains beaux esprits, etc.,

quand, tout à coup, dans la forêt, jusqu'alors silencieuse comme un auditeur qui dort, retentirent des cris de joie : c'étaient mesdames les femmes de la ville qui venaient aussi, à l'exemple de leurs maris, prendre leurs ébats dans cette forêt; c'étaient madame la présidente et madame la baillive; c'étaient mesdames les receveuses des tailles; c'était toute cette petite ville pauvre, babillarde, curieuse, médisante, occupée de son petit luxe, comme on est occupé d'un tabouret à la cour, et remplaçant les intrigues du ruban bleu par les intrigues de quelque ruban bleu ou rose. Ainsi cette même forêt, confidente discrète des vers de ces messieurs, était aussi la confidente des petites intrigues de ces dames; mais cette honnête forêt avait de l'ombre pour tous les mystères, et du secret pour tous les vers. La forêt a été abattue depuis ce temps-là, et ni les poëtes ni les femmes n'ont songé à conserver la bouture de ces arbres mystérieux.

Ces dames, vaniteuses comme des duchesses et pauvres comme d'honnêtes bourgeoises qu'elles étaient, avaient l'habitude de venir se promener en voiture dans ce bois de Boulogne provincial. Là, chacune d'elles singeait de son mieux les riches équipages de la grande route de Versailles. Il est vrai que les voitures étaient vieilles et petites, il est vrai que les chevaux étaient laids et pesants : c'étaient des voitures de villageois attelées à des chevaux de charrue; mais la nécessité, fille de l'orgueil autant que de l'industrie, parait de son mieux ces tristes équipages. C'était, parmi ces dames, à qui se pourrait procurer les plus beaux harnais pour équiper ces paisibles chevaux qui regrettaient leur charrue, et, afin que la dépense fût tout à la fois moins considérable et plus apparente, deux dames montaient d'ordinaire dans le même char, et ces deux dames partageaient les frais de cette espèce de Longchamps des quatre saisons.

Dans une des moins petites voitures, attelée des moins laids chevaux, étaient assises les deux plus belles dames, sans contredit, de toute la ville, y compris la haute et la basse futaie. L'une de ces dames était la seconde femme du président, jeune et jolie provinciale, coquette comme une Parisienne; l'autre dame était madame la baillive, elle-même aimable et vive Parisienne, étourdie et folâtre comme une femme de province. Aimant toutes deux le plaisir et la toilette, alertes, parées de peu : l'une, c'était la présidente, se nommait madame Darcy; l'autre, c'était la femme du bailli, se nommait madame Saint-Aymar.

Cette madame Saint-Aymar avait apporté dans la forêt et dans la ville en question les plus grands airs de Paris. Elle avait été élevée avec un soin extrême par la femme d'un procureur, qui était sa tante; et cette femme avait enseigné à sa nièce ce qu'elle savait de mieux sans l'avoir jamais appris, l'envie de plaire et d'être jolie, et beaucoup de cette habileté qui consiste pour une honnête femme à s'approcher du précipice sans y tomber, à être heureuse assez de temps pour n'avoir pas de repentir, à se faire aimer tout juste assez pour n'aimer personne; telle était madame Saint-Aymar; elle aimait les douces paroles à ses oreilles, et les belles couleurs à ses habits. Elle eût aussi beaucoup aimé de beaux chevaux à un beau carrosse; mais, comme elle n'avait ni chevaux ni carrosse, elle se contentait d'emprunter les bipèdes de son fermier, et de les déguiser de son mieux avec de beaux harnais ; pour cela, elle s'était associée d'amitié et de vanité avec sa rivale madame Darcy.

Madame Darcy, la présidente, aussi coquette, mais déjà plus grave que madame Saint-Aymar, avait, de plus que son amie, toute la suffisance d'une femme de province qui se sent de la beauté, de la jeunesse, le regard très-doux, la dent très-blanche, et, derrière tout cela, un président pour la soutenir. Du reste, ces belles dames avaient eu toutes deux le rare bonheur d'épouser à la fois deux hommes d'affaires et deux poëtes ; deux hommes qui ne savaient que travailler et rimer, qui ne sortaient de leur cabinet que pour s'enfoncer dans l'impénétrable forêt, le sanctuaire de ces muses fidèles, peu riches tous deux, mais honnêtement pauvres, ne demandant rien à leurs femmes qui ne fût très-licite, et se reposant parfaitement sur elles de l'économie de la maison.

Madame Darcy et madame Saint-Aymar dans leur char, suivies de plusieurs autres dames de la ville, aussi dans leur char, arrivèrent brusquement sur les quatre poëtes, et leur arrivée interrompit le poëte chanoine, fort heureusement pour lui. A la vue de leurs époux, ces dames s'arrêtèrent : Darcy et Saint-Aymar, arrachés ainsi à leur rêverie poétique, allèrent saluer celles qu'ils appelaient d'un commun accord leur nymphe Égérie; pendant ce temps, le maître des eaux et forêts cherchait au coin du bois une rime qui lui manquait; il savait que Despréaux en avait trouvé plus d'une à la même place; quant au chanoine, émerveillé de l'aventure, il arrangeait dans sa tête le plan d'une épître qu'il a faite depuis sans doute, et qui était intitulée ainsi à coup sûr :

Épître à M. de V'"', un jour que je vis, dans la forêt, madame D"' assise dans un char, à côté de madame S'"-A"'.

O heureuse préoccupation de la poésie! Grâce à sa muse, le digne abbé ne s'apercevait pas qu'il venait de mécontenter ses trois amis.

Je ne vous ai peut-être pas dit que le président Darcy et le bailli Saint-Aymar avaient leur femme. A quoi bon vous le dire? La scène se passe en province, où les amours clandestins ne sont permis qu'avec les Iris en l'air. Ceci vous explique comment Darcy et Saint-Aymar ne furent pas très-fâchés de trouver leurs femmes au coin du bois où ils avaient rendez-vous avec les filles du Pinde.

Prosit mihi, vos dixisse puellas!

Donc, Saint-Aymar, allant au-devant de sa femme et de madame la présidente, les railla agréablement sur le mauvais état de leur équipage : les rubans de ces chevaux étaient tout fanés; ces harnais étaient bien vieux; ces dames avaient l'air de se rendre à l'hôpital; — et autres plaisanteries pour lesquelles Saint-Aymar fit chorus avec Darcy. Ces plaisanteries ne tombèrent pas en mauvais terrain, et elles poussèrent aussi vite que l'ivraie dans la vanité de mesdames Darcy et Saint-Aymar.

« Mon Dieu, ma chère bonne, disait la présidente à la baillive, ne trouvez-vous pas que nos maris ont pleinement raison, cette fois? Les pompons de nos chevaux sont bien passés de mode et notre équipage est un triste équipage! Ne serait-il pas temps d'en changer, je vous prie? » La Saint-Aymar, vivement excitée à cette idée, repartit aussitôt : « O ma chère, j'ai justement à Paris une tante d'un goût exquis, et qui possède éminemment l'économie honorable; voulez-vous que je la prie de nous envoyer une paire de harnais à frais communs? » Madame Darcy, bien qu'un peu avare, consentit à la dépense; on convint d'acheter un harnais en commun, et que madame Saint-Aymar le commanderait à sa tante; malheureusement, ces dames ne pensèrent pas à arrêter entre elles la couleur de ces harnais.

De retour au bailliage, madame Saint-Aymar, tout entière à cette nouvelle espérance, n'eut rien de plus pressé que d'écrire à sa tante de Paris; elle commença par lui demander pour elle-même une robe de taffetas rose, garnie à la dernière mode, et, pour assortir les harnais à la brillante couleur de cette robe, elle demandait, pour orner les deux chevaux communs, des aigrettes, des toques et des bouffettes vert et blanc, ce qui devait merveilleusement tourner à l'avantage de sa beauté.

La lettre part, l'espérance de madame Saint-Aymar suit la lettre; elle regarde le ciel en pensant à sa robe rose et à ses harnais blanc et vert. Cependant madame la présidente rêvait, elle aussi, de harnais. « Quand donc aurons-nous nos harnais? dit un jour madame Darcy à sa bonne amie Saint-Aymar. — Nous les aurons dimanche, répondit la Saint-Aymar. — Et de quelle couleur seront-ils? s'écrie madame Darcy. — Blanc et vert, répondit fièrement la Saint-Aymar. — Blanc et vert! répéta la présidente; et m'avez-vous consultée, moi, madame? et savez-vous si j'ai une robe rose pour mettre avec ces harnais blanc et vert? et, si par hasard la robe que j'attends par la même voiture est une robe bleue ou d'un vert plus foncé que les harnais, que voulez-vous que je fasse de ces harnais blanc et vert? Non, non, madame, s'il en est ainsi, n'espérez pas que je paye ma part de ces harnais blanc et vert. — Qu'entends-je? s'écria la Saint-Aymar. Eh quoi! madame, vous siérait-il de ne pas payer une emplette que vous avez commandée? » Et la chose s'envenimait. « Oh! mesdames, s'écria une amie commune, qu'allez-vous faire? Qui sait si la robe de madame Darcy n'est pas une robe rose comme celle de madame Saint-Aymar? Attendez de grâce que robe et harnais soient arrivés; il sera toujours temps de vous disputer après. » Ce sage conseil suspendit pour un temps les hostilités entre madame Darcy et madame Saint-Aymar.

Cependant les deux maris n'avaient jamais fait plus de vers que depuis qu'ils étaient menacés d'une guerre civile. Déjà toute la ville se partageait en deux camps, et cependant le président restait perdu dans ses nuages, et le bailli restait égaré dans ses bocages; jamais celui-ci n'avait eu de plus longue conversation avec sa muse; *musa, mihi causas memora!* jamais celui-là n'avait fait parler plus longuement le berger Palémon et la bergère Nééra; ils se promenaient tranquillement dans les bois, sans songer que, pour leurs deux femmes et leurs chevaux de louage, toute une ville allait perdre le sommeil et le repos.

A la fin arrivent les harnais et les robes; on accourt, on ouvre les coffres, on regarde. Les pressentiments de madame Darcy ne l'avaient pas trompée. Les trois coffres furent ouverts en même temps chez madame la présidente et en présence de toutes les dames de la ville. D'abord, on tira de la première caisse une robe et un ajustement complet, rose et blanc, de la dernière mode des Tuileries et du Palais-Royal. C'était la robe de madame Saint-Aymar; à cet agréable aspect, madame la baillive sourit de bonheur, et madame la présidente put à peine retenir un soupir de jalousie et de douleur.

On ouvrit ensuite la caisse aux harnais. Les harnais furent étalés sur le plancher; ils étaient vert et blanc, et ils se mariaient parfaitement avec la robe blanc et rose. Évidemment, les harnais étaient faits pour la robe, et la robe était faite pour les harnais. Voilà la Saint-Aymar qui ne se sent pas de joie, voilà la présidente qui va en mourir de dépit.

Enfin, c'est le tour de madame Darcy. Sa robe est là dans cette caisse. Mais la caisse résiste : on dirait qu'elle s'ouvre à regret. Il fallut un outil extraordinaire pour l'ouvrir. Le silence était grand, chacune de ses dames retenait son haleine. O ciel! ô ciel! la caisse ouverte laisse échapper de ses flancs une robe toute bleue, et l'ajustement petit-soufre et blanc. O épouvante! la main qui tenait cette robe la laisse tomber. « Tout est dit, madame, s'écrie la présidente en jetant sur madame Saint-Aymar un regard furieux, je ne suis pas faite pour illustrer vos petits appas; emportez vos harnais verts, mais certainement je ne les payerai pas. — Madame! madame! répondit la Saint-Aymar, pâle de colère, prenez garde, et modérez votre arrogance! »

Disant ces mots, elle sortit, l'âme en deuil. Comment, en effet, persuader à son mari de payer à lui seul des harnais dont la pauvre femme aurait encore bien de la peine à payer la moitié?

Cependant l'honnête bailli était en train de raccommoder le berger Tircis avec Lycoris, la bergère qui avait cassé sa houlette et perdu ses plus beaux moutons.

Pour comble d'embarras, la tante de madame Saint-Aymar lui annonçait, dans sa lettre, qu'elle tirait sur elle une lettre de change à deux jours de vue, pour solde de la robe et des harnais... C'en est fait, il faut payer! Mais comment une honnête femme en province et qui n'a pas d'argent peut-elle faire pour payer une paire de harnais blanc et vert, et une robe de taffetas rose et blanc?

La pauvre Saint-Aymar en était là de sa douleur, quand, tout à coup, elle vit entrer dans sa chambre les deux servantes de la présidente, son ennemie; ces deux femmes jetèrent sur le carreau les beaux harnais et s'enfuirent. A cette nouvelle insolence, madame Saint-Aymar ne songea plus qu'à se venger.

Mais comment se venger? En forçant cette femme à payer la moitié de ces harnais! et comment la contraindre au payement? En la faisant assigner par huissier! Mais où trouver un huissier assez hardi pour assigner la femme d'un président? et, quand cet huissier sera trouvé, comment le payer et avec quoi? La pauvre femme ne savait comment se tirer de ces difficultés insurmontables; c'était à en perdre la raison.

A la fin cependant, elle se dit très-sagement que, pourvu qu'elle trouvât de l'argent, elle trouverait un huissier. La pauvre Saint-Aymar se rappela alors qu'elle avait dans la ville une vieille cousine acariâtre, avare et dévote, qui seule en ce monde lui pouvait prêter assez d'argent pour avoir un huissier; cette parente s'appelait mademoiselle du Verger.

IV

Le prix d'une assignation. — Un journal et une cassette. — Le trousseau de la mariée. — Le logogriphe du *Mercure*. — Une vieille fille qui jette sa langue aux chiens.

Voilà donc notre jolie Saint-Aymar qui arrive seule, tremblante, chez la vieille et sèche fille majeure mademoiselle du Verger.

La vieille fille aimait son Dieu et son argent; mais, en revanche, elle n'aimait guère son prochain en général, et en particulier les jolies femmes. Donc, à l'aspect de la douleur si vraie de sa jeune cousine Saint-Aymar, mademoiselle du Verger fut d'un assez difficile abord; cependant sa cousine, les mains jointes et les yeux pleins de larmes, la supplia de lui prêter assez d'argent pour faire venir un huissier de Paris! Mademoiselle du Verger n'avait jamais d'argent à prêter à personne: mais pour un huissier qu'on devait faire venir de Paris, à ces fins d'assigner madame la présidente, mais pour un si bon scandale judiciaire, la vieille fille n'eut rien de si pressé que d'entr'ouvrir sa cassette et d'en retirer cent francs qu'elle prêta à la désolée Saint-Aymar. Saint-Aymar fit un billet à sa cousine. Cet argent, c'était pour elle la vengeance, c'était le ciel!

A l'instant même où la belle Saint-Aymar allait quitter mademoiselle du Verger, entra chez mademoiselle du Verger un commissionnaire du coche. Ce commissionnaire apportait à la vieille fille une lettre, *le Mercure de France* et une cassette. La lettre était pour elle, *le Mercure de France* était pour le chanoine honoraire, et la cassette renfermait un trousseau de jeune mariée, que mademoiselle du Verger devait faire passer, par d'autres voitures, dans une ville voisine de celle qu'elle habitait. Mademoiselle du

Verger ouvrit la lettre ; madame Saint-Aymar ouvrit la cassette, et elle se consola un peu à la vue de ce beau trousseau et d'une charmante robe de taffetas couleur de rose et dont l'assortiment vert et blanc était parfaitement semblable à la couleur des harnais. « Voilà tout à fait ma robe rose, » disait madame Saint-Aymar à mademoiselle du Verger. Mais mademoiselle du Verger n'écoutait pas sa cousine, elle ne regardait pas la robe rose, elle ne lisait même pas sa lettre, elle avait bien autre chose à faire, par ma foi ! Elle lisait le nouveau *Mercure*, et, en femme d'esprit qu'elle était, elle courut tout de suite à la charade.

La charade, vous le savez, c'était l'amusement le plus littéraire de ce temps-là, c'était la gloire, c'était l'honneur, c'était le bonheur du *Mercure*. Il y avait tel quartier de Paris et telle ville de province dont les intelligences les plus habiles s'étudiaient pendant un mois pour trouver le mot d'une énigme, d'une charade ou d'un logogriphe. Quand le mot était deviné, ou à peu près, on se hâtait d'en instruire *le Mercure*, qui, le mois suivant, transmettait à l'univers surpris le nom de l'heureux Œdipe. Mademoiselle du Verger n'était pas ce qu'on appelle un bel esprit, même en province ; cependant son intelligence s'était guindée jusqu'à la charade, elle en devinait, et même elle en composait, et même elle avait eu une charade imprimée sous son nom, dans *le Mercure : par mademoiselle Adélaïde-Aldégonde du Verger, rentière.* Il est bon de dire cependant que M. le chanoine Vincent avait travaillé pour sa bonne part dans cette charade en commandite, dont il aurait pu revendiquer les plus beaux vers, et dont il avait laissé toute la gloire à son amie mademoiselle Adélaïde-Aldégonde du Verger, comme un homme au-dessus de ces bagatelles.

Depuis ce jour d'illustre mémoire, mademoiselle du Verger avait ajouté à ses trois passions, le bon Dieu, l'argent monnayé et la médisance, une quatrième et dernière passion, la charade, qui comprenait aussi l'énigme et le logogriphe, enfants de la même famille. Deviner des charades, composer des logogriphes, étonner de son esprit toute une ville jalouse, c'était pour mademoiselle du Verger le plus subtil et le plus charmant des passe-temps; surtout ce qui la rendait bien fière et bien heureuse, c'était de pouvoir, chaque mois, remettre à M. l'abbé Vincent son *Mercure de France*, en lui disant d'un air modeste et glorieux tout à la fois : « Cherchez le mot, monsieur l'abbé; je l'ai déjà trouvé, *moi!* »

C'était donc le logogriphe du mois de mai qui attirait si fort l'attention de mademoiselle du Verger; or, il faut avouer qu'il y avait de quoi inquiéter un esprit plus subtil.

LOGOGRIPHE

Cultivée autrefois par des peuples fameux,
    De leurs travaux j'ai consacré la gloire,
    Et, sans le secours de l'histoire,
Je les fais vivre encor chez leurs derniers neveux.
    De douze membres composée,
Il est pour me trouver une méthode aisée.
    1, 2, 6 diront qui je suis.
    Quand je suis belle, j'embellis;
Mais, de dix de mes pieds, quelquefois l'ignorance
    Me fagote si plaisamment,
    Que, bien loin d'être un ornement,
    Je perds toute mon élégance.
    Mon premier quart a versé bien du sang.
1, 3, 6, 7, 10, 2, souvent au plus haut rang,
    Est souvent au plus bas étage :
Je ne perds ni ne gagne à de tels changements.
Lecteur, reprends mon tout, et de trois éléments
    Il saura t'offrir l'assemblage.
    9, 5 et 3, je suis bon à quitter;
6, 8, 9, 11 et 7 donnent de quoi flatter
    Des humains la pauvre cervelle.
    3, 4, 1, 6, je fais une guerre cruelle
    A 2, 1, 9, à qui 7 ajouté,
    Du corps humain présente une partie.
    5, 3, 1, 2 et 7 paya cher sa folie.

8, 5, 3, 7, je suis de grande utilité
    Aux boudoirs de Sa Majesté.
Je compte par milliers les auteurs de mon être ;
A me chercher, lecteur, je t'aiderai peut-être :
2, 10, 3, 4 et 7 m'ont servi de berceau.
Je me change en 3, 1, 8, 4, 6 et 7,
7, 3, 1, 2 et 6, au regard d'un distrait,
  3, 2 et 5, je porte l'épouvante,
Quoique partant souvent d'une âme fort contente.
    Cherchez des lieux où sans danger
    On ne peut guère voyager ;
    Cherchez un meuble de ménage,
    Une admirable invention,
Qui vous fait voyager chez toute nation :
  Une province et ville de Hollande,
    Un plat cher à la gent gourmande,
    Une machine dans les eaux
    Qui fait trembler tous les bateaux,
    Une charge spirituelle
    Où l'on porte bas la dentelle,
    Un coquillage, un bon poisson,
    L'endroit d'où l'on nous fait leçon,
    Une voiture sans portières,
    Et le gagne-pain des notaires,
    Une fille qui sans retour
Par la sœur est chassée, et la sœur à son tour
  S'enfuit avec une vitesse extrême ;
  Ce qu'avec ses défauts on aime ;
Un pays de l'Asie, un peuple mécréant,
  Ce qu'il ne faut pas qu'on nous coupe,
L'ordinaire goûter d'une bourgeoise troupe,
  Une voiture, ensuite un conducteur,
  Un mets qui vous fait mal au cœur,
Un purgatif ; enfin, deux notes de musique.
Mais il me semble aussi que par trop je m'explique ;
Et, si je n'arrêtais mon indiscrétion,
  Bientôt je vous dirais mon nom.

Vous pouvez juger du saisissement de mademoiselle du Verger

à la lecture de ce terrible logogriphe. Son œil gris se troubla, ses joues pâles pâlirent, sa bouche fit une horrible grimace; la malheureuse venait de comprendre que ce logogriphe était au-dessus de ses forces, et elle devint muette et pensive devant cette page hiéroglyphique. « Mais aussi, pensait-elle, quelle gloire pour moi si je pouvais le deviner! »

La jeune et belle Saint-Aymar n'était pas tellement en contemplation devant la robe rose aux accessoires bleus et blancs, qu'elle ne s'aperçût du coup violent qui venait de frapper sa cousine, et celle-ci ne chercha pas à dissimuler la cause de son trouble et de son chagrin.

« Oui, ma cousine, cela est ainsi; je suis perdue de réputation; je n'ai pas trouvé un seul mot de ce logogriphe. Oh! que l'abbé Vincent va me prendre en pitié!.. Hélas! je suis bien à plaindre, ma pauvre Saint-Aymar. »

Madame Saint-Aymar, qui était bonne au fond, et que sa cousine venait d'obliger, la consola de son mieux. « Tenez, lui dit-elle, ma cousine, prêtez-moi ce logogriphe, je le devinerai peut-être d'ici à deux jours, et alors je viendrai vous dire le mot quand je l'aurai trouvé. » Elle disait cela, la jolie femme, uniquement pour porter un peu d'espoir dans le cœur de sa cousine; car jamais elle n'avait rien deviné, excepté une énigme sur l'*amour* :

> Jeune, dès en naissant,
> Je vais toujours rapetissant,
> Et je finis par être imperceptible.

Eh bien, cette nouvelle espérance, toute faible qu'elle était, ranima la pauvre du Verger. Elle savait la Saint-Aymar bien coquette; mais elle savait aussi qu'elle avait fort peu de prétentions au bel esprit, et qu'elle lui ferait volontiers le sacrifice d'un logogriphe sans s'en vanter à personne, comme avait fait l'abbé Vincent, en pareille circonstance. « Ma cousine, ma bonne cousine, dit la du Verger hors d'elle-même, gardez-moi bien le secret et ne montrez *le Mercure* à personne : on dira que le coche est en retard... O ma chère petite cousine! si dans deux jours vous parveniez à m'apporter le mot de ce logogriphe, vous savez combien je vous aime (et en même temps elle l'embrassait à l'étouffer), je n'ai rien au monde à vous refuser, ma bonne, ma douce, — et je crois même que la vieille fille ajouta : ma jolie Saint-Aymar. »

Madame Saint-Aymar, à demi étouffée, sortit de chez sa cousine, emportant les cent francs dans sa poche droite et *le Mercure de France* dans sa poche gauche, et ne songeant déjà plus au *Mercure*, mais tout entière à sa vengeance. Payer l'huissier et l'envoyer chez la présidente, ce fut l'affaire d'un instant. L'huissier, homme habile, choisit le temps où madame la présidente était à table, pour lui glisser son petit exploit ; puis il s'enfuit à Paris à toutes jambes. Un exploit à la femme d'un président! et quel exploit! Des termes affreux !... A cette lecture, madame la présidente tombe de son haut ; elle crie, elle se lamente, elle invoque le ciel. Le président avait beau dire : « Calmez ce transport, ma femme ! » rien n'y faisait. La Saint-Aymar triomphait dans son cœur !

V

Grand émoi d'une petite ville. — Jugement arbitral — Le bailli dans l'embarras. — Le mot du logogriphe. — Les deux robes roses. — Échec de la présidente.

Toute la ville, attentive à ces débats, ne parlait pas d'autre chose; la ville oublia même *le Mercure de France*, même la belle forêt printanière. Il était donc urgent de terminer ces débats au plus vite. Le président, qui aimait Saint-Aymar, en sa qualité de poëte, lui fit demander une entrevue sous le vieil orme ; à cette entrevue presque judiciaire, furent convoqués les deux autres poëtes, pour servir de juges et d'arbitres dans cette grande affaire. Voilà donc le vieil arbre, auditeur accoutumé de tant de beaux vers, changé en une espèce de tribunal! Ces quatre poëtes, ordinairement si heureux et si perdus dans leurs fantaisies rimées, arrivèrent là lentement, solennellement, tristement, juridiquement. Le président, arrivé le premier, salua ses confrères en silence, et, tout de suite, il leur exposa la triste dispute entre sa femme et madame Saint-Aymar; il leur raconta l'assignation qu'il avait reçue et le procès qui s'en était suivi. En même temps, le bailli protesta en son nom qu'il était désolé de toute cette affaire, qu'il ne voulait désobliger ni M. le président ni madame la présidente, mais que cependant il ne pouvait pas payer tout seul les harnais blanc et vert. Ce petit discours et cette petite soumission du bailli obtinrent parmi les juges le plus grand assentiment.

L'abbé, qui avait à se faire pardonner son incartade de quatre vers, et qui, d'ailleurs, n'était pas fait aux usages de la justice, trouva un bon moyen de couper le nœud gordien de cette étrange difficulté. « Je propose, dit-il, de mettre ces dames d'accord, en condamnant madame la présidente à payer sa part des harnais vert et blanc, parce qu'elle les a commandés; condamnons aussi madame la baillive, pour n'avoir pas consulté madame la présidente sur le choix desdits harnais, à changer de robe avec elle, à lui donner la robe rose en retour de la robe bleue, si bien que madame la présidente ne pourra plus refuser de payer les harnais, et que ces deux dames seront d'accord.

L'arrêt, ainsi formulé, fut accepté avec transport par le président, qui voyait jour à contenter sa femme, et par le bailli, qui trouvait ainsi le moyen de ne payer que la moitié des harnais. Le maître des eaux et forêts opina du bonnet, comme un homme indifférent qui ne voulait se mettre mal avec personne. L'arrêt fut prononcé *à l'unanimité!*

Restait seulement à signifier l'arrêt, chose difficile pour le bailli. Il ne savait pas l'étendue de son malheur, le pauvre homme ! Aussi bien y alla-t-il franc jeu. La présidente sacrifia son avarice et la honte de l'ironie au désir d'humilier sa rivale. Elle avait enfin la robe rose ! Mais que devint la pauvre Saint-Aymar quand elle apprit, de la bouche même de son mari, qu'il fallait renoncer à cette belle robe rose, qui allait si bien avec les harnais vert et blanc ! Elle était donc vaincue par sa rivale ! Il fallait céder ! il fallait prendre cette odieuse robe bleue et cette affreuse garniture petit-soufre, et se montrer dans la ville et dans les bois avec cet attirail ! La jeune femme avait le cœur brisé ; elle avait les yeux pleins de larmes ; elle était si malheureuse, que son mari s'en aperçut. « Qu'as-tu, ma femme ? lui dit-il ; qu'as-tu donc ? »

Et la pauvre Saint-Aymar, arrêtant ses larmes et prenant les deux mains de son mari dans les siennes : « Monsieur, lui dit-elle, vous me faites bien du mal ! monsieur, vous me déshonorez ! Comment voulez-vous que je prenne la robe bleue de cette présidente, et que je lui donne ma jolie robe de taffetas rose et blanc ? Je sais bien ce que vous allez me dire, que je suis trop pauvre et que vous êtes trop pauvre pour que nous puissions payer ces harnais en entier ou acheter une autre robe ; et, d'ailleurs, c'est après-demain dimanche, c'est le jour de la promenade : jamais on n'aurait le temps de me faire venir une robe rose, quand bien même j'aurais l'argent pour la payer ; et, si je ne vais pas à la promenade, la présidente ira seule avec ma robe et mes harnais ! Ainsi, monsieur, je ne veux point de consolation, ou plutôt je n'en veux qu'une seule, qui ne vous coûtera rien et qui me rendra la plus heureuse des femmes. » En même temps, elle tirait de sa poche *le Mercure de France*. « Oh ! par pitié, dit-elle à son mari, par pitié, devinez pour moi le mot de ce logogriphe. Il y va de ma vie ; dites-moi ce mot-là demain matin, et je suis sauvée ; surtout gardez-moi le secret. » Sur quoi, la belle Saint-Aymar se retira dans sa chambre, laissant son mari confondu, anéanti, dans un rêve !

Il vit bien que ce n'était point un rêve quand il se trouva, seul à seul, en présence du fatal *Mercure*. Le livre était ouvert au logogriphe, dont une large corne marquait la place ; il n'y avait pas à s'y tromper. M. Saint-Aymar avait, il est vrai, une certaine habitude de ces sortes de tours de force ; mais, cette fois, toute son habileté était en défaut : il avait beau lire et relire cette énigme, elle n'avait pas de sens pour lui. Cependant les heures s'envolaient à tire-d'aile, et l'honnête bailli calculait en lui-même que, s'il voulait sauver sa femme à si bon marché d'une si grande douleur, il n'avait plus devant lui que vingt-quatre heures de méditation.

Mais il aimait sa femme ; il prit donc une résolution désespérée. Il imagina de parcourir un à un, en commençant par la première lettre de l'alphabet, tous les mots du dictionnaire de l'Académie. « J'aurai bien du malheur, pensa-t-il, si, dans tous les mots de la langue, je ne trouve pas le mot de mon logogriphe. » En même temps, il parcourait tous les mots du dictionnaire, et, à chaque mot nouveau, il se répétait les vers du logogriphe :

> Cultivée autrefois par des peuples fameux,
> De leurs travaux j'ai consacré la gloire.

« Bah ! disait-il, je sais déjà qu'il s'agit d'une chose féminine ! » Il venait ainsi d'abréger la moitié de sa tâche, et il passait sans les lire tous les substantifs masculins.

Il employa ainsi toute la nuit à son travail, où il mit tout son esprit, tout son zèle, toute sa pensée. Jamais il n'avait cherché avec plus d'ardeur, même ses rimes dans le dictionnaire de Richelet. Cependant l'aurore descendait par degrés sur ce dictionnaire entr'ouvert, et plus l'aube du jour se colorait, plus l'énigme paraissait obscure. Que serait-il devenu, le malheureux, si le hasard n'était pas venu à son secours ? En effet, ce mot tant cherché commençait par un A !

Quand il eut trouvé son mot, le bon Saint-Aymar ne put d'abord pas croire à son bonheur. A la fin cependant, quand il eut bien composé, décomposé et recomposé le mot fatal, il poussa un grand cri. A ce cri, sa pauvre femme accourut à demi nue et toute tremblante. « Je l'ai trouvé ! » s'écria Saint-Aymar non sans fermer le dictionnaire. Et elle, sans répondre, se jeta dans les bras de son mari. Alors il fallut bien que ces deux âmes qui allaient se briser se fissent jour par les sanglots et par les pleurs. Laissez-les couler ; ce sont des larmes de joie et des sanglots de bonheur.

Cependant ce samedi, qui promettait d'être si triste, se montre radieux. Madame Saint-Aymar, à peine levée, se hâte d'envoyer sa robe rose à sa rivale, et elle reçoit en échange la fatale robe bleue, avec l'accompagnement petit-soufre. On a beau examiner ce front si chargé de nuages la veille encore, ce front est calme et radieux. Aussitôt que la belle Saint-Aymar eut reçu la robe bleue en échange de sa robe rose, elle se rendit chez sa cousine du Verger, qui elle-même avait passé une bien triste nuit à se répéter :

Cultivée autrefois par des peuples fameux,

et qui n'avait rien deviné encore ; la pauvre vieille fille, tourmentée par cette idée fixe, en était plus vieille que jamais ; mais, quand elle vit arriver sa cousine Saint-Aymar, belle, reposée, souriante, elle s'écria tout aussitôt : « Vous l'avez deviné, ma cousine ? vous le savez, ce mot fatal ? » elle était inquiète, haletante, éperdue. Madame Saint-Aymar lui dit simplement : « Je le sais, ma cousine, » comme si elle était habituée à de pareils succès ; puis, voyant que la crainte et la joie se partageaient également ce pauvre cœur, madame Saint-Aymar aborda franchement la question.

« Ma cousine, dit-elle, l'autre jour, ici même, en m'embrassant, vous m'avez promis de ne me rien refuser si je vous apportais le mot du logogriphe ; eh bien, je vous l'apporte ; vous le saurez toute seule, je n'en préviendrai personne. Demain dimanche, chez la présidente, vous pourrez deviner le logogriphe en plein salon, en plein *Mercure*; j'ai même fait deux vers que vous pourrez envoyer au *Mercure*, pour lui dire que vous avez deviné le logogriphe. Eh bien, tout cela est à vous, si vous voulez changer cette robe rose (et elle lui montrait la robe de la jeune mariée qui n'était pas partie) contre la jolie robe bleue que voici. Voyez, ma cousine, cette robe bleue est toute neuve, toute fraîche, elle n'a pas été portée ; elle ira à merveille à cette jeune fille qui se marie, et qui n'a pas besoin d'être parée ; on est toujours si belle les premiers jours ! » La cousine ne répondit pas ; mais, à un certain clignement de l'œil droit, la belle Saint-Aymar comprit qu'elle était exaucée, et tout aussitôt elle s'empara de la robe rose et de l'accompagnement bleu et blanc, s'empressant en même temps de mettre à la place la robe bleue et l'accompagnement petit-soufre. Si la pauvre femme n'est pas morte à cet instant-là, c'est qu'on ne meurt pas de joie. Elle était si joyeuse, qu'elle s'en allait sans remercier la du Verger et sans lui dire le mot du logogriphe; la du Verger l'arrêta, l'œil étincelant : « Et le mot du logogriphe? » s'écria-t-elle ; on eût dit, à la voir, une lionne qui a perdu ses petits.

Voici le mot, répondit Saint-Aymar : *Ar-chi-tec-tu-re!* Puis, jetant là le *Mercure* et emportant la robe, elle s'enfuit, heureuse et jolie et légère à ravir; elle défiait bien plus que l'avenir : elle défiait le lendemain.

Mademoiselle du Verger, restée seule, ne pouvait en croire ses oreilles et son bonheur. « Oui, disait-elle, c'est bien cela : *architecture*, dans lequel on trouve *art, architecte, arc, acteur, air, terre, eau, tic, titre, chat, rat, rate, Icare, cire, cachet, écart, cri, rue, cric, trictrac, archer, Cythère, hier, cruche, carte, ire, chère, Utrecht, hare, arche, chute, rechute, état, Autriche, huître, truite, chaire, charrette, acte, archi, recteur, crèche, cuir, tact, chair, trait, écriture, heure, race, Thrace, Turc, artère, tarte, échec, tache, tart, hâte, carie, trace, char, charretier, archet, tartre, ut, ré.* »

Et s'il y avait dans toute la ville une femme aussi heureuse que madame Saint-Aymar, c'était à coup sûr mademoiselle du Verger.

Enfin, le dimanche arrive; vient la messe; la messe se passe, puis on dîne, puis midi sonne, puis une heure; puis enfin les vêpres sont chantées; tout se remue dans la ville; tous les équipages sont prêts : la promenade sera brillante. Et chacun de se demander : « Comment va faire *cette pauvre Saint-Aymar?* Mettra-t-elle la robe bleue de la présidente? Fera-t-elle dire qu'elle est malade? » Cependant la présidente arrive dans sa robe rose et conduite par les chevaux aux harnais vert et blanc. Chacun admire l'harmonie de cet équipage; et toutes les femmes de plaindre tout haut *cette pauvre Saint-Aymar!* Mais, ô surprise ! car tout à coup au moment où on allait partir, voilà cette jolie Saint-Aymar qui s'élance dans son char à côté de la présidente; la belle Saint-Aymar, que toute la ville s'attendait à voir en robe bleue petit-soufre, porte une robe rose et blanc, mais d'un rose si rose et d'un blanc si blanc, et puis elle est si fière, si triomphante, si transparente, si animée, si heureuse, qu'elle écrase tout à fait sa belle rivale la présidente. Aussitôt on bat des mains; la promenade commence; les harnais font merveille : on dirait que les chevaux de fermier veulent répondre par leur ardeur inaccoutumée à tous les embarras qu'ils ont donnés. On peut juger si cette promenade fut brillante. La présidente enrageait comme si elle eût été encore dans sa robe bleue et petit-soufre. Quant à madame Saint-Aymar, elle saluait tout le monde à droite et à gauche; elle était aimable, même avec sa rivale, et c'était plaisir de lui voir courber de temps à autre sa jolie tête surmontée d'une charmante plume vert et blanc, ornement plein de goût, qui manquait à madame Darcy.

Le soir venu, ce fut au tour de mademoiselle du Verger; elle étonna toute la ville par sa promptitude à deviner le plus obscur des logogriphes, et même on admira beaucoup ces vers, qu'elle avait faits toute seule pour *le Mercure de France* et qu'il n'a pas encore publiés :

> Le mot de votre énigme est *architecqueture* ;
> J'eus à le deviner beaucoup de tablature.

Rentré chez lui, le bon Saint-Aymar disait en se frottant les mains : « Je n'aurais jamais pensé que ce fût une chose si utile de deviner les logogriphes. »

Tel était le journal au XVIIIe siècle. Malheureuse époque! Elle a produit les soixante volumes de Voltaire, trois ou quatre volumes de l'*Encyclopédie* et l'*Histoire naturelle* de Buffon! elle s'est émue à la voix de J.-J. Rousseau et aux paradoxes de Diderot; elle a été éloquente, passionnée, philosophique, révolutionnaire; elle a tout fait et tout refait; mais, encore une fois, je vous le dis, prenez-la bien en pitié, cette pauvre époque : elle n'a pas su faire le journal!

RÉPONSE A M. DE BALZAC

A PROPOS DE SA MONOGRAPHIE DE LA PRESSE PARISIENNE

Colère de M. de Balzac. — Retour sur Horace de Saint-Aubin. — Défaite des femmes de M. de Balzac par les femmes de George Sand. — Essai malheureux de la femme de quarante ans. — Les journaux de M. de Balzac. — Dictionnaire littéraire de M. de Balzac. — Pourquoi nous n'avons pas laissé sans réponse le pamphlet de M. de Balzac.

A qui en veut M. de Balzac? Il n'a jamais été si bouffi, et si rouge, et si colère; jamais son œil n'a été plus furieux. Où va-t-il? d'où vient-il? et, par grâce et par pitié, quel mal lui a-t-on fait? — M. de Balzac est bien malade; il ne mordille plus son lecteur, il le mord jusqu'au sang; il ne chatouille plus ces êtres de sa création, il les écorche d'un ongle tant soit peu noir, et qui n'a pas été coupé depuis longtemps.

De toutes les maladies qui s'attachent, dans ce siècle, à la malheureuse carcasse des gens de lettres et des artistes, la maladie la plus triste et la plus incurable, c'est l'orgueil. L'orgueil leur sort par tous les pores : ils en vivent, et surtout ils en crèvent. Le *moi* de ces gens-là s'étend tout aussi loin que la peau d'un mortel peut s'étendre. « *Moi, dis-je, et c'est assez!* Je marche, faites-*moi* place. Je parle, écoutez-*moi*! Je dors, regardez-*moi* dormir! Moi et non pas d'autres. Moi hier, moi aujourd'hui, moi demain, moi toujours, et, après moi, moi encore. Je suis celui qui suis! »

Et si, par hasard, pendant que votre paon juché sur ses deux pieds, fait la roue, vous détournez la tête un seul instant, haro sur vous-même! Malheur à vous! vous voilà... *monographié!*

Mais, encore une fois, celui-là, de quoi se plaint-il, et d'où vient cette ingratitude effrénée contre la critique, sa mère nourrice? Pendant dix ans de sa jeunesse, il a écrit, sous un faux nom, des romans excentriques dont le quai de la Volaille même ne voulait pas se charger. Ce faux nom, qu'il s'est fabriqué, à l'aide d'un saint et d'une particule, pendant dix ans, personne ne veut le savoir. En vain il se traîne à la suite des romanciers à la mode de chaque semaine, — dans les roses de Ducray-Duminil, — dans les tombeaux d'Anne Radcliffe, — dans les blasphèmes de Pigault-Lebrun, — dans les drôleries de M. Paul de Kock, — voire dans les détails historiques de sir Walter Scott; rien n'y fait, on ne veut pas des romans du sieur Horace de Saint-Aubin; on n'en veut à aucun prix. L'antichambre même, ce grand dévoreur de livres, n'accepte pas les livres qui sortent de cette fabrique clandestine... Si bien qu'un jour Saint-Aubin redevint tout à fait M. Honoré de Balzac. Saint-Aubin ne fit plus de livres; mais, en revanche, Honoré de Balzac eut l'adresse d'intercaler dans un journal (que disons-nous? dans une Revue!) un innocent petit conte de sa façon. Et voyez la méchanceté de la presse parisienne! ce petit conte, qui était charmant, *l'Enfant maudit*, rendit à son auteur le plus grand service qu'on pouvait lui rendre. Il plongea le sieur Horace de Saint-Aubin et sa trop nombreuse famille dans un néant d'où rien n'a pu les faire sortir, pas même la reconnaissance posthume de M. de Balzac, et, en même temps, il mit à la mode le nom nouveau de Balzac. Balzac! Aussitôt la publicité s'empare de ce nom glorieux; elle le suit, pas à pas, dans son sillon de vapeurs, d'insomnies et d'attaques de nerfs; elle lui accorde l'auréole populaire. — La critique contemporaine fait de ce nouveau venu son enfant bien-aimé; elle raconte à qui veut l'entendre les *Scènes de la vie parisienne* et les *Scènes de la vie privée;* elle annonce dans le domaine du roman et de l'amour l'introduction authentique de *la femme de trente ans*. « Tu es notre Christophe Colomb et notre Améric Vespuce! s'écrient en chœur les femmes de 1804. Tu es notre sauveur et notre bien-aimé! Pour toi, et pour toi seul, nous avons mis en réserve, non pas nos premiers, mais, comme tu l'expliques très-bien, nos plus sincères serments d'amour! Gloire à toi, Honoré! gloire à toi, Horace! gloire et bonheur! Nous avons été exhumées par ton génie, nous serons reconnaissantes; nous rendrons la pareille à ton génie, quand, lui et nous, nous aurons attrapé la cinquantième année. Dans vingt ans, Honoré! — Dans un siècle, mes almées, mes réjouies, et mes potelées que vous êtes, » répétait M. de Balzac.

Voilà comment elles et lui, elles, ces femmes de trente ans, lui, le bel esprit sur le retour, ils devaient s'entendre à merveille. Quoi d'étonnant? Ils avaient eu le même point de départ : une jeunesse mal dépensée, une âme incomprise, le dédain des hommes et des lecteurs; et, tout d'un coup, ces pauvres femmes étaient rendues au monde par cet humble écrivain; ils devaient faucher en même temps, chacune et chacun de son côté, le regain de la jeunesse. Douces fleurs foulées aux pieds par les passants, et maintenant cueillies avec tant d'empressement et de respect! Certes, ce moment-là fut beau dans la vie de M. de Balzac et dans l'histoire des femmes de trente ans. Il s'enivra tout à l'aise de cette gloire inespérée; elles s'abandonnèrent avec rage aux joies inattendues de cette jeunesse rétrospective. Lui, il alla se montrer à tous les potentats de l'Europe, il épuisa la coupe de l'adoration et de la louange; elles, elles étonnèrent le monde par la grâce de leurs folles passions, par la tristesse ineffable de leurs cœurs, par les divines tortures que leur âme avait peine à contenir. D'un bout de l'Europe à l'autre, elles criaient, ces femmes incomprises : « Balzac! Balzac! Balzac! » à ce point que, si vous vouliez causer une vive joie aux jeunes filles assez malheureuses pour n'avoir que seize ans à peine comptés, mon Dieu! rien n'était plus facile : c'était de les traiter tout à fait comme on ne traitait plus (avant M. de Balzac) les femmes de trente ans.

Tel était ce grand succès que personne n'a contesté, et dont s'est amusée la génération tout entière qui a précédé la révolution de Juillet.

Lui alors, l'imprudent! il inventa la femme de quarante ans!

Oui, mais, dans ce nouveau domaine qu'il venait d'ajouter à son domaine trentenaire, pas une des femmes qu'il avait inventées ne voulut suivre M. de Balzac. Quarante ans! c'était le monde impossible, et d'autant plus que de l'autre côté de l'horizon s'avançaient, toutes bondissantes dans le feu de la jeunesse, tout éclatantes d'esprit, de grâce, de paradoxe et d'amour, la phalange toute-puissante des femmes de George Sand. Ce fut là un grand malheur pour M. de Balzac! mais déjà c'en était fait, le coup était porté, les femmes de George Sand sont lâchées dans le monde, et déjà, parmi les femmes de trente ans, c'est un sauve-qui-peut général. « Trente ans, fi donc! s'écrient les nouvelles venues en montrant l'émail de leurs trente-deux dents bien rangées par ordre de bataille, trente ans! nous n'en voulons pas, nos amants n'en veulent pas. Vingt ans, à la bonne heure, mais rien de plus, non, pas même une heure de plus, quand cette heure devrait sonner un rendez-vous d'amour. » Et les voilà jetant le défi, l'ironie, le mépris, l'outrage, le dédain, et qui, plus est, la pitié aux femmes surannées de M. de Balzac. Vous savez les noms des jeunes femmes de George Sand : Indiana, Valentine, Lélia, Geneviève, Fernande, Quintilia, Aldini, Lavinia, Edmée, enfin; et les autres, robustes courages, nobles cœurs, ambitions viriles, sincères amours, et au-dessus de ces courages, de ces amours, la santé, la force, la jeunesse, la jeunesse, et toujours la jeunesse. Aussi voyez comme elles se défendent, comme elles vivent! avec quelle énergie elles affrontent les périls et les orages! Voilà des femmes! voilà des êtres vivants! voilà des passions! Comparées à cette phalange d'esprits charmants et rebelles, les femmes de M. de

Balzac n'étaient plus que des figures de cire, de vieilles marchandes de modes de la rue Vivienne, fardées, plâtrées, musquées, ratatinées, enveloppées dans de vieux falbalas de l'autre semaine, les cendres d'une flamme éteinte, les ossements d'un sépulcre blanchi ! Voilà ce qui a porté le coup de grâce au roman de M. de Balzac ; voilà ce qui a donné à ses fictions les plus alertes, à ses créations les plus vives cet aspect terne et maladif, et la chose est facile à expliquer : la femme de M. de Balzac vit surtout dans un monde de convention ; celle de George Sand dans la réalité la plus vraie ; l'une est corsée, arrangée et attifée dès le matin ; elle exhale une abominable odeur d'ambre et de patchouli ; l'autre (il faut le dire, c'est souvent une campagnarde) ne se lave que les jours de pluie et d'orage ; fouillez dans sa poche gauche, vous y trouverez peut-être un morceau de pain bis et un oignon à moitié coupé d'un coup de dent ; celle-ci vit couchée dans son lit, ou bien étendue sur sa chaise longue ; celle-là est toujours par monts et par vaux menant au hasard les passions de sa tête et de son cœur,... si bien que, pour adorer à la fois ces nonchalantes et ces actives, ces coquettes émérites et ces écervelées de vingt ans, il eût fallu être quelque Lauzun fabuleux du Versailles de Louis XV ; mais, hélas ! notre malheureux siècle tout occupé d'agio, de vapeur, de sucre de betteraves, d'esclaves à vendre ou à délivrer, de religions à sauver ou à défendre, n'a pas le temps d'aimer tant de femmes à la fois ; il choisit pour les aimer, en courant, les premières femmes qui se présentent ; aujourd'hui, les vieilles de M. de Balzac ; le lendemain, les écervelées de George Sand, sauf à s'arrêter en chemin aux comtesses de M. Frédéric Soulié, aux marquises de M. Eugène Sue, aux bourgeoises de M. Paul de Kock, car le soleil et le roman brillent à la fois pour chacune et pour tous.

Donc, encore une fois, si M. de Balzac se plaint en son patois que, lui et ses femmes, ils n'aient vécu que ce que vivent les roses, ce n'est pas à la presse parisienne qu'il doit s'en prendre ; qu'il s'en prenne aux derniers venus dans la carrière qu'il a suivie, qu'il s'en prenne aux caprices du lecteur, qu'il s'en prenne surtout à lui-même, pour avoir abusé, au delà de toute mesure, de la faveur populaire. M. de Balzac ne se rappelle donc pas tant de romans commencés ici, terminés là-bas, qui ont passé d'un journal à un autre journal, si bien que, pour suivre la fiction depuis la première ligne jusqu'à la dernière, il fallait passer à travers toutes les nuances de la politique de chaque jour? Comme aussi M. de Balzac ignore-t-il qu'à force de mettre en scène les mêmes noms, les mêmes femmes, les mêmes hommes, les mêmes lieux, il a fini par faire de ce rendez-vous de romans, qu'il appelle *son œuvre!* un labyrinthe inextricable dans lequel, avec la plus vive intelligence et la plus ferme volonté, il est difficile, sinon impossible, de se retrouver et de se reconnaître! Vous appelez cela *la Comédie Humaine?* A la bonne heure; mais au moins eût-il fallu prendre le soin de désigner en tête de votre comédie tant de personnages divers dont vous avez pris si peu de souci. Non, non, si vous avez perdu votre plus grand charme, l'art du détail, ne vous en prenez pas à la critique, prenez-vous-en à vous-même, qui, à force de descriptions minutieuses et laborieuses, avez fini par ne plus trouver rien à décrire. Non, non, si vos contes n'ont plus l'intérêt qui les faisait vivre, ce n'est pas la faute du *Courrier Français,* du *Messager des Chambres* ou de la *Gazette de France,* c'est votre faute, à vous, qui, sous prétexte de vouloir, après coup, donner l'unité à cette masse compacte de papier imprimé, tournez incessamment dans le même cercle d'aventures. Non, non, si votre nom n'est guère plus qu'un vain joujou de *prospectus,* n'accusez ni *le National,* ni *la Quotidienne,* ni la *Gazette des Tribunaux,* ni *l'Entr'acte,* ni le *Journal des Villes et des Campagnes;* n'accusez que vous, qui vous êtes abandonné, sans respect pour votre rare esprit, à toutes sortes de paradoxes. En tout ceci, encore une fois, le journal n'a que faire, et c'est à tort que vous le citez à la barre de votre esprit fatigué. Au contraire, le journal a été pour M. de Balzac plein de bonté, de charité, de bonhomie; oui, de bonhomie! Tenez, monsieur, vous aurez beau faire, vous aurez beau vous perdre à plaisir, vous aurez beau écrire l'histoire de votre *Grand Homme de province*, l'histoire de ce malheureux écrivain de vingt-cinq ans qui finit par aller au bagne pour avoir écrit quelques articles dans un journal ; vous aurez beau formuler toutes sortes de monographies et de physiologies contre cette force dont le silence souvent vous protége, la presse, poussée à bout, vous donnera encore une preuve de sa justice et de son bon goût; quoi que vous fassiez, elle n'oubliera jamais que vous avez été, pendant trois ans, le plus charmant amuseur de ce temps-ci, et qu'en fin de compte, malgré vous-même, et en dépit de l'affreux bagage de papier imprimé qui porte votre nom, vous avez été et vous resterez l'auteur d'*Eugénie Grandet*, et de *la Recherche de l'absolu*.

Quant à cette *Monographie de la presse parisienne*, on me l'a remise tantôt avec cette lettre : *Tu dors, Brutus!* Et j'avoue qu'en vérité mieux eût valu dormir que de perdre une heure à cette lecture. Cela commence par un mot de la fabrique de M. de Balzac. Il ne veut plus qu'on dise *un homme de lettres*, il veut qu'on dise *un gendelettre*. M. de Balzac, *gendelettre*, maréchal *gendelettre!* A entendre M. de Balzac, *le gendelettre* se partage en plusieurs divisions et subdivisions. 1º *Le publiciste : C'est un homme occupé des bâtons flottants de la publicité.* Le publiciste n'a pas d'autre occupation que de *gratter les boutons du corps politique;* de ce *bouton, il tire un livre qui est une mystification.* Après le publiciste, qui était autrefois *le pasteur des idées, vous avez le directeur-rédacteur-en-chef-propriétaire-gérant.* Celui-là est un *homme énorme qui devient quelquefois préfet, receveur général,* ou *directeur de théâtre;* il est *le portier de la gloire, le trompette de la spéculation,* et *le Bonneau de l'électorat.* — C'est un homme qui se remue par une *danseuse, par une cantatrice,* ou *par une actrice;* c'est, en un mot, une façon de chef de brigands qui a sous lui d'autres brigands que voici :

D'abord, le *premier-Paris*, autrement dit le premier *ténor*. — A écrire des premiers-Paris, *il est impossible qu'un homme ne se fausse pas l'esprit ou ne devienne pas médiocre;* — aussi sont-ils *médiocres de naissance;* — à écrire des premiers-Paris, *le style serait un malheur.* — Pour être premier-Paris, il faut savoir *parler le jésuite* de la feuille publique; — avant tout, pour faire votre chemin, — *faites marcher vos idées sur des béquilles;* — ceux qui font ce métier-là *s'avouent corrompus comme des diplomates, ils ont pour retraite : l'Académie des inscriptions et belles-lettres, quelques bibliothèques,* voire *les Archives.*

Après le premier-Paris, arrive un autre *gendelettre* nommé le *fait-Paris;* puis les *camarillistes*, d'autres bandits chargés de défigurer les discours de MM. les orateurs de la chambre des députés; puis l'*homme politique* du journal, un homme qui n'a pas deux idées; vous en feriez un sous-chef, *il serait incapable d'administrer le balayage public;* — donc, *plus un homme est nul*, meilleur il est pour *devenir le grand lama d'un journal;* — du reste, rien n'est plus facile à expliquer que la politique : — *c'est un jeu de quilles!* ainsi vous avez les quilles de la cour, la quille Salvandy, Montalivet, de Broglie, — la quille Billault, Jaubert et Rémusat!

Outre son homme politique, le journal a ses *attachés*. Les attachés du parti républicain sont surveillés de très-près. Un jour deux républicains se rencontrent; l'un d'eux dit à l'autre : *Tu t'es vendu! on t'a trouvé engraissé!* D'où il suit que tout journal qui saura son métier n'aura que des *attachés* d'une entière maigreur, sinon votre attaché ne sera qu'un *attaché-détaché;* — c'est-à-dire une espèce d'espion à gages qui, la plupart du temps, est professeur de rhétorique ou de philosophie. Celui-là *dîne à toutes les tables*, il se charge d'attaquer tous les hommes politiques, il va et vient dans *les journaux comme un chien qui cherche son maître*, et, quand il a bien mordu, il devient professeur *d'une science fantastique*, secrétaire particulier de quelque cabinet, con-

sul général. Si vous saviez combien d'honnêtes gens M. de Balzac attaque, sous cette rubrique, et sans avoir l'air d'y songer !

De là vous passez au *gendelettre à brochures.* Dans *la Monographie-brochure*, M. de Balzac n'estime que le pamphlet. Lisez ce petit passage avec soin, et vous verrez : 1° que le pamphlet est le chef-d'œuvre du genre ; 2° que M. de Balzac est le seul homme au monde qui soit digne d'être un pamphlétaire. M. l'abbé de Lamennais ne sait pas parler *aux prolétaires*, il n'est pas assez *Spartacus*, pas assez *Marat*, pas assez *Calvin ;* en un mot, il ne sait pas *monter à l'assaut de l'ignoble bourgeoisie à qui le pouvoir est échu.* M. de Cormenin est *filandreux*, *il n'a pas l'allure à la Figaro de Courier*, il n'est pas agile. *Courier est resté plus comme monument littéraire que comme pamphlet ;* en résumé, il n'y a que M. de Balzac qui ait *l'allure de Figaro ;* lui seul, il pouvait vous montrer comment *le pamphlet est la vengeance à l'état de boulet de canon ;* témoin le pamphlet in-32 qu'il publiait tous les mois, il y a déjà trois années, un si terrible boulet de canon (*canon-Figaro*), qu'au bout de cinq ou six numéros, le pamphlet de M. de Balzac s'éteignit dans l'ennui et dans le dédain publics, au beau milieu d'une nouvelle extraordinaire de sa composition, intitulée *Z. Marcas.*

Vient ensuite le *gendelettre vulgarisateur.* Celui-là invente l'Allemagne, on le fait professeur au collège de France, il marche à la tête de la phalange des *rienologues ;* il est le roi tout-puissant à la Sorbonne ; ces gens-là sont les *parasites cutanés* de la France. Le rienologue est ordinairement *monobible*, et, *comme l'intelligence manque essentiellement à la bourgeoisie, la bourgeoisie en raffole.* Le monobible devient directeur de canaux, de chemins de fer, défenseur des nègres, ou bien avocat de l'esclavage, en un mot, le rienologue est un homme important, tout aussi bien que le *gendelettre à convictions*, qui se réserve le conseil d'État, et le gendelettre incrédule, qui devient maître des requêtes ou directeur des îles Marquises. Et savez-vous à qui s'adressent tous ces reproches de vénalité, d'usurpations, de places volées ? Aux hommes les plus honorables de la presse, aux plumes les plus élégantes, aux esprits les plus clairs, les plus justes, les plus ingénieux de ce temps-ci. Car ils y sont tous les uns et les autres, et, sous cette écume transparente, il est facile de les reconnaître : M. Dubois, M. Mignet, M. de Salvandy, M. Cousin, M. Guizot, M. Saint-Marc-Girardin, M. de Sacy, M. Jouffroy mort à la peine. En un mot, pas un de vous n'est oublié dans ces spirituelles et bienveillantes allusions, vous tous, nos amis et nos confrères de tous les partis qui avez porté toute la chaleur du jour : Loêve-Weimar, consul à Bagdad ; Edgard Quinet, professeur au collége de France, Sainte-Beuve, l'historien de Port-Royal, l'habile et fin critique, qui a fondé toute une école ; Planche lui-même, retiré sous sa tente, et Philarète Chasles, et Becquet lui-même, mort si jeune, qui attrape sa petite part de l'insulte publique, et Berlioz, qui ne se doute guère de tant d'honneur ; comme aussi ni M. Michel Chevalier, et les autres philosophes de la presse, ne sont oubliés dans cette averse d'invectives.

Peut-être faisons-nous là trop de bruit de quelques pages dictées par un aveugle dépit. Mais cela indigne, à la fin, d'assister à ce perpétuel dénigrement d'un art qui a été tenu à honneur par les plus grands politiques de ce siècle et du siècle passé ; dont Mirabeau s'honorait, dont M. de Chateaubriand était fier. Cela fait peine de voir traîner dans cette boue les intelligences les plus vives, les plus avancées, les plus sérieuses ; et voilà pourquoi nous avons surmonté encore une fois notre répugnance à poursuivre ces monographies et à répondre au malencontreux monographiste.

CRITIQUE DU TEMPS PASSÉ

LA COMÉDIE A ATHÈNES

On aimait surtout trois choses dans la ville d'Athènes, la déclamation, le bel esprit et l'injure. Peuple causeur et jaloux, il fallait, pour lui plaire, bien parler cette belle langue qu'il avait faite, et, dans ce beau langage, couvrir d'insultes les meilleurs citoyens et les plus célèbres. La raillerie qui déchire, la calomnie sans pitié, l'éloquence écrasante, l'exil qui chasse Aristide de sa patrie parce que tel bourgeois d'Athènes se fatigue d'entendre Aristide être surnommé *le Juste*, c'étaient là les conditions de la gloire. Vous grandissiez au milieu des huées; les citoyens oisifs sur la place publique, les rhéteurs dans leurs écoles, l'orateur à la tribune, le juge à son tribunal, le soldat à l'armée, accablaient les honnêtes gens de cette ingrate et turbulente république, sous la calomnie et le sarcasme. Point de repos, pas de relâche, vous étiez le but de ces traits acérés, de ces cruautés mal déguisées, de ces satires violentes qui couraient les rues, car la rue, c'était le salon de ces beaux esprits amoureux d'égalité et de scandale; et, enfin, quand vous aviez tenu ferme contre ces violences et ces ricanements de l'esprit, une dernière épreuve vous attendait, épreuve impitoyable, terrible, tant la médisance et la calomnie étaient la félicité des oreilles athéniennes! épreuve qu'il fallait subir si vous-même vous vouliez être assuré pour quelques jours de votre popularité dans la Grèce entière. — Je veux parler des violences publiques et coupables de la comédie primitive, *prisca comœdia*, avant qu'une loi salutaire eût ordonné de masquer les noms et les visages. Au théâtre, en effet, tout autant que devant l'Aréopage, vous étiez jugé en dernier ressort. De tous les côtés de l'Attique accouraient les spectateurs avides d'émotions jalouses pour traîner dans la lie de ce peuple, *fœcem et sordem urbis*, dit Cicéron, les plus grands caractères, les plus illustres génies, les plus dédaigneuses et les plus hautes vertus. Voir sa personne et son nom, son visage et sa vie, sa probité et son honneur, sa famille et ses amis livrés en pâture, pendant toute une longue journée de printemps; se savoir exposé aux traits blessants de cette folle liberté, à ces ingénieuses bouffonneries comme en jetaient autrefois les vendangeurs du haut du tombereau de Thespis; assister soi-même à cette dégradation complète de son être; entendre dire à ses oreilles qu'on est un voleur et un lâche; se sentir mêlé aux obscénités, aux turpitudes, aux blasphèmes d'une satire effrontée; se laisser traîner, sans se plaindre, dans les vertiges dégoûtants de cette débauche d'une ignoble et basse plaisanterie à l'usage du petit peuple; et, enfin, plus d'une fois payer de sa liberté, de sa fortune et de sa vie ces horribles bacchanales de l'esprit, que Socrate lui-même, ce beau railleur, appelait *les délices attiques;* telle était, en fin de compte, la consécration dernière de tout ce qui était la vertu et le génie dans la république d'Athènes. Mais qu'y faire? C'était le bon temps de la vraie gloire et de la vraie liberté! C'était la condition *sine quâ non* de toute grandeur. Vous vouliez conquérir votre place dans l'estime de ces hommes jaloux de tout ce qui sortait de l'égalité, vous saviez à l'avance de quel prix serait payée votre grandeur. — Pourtant, j'imagine que plus d'un parmi ces Grecs ambitieux s'est trouvé bien malheureux lorsque au retour des fêtes de Bacchus, dans ce théâtre rempli des joies et des délires de la comédie satirique, notre homme, qui espérait les honneurs de l'insulte publique, aura vu que son nom était passé sous silence. Quoi! pas une injure, pas une accusation, pas un mot qui me rappelle aux souvenirs et aux railleries de la railleuse Athènes? — C'est qu'en effet en ce temps-là, comme aujourd'hui, il fallait être bien grand parmi les citoyens, et bien privilégié, pour mériter les honneurs des vers anapestes. Quand Aristophane se met à dire: *Allons, çà, parlons en vers anapestes!* soyez assurés qu'il va être sans pitié, qu'il va être sans respect; il va porter sa lampe brûlante sur les parties les plus glorieuses ou les plus honteuses de cette société qui lui tend la joue pour être souffletée à outrance. Sauve qui peut! le bouffon va parler comme un juge; le vil comédien va se poser en magistrat; le poëte, car il a toutes les grâces de l'invention, toute la verve intarissable, toute la chaleur hardie, pittoresque et railleuse qui fait les poëtes comiques, le poëte va tout à l'heure accomplir son métier d'athlète : il va se prendre corps à corps avec les plus puissants par l'intelligence ou par la force. Quelle lutte avec Cléon, par exemple! Ce Cléon est le général de l'armée athénienne; il a les vœux des soldats, il est l'élu des citoyens, le héros du peuple; c'est un géant à la voix de Stentor, le Murat de l'Attique, et pourtant la comédie, ou, pour mieux dire, l'*aigre Archanienne*, lapide Cléon d'invectives. Pas un comédien, ni Callistrate, qui excelle à faire la charge des citoyens, ni Philodine, qui se moque par métier des archontes, n'ont osé mettre sur leur joue effrayée le masque de Cléon. Eh bien, qu'à cela ne tienne, Aristophane lui-même montera sur les planches et jouera le rôle de Cléon, le fils du corroyeur. Ainsi attaqué, Cléon reste sans armes et sans force ; il entend, à chaque mot du dialogue, s'élever l'immense éclat de rire qui le condamne ; il assiste au triomphe de cet esprit qui s'évapore en mille allusions frappantes. Si, en effet, Cléon est coupable du crime dont on l'accuse, si le poëte n'a fait que la satire des vices personnels du général athénien, si le bouffon, qui s'est fait le vengeur du gouvernement, a dit juste une fois en sa vie, si cet ardent délabreur de réputations n'a fait que remettre l'usurpateur à sa place, alors il faudra bien que Cléon courbe la tête et qu'il avoue la victoire du poëte, et qu'il se retire devant cette allusion dentée et pleine d'aiguillons. Si, au contraire, Aristophane n'a été que le vil bouffon de la multitude, s'il a abusé de son habileté à peindre les mœurs de sa nation pour faire une simple pochade ; s'il s'est acharné sur quelque galant homme digne de ses déférences et de ses respects, croyez-vous donc que l'homme injustement attaqué va baisser la tête sous les sarcasmes de l'épouvantable gueux qui l'attaque ? Pensez-vous que le peuple d'Athènes sera si cruel que d'ajouter ses propres injures aux injures du poëte, ses insultes à cette fange ? Non pas certes, le bon sens public l'aura bien vite emporté sur ces injures d'un moment, et plus d'une fois vous verrez l'honnête homme, insulté dans son intime fierté, montrer aux spectateurs rassurés sur sa gloire le noble front où son âme est empreinte, se mettre lui-même hors d'insulte à force de sangfroid, couvrir de ses dédains publics les libertinages de cette plume insolente, et chasser d'un regard le diogénisme de son accusateur. Ainsi fit Socrate lui-même à la première représentation des *Nuées*. Il se tint debout, le visage tourné vers l'assistance, afin que chacun pût voir qu'avec tout son esprit et tout son génie, soutenus de la malice athénienne, Aristophane ne le faisait pas pâlir. Pour Socrate, ce philosophe jeune encore, ce fut une belle journée, une insulte heureuse, une récompense publique, un très-rare honneur dont il fut le premier à s'applaudir. Plus que jamais il se sentit disposé à aimer cette cité de Minerve, qu'il aimait parce que le pain y était à bon marché, parce que la jeunesse y était docile, parce que l'eau des fontaines y était intarissable et limpide. Ses disciples accompagnèrent le maître jusqu'à cette maison, si étroite, qu'elle ne pouvait pas contenir ses amis. Les Athéniens battirent des mains à l'aspect de ce grand homme que la calomnie n'avait pas effleuré, et, au retour du théâtre, Socrate pouvait dire à ses disciples ce que dit Montesquieu quelque part : « Vous le voyez, les ennemis injustes font grand bien. »

Ici se place l'accusation, la banalité, la mort de Socrate, tué par la comédie d'Aristophane. Socrate tué par Aristophane! ce génie presque divin succombant sous le quolibet banal d'un libelliste! O Jupiter! et vous tous les grands dieux invoqués par Pindare, qui donc aurait jamais pensé qu'une bouffonnerie d'Aristophane, le farceur, aurait produit cette immense révolution qui pensa faire, de la philosophie de Socrate martyr, une religion révélée? Non, non, le dieu de la philosophie antique, l'homme à la voix intérieure, n'est pas sorti de la fête licencieuse et avinée des tonneaux, des coupes et des marmites. C'est se railler que de vouloir donner au quolibet cette importance! c'est se moquer du bon sens des hommes que d'élever à la dignité du déicide cette bouffonnerie d'Aristophane! Si elle affectait de pareilles prétentions, ce serait bien le cas de dire à la comédie : *Connais-toi toi-même!* Socrate est mort, non pas pour avoir supporté cette insulte d'une heure, mais pour avoir enseigné aux païens la Providence divine, l'immortalité de l'âme, les espérances de la vie à venir; il est mort pour avoir parlé à cette république, qui se mourait sous l'ironie et le blasphème, des saintes lois de la morale éternelle; il est mort parce qu'avant de mourir, il avait porté un coup funeste aux rhéteurs, la race qui ne pardonne jamais; il est mort parce qu'il était le roi de l'ironie logique, parce que l'oracle de Delphes l'avait proclamé le plus sage de tous les hommes : voilà pourquoi il est mort ! — Ne répétez donc pas les choses banales ; n'allez donc pas croire aux crimes impossibles ; réfléchissez que Socrate est mort vingt-trois ans après la représentation des *Nuées*, et qu'il est mort plein de gloire, plein d'honneur, estimé des vieux soldats qui l'avaient vu combattre et ramener l'armée à la bataille de Delium ; aimé des historiens, car il avait sauvé la vie au jeune Alcibiade sous les murs de Potidée, et à Xénophon jeune homme, à cette bataille de Delium. Il avait fait pâlir d'un regard les trente tyrans ; il avait résisté en toute circonstance aux colères impatientes de la multitude. — C'est de lui que parle Horace, inflexible sous les ruines du monde ; c'est le lâche Anitus qui l'a tué, c'est la mythologie expirante, c'est la populace ameutée contre la vertu ! En toute cette immolation, Aristophane n'a rien à voir, et sa comédie n'a que faire. Il n'est pas question de cet homme et de son œuvre dans le *Phédon* et dans *le Banquet*. Lorsque Platon parle d'Aristophane, Platon en parle pour faire de grandes louanges de son esprit. Platon eût été bien étonné si on lui eût dit : « C'est une comédie d'Aristophane qui a tué Socrate à vingt-trois ans de distance ! » D'ailleurs, quand les Athéniens eurent compris quel grand crime ils venaient de commettre en mettant à mort cet homme juste, quand l'exécration publique eut fait justice des accusateurs de Socrate, à ce point que plusieurs, pour se délivrer de cette vie infâme, se pendirent au figuier de leur jardin, pensez-vous donc que la comédie d'Aristophane, si elle eût été à ce point coupable, n'eût pas été enveloppée dans cette réaction d'un peuple entier qui pleure tant de génie et tant de vertu ? « Tes furies vieillissent, se seraient écriés les Athéniens, la calomnie les a tuées ! » Au contraire, la comédie d'Aristophane resta populaire dans toute l'Attique, la Grèce continua à se réjouir avec la poésie railleuse de ce bouffon inépuisable ; Cicéron lui-même, grand admirateur de Socrate, se complaît tout comme Platon, et fait l'éloge d'Aristophane. *Facetissimus poeta.*

Bien plus, chose incroyable! saint Jean Chrysostome, cet aigle chrétien, ce Bossuet de l'Orient, il faisait sa joie des comédies de ce pendard d'Aristophane. Donc, faisons trêve aux accusations de meurtre, et, s'il se peut, cherchons d'où vient donc la gaieté de cette incroyable comédie qui faisait rire, il y a trois mille ans, le peuple le plus délicat, le plus fin, le plus railleur et le plus spirituel de l'univers.

Étrange comédie, en effet : elle a des procédés irréguliers, bizarres, des fougues inattendues, des caprices qui tiennent du délire. Elle ne rappelle en rien l'art des Grecs, cet art contenu dans les justes bornes, dans les strictes limites.

La comédie grecque n'appartient à aucun genre, elle n'est pas définie dans les livres ; Aristote lui-même, qui s'est occupé des moindres détails de l'art de la rhétorique, ne s'explique pas sur la comédie, par la raison, dit-il, *que l'art n'enseigne pas à faire rire.* A côté de la tragédie grecque, à côté de ces belles œuvres au cothurne rehaussé d'or, au noble manteau, la couronne sur la tête et le sceptre à la main, quel contraste, la comédie athénienne ! Ni choix, ni goût, ni méthode; pas de plan, pas de nœud, rien qui se dénoue; c'est le hasard qui est le grand fabricateur de cette œuvre sans nom, et avec le hasard la gaieté, l'abondante et facile gaieté, qui prend tous les tons, qui parle tous les langages, qui s'accommode aux plus élégantes délicatesses dont elle touche l'épiderme à peine, qui frappe à tout briser l'âme des multitudes; style plein d'obscurité à la fois et d'élégances, dialogue ramassé dans les carrefours fangeux et dans les meilleurs endroits de la ville, plaisanterie digne d'Aspasie, et, l'instant d'après, qui épouvante même les marchandes d'herbes; le sel cuisant des tavernes et l'onde salée et blanchissante, d'où vous êtes sortie, ô Vénus, fille de la mer! Écoutez! c'est l'Envie qui parle, c'est la Haine, c'est la Débauche. — Écoutez! c'est l'amusant murmure, c'est l'atticisme, c'est la bonne grâce, c'est la malice sans cruauté. Ainsi riait Alcibiade, ainsi riait Socrate lui-même, telle était la causerie chez Périclès. Quelle est cette bacchante avinée aux cheveux épars, chancelante sous le vin, qui fredonne de sa voix rauque des obscénités révoltantes? C'est la comédie d'Aristophane ! Quelle est cette belle courtisane athénienne qui s'en vient sur les bords de la mer Égée prendre un bain dans le flot obéissant? Elle dénoue d'une main presque pudique sa blonde chevelure, et elle s'en fait un chaste manteau ; c'est la belle Phryné dans un accès de modestie, ou c'est la comédie d'Aristophane qui s'est faite pudique un instant. La comédie grecque se permet tout, même les louanges : plus d'une fois a-t-elle ouvert la volière de Psaphon, et les oiseaux de s'envoler en s'écriant : *Psaphon est un dieu!* Tous les excès, tous les contrastes sont contenus dans cette œuvre de la malice et de l'imagination d'un poëte sans frein, sans lois et sans mœurs. On y rencontre tous les extrêmes. Tout lui convient, tout lui sert. Quel patois des plus mauvais lieux ! Et, tout d'un coup, ce sont des roses qui tombent de ses lèvres bien inspirées, ῥόδα εἴρειν, un mot de sa poésie que lui eût envié Anacréon lui-même. Il parle à la façon des poëtes tragiques, il s'affuble de guipures tragiques, il se permet des inventions fabuleuses et sans exemple : des grenouilles, des guêpes, des oiseaux, des nuées, des métaphores impossibles, pêle-mêle incroyable des hommes et des choses, des dieux et des fictions. Écrivain châtié à l'égal des plus rares poëtes, tout à coup le voilà qui se met à fabriquer des mots et des phrases de son invention qu'il vous impose, tout comme cet autre esprit aristophanique qui doit s'appeler Rabelais. De cette comédie d'Aristophane, on peut dire tout ce qu'il dit lui-même d'un port de mer : « Tout s'y trouve, ail, olive, armures, bœuf salé, vinaigrette, chapelets d'oignons, flûtes, fredons, sifflements, joueuses de flûtes et yeux pochés. » Cette comédie grecque employait tout à la fois les moyens les plus divers, les machines, les décorations, les habits, les poésies, les chansons. — Elle se plaisait à traîner les grands hommes dans ses fanges; elle se plaisait également à tirer ses pierres au gibet; elle procédait par la violence et par la rage, par l'ironie et par la colère ; elle tenait, d'une main, la lanterne de Diogène pour chercher des hommes dignes de sa rage, et, de l'autre main, le bâton de Diogène pour les frapper. Aristophane, c'est parfois le vice vêtu de pourpre, c'est souvent le bon sens couvert de haillons ! Et si, en fin de compte, vous trouvez que cependant c'est la satire qui surnage, si vous rencontrez dans ce pêle-mêle moins de feu que de fumée, plus de vices que de vertus, et que l'oiseau de Psaphon ne chante guère, au plus fort de ces vices, hurlant dans tous les tons du mode dorique ou libyen, Aristote ou Platon vont vous dire tout de suite le motif de ce spectacle peu consolant de nos ridicules et de nos vices :

« Cela vient, dit Aristote, de ce que la comédie peint l'homme plus laid qu'il n'est en effet. »

« Cela vient, dit Platon, de ce que les fables des poëtes sont les mystères des philosophes. »

Vous savez quel est le sujet des *Nuées*, la comédie d'Aristophane.

Le professeur de philosophie de M. Jourdain ressemble quelque peu au Socrate d'Aristophane, et voilà pourquoi il ne faut pas être si furieux contre le poëte grec. Dans cette comédie des *Nuées*, Socrate est placé pour personnifier tous les professeurs de philosophie qui infestaient la ville d'Athènes, si bien que la personnalité est moins violente qu'on n'est tenté de le croire au premier abord.

Un jour que Socrate passait sous les fenêtres de la maison d'Achélaüs, peinte par Zeuxis, il reçoit l'eau d'une amphore sur la tête. D'abord, il croit que c'est une galanterie de dame Xantippe... C'était un citoyen qui avait pris Socrate pour son compère.

« Ce n'est pas moi qu'il a mouillé, disait Socrate, il a mouillé celui pour qui il m'a pris ! »

Socrate prêche d'exemple, ayons son indulgence.

. . . .

C'est à ses *fruits*, c'est-à-dire à son enseignement, à ses bons conseils, à ses sages et utiles leçons que se reconnaît la comédie ! Elle vit, non pas par l'entassement des aventures, par la fidélité des costumes, par la magnificence de la décoration ; elle vit parce que, tel jour, à telle heure, elle a rencontré une habile formule, un sage proverbe, une pensée excellente, un trait de génie ; et cette pensée, et ce trait de génie, et cet utile proverbe, en passant de bouche en bouche, ont fondé l'éternité de cette comédie. En vain le peuple athénien disparaît, en vain la langue mère, la langue d'Athènes, la langue insultée aujourd'hui et méconnue par les cuistres, s'efface et s'anéantit : Ménandre, ce vieux poëte, uniquement parce qu'il avait dit, il y a deux mille ans, une chose belle, utile, honorable, honorée, il reparaît entouré de gloire, de sympathie et de respect.

. . . .

BENVENUTO CELLINI

I

Pour celui-là, il n'est pas besoin de faire de grandes études et de grandes recherches ; il a pris le soin de se peindre lui-même, tête, buste et tout le corps, depuis le sourcil qui se fronce jusqu'au pied qui se met en garde pour le duel. Homme d'épée, homme de style, grand artiste, grand orfévre, grand sculpteur, grand duelliste, voyageur aventureux, soldat de fortune, effronté à outrance, tour à tour l'enfant gâté et le prisonnier du pape; Italien sans peur qui s'en va dans le monde sous la protection unique de son talent; espèce de Figaro anticipé qui ne doute de rien, pas même de Dieu, tel est Benvenuto Cellini. C'est l'homme le plus mouvant de ce XVIe siècle qui s'est donné tant de secousses; c'est l'homme le plus entreprenant de cette époque, qui vit partir et revenir Christophe Colomb; c'est l'homme le plus railleur de ce monde si attentif aux sarcasmes de l'Arétin. François Ier l'estimait comme orfévre, Bayard ne l'eût pas dédaigné comme homme de guerre. Au reste, tout ce que je pourrais vous en dire ne vaudra pas l'analyse très-simple des hauts faits et des chefs-d'œuvre de cet homme. Sa vie écrite par lui-même, dans la très-difficile et très-concise langue toscane, langage à part, obscur comme du patois, énergique et précis comme toute langue bien faite, espèce de défi porté à la molle langueur de la langue italienne, vient d'être traduite, pour la première fois exactement et complétement par un Français, plus qu'Italien, puisqu'il sait le toscan, par M. Farjasse. Écoutez donc les aventures de cette vie si remplie, vous qui n'avez pas le temps de lire les gros livres, ou bien vous encore, vous qui n'êtes pas fâchés, quand vous lisez un livre, d'avoir à côté de vous un homme qui fasse pour vous toutes les réflexions que comportent le sujet et le héros du livre dont vous vous occupez.

Benvenuto Cellini, fils de maître Giovanni, petits-fils d'Andréa, était originaire, lui et sa famille, de Florence la belle, *ville bâtie à l'imitation de Rome la grande*, comme disent les anciens Florentins. La famille de Cellini était ancienne comme toutes les familles d'Italiens; il avait des parents à Ravenne, la plus antique cité de l'Italie. Dans le nombre de ses parents, il se félicite d'un Lucas Cellini, jeune garçon sans barbe, qui tua un géant les armes à la main. Quant à lui, il vint au monde la nuit d'après la Toussaint, à quatre heures et demie, l'an 1500. Et, comme la sage-femme l'apportait à sa mère, sa mère, qui s'attendait à avoir une fille, voyant ce beau petit garçon, l'appela *Benvenuto, le bienvenu*.

Le premier exploit de Benvenuto fut d'écraser un scorpion, à l'âge de cinq ans; la première chose qu'il apprit, ce fut à chanter et à jouer de la flûte. La flûte fut son premier chagrin; il appelait cela *un vil métier*, et bientôt son père fut forcé de le mettre en apprentissage chez un orfévre, Antonio di Sandro, fort homme de bien, excellent ouvrier, altier et ferme dans toutes ses manières; là, il dessinait pour lui-même et il jouait quelquefois de la flûte pour faire plaisir à son père. A seize ans, Benvenuto, s'étant battu en duel, s'en va à Rome; le cardinal de Médicis, qui fut depuis Clément VII, renvoya le jeune orfévre à Florence. Absous et pardonné, un matin, il quitte Florence pour retourner à Rome; le soir, il se trouve à Lucques; de Lucques, il va à Pise. A Pise, sans argent, comme tout voyageur de ce temps-là, il s'arrête devant la boutique d'un orfévre, et l'orfévre lui demande : « Quel est ton métier? » Benvenuto répond qu'il est orfévre; alors maître Ullivici ouvre sa maison au jeune homme : cela dura six mois; mais, un jour, Cellini fut rappelé à Florence par son père. Dans ce temps-là, l'Angleterre avait un grand besoin de sculpteurs florentins. A la tête de ces sculpteurs était un nommé Pierre Torregiano, grand gaillard, alerte et découplé. Comme Benvenuto allait le suivre en Angleterre, Torregiano lui raconta qu'un jour, dans une dispute d'atelier, il avait donné un si violent coup de poing sur le nez de Michel-Ange, qu'il avait senti tous les cartilages se briser comme si c'eût été une oublie. Benvenuto, entendant ce récit, eut grand'peine à contenir sa colère, et il ne voulut jamais partir avec un homme qui avait porté la main sur Michel-Ange, tant il y avait déjà d'admiration vraie et bien sentie dans le cœur de ce jeune homme pour le style de Michel-Ange!

Il resta donc à Florence, étudiant le dessin, orfévre par vocation, et musicien par *folles bouffées* comme Figaro. Un jour, las de Florence, une troisième envie lui revient une troisième fois d'aller à Rome. Il part avec un ami, un graveur sur bois, et, toujours chantant et récitant des vers, ils arrivèrent à Rome, bien portants et sans argent. Cette vie nomade, dont Le Sage nous a fait l'histoire dans son *Gil Blas*, n'a jamais été mieux représentée que dans l'histoire de ces grands artistes italiens, qui, sans raison, sans motif, par pur caprice, se déplacent continuellement, allant d'un lieu à un autre, par unique besoin de voir du nouveau. Même, à ce sujet, il nous semble que, si Le Sage eût fait de son héros un artiste, un peintre, un musicien, un sculpteur, toujours portant avec lui son noble gagne-pain, et se livrant à toutes ses passions, toujours assuré de pouvoir les satisfaire, cela lui eût mieux réussi que de faire de son héros un valet de chambre ou un barbier. Dans l'histoire de Le Sage, on sent le roman ; dans le roman de Benvenuto Cellini, on sent tout à fait l'histoire.

A Rome donc, en 1519, Benvenuto avait alors dix-neuf ans, il entra chez un orfévre, avec plus de facilité que Gil Blas chez un nouveau maître, et cet orfévre lui demande s'il est de ces Florentins *qui savent tout*, ou bien de ces Florentins *qui ne savent rien*. Pour toute réponse, Benvenuto se met à l'œuvre, et il taille un si joli petit tombeau pour un cardinal, que ce cardinal en fit une salière. Ce fut là son premier gain à Rome, où il travailla deux ans, bien payé par les uns, volé par les autres, se battant souvent à la dague, au pistolet, à coups de poing, à coups de poignard aussi ; car, un jour, seul contre dix, il poignarde toute une famille, qui se relève fort bien portante, à quelques blessures près, le poignard n'ayant porté que des coups fort innocents.

J'avais dessein, en commençant cette curieuse histoire, de comparer entre eux ces deux aventuriers italiens : Benvenuto Cellini et Casanova de Seingalt ; mais, après mûre réflexion, j'ai renoncé à mon projet. — Il est bien vrai que ces deux hommes se ressemblent par le nombre de leurs aventures, par le mouvement de leur sang, par leur audace incroyable à affronter cette chose qui fait peur aux plus braves, l'inconnu ; mais c'est là toute la ressemblance, malheureusement pour Casanova.

A Dieu ne plaise, en effet, que je veuille jamais comparer un artiste comme Benvenuto à un intrigant comme Casanova. L'un, ingénieux artiste, laborieux, passionné pour les arts, mêlé aux plus grands génies de l'Italie du XVIe siècle; l'autre, Italien du XVIIIe siècle, traînant sa nonchalance, sa paresse et ses folles amours à travers cette société qui se décompose lentement, sans savoir pourquoi, et par cette seule raison que la France se décompose. Parlons donc de Benvenuto aujourd'hui, sauf à parler de Casanova demain. Ce que je remarque dans les mémoires de l'orfévre, et ce qui est plus étonnant, après avoir lu les mémoires de l'autre Italien, c'est que l'orfévre, à dix-neuf ans, chaste et timide enfant qu'il est auprès des belles Italiennes, ne nous a pas encore raconté un seul amour. A cet âge, Casanova avait déjà eu je ne sais combien de princesses, d'actrices, d'abbesses, de courtisanes en titre et de femmes d'avocats, ecclésiastiques ou non.

En fait d'amour, Benvenuto raconte celui d'une grande dame qui, le voyant un jour à la chapelle de Michel-Ange (la chapelle Sixtine), où il étudiait les peintures de Raphaël, s'approcha de lui, et lui demanda s'il était sculpteur ou peintre? Il répondit qu'il était orfévre, et la dame lui dit qu'il dessinait trop bien pour un orfévre; puis elle tira un diamant de sa poche, et, Benvenuto ayant estimé ce diamant à sa juste valeur, la dame le pria de le monter en or. Benvenuto fit un joyau charmant; il était en forme de lis embelli de petites images, de figures d'enfants, d'animaux. Cette dame fut si enchantée, qu'elle commanda sur-le-champ au jeune orfévre un petit vase en argent qu'elle lui paya dix fois sa valeur. Mais ce fut là tout ce qu'il obtint de cette dame, qui était très-belle. A la place de Benvenuto, Casanova aurait obtenu bien d'autres faveurs de cette belle personne, à moins cependant que vous ne soyez portés à croire comme moi que ce poétique XVIe siècle italien, tout imprégné de génie, tout préoccupé de belles et grandes choses, devait trouver les femmes moins faciles, en même temps qu'il trouvait les hommes moins entreprenants.

Il arriva, à cette époque, qu'un certain Gianicomo de Césène, excellent joueur de fifre, qui était musicien chez Sa Sainteté le pape Clément VII, fit demander à Cellini, par Lorenzo, le trombone de Lucques, s'il voulait être des leurs pour jouer devant Sa Sainteté la partie de soprano avec son cornet, le premier jour d'août, dans plusieurs beaux motets qu'ils avaient choisis. Benvenuto, *pour faire plaisir* à son père, qui le priait souvent dans ses lettres de jouer de la flûte, consentit à faire cette partie de soprano. En effet, le matin de la fête, tous les musiciens se rendirent au Belvédère, où ils jouèrent au pape Clément les motets qu'ils avaient choisis. Le pape enchanté, appela son chef de musique Gianicomo, et s'informa où il avait trouvé un si bon cornet pour soprano, en demandant le nom du musicien. On lui dit que ce cornet s'appelait Cellini. « C'est donc le fils de Giovanni ? » s'écria le pape. Alors Sa Sainteté ordonna qu'on engageât Cellini dans sa musique ; puis il donna lui-même, de sa main, cent écus d'or aux musiciens, leur disant de partager entre eux de manière que le cornet en eût sa part. Il me semble que cette histoire de souverain pontife qui sait le nom du père de son musicien, et qui récompense lui-même sa musique, est une bonne histoire, bien naïve, qui fait aimer l'Italie et Clément VII.

C'est qu'aussi, à cette époque, l'art était la grande occupation de la vie ; l'art était une seconde religion, c'était un christianisme de plus, c'était la gloire, c'était la puissance de l'Italie. Cette comtesse italienne, qui, en présence d'un beau jeune dessinateur, n'est occupée qu'à faire monter ses diamants ; ce souverain pontife qui, six mois après être arrivé au pontificat, s'amuse à savoir la généalogie de ses musiciens, ce sont là des exemples rares et curieux de la toute-puissance de l'art et des artistes en Italie. Au reste, plus Benvenuto va marcher à la renommée, plus vous verrez grandir l'enthousiasme qu'il excite. Ainsi, un jour qu'il gardait, faute de payement, dans sa boutique, un vase d'argent que lui avait commandé l'ambassadeur d'Espagne, monseigneur de Salamanque, toute la maison de l'évêque s'en vint, l'épée au poing, assiéger la boutique de l'orfévre, pour emporter de vive force le vase de leur maître. Benvenuto, en embuscade derrière la porte, l'escopette au poing, se défendit vaillamment. Le lendemain, toute la ville apprit le siège de sa maison et comment les gens de monseigneur avaient été obligés de s'enfuir. L'évêque, fort irrité, fit dire à Cellini qu'il eût à rapporter le vase lui-même à l'hôtel, et qu'il serait payé sur-le-champ. A ces mots, Cellini n'hésite plus ; il prend un long poignard, il se couvre d'une cotte de mailles, et, suivi d'un apprenti qui portait le vase d'argent, il se rend chez monseigneur. Toute la maison de l'évêque était en armes. L'évêque reçut l'orfévre avec toutes sortes d'injures, *dignes d'un prêtre et d'un Espagnol*, dit le texte; mais enfin il paya le vase, et le lendemain, le pape, les cardinaux Cornaro, Ridolfi et Salvieti commandèrent à l'orfévre chacun un vase d'argent. Quelques jours plus tard, monseigneur Gabriello Ceserino, gonfalonier de Rome, lui commanda une grande médaille d'or, pour mettre sur le chapeau; cette médaille eut un grand succès. Que croyez-vous qu'il y eût sur cette médaille ? Léda et son cygne. Mais il y avait tant de passion pour tout ce qui était dessin ou gravure à cette époque, que, pourvu que le cygne fût amoureux, pourvu que la Léda fût belle, tout le sacré collège aurait porté à son chapeau la plaque du grand gonfalonier.

En même temps, non content de ses succès, chaque jour il se perfectionnait dans toutes les parties de son art; il apprenait à graver des cachets comme Lautézia de Pérouse, à ciseler et à frapper des médailles comme messire Caradosse de Milan, à émailler l'or comme le Florentin Amerigho. Pour toute distraction, il allait dans la campagne de Rome, achetant aux paysans ces riches dépouilles de la terre d'Italie, *magna parens frugum*, dont Virgile n'a pas parlé, et qu'il ne pouvait pas prévoir, vieilles reliques de l'art d'autrefois, ensevelies du temps des consuls, émeraudes, saphirs, rubis, diamants, pierres gravées, dépouilles opimes de la vieille Rome, que les laboureurs italiens trouvent mêlées aux ossements des légions romaines. C'était une amusante et savante récolte qui dure encore. Puis il revenait, faisant la chasse aux pigeons, et les tuant à deux cents pas à coups de balle, avec une balle qu'il avait fondue, avec de la poudre dont il a gardé le secret, avec une escopette qu'il avait faite lui-même. Sur l'entrefaite, la peste tomba sur Rome, jetant partout la terreur et le deuil. Cellini eut la peste, et, dans son lit, secouru par un jeune apprenti, il guérit, et il n'eut pas lieu de regretter son ami, le célèbre médecin Jacomo de Carpi, qui avait entrepris à Rome de guérir le mal de Naples, *le mal qui attaque de préférence les prêtres, et surtout les plus riches*, dit-il dans son naïf langage toscan.

Quand la peste eut quitté Rome, la ville s'abandonna avec rage à toutes sortes de plaisirs, comme cela arrive toujours aux villes qui ont été soumises à quelque grande terreur. Les jeunes peintres de ce temps-là, dont était Jules Romain, se réunirent pour souper ensemble. Un des statuts du souper était que chaque membre de la société amènerait avec lui sa *corneille*. Or, Cellini n'avait pas de *corneille* (je vois Casanova rire comme un fou à ce récit); l'idée lui vint d'habiller en femme un joli garçon de seize ans, nommé Diégo. Ce jeune homme étudiait les lettres latines; il était timide, studieux, épanoui, très-bien fait de sa personne; il consentit bien volontiers à prendre des habits de femme; Benvenuto le para avec soin et le couvrit de joyaux et de dentelles; puis il lui mit sur la tête un grand voile, et, ainsi paré, il le produisit au milieu de l'assemblée des peintres. Il faisait nuit. Les jeunes gens, voyant Benvenuto qui arrivait mystérieusement avec sa corneille à la taille élancée, n'eurent rien de plus pressé que de lever le voile de la prétendue jeune fille. « Miséricorde! s'écria Giulo, venez donc, venez tous! Voyez comme sont faits les beaux anges, ou plutôt comme sont faites les belles anges du paradis! » On se mit à table; Jules Romain, l'ordonnateur de la fête, fit placer tous les hommes d'un côté et toutes les femmes de l'autre; il y avait derrière ces belles Italiennes un espalier de jasmin naturel, sur lequel se dessinaient leurs figures d'une façon ravissante; la gaieté fut grande, le repas fut long; ces dames chantèrent; Diégo chanta aussi, et sa voix parut plus douce que toutes les autres voix féminines. Après le chant vint la poésie; le célèbre improvisateur Aurelio Ascolano se leva et improvisa des vers en l'honneur des dames; les dames cependant, no se méfiant pas de Diégo, et le prenant pour une femme, lui faisaient toutes les petites confidences que les femmes se font entre elles; Diégo écoutait toutes ces histoires d'amours et de trahisons presque innocentes avec beaucoup de grâce et de naïveté : cela dura jusqu'au moment où ces dames s'aperçurent, à n'en pas douter, du véritable sexe de Diégo.

Aimables artistes, la gloire de l'Italie et son incontestable richesse, comme ils sont abandonnés à l'heure présente! comme ils sont heureux de peu! comme ils s'aiment entre eux! comme leurs malheurs mêmes sont empreints de gaieté et d'enfantillage! L'accident arrivé peu après le souper à Cellini est une histoire fort triste et fort amusante à la fois. A ce souper, une des corneilles de l'assemblée s'était éprise pour notre orfévre; l'orfévre s'était laissé aimer, ni plus ni moins. Sur l'entrefaite, un nommé Luigi Pulci, le fils de ce même Pulci qui eut la tête tranchée pour commerce incestueux avec sa fille, vint à Rome pour y continuer ses études : c'était un jeune homme d'esprit, très-versé dans la langue latine, poëte et d'une beauté extraordinaire. Dans les nuits d'été de l'Italie, où c'est l'habitude de parler à haute voix et en plein air, ce jeune homme avait gagné le cœur du divin Michel-Ange, le plus grand sculpteur du monde, ce qui était une grande recommandation pour les jeunes artistes. Pulci fut donc bien accueilli par eux, et se lia avec cette même femme qui était amoureuse de Benvenuto, Bacciacca. Un soir que Cellini était à souper avec elle, cette femme se leva au milieu du souper, en disant : « Je me sens mal, je vais revenir! » Le souper continua; quelques instants après, Cellini entendit parler dans la rue; c'était cette femme qui causait avec Pulci. Pulci parlait avec tant de mépris de Benvenuto, que celui-ci sortit de table avec un couteau à la main, et il aurait tué le jeune homme, s'il ne s'était pas dérobé par la fuite au châtiment qui l'attendait. Benvenuto se mit à sa poursuite, et, pour le trouver plus facilement, il alla l'attendre à la porte de cette femme. Comme il était caché dans un buisson d'épines, arriva Pulci donnant le bras à la Bacciacca, qui lui disait : « Encore un baiser ! » A ces mots, Benvenuto sort de son buisson et frappe de son épée l'épaule de Pulci. Pulci était cuirassé, l'épée glissa sur sa cuirasse et partagea en deux le nez de l'Italienne. Alors elle se met à fuir, la garde arrive d'un côté, la garde arrive de l'autre côté; comme il fait nuit, personne ne se reconnaît, on se bat à outrance, le sang coule; il fallut longtemps avant que la ville de Rome se remît de cette échauffourée qui pensa perdre Cellini.

Arrivent alors les guerres d'Italie, arrive cette lutte acharnée entre Charles-Quint et François Ier; toute l'Italie est en armes : adieu alors le travail des arts, ce ne sont plus partout que batailles, siéges réguliers, embuscades; Benvenuto se fait soldat comme tout le monde. Il se réfugie au château Saint-Ange, vivement assiégé. Le pape, chassé du Vatican, était venu en même temps chercher un asile au château Saint-Ange. Benvenuto aperçut parmi les canonniers un certain capitaine qui pleurait sur ses pièces, car, en regardant à travers les créneaux, il avait vu l'ennemi qui massacrait sa pauvre famille, et qui brûlait sa maison, et il ne voulait pas tirer sur les siens. Plusieurs canonniers fondaient en larmes, et jetaient aussi leurs mèches par terre, refusant de faire feu; la citadelle était perdue ce jour-là, et le pape était pris sans Benvenuto : c'est lui qui pointa l'artillerie, qui ranima le courage des assiégés, et, le soir de ce jour, on lui confia officiellement un poste important. La nuit suivante, il assista de cette hauteur à l'incendie de Rome par les impériaux. Vous savez que le siége du château Saint-Ange et le pillage de Rome durèrent depuis le 6 mai jusqu'au 5 juin; il se commit à ce siége d'incroyables excès d'impiété, de barbarie, d'avarice et de débauche. Enfin, même malgré son artilleur Cellini, Clément VII fut obligé de se rendre; cela fut horrible. Benvenuto fit son devoir en homme de cœur, il reçut un coup de feu dans la poitrine; il eut plusieurs témoignages de la confiance du saint-père : même à ce sujet, il est bon de dire comment il mit en sûreté la tiare pontificale et les précieux joyaux de la chambre apostolique.

C'était à la fin du siége, le pape Clément, voyant évidemment qu'il ne pouvait pas tenir, fit appeler Benvenuto, et, s'étant enfermé avec lui dans sa chambre, il lui ordonna de démonter toutes les pierreries de la couronne pontificale. Quand les pierreries furent démontées, il lui ordonna de fondre l'or de la couronne, qui s'élevait à plus de deux cents livres. Le jour même où il était occupé à fondre la tiare, Benvenuto aperçut, de la fenêtre, un homme remarquable par sa taille et son air de commandement, monté sur un mulet, et qui parlait aux assiégeants. Cet homme, c'était le prince d'Orange, traître envers son roi, comme l'était le connétable de Bourbon; Benvenuto le visa si juste, qu'il l'étendit par terre, lui et son mulet.

Deux jours après, comme le connétable de Bourbon lui-même, une échelle à la main, arrivait contre la citadelle, Benvenuto visa son armure blanche, et il étendit celui-là aussi roide mort, comme si le ciel l'eût envoyé pour punir toutes les trahisons. C'est là sans doute un beau coup de feu dont tout le monde aurait droit d'être fier.

Lorsqu'il eut fondu l'or de la couronne, il porta cet or au saint-père, qui en fit une solde pour ses troupes. Quelques jours après, le château capitula, et Benvenuto, libre du service militaire, se rendit à Florence pour voir son père. Florence était alors en proie à la peste; car cette malheureuse et glorieuse Italie fut soumise en ce temps-là à bien des fléaux. Quand le père eut embrassé son fils, il l'envoya à Mantoue, loin de la peste. A Mantoue, Benvenuto retrouva Jules Romain, qui était au service du duc, et qui vivait en grand seigneur, ou, si vous aimez mieux, en grand artiste. Jules Romain présenta au duc de Mantoue son ami l'orfévre; mais, le lendemain, ayant vu son père en rêve, Cellini retourne en toute hâte à Florence : il frappe à la porte de la maison paternelle, mais en vain : toute la famille était morte. C'était une terrible chose qu'une peste en Italie.

La peste se calma encore une fois; notre artiste reprit ses travaux commencés : il travaillait sous le regard de Michel-Ange; puis, au milieu de ses travaux, il fut encore interrompu, non plus cette fois par la peste, mais par la guerre. Le pape Clément, délivré par la fuite, venait de déclarer la guerre à Florence; en même temps, il réclamait à Florence même Benvenuto Cellini comme lui appartenant. Celui-ci eut à ce sujet de grands démêlés avec le pape, et je vous assure que ce n'est pas sans étonnement que l'on voit un pape, au milieu d'une guerre civile, entouré d'ennemis, battu de toutes parts, réclamer son orfévre avant d'être bien sûr d'avoir assez d'or pour lui donner à refaire la tiare fondue.

II

Vous sentez bien que je ne puis pas m'appesantir longtemps sur les anecdotes sans fin et sans nombre de cette vie d'artiste; cela fatiguerait Benvenuto lui-même, qui en supprime déjà beaucoup. Je ne vous raconterai donc ni son duel avec le meurtrier de son frère, ni le vol qu'il découvrit à l'aide de son beau chien barbet, ni l'histoire de ses grands ouvrages d'or et d'argent que l'aristocratie de ce temps-là s'arrachait avec fureur : vous saurez seulement qu'à force de chefs-d'œuvre il arriva à la plus grande intimité avec le pape; il travailla pour François Ier; il grava la monnaie pontificale, et enfin, dans un moment d'oisiveté, il devint amoureux : il avait alors vingt-neuf ans. Celle dont il devint amoureux était une fort belle fille sicilienne, qui le quitta bientôt pour aller à Ostie ; il pensa en mourir de chagrin et à se donner au diable, qui lui rendit son Angélique dans une auberge de Sicile. Angélique lui demanda, entre autres souvenirs d'amour, une robe de velours noir ; la mère d'Angélique eut envie d'une robe de drap. Benvenuto, guéri de sa passion, dit adieu à la fille et à la mère pour ne plus revenir. A vingt-neuf ans, il n'avait pas eu d'autres amours, ce qui explique comment, à un âge si jeune encore, il avait déjà fait de si beaux ouvrages et en si grande quantité.

De retour à Rome, il frappa la médaille du pape, qui dit devant tous : « Jamais les anciens n'ont rien fait de si beau. » Quelques jours après, il est attaqué au coin d'une rue, et il tue un homme d'un coup de poignard. C'était un gaillard expéditif, aussi habile à manier l'épée que le ciseau, entouré d'ennemis et de rivaux, et ne craignant pas plus ses ennemis que ses rivaux.

Cet étrange artiste raconte avec autant de détails et d'abandon toutes ses aventures, les plus importantes comme les plus minutieuses. Son livre est une histoire saccadée et quelquefois fatigante, dans laquelle tous les récits ont la même importance : duels, amours, travaux, meurtres, c'est toujours le même laisser aller. Ainsi, après avoir raconté comment il a tué un homme, il raconte comment il a puni l'insolence d'un hôtelier, qui lui avait fait payer d'avance son gîte de la nuit. Ne sachant comment se venger de l'hôtelier, il coupa en petits morceaux les draps et les couvertures des trois lits qui étaient dans la même chambre; et puis, quand il vous a raconté cette aventure, notre héros est aussi fier qu'après vous avoir montré comment il a sauvé le château Saint-Ange, ou fondu la tiare de Clément VII.

Après un voyage de quelques jours, Benvenuto revient à Rome, oubliant l'homme qu'il avait tué. A peine arrivé à Rome, il entend frapper à sa porte : c'étaient les sbires qui venaient le chercher; il se bat avec les sbires, qui sont forcés de céder la place. Le lendemain, le pape fait appeler le chef des sbires, et lui ordonne de laisser Benvenuto, et d'oublier tout à fait l'homme qu'il a tué d'un coup de poignard. Alors, il tombe malade, on le croit mort; il guérit; il va à la chasse; il fait merveille; il tue des oies à deux cents brasses et à balle, ce que personne ne ferait peut-être aujourd'hui. Le lendemain de cette grande chasse, mourut le duc Alexandre. Benvenuto prétend qu'il avait prédit cette mort.

Sur l'entrefaite, Charles-Quint, l'empereur triomphant, arrive à Rome, le mercredi d'avant la semaine sainte, l'an 1538; il entre par la porte Saint-Sébastien, il se rend à Saint-Pierre, passant sous les arcs de triomphe de Constantin, de Titus, de Septime-Sévère, et par le Capitole. Le souverain pontife met Rome aux pieds de l'empereur; les rois de l'Europe luttaient alors de magnificence, c'est une mode qui s'est perdue. Entre autres présents, le pape offre à l'empereur un livre d'heures admirablement peint, qui avait coûté deux mille écus aux Médicis; ce livre avait une couverture d'or massif d'un riche travail, et ornée d'un grand nombre de pierres fines, qui valaient six mille écus; Benvenuto Cellini avait relié ce missel.

A ce présent royal, le pape ajoutait le don de deux chevaux, et celui de Benvenuto Cellini lui-même: c'était un usage du temps; vous avez vu naguère Thomas Morus donner Holbein à Henri VIII.

Cellini s'en va donc, dans la compagnie des deux chevaux arabes, à la rencontre de l'empereur; ces chevaux avaient appartenu au pape Clément, c'étaient les plus beaux de la chrétienté; ils se présentèrent avec tant de grâce devant Sa Majesté impériale, qu'elle en fut tout émerveillée. Après les chevaux arriva messire l'orfévre, tenant son beau missel à deux mains; Benvenuto fit un discours à la majesté *sacrée* de l'empereur, de la part de Sa Majesté *sacrée* le pape; en même temps, l'artiste s'excusait sur sa maladie de n'avoir pas achevé son ouvrage. L'empereur répondit à l'orfévre « J'accepte l'ouvrage et l'ouvrier; guérissez-vous, maître Cellini, et, quand votre travail sera fini, venez vous-même me l'apporter. »

Cellini, voyant que l'empereur savait son nom, s'étonna ; mais l'empereur lui raconta qu'il avait vu sur la chape du pape Clément un bouton d'orfévrerie qui faisait grand honneur à l'artiste. En même temps, il lui fit donner cinq cents écus d'or.

Je n'ai pas besoin de vous faire remarquer cet empereur des Espagnes, ce maître de Rome et de François Ier, qui, au Vatican, se rappelle un bouton d'orfévrerie qu'il a vu autrefois à la chape d'un pape qui est mort. Nous croyons, nous autres, que nous aimons les beaux-arts aujourd'hui !

Ces détails d'art sont infinis dans la vie de notre artiste. Il n'y a pas un diamant de la couronne pontificale dont il ne fasse l'histoire, comment il l'a taillé, comment il l'a crénelé, comment il l'a coloré, comment tous les bijoutiers de l'Italie l'ont proclamé, lui, Benvenuto, supérieur au bijoutier Miliano. A l'aspect d'un certain diamant ainsi coloré, les bijoutiers s'écrient : « Benvenuto est la gloire de notre art ! » et, du même pas, ils s'en vont chez le pape pour exprimer leur enthousiasme. Pendant trois heures, le pape (c'était Paul III), se promenant de long en large avec son orfévre, se fait expliquer l'histoire du diamant ; puis Sa Sainteté lui fait compter mille écus.

Quelque temps après, cette imagination mobile se fatigue de l'Italie. Notre damné Italien n'est pas content d'avoir vu Charles-Quint face à face ; il a entendu dire qu'il y a là-bas, au delà des Alpes, un roi de France, homme de plaisir, homme de guerre, homme d'amour, cher aux musiciens et aux poëtes, François Ier, qui accueille, encourage et protége tous les arts. Voilà notre homme qui veut aller en France. C'en est fait, il part avec un de ses apprentis ; il va à Florence, de Florence à Bologne, de Bologne à Venise, de Venise à Padoue ; à Padoue, il va faire sa cour à messire Pierre Bembo, cet homme de tant de grâce et d'esprit, si cher à Paul III. Messire Bembo, qui n'était pas encore cardinal, retient chez lui l'orfévre Benvenuto et sa suite, *eût-il cent personnes avec lui*. Benvenuto reste donc tout un mois chez cet excellent prélat, occupé à être heureux. Un jour, il fait le portrait du cardinal sur acier; d'un côté de la médaille était la tête de Son Éminence, de l'autre côté étaient ses armes, le cheval Pégase avec cette devise : *Si te fata vocant.* Tout cela fut fait en dix jours. Après quoi, notre Italien se met en quête de plusieurs chevaux pour son voyage en France; il en trouve de fort beaux, il les marchande, et, à chaque cheval qu'il marchandait, le marchand lui faisait cette réponse : « Galant homme, ces chevaux sont à vous, je vous en fais présent. » Cela se faisait par les ordres du magnifique messire Pierre, tout-puissant à Padoue. Benvenuto fut obligé d'acheter trois beaux chevaux à ce prix-là.

Il part donc enfin pour la France. La guerre des impériaux contre les Français dans le Piémont force notre voyageur à passer par le pays des Grisons; il traverse les montagnes de l'Albule et de la Berline. En traversant un lac avec ses chevaux, la barque qui le porte, lui et sa suite, vient à chavirer, et il a bien de la peine à se sauver avec ses chevaux. Enfin, il arrive à Zurich, puis à Soleure, puis à Genève, et puis enfin à Lyon, où une bande de voleurs manque de l'assassiner à la Palisse. De Lyon, il va à Paris; il cherche à parler au roi, et il trouve que cela n'est pas si facile que de parler au pape; on lui fit attendre longtemps la faveur d'une audience royale. A la fin, la veille de son départ pour Lyon, le roi entendit parler de l'artiste et il ordonna qu'il vînt à Lyon à sa suite. De Lyon, le roi s'en va à Grenoble. Cellini reste à l'abbaye du cardinal de Ferrare, un homme de la maison d'Este, c'est-à-dire un artiste grand seigneur. Vous sentez que bientôt Cellini, isolé, ennuyé, se mit à regretter l'Italie et ses faciles travaux, et son admiration naïve, et l'éclat de ses pierreries, et le luxe de ses pontifes, et les diamants de ses grandes dames, et toute cette argenterie dont ce monde à part était aussi fier que de ses lettres de noblesse. Il était de retour à Rome le 16 décembre 1637, sans avoir vu le roi François Ier. A peine arrivé à Rome, le voilà qui reçoit une lettre du cardinal de Ferrare.

A Benvenuto, notre cher ami.

« Il y a quelques jours que le grand roi très-chrétien s'est souvenu de toi, et a dit qu'il désirait t'avoir à son service. Je lui ai répondu que tu appartenais à Sa Majesté. Le roi m'a dit ces mots : « Je veux qu'on lui envoie mille écus d'or. » Ainsi donc, aussitôt ma lettre reçue, réponds-moi. »

Voilà Benvenuto tout prêt à repartir pour la France; il fait déjà ses préparatifs; mais, tout à coup, un matin, il est entraîné au château Saint-Ange comme prisonnier du pape Paul III, accusé d'avoir détourné une grande quantité d'or de la tiare de son prédécesseur, le pape Clément, lors du siège du château Saint-Ange. Le récit de cette captivité de Benvenuto Cellini est fort long et fort compliqué. La conduite de Paul III, si bienveillant et si généreux d'abord pour l'artiste, qui ensuite le livre à toutes les horreurs d'une longue captivité, ne saurait guère s'expliquer. Peut-être était-ce, en effet, avarice chez le pontife; peut-être était-ce aussi jalousie d'artiste. Le départ de son orfévre pour la France, pour cette superbe cour de François Ier, devait contrarier Paul III. Quoi qu'il en soit, Benvenuto fut en butte, au fort Saint-Ange, à des persécutions odieuses; la nuit, le cachot humide, les tortures de tout genre, le poison même, rien ne manqua à son supplice. Enfin, un jour, n'en pouvant plus, il s'enfuit; dans sa fuite, il tombe du haut d'un mur et il se casse la cuisse; mutilé, il se traîne sur les mains et sur les genoux, et il arrive ainsi tout haletant jusqu'à la porte du cardinal Cornaro.

Il ne fallut pas moins que l'intervention du cardinal d'Este et du roi François Ier pour fléchir Sa Sainteté.

Depuis ce temps-là, Cellini se figura qu'il avait sur la tête une auréole miraculeuse. « On l'aperçoit, dit-il, le matin, depuis deux heures jusqu'au lever du soleil. » Il avoue cependant que peu de personnes ont pu la voir.

Dans sa prison, Benvenuto a composé un opuscule, *sur le bon-*

heur d'être prisonnier. C'est un essai dans le genre des traités de Cicéron, *de Amicitiâ*, ou *de Senectute.* Ce petit écrit est plein d'idées et plein de faits ; la tournure en est excellente ; les sentiments en sont chrétiens tout à fait. Il y a, dans ce livre de l'orfèvre, des pensées qui ne dépareraient pas le beau livre de Silvio Pellico ; seulement Silvio Pellico, emprisonné comme Cellini, et dans une prison bien plus cruelle, et dans une agonie bien plus longue, se serait bien gardé de terminer son récit par cette phrase qu'un ange dicte à Benvenuto dans sa prison : *Au nom de Dieu, tous les ennemis succomberont à une vengeance sévère!*

Sorti du château Saint-Ange, pardonné par le pape qui lui avait fait tant de mal, Benvenuto, sur l'ordre exprès de François Ier, partit pour la France à la suite du cardinal d'Este. On lui donna un fort beau cheval nommé Tournon, parce qu'il avait appartenu au célèbre cardinal de Tournon, un des grands hommes d'État de son siècle. En chemin, il se prend de dispute avec un maître de poste qui ne veut pas lui rendre sa selle ; il s'en va donc, armé jusqu'aux dents, chez ce maître de poste pour réclamer sa selle. Le maître de poste s'emporte et le menace ; Benvenuto fait feu sur cet homme et le tue. Les fils du mort accourent pour venger leur père ; les apprentis de Cellini accourent pour venger leur maître ; la mêlée est générale ; mais enfin on sépare les combattants. C'est le quatrième ou le cinquième meurtre de Benvenuto Cellini, sans compter le connétable de Bourbon.

Enfin, après bien des traverses, ils arrivent à Fontainebleau ; là, il se jette aux pieds du roi François Ier, en lui offrant un vase d'argent dans un bassin qu'il avait sculpté. Le roi prit le vase et le bassin, et, après l'avoir examiné dans tous les sens, il dit à l'artiste : « J'ai vu bien des antiques dans ma vie, mais je n'ai rien vu qui m'ait fait tant d'impression ; » puis il ajouta en italien : « Prenez vos ébats à notre cour, Benvenuto, et, pendant ce temps, nous aviserons aux moyens de vous faire produire de beaux ouvrages »

III

Il suivit donc la cour de France, *qui voyageait comme un enterrement ;* elle était précédée de douze cents chevaux au moins. La cour s'arrêtait souvent dans les hameaux de deux maisons, alors on élevait des tentes et l'on campait comme des bohémiens. Benvenuto, qui trouvait cette vie nomade peu amusante, pria le cardinal Bembo de dire au roi qu'il le fît travailler. Le roi lui offre trois cents écus d'appointement. Benvenuto refuse net. La cour s'étonna de voir un orfévre refuser trois cents écus par an ; les poëtes et les peintres de ce temps-là étaient si pauvres ! Clément Marot n'était-il pas forcé de mendier quelques sous en très-beaux vers? Benvenuto quitta donc la cour de France encore une fois ; mais, comme il était en route pour retourner à Rome, il fut arrêté par un second message du roi François Ier, conçu en ces termes :

« Notre roi très-chrétien, de son propre mouvement, vous fixe les mêmes appointements qu'il donnait à Léonard de Vinci, son peintre, c'est-à-dire sept cents écus par an. Sa Majesté vous payera, en outre, tous les ouvrages que vous ferez pour elle, et elle vous fait présent pour votre bienvenue de cinq cents écus d'or, qui vous seront comptés avant votre départ. »

La lettre était signée par le cardinal de Ferrare. Benvenuto répondit que c'était agir en roi ; le lendemain, il alla remercier François Ier, qui lui commanda douze statues d'argent qui devaient servir de candélabres pour placer autour de sa table ; l'orfévre lui demanda, en outre, le château de Nesle pour y placer son atelier, et voilà Benvenuto, l'artiste, installé dans cette fameuse tour de Nesle de Marguerite de Bourgogne.

Cette installation ne se fit pas sans coup férir ; Benvenuto fut presque forcé de prendre avec escalade la tour, qu'un gentilhomme de la maison du roi ne voulait pas lui céder : mais enfin l'artiste et le roi furent les maîtres, et ce fut là, au Petit-Nesle, que Benvenuto acheva son *Jupiter*, son *Vulcain* et son *Mars*. Quand ces trois statues furent très-avancées, madame d'Étampes, la belle comtesse de Chateaubriand, surnommée *la plus belle des savantes et la plus savante des belles;* le cardinal de Lorraine; le frère de Claude de Lorraine, chef de la branche des ducs de Guise ; le roi de Navarre, beau-frère du roi ; Marguerite de Valois, sa sœur; le dauphin, Henri de France ; et la dauphine, Catherine de Médicis, la plus belle femme de son temps, la même qui fut trois fois régente de France, et qui conseilla la Saint-Barthélemy ; en un mot, tout ce qu'il y avait de gloire guerrière, de beauté, de puissance en France, se rendit un matin dans l'atelier de l'orfévre, et sans le prévenir ; justement, il était au travail. Sa Majesté, entendant le bruit des marteaux, car tous ses ouvriers étaient aussi au travail, défendit à chacun de se déranger, si bien que l'artiste fut surpris par le roi au moment où il donnait un grand coup de pied à un enfant qui se sauva entre les jambes du roi, lequel pensa en tomber à la renverse.

Toute la cour agit comme le roi, elle admira beaucoup, elle applaudit beaucoup; le même jour, Sa Majesté, étant à table, aperçut Cellini au moment où on apportait le vase et le bassin que Cellini lui avait offerts : « Par Dieu ! dit le roi à son orfévre, je voudrais bien avoir une salière pour accompagner ce vase et ce bassin. — Si Votre Majesté le veut, dit l'artiste, j'ai fait aussi une salière. » Et, en effet, il présenta au roi un modèle de salière si admirable, que le roi voulut l'avoir en or; en conséquence, il ordonna à son trésorier, le vicomte d'Orbèque, de remettre sur-le-champ à l'orfévre mille écus de vieux or, bon poids. Le soir même, Benvenuto va toucher ses mille livres d'or : en revenant de chez le trésorier, il rencontre des spadassins qui l'attaquent l'arme au poing ; il eut bien de la peine à se tirer du mauvais pas. Le lendemain, il commença la fameuse salière, puis il fondit son *Jupiter* en bronze; la fonte réussit parfaitement, quand il y eut mis la main. Le roi lui accorda des lettres de naturalisation. « Portez-les, de ma part, dit-il, et sans frais, chez *mon ami* Benvenuto; dites-lui aussi que je lui donne, en toute propriété, le château de Nesle. » On n'eût pas mieux fait en Italie, en vérité. Vous sentez bien qu'entouré de cette faveur, vivant au milieu des belles femmes et des grands seigneurs de la plus belle cour du monde, notre artiste fut singulièrement animé au travail; aussi a-t-il produit beaucoup en France; outre les six statues en argent, il entreprit la salière d'or, le *Jupiter* de bronze, qu'il plaça sur un piédestal de la plus grande richesse. Il fit aussi pour le cardinal de Ferrare plusieurs travaux considérables, et un petit vase d'argent pour madame d'Étampes. Le roi, *son grand roi*, comme il dit, venait le soir souvent avec sa belle comtesse, qui lui commanda son chef-d'œuvre pour Fontainebleau. C'est pour Fontainebleau qu'il a fait sa belle nymphe. Il en porta le modèle au roi, qui dit à sa maîtresse : « Je n'ai jamais vu un artiste qui m'eût tant plu. » Mais en ceci Benvenuto fit une faute : il aurait dû montrer son travail à madame d'Étampes avant de le montrer au roi; cette dame, blessée, devint son ennemie, elle le desservit de toutes ses forces. Le roi aimait beaucoup ses artistes, mais il aimait beaucoup ses maîtresses; il se dégoûta peu à peu de son orfévre. Benvenuto, sur l'entrefaite, eut un procès pour son hôtel de Nesle, et il raconte plaisamment comment se passa ce procès; ce récit est assez bien fait, assez amusant et assez court pour que je le transcrive ici tout entier.

« Je comparus à la grand'salle de Paris pour exposer mes moyens de défense. J'y vis un juge lieutenant du roi, assis sur un tribunal élevé : c'était un homme d'une haute taille, gros et gras, d'un aspect très-sévère; il avait près de lui une quantité de procureurs et d'avocats, tous rangés en ordre, à gauche et à droite; d'autres venaient chacun à leur tour pour plaider une cause devant le juge. J'ai vu quelquefois ces avocats qui étaient près de parler tous à la fois, et, ce qui m'étonnait, c'est qu'il prêtait l'oreille sans difficulté tantôt à l'un, tantôt à l'autre, et répondait à tous avec adresse ; cela me parut si beau, que je ne voudrais, pour tout au monde, ne pas l'avoir entendu ; car j'ai toujours aimé à voir et à juger toute espèce de mérite. Cette salle, quoique très-vaste, était pleine d'un grand nombre de gens, bien que l'on prît soin de n'y laisser entrer que ceux qui y avaient affaire. La porte était fermée et gardée par une sentinelle qui, s'opposant à ceux qui voulaient entrer, faisait beaucoup de bruit et troublait le juge surprenant, qui se mettait en colère et disait des injures à ce soldat. Plusieurs fois, considérant cette circonstance, je remarquai ces paroles que je lui entendis prononcer en réprimandant deux gentilshommes, qui venaient pour voir et qui se disputaient avec force avec cette sentinelle, qui faisait une grande résistance. Le juge leur criait à haute voix de rester tranquilles, en s'exprimant en français par ces paroles : « Paix, paix, Satan ! paix, Satan ! allez ! paix ! » Comme j'avais appris très-bien la langue française, entendant ces paroles, je compris ce que Dante voulait dire quand il se présenta avec Virgile son maître à la porte de l'enfer ; car Dante demeura en France avec Giotto le peintre, surtout à Paris ; on peut donc dire, par conséquent, que tout endroit où l'on juge des procès est un véritable enfer. Voilà pourquoi Dante, qui savait parfaitement le français, se servit de ces mots, et je suis fort surpris qu'on ne leur ait pas donné cette explication. »

Pour ajouter à la singularité de ce récit, qui aurait bien amusé Molière lui-même, il faut se figurer Benvenuto en appelant de ces sentences à son épée, et frappant à la jambe sa partie adverse jusqu'à ce qu'elle eût renoncé au procès. Ce procès ne fut pas le seul qu'il eut à soutenir : il en eut un avec une fille nommée Catherine, dont il se tira avec beaucoup d'éloquence. Mais d'autres traverses l'attendaient encore : un de ses compatriotes est chargé d'exécuter les ouvrages dont lui, Benvenuto, avait donné les modèles ; il est encore obligé de tirer l'épée contre cet homme, qui renonce enfin à s'emparer de ses travaux.

Cependant les tracasseries de la duchesse d'Étampes continuaient, malgré les beaux ouvrages de l'orfévre, la porte du château de Fontainebleau, le *Jupiter*, le vase d'argent; malgré les bontés du roi, qui lui donne une fois sept mille écus d'or, une autre fois, une pension de deux mille écus d'or. La duchesse d'Étampes le poursuivait de toute sa haine. D'abord, elle voulut installer au Petit-Nesle un distillateur; Benvenuto menaça le distillateur de le jeter par la fenêtre. C'était la seconde fois qu'il prenait son palais d'assaut. Le roi lui en fit donation une seconde fois. La duchesse n'en fut que plus ardente à persécuter l'artiste. Le tour qu'elle imagina contre lui annonce certainement une femme de goût et d'esprit. Benvenuto venait d'achever son beau *Jupiter* en argent et sa base dorée; il l'avait posé sur un socle de bois peu apparent, et il l'avait conduit lui-même à Fontainebleau. La duchesse fit placer ce *Jupiter* dans une galerie, où un grand artiste du temps avait rangé tous les antiques. C'étaient les plus belles copies des antiquités de Rome. La concurrence était redoutable : la comparaison pouvait être funeste à l'artiste; mais Benvenuto ne manqua pas à son œuvre; il plaça le *Jupiter* à l'endroit qui lui était assigné. Ce Jupiter tenait la foudre d'une main, et de l'autre le globe du monde. Madame d'Étampes avait retenu le roi jusqu'à la nuit, espérant que le roi n'irait pas voir le *Jupiter*, ou, tout au moins, qu'il le verrait dans un mauvais jour. A la nuit tombante, le roi se souvint qu'il avait une statue à voir; il entra dans la galerie avec toute sa cour, le dauphin, la dauphine, le roi de Navarre, madame Marguerite. Benvenuto avait placé dans la main de son Jupiter une bougie allumée, dont le reflet, tombant de haut en bas, produisait un effet beaucoup plus agréable que le jour. Le roi, stupéfait, recula d'admiration. La duchesse, outrée au dernier point, s'écria que cette statue n'était belle qu'à la faveur de la nuit; que, d'ailleurs, elle était revêtue d'un manteau qui en faisait disparaître les défauts les plus saillants. A ces mots, Benvenuto, de mauvaise humeur arrache la gaze qui couvrait les épaules du *Jupiter;* et le roi, le voyant si irrité : « Taisez-vous ! lui cria-t-il ; je vous donnerai trois fois plus d'or que vous n'en méritez. » En effet, il lui fit donner mille écus d'or.

Pendant qu'il était ainsi occupé de statues, et de palais, et de maîtresses, et de tous les divertissements royaux, François 1er n'apercevait pas l'armée des impériaux qui marchaient sur Paris; déjà même ils étaient les maîtres de Saint-Dizier, d'Épernay et de Château-Thierry. Le roi songea donc à fortifier Paris, et il consulta Cellini sur les fortifications à faire. Malheureusement, Cellini ne nous dit pas quels conseils il donna dans cette occurrence; je le regrette, car il eût été curieux d'avoir l'opinion de l'orfèvre sur les forts détachés et l'enceinte continue.

Que lui importent, au reste, les fortifications de Paris? Il est trop occupé vraiment de ses démêlés avec madame d'Étampes; car, cette fois, la belle duchesse l'emporte. Le roi fait un jour à Cellini une très-vive réprimande, si vive, que toute la cour frémit de peur. L'artiste seul reste de sang-froid, et, dès que le roi a fini sa harangue, il met un genou en terre, et il se défend avec beaucoup d'éloquence et de noblesse; le roi relève son artiste en lui disant : « Adieu, *mon ami!* » La belle d'Étampes passa encore une mauvaise nuit.

Enfin, après quatre ans de cette vie si mêlée de peines et de plaisirs, voyant François 1er malade et de mauvaise humeur, voyant les Anglais succéder en France aux Espagnols, fatigué de cette lutte avec la favorite, Benvenuto revint à Florence. A Florence, sa chère patrie, il trouva le duc Côme de Médicis, qui lui commanda cette belle statue de *Persée* qu'on voit encore à Florence. Quand le modèle de cette statue fut achevé, le duc lui dit : « Si tu termines cette statue en grand, tu peux me demander ce que tu voudras. » Alors le duc lui acheta un palais; c'est dans ce palais qu'il fit son chef-d'œuvre.

Ce ne fut pas sans de grandes tracasseries qu'il acheva son

Persée. Sa dispute avec le statuaire Bandonelli est célèbre en Italie. A la fonte de *Persée*, il y eut de grands accidents; un instant, Cellini crut sa statue perdue. Les ouvriers lui manquaient; le feu prit à son atelier au moment de la fonte; la fournaise rejeta au loin son couvercle, et, croyant que tout était perdu, il s'écriait : « O Dieu ! qui ressuscites les morts, prends pitié de mon *Persée!* » Au même instant, tout son moule se remplit, son chef-d'œuvre était vivant. Aussitôt la fièvre le quitta, il s'endormit et il ne se réveilla que douze heures après pour manger une salade et un chapon. Ses ennemis disaient que c'était le diable en personne, et sa servante, le voyant si heureux et si fier, s'écriait en levant les mains au ciel : « Où donc est cet homme qui voulait mourir ! »

De là, il va à Rome, où il voit un des plus grands spectacles du monde : Michel-Ange occupé à élever Saint-Pierre de Rome ; mais il ne dit pas un mot de Saint-Pierre de Rome, et il parle fort peu de Michel-Ange, tant on s'étonnait peu des plus grandes merveilles en ce temps-là.

Il était dit que la guerre serait toujours mêlée à la vie de Benvenuto. Lorsque la guerre de Sienne commença, le duc, voulant fortifier Florence, distribua ses portes entre ses sculpteurs et ses architectes ; Benvenuto fortifia une des portes, non sans croiser le fer avec un capitaine lombard qui en était le gardien.

Quelques jours après, le duc lui fait demander combien il veut pour son *Persée*. Benvenuto, hors de lui, répondit à l'envoyé du duc que, quand bien même son maître lui donnerait dix mille ducats, il ne se croirait pas assez payé. « Avec dix mille ducats, dit le duc, on bâtit de grands palais et de grandes villes ! — On peut trouver beaucoup de maçons pour bâtir des palais et des villes, répond l'artiste ; il n'y a que moi dans le monde pour faire un *Persée* comme le mien ! »

Et il se mit à regretter la France ; car, au lieu de dix mille écus d'or, il en eut trois mille cinq cents à peine. Mais quoi ! il était tombé dans la disgrâce de la duchesse; les femmes lui ont toujours porté malheur!

Le reste de sa vie fut en proie à ces contrariétés d'artiste qui nous paraissent de petits chagrins vues de loin, et qui sont dans le fond de grandes infortunes. On voit, à des signes certains, que c'est là un homme qui vieillit et qui est malheureux; il se promène en chantant des cantiques à haute voix, il s'inquiète de son avenir, il achète l'usufruit d'une terre, il place son argent à intérêt, il reconnaît ses enfants naturels; ce n'est plus l'artiste insouciant qui jetait aux vents son présent et son avenir, c'est un père de famille qui ressent le besoin d'amasser. Puis, tout à coup, ses Mémoires s'arrêtent, et, quand il a raconté l'histoire de son *Crucifix de marbre*, il dépose la plume comme s'il n'avait plus rien à raconter.

Il y eut un jour où Cellini se fit moine; il fut tonsuré, et il prit l'habit ecclésiastique le 2 juin 1558; deux ans après, il se maria pour avoir des enfants légitimes.

Michel-Ange étant mort à Rome à l'âge de quatre-vingt-dix ans, son corps fut transporté à Florence; Benvenuto fut choisi par l'Académie de dessin pour aller au-devant du corps de son maître. Le XVIe siècle s'en allait déjà.

Cellini mourut bientôt après son maître, le 13 février 1571. Il fut enterré en grande cérémonie, il eut les honneurs de l'oraison funèbre. On ne sait pas au juste de quelle maladie est mort ce grand artiste, la gloire de son siècle. Ainsi finit presque toujours la vie des grands artistes. Éclatante d'abord, hardie, vagabonde, joyeuse et riche, puis cachée, pauvre, maladive et triste. C'est une chose qui se paye bien cher, la gloire!

Si J.-J. Rousseau avait lu les *Mémoires de Benvenuto Cellini* tels que M. Farjasse vient de les traduire, J.-J. Rousseau n'aurait peut-être pas écrit en tête de ses Mémoires cette phrase orgueilleuse sur cette entreprise, *qui n'a pas eu d'exemples et qui n'aura pas d'imitateurs.*

Après avoir lu les Mémoires de Cellini, on ne peut s'empêcher de l'admirer non plus que de l'aimer; car, s'il est vrai que cet homme s'emporte souvent jusqu'au meurtre, s'il pousse la vengeance jusqu'au coup de poignard, c'est beaucoup la faute de ces temps de désordres et de guerres, où un homme de cœur était obligé de se faire justice à lui-même, ne pouvant l'espérer des autres. Le malheur des temps influa beaucoup sur son caractère; l'injustice lui parut une insulte, et il la traita comme telle; il fut Italien dans l'âme, comme il fut artiste dans l'âme. Dans ce temps-là, les guerres mêmes, qu'était-ce autre chose, sinon un défi de nation à nation? Les démêlés de Charles-Quint et de François Ier, qu'était-ce autre chose, sinon un duel immense de la France et de l'Espagne, qui avait pour témoin le monde entier?

Benvenuto Cellini aurait bien fait de prendre pour épigraphe de ses Mémoires cette sentence latine qu'il écrivit aux pieds de son *Persée*, et qui résume admirablement sa vie :

Si quis te læscrit, ultor ero.

« Si quelqu'un te fait outrage, c'est moi qui te vengerai. »

LA STATUE DE PIERRE CORNEILLE

PAR DAVID (D'ANGERS)

La statue de Pierre Corneille, placée sur le pont de Rouen, est comme vous savez, l'œuvre de M. David, membre de l'Institut. A tout prendre, c'est un bel ouvrage. M. David est un penseur; c'est un homme très-versé dans la connaissance des poëtes, qu'il sait par cœur, qu'il aime et qu'il admire autant que personne. M. David est, en outre, un grand artiste peu mythologique de sa nature. Il sait que l'art ne doit pas être jeté en pâture aux choses futiles. Ne craignez pas qu'il s'amuse à tirer du marbre ou à jeter en bronze des faunes et des satyres, des Vénus ou des bacchantes, des Arianes abandonnées ou des Jupiters porte-foudre; c'est un homme qui a le grand mérite d'avoir fait entrer l'art dans la réalité. Donnez-lui à copier une grande tête, un vaste front, une de ces intelligences supérieures dont s'honore notre époque, notre artiste est à l'aise. Nous l'avons vu copier ainsi la tête du général Foy; nous l'avons vu, quand Talma a été mort, se pencher vers cette belle tête défigurée par la souffrance, et ranimer, autant que cela est donné à l'art, cette grande physionomie.

Pauvre Talma, comme la mort l'avait changé! elle avait écrasé de sa main de fer ce charmant regard qui allait à tous les cœurs; elle avait tordu hideusement cette bouche souriante ou terrible d'où sortait une puissante voix qui retentit encore à nos oreilles. Elle avait brisé ce cou si beau et si blanc dont Talma était si fier et qu'il portait toujours tout nu, même dans l'intimité, aimable coquetterie d'un homme supérieur. Eh bien, sur ces traits déformés par la mort, sur ce masque méconnaissable même pour les amis du trépassé, le sculpteur David a retrouvé le regard, la bouche, le visage de notre grand comédien; il a rendu à la vie, dans tout son éclat et dans toute sa majesté, cette noble et vivante figure que nous croyions perdue à jamais. C'est là un grand miracle de l'art, mais aussi c'est là le chef-d'œuvre d'un artiste habitué à vivre avec de grands hommes, habitué à étudier les moindres nuances de leur visage. Si M. David a recomposé si vite le Talma d'autrefois avec le Talma qui n'était plus, c'est que M. David avait beaucoup vu Talma.

Voilà ce qu'il faut dire à la louange de l'artiste qui a jeté en bronze la statue du grand Corneille. Mais à côté de cette louange on peut placer un reproche : c'est qu'à force de s'être pénétré de l'esprit et du génie des grands hommes auxquels il a voué son culte et sa vie, M. David a fini par exagérer leur ressemblance ; à force de les avoir vus dans toute leur grandeur, il a fini par les faire trop grands. Les bustes de M. David manquent certainement, sinon de vérité, du moins de vraisemblance. Vous rappelez-vous la tête qu'il a faite de Gœthe, roi de Weymar, de Vienne, de Berlin, d'une partie de la France et de l'Angleterre? David, poussé par le génie allemand, qui a eu tant d'influence sur notre siècle, s'en va à Weymar. Il demande l'adresse du poëte à un enfant ; l'enfant lui montre une noble maison, une maison royale ; dans cette maison, il y avait Gœthe. C'était une magnifique tête chargée de pensées, de nobles rides et de longs cheveux blancs ; c'était la tête d'où étaient sortis, tout armés ou tout charmants, Faust et Méphistophélès, Marguerite et Werther. Le statuaire fut ébloui. Tremblant, ému, hors de lui, il dessina dans la terre la tête du noble vieillard ; puis il s'en revint à Paris, croyant n'avoir fait qu'un portrait ; il avait fait un colosse. La douane, voyant cet énorme ballot, ne put jamais croire que ce morceau de terre ne renfermait qu'une face humaine ; le douanier prit donc son épée et transperça d'outre en outre cette ébauche : excusable douanier en effet, il jugeait du crâne de Gœthe par son propre crâne ! Quoi qu'il en soit, le buste de Gœthe, par David, est une chose phénoménale. C'est que M. David a vu la tête de Gœthe en dedans ; or, le statuaire, comme le peintre, ne doit voir une tête qu'en dehors.

Ainsi a fait M. David pour la tête de M. de Chateaubriand, qu'il a faite colossale, lui ôtant ainsi beaucoup de sa grâce et de sa mélancolie ; ainsi a-t-il fait aussi pour la statue de Pierre Corneille ; Pierre Corneille, le frère, l'ami, le compagnon, le collaborateur de Thomas Corneille, qui lui prêtait ses rimes ; Pierre Corneille, ce grand homme de génie si humble, si doux, si bourgeois, si triste, si mal nourri et si mal vêtu ; celui dont La Bruyère, qui, Dieu merci, n'est pas un philosophe pitoyable, parle en ces termes : « Cet homme est simple, timide, d'une ennuyeuse conversation ; il prend un mot pour un autre, il ne sait même pas lire son écriture ! » Voilà pourtant l'homme que le statuaire nous représente debout, inspiré, écrivant avec une plume de fer et revêtu d'un manteau dont l'ample étoffe eût suffi pour habiller toute la famille Corneille pendant trois hivers. Et plût au ciel que le grand Corneille eût jamais possédé un manteau pareil! comme il en aurait bien vite fait quatre parts! comme il en eût donné bien vite une bonne part à son frère, en lui disant : « Voici un bon manteau, Thomas. » Comment voulez-vous que je reconnaisse dans ce grand appareil le pauvre grand poëte qui fut opprimé par Richelieu et qui fit peur à Louis XIV? Non pas, non, ce n'est pas là cet homme dont La Bruyère a dit encore : « Le comédien, couché dans son carrosse, jette de la boue au visage de Corneille, qui est à pied. »

Quand nous avons un grand homme à reproduire, faisons-le ressemblant avant de le faire grand et majestueux. Plus un homme a été simple et modeste dans sa vie, plus nous devons redouter de lui ôter de sa grandeur naturelle en lui donnant une grandeur factice. Le grand Corneille ne s'est jamais ainsi représenté, même dans ses préfaces les plus glorieuses; toute sa vie, il a été un bonhomme, par cela même qu'il a été un grand poëte. Croyez-vous aussi que, si vous l'aviez représenté dans une allure moins cornélienne, c'est-à-dire plus naturelle, l'homme du port qui passe sur le pont de sa ville natale, le cultivateur qui passe, le peuple qui passe et qui souvent ne s'arrête pas devant votre bronze, le voyant si grandiose, n'aurait pas demandé à la vue d'un simple poëte en habit sans façon et la canne à la main : « Quel est celui-là qu'on a fait en bronze à la plus belle place de notre pont Neuf? » Et chacun aurait répondu : « Ce bonhomme en bronze est né à Rouen; il a été tout simplement le plus grand poëte du temps du cardinal de Richelieu et de Racine. »

HISTOIRE
DE LA
RÉGENCE ET DE LA MINORITÉ DE LOUIS XV

PAR LÉMONTEY

I

Comment Lémontey entreprit son histoire. — État de la France à la mort de Louis XIV. — Le ministère Dubois. — Histoire d'un chapeau rouge. — L'Écossais Law. — La rue Quincampoix.

En 1808, dans un noble instant d'oisiveté, l'empereur Napoléon eut envie de lire une histoire de la France sous ses deux derniers rois. C'était, il faut le dire, une curiosité digne d'un pareil homme, qui ne demandait pas mieux que d'antidater sa puissance, et de se voir démontrer nettement qu'il était le successeur immédiat de Louis XIV. J'imagine, en effet, que, sans qu'il s'en rendît compte peut-être, c'était là la pensée de Napoléon, quand il dit à Lémontey : « Parlez-moi de Louis XV et de Louis XVI. » Tout autre historien, à la place de Lémontey, n'eût pas manqué de faire un piédestal à l'empereur de ces deux rois qui menèrent la France à sa perte par deux chemins différents. Mais, pour cela, il eût fallu choisir un autre historien que Lémontey, quoi qu'on ait dit de son avarice et de son amour pour l'argent. C'était un homme sans enthousiasme et sans passion, d'une vie aussi correcte que son style, également incapable de flatterie et de mensonge, laborieux à outrance, infatigable, poursuivant les petits faits de l'histoire ; un digne homme, avare seulement pour lui-même, et n'aimant pas assez l'argent pour se vendre ; en un mot, un historien respectable, un écrivain savant et laborieux. Il accepta donc la tâche que lui donnait l'empereur, sous deux conditions cependant que l'empereur et l'historien ont également remplies à leur gloire mutuelle : il demandait tous les moyens de dire la vérité, et toute la liberté de la dire. Voilà comment a été entreprise cette *Histoire de la Régence et de la Minorité de Louis XV*.

Quand Lémontey entreprit son travail, il se trouva encombré d'immenses et précieux matériaux qui demandaient à être mis en œuvre. Les histoires particulières sur cette étrange époque, les mémoires personnels, les lettres confidentielles, ne se comptaient pas ; mais toute l'histoire était à faire, histoire d'autant plus difficile à mener à bonne fin, que, parmi les matériaux que l'auteur devait nécessairement employer, il y en avait qui présentaient au plus haut degré toutes les qualités de l'histoire : le style, la naïveté des faits, la vérité des portraits et la variété des détails, tout ce qui fait l'histoire en un mot. Parmi les matériaux qu'il fallait employer se trouvaient les *Mémoires de Saint-Simon*, ce chef-d'œuvre de l'esprit, de l'observation, du style et du sarcasme grand seigneur ; les *Mémoires du maréchal de Villars*, écrits en partie par ce grand capitaine avec toute l'insolente naïveté de l'amour-propre ; les *Mémoires de Noailles*, remplis de faits et si étrangement arrangés par l'abbé Millot ; les *Mémoires du maréchal de Berwick et du maréchal de Tessé*, écrits en partie par ces deux courtisans, qui savaient écrire par cette influence que donnait la cour alors ; enfin, les *Mémoires secrets de Duclos*, satirique tableau de mœurs où la vérité est souvent sacrifiée à l'effet ; l'*Histoire de la Régence* de Marmontel, emphatiquement écrite avec la plume qui avait écrit *les Incas* ; et surtout cette foule immense de matériaux inédits formant plus de six cents volumes de manuscrits originaux que le gouvernement d'alors avait livrés à l'auteur, et que nos bons alliés ont emportés à la fin de mars 1814. Tels sont les Mémoires, tels sont les matériaux contre lesquels et avec lesquels a été faite l'*Histoire de la Régence*, par Lémontey.

Certainement, un travail fait avec cette conscience et ce zèle de tant d'années mérite toute l'attention du lecteur; sans compter qu'il s'agit ici de l'époque singulière où la France fut tour à tour gouvernée par les chefs des deux branches collatérales de la maison régnante; singulière période de dix années, féconde en résultats de tous genres, qui se fait remarquer par une prodigieuse variété d'événements et par un jeu de passions qui intéresse vivement l'observateur; époque mal connue jusqu'à nous, et qu'on jugeait légèrement parce qu'on la jugeait d'une légère importance; époque beaucoup étudiée de nos jours, dans laquelle se reposent volontiers, comme art, comme poésie, comme gouvernement, les esprits faibles et paresseux qui n'osent pas ou qui ne peuvent pas remonter jusqu'à Louis XIII et au cardinal de Richelieu.

Le travail de Lémontey est divisé en plusieurs parties, dans chacune desquelles, avec un peu d'attention et de mémoire, on peut retrouver l'influence de quelque grand nom ou de quelque grand écrivain de l'époque, influence toujours modifiée cependant par l'esprit critique de l'historien. C'est ainsi que Lémontey s'appuie sur Saint-Simon pour les premiers temps de son histoire : c'est à peu près le même tableau, moins le style, que dans les Mémoires du noble duc.

Louis XIV expire et descend dans la tombe, ne laissant qu'un enfant faible et malade de toute cette grande famille décimée par la mort. Le roi d'Espagne et le duc d'Orléans sont en présence un instant, se disputant la régence, c'est-à-dire le gouvernement souverain de la France pendant cette longue minorité. Après quelques hésitations, Philippe d'Orléans l'emporte dans le parlement comme à la cour. Le testament du volontaire Louis XIV est cassé; Philippe règne. Son règne commence par des réformes dans le luxe écrasant de la cour. L'agriculture sent le regard du maître. L'assemblée du clergé, qui s'occupait encore de forger des censures, reçoit l'ordre de garder le silence. Le conseil de régence est formé : dans ce conseil, le régent se réserve l'Académie des sciences, qui devait finir par dominer toutes les autres. Tout s'arrange bientôt en France; car, malgré l'abus qu'en avait fait la toute-puissance de Louis XIV, c'était un noble et beau pays, intelligent, actif, soumis, prêt à toutes les gloires et disposé à tous les progrès.

Ici, Lémontey, chaste et sévère écrivain, abandonne Saint-Simon et ses portraits; il va tout seul au-devant du ministère Dubois, et, laissant de côté tout scandale superflu, il explique, à la manière d'un homme grave, ce qu'était en effet le cardinal Dubois, que personne n'a expliqué avant lui. Quand le duc d'Orléans vint aux affaires, les affaires étaient difficiles et embrouillées, le travail était long pour un prince avide de plaisirs, les ministres capables étaient rares. Le duc, au milieu de ses roués, hommes de plaisir, hommes d'ambition, se trouvait sans conseil et sans guide. Saint-Simon, le plus honnête et le plus capable de ses amis, homme de courage, de probité et de mœurs irréprochables, mais d'une âme fougueuse et d'un cœur emporté, tout rempli de préjugés déjà gothiques, était l'homme le plus propre à perdre la monarchie par ses conseils. Le maréchal d'Uxelles et le maréchal de Noailles, créatures de madame de Maintenon et politiques très-médiocres, tenaient, l'un les relations politiques, et l'autre les finances. Rien ne marchait au même but avec ces éléments contraires; à chaque instant, on remplaçait ces médiocrités, mais par des médiocrités nouvelles, et chaque jour faisait mieux sentir la nécessité de concentrer le pouvoir.

Le ministère de Dubois fut donc une nécessité politique. Quand Dubois vint au ministère, il n'y avait que Dubois à y mettre. Pendant trois ans, son influence avait été tellement décisive dans les affaires de l'Europe, que lui seul était capable à présent de la gouverner. Tout ce qui a rapport à Dubois dans l'histoire de Lémontey est écrit avec un goût, une retenue, une finesse qui sont dignes des plus grands éloges. L'histoire de son chapeau de cardinal, histoire toute politique, est un morceau d'une ironie achevée. Jamais vous n'avez mieux compris combien Dubois est un homme d'esprit que par la conquête du chapeau rouge. L'histoire de la conspiration de Cellamare dans le même livre, toute amusante qu'elle est, est loin d'approcher de cette histoire. C'est une lutte toujours renaissante de l'abbé avec la cour de Rome. Ce chapeau est suspendu sur la tête de Dubois par un fil; Dubois tremble, il hésite, il supplie, il menace, il prodigue l'or et les soumissions au saint-siége; le souvenir du cardinal de Richelieu et du cardinal Mazarin l'empêche de dormir. C'est une longue et divertissante comédie digne de Molière. Le pape joute de ruse avec l'abbé; il promet le chapeau, supplice en sens inverse du supplice de Damoclès; il le refuse. Ce que demande le pape à l'abbé ne saurait se concevoir. Par exemple, il lui demande sa protection pour le roi Jacques contre le roi d'Angleterre, auquel Dubois devait déjà la mitre épiscopale de Fénelon. Rien ne coûte à l'avare Dubois pour être cardinal. Non content d'user de l'argent de la France, il envoie même de son propre argent à toute la ville de Rome; il envoie trente mille écus au cardinal Albani seulement. Il fait ériger la bulle *Unigenitus* en loi de l'État. Et, tout à coup, comme il va enfin être nommé cardinal, arrive la mort du pape Clément VI. On dirait que Clément VI meurt tout exprès, tant il meurt à propos pour trouver un nouveau prétexte de retarder le cardinalat de Dubois; le pape mort, tous les efforts de Dubois sont à recommencer.

L'histoire de ce chapeau est la seule vengeance que Lémontey tire de Dubois; il développe dans toute sa force cette ancienne maladie des prêtres en crédit pour le cardinalat, *rabbia papale*, comme disent les Italiens. Il a fait un tableau d'histoire fort piquant avec ce chapeau. Il a développé très-heureusement à quel degré Dubois possédait le secret de l'intrigue; et, en effet, la chose étonne, surtout quand on voit que, pour affubler un mauvais prêtre d'une calotte rouge, il a fallu remuer l'Europe, diriger au même but les plus mortels ennemis, le roi George et le Prétendant, la cour de Madrid et celle de Vienne, les disciples de Luther et ceux de Molina. Aussi Fontenelle, avec son admirable malice, donne-t-il au cardinal Dubois ce singulier éloge — « d'avoir paru le prélat de tous les États catholiques et le ministre de toutes les cours. »

Du reste, après ce morceau si original et si cruel pour le cardinal, l'historien laisse bien prendre la revanche au premier ministre. Sous son ministère, l'Europe est en paix. Sa vigueur rétablit les finances absorbées par le système de Law. Il aspire, comme tous les grands ministres de ce temps-là, à l'égalité des contributions; il établit les pépinières d'où sont sorties les belles plantations de nos routes. Enfin, quand il fut mort, s'il n'y eut pas d'oraison funèbre prononcée sur son cercueil, comme c'était l'usage alors, les actions de la Compagnie des Indes baissèrent de trois cents francs : il eut l'oraison funèbre après laquelle courent le plus les ministres constitutionnels de la France et de l'Angleterre, l'oraison funèbre de l'argent.

Ces sortes de réhabilitation, dans une histoire si défigurée par la haine ou par l'ignorance, sont d'un effet très-puissant dans le livre de Lémontey. Le cardinal Dubois n'est pas le seul personnage de cette histoire qui soit réhabilité autant qu'il pouvait l'être. Justice entière est rendue aussi à ce spirituel aventurier écossais, qui jeta un si grand désordre et un mouvement si heureux dans les finances du royaume. C'est un des passages de son histoire que Lémontey a le plus travaillé. Vous avez souvent entendu dire que Law, comme Dubois, était un caprice du régent. Lisez Lémontey : il vous prouvera que le financier, aussi bien que le ministre, dut son élévation à la nécessité du temps. Quand Law vint aux finances, la Régence était en arrière de cent trente millions; la guerre d'Espagne, les dettes de Louis XIV, le remboursement des offices, si largement supprimés, faisaient présumer encore un déficit à venir de vingt-quatre millions. C'était un double abîme qu'il s'agissait de combler.

Alors le régent eut recours au plus capable. Law, venu en France sous le ministère Chamillard, était né dans cette Écosse où le génie observateur, méditatif des habitants, devait produire le premier des romanciers historiques et la plus célèbre école des sciences spéculatives. Law fut le premier homme en France qui ait fait faire de grands progrès à la théorie du crédit public. Lémontey, avec cette clarté qui est un des premiers devoirs de l'historien, explique parfaitement la banque nouvelle. C'est un morceau à lire avec beaucoup de soin et écrit avec soin aussi. Puis, comme il faut toujours, dans le système historique adopté par Lémontey, que la comédie se rencontre à côté du récit sérieux, en même temps qu'il décrit tout le système avec le sang-froid du calculateur, il s'amuse à nous faire pénétrer dans la rue Quincampoix. La rue Quincampoix, pour l'Écossais, c'est l'histoire du chapeau de Dubois à côté de l'histoire de son ministère. Et, en effet, ce devait être un plaisir de voir la foule des joueurs arriver dès le matin au centre de ce quartier populeux. Dans cette méchante rue de quatre cent cinquante pas de long sur vingt de large, ont passé toutes les fortunes de la France. Les plus grandes fêtes du système eurent lieu dans cet ignoble carrousel. Il y avait des banquiers jusque sur les toits. Et là, toute la France venait échanger son or contre du papier. Il y eut un abbé qui donna, pour des actions de la Compagnie, des billets d'enterrement, sans songer, le fripon qu'il était, combien il disait vrai.

Le tableau est très-animé et très-vif. Puis, en écrivain philosophe, Lémontey explique fort bien comment cette fermentation d'agiotage, si abjecte dans son foyer, épanchait au loin de grands et salutaires effets. La soudaine réhabilitation de tant de papiers déshonorés fit périr l'usure et jaillir de toutes parts des flots de richesse; l'intérêt de l'argent tomba au denier quatre-vingts, le nombre des manufactures s'accrut de trois cinquièmes, l'agriculture et le trésor public s'enrichirent de l'affluence des étrangers et de l'énorme progrès des consommateurs. Une soif de plaisirs nouveaux créa une industrie plus recherchée, et dévora jusqu'aux aliments du luxe de nos voisins. Et non-seulement advint par là le bien-être physique, mais encore une tranquillité morale inouïe dans l'histoire de France. La nation, emportée dans ce torrent d'affaires et de délices, oublia la bulle et les remontrances, la conspiration des bâtards et la guerre d'Espagne. Des esprits ainsi disposés rendaient tout gouvernement facile. La Régence figurait en quelque sorte ce personnage fantastique qui doit un jour, par la transmutation des métaux, arriver à la puissance universelle.

Voilà pour l'intérieur du royaume. Au dehors, notre mouvement financier n'avait pas une influence moins puissante. Notre diplomatie, marchant les mains pleines d'or, abaissait tous les obstacles; l'armée puisait dans l'abondance sa force et sa fidélité; notre considération politique s'établissait par l'admiration des étrangers pour nos finances, et l'on voyait Londres et Amsterdam contrefaire notre rue Quincampoix avec la grossièreté de plagiaires.

Quant à l'intérieur de la France, quant à la cour, l'un et l'autre se ressentirent heureusement du système. Les courtisans étaient accablés de faveurs; les mécontents se rapprochaient d'un ennemi prodigue, et le peuple bénissait la suppression de presque tous les impôts sur les comestibles; l'administration s'honorait par d'utiles travaux, tels que le canal de Montargis, le pont de Blois, l'église de Saint-Roch à Paris, par le début d'un système de grandes routes jusqu'alors inconnues; par la recomposition des compagnies de maréchaussée, qui avaient tant besoin d'être réformées. En même temps, le bon Rollin célébrait, par un discours auquel nous devons le *Traité des Études*, l'établissement de l'instruction gratuite dans l'université de Paris.

Tout cela parce qu'un Écossais se rencontrait en France qui

remuait l'or et l'argent ensevelis dans les vieux coffres. Tout cela, parce que l'Écossais était un homme à grandes idées. Le temps manqua seul à l'exécution de plus vastes travaux. Law entreprit de remplacer tous les impôts par un *denier royal* prélevé sur tout le territoire sans distinction de propriétaires; il prétendait établir la levée de ce tribut avec quatre millions de frais et mille employés, au lieu de cette foule de perceptions inégales et oppressives, qui coûtaient à l'État vingt millions, et livraient le peuple à la cruelle industrie de quarante mille préposés.

C'étaient là de grandes idées! c'était là une révolution tout entière! Ajoutez que, grâce à cette impulsion commerciale, les colonies ébranlées se rattachèrent à la France; les mers lointaines revirent le pavillon français comme aux beaux jours de Colbert. Nous prîmes possession de l'île de France, sentinelle redoutable entre l'Inde et l'Afrique! Tout cela grâce à cette fièvre d'argent et d'or entretenue par l'Écossais! — Mais c'était là trop de bienfaits pour être durables; c'était là trop de prodiges. Toute l'Europe était aux pieds de l'Écossais; l'Écossais se troubla; il doubla le nombre des actions qu'il devait mettre en circulation; le succès le força d'élever sept étages sur des fondements qu'il avait posés pour trois. — Il succomba. Après le tableau de sa gloire, le tableau de sa défaite n'est pas sans charme. On aime à voir cet homme, qui donnait cent millions d'aumônes, qui transportait un peuple entier dans son duché de la Louisiane, vivre obscur à Venise, où son indigence fit taire la calomnie et les espions de Dubois. A sa mort, il ne laissa, pour toute succession, que quelques tableaux de prix et un diamant de quarante mille livres, qui servait de gage aux emprunts dont sa mauvaise fortune lui imposait souvent la nécessité. Je me suis arrêté à dessein sur l'histoire du financier écossais, parce que à lui, et à lui seul, commence toute cette science financière qui fut chez nous la cause de tant de progrès et de tant de malheurs. Nos histoires de collége — et, malheureusement, nous en sommes encore là pour toute histoire — parlent de Law avec une fatuité et une ignorance remarquables. On dirait à les entendre qu'il s'agit d'un chevalier d'industrie, et l'on est tout étonné, en le voyant de plus près, de tout le génie que renfermait la tête de cet homme. Une chose bien remarquable, c'est la manière dont Saint-Simon parle du système, et l'excellente explication, explication toute constitutionnelle, qu'il donne de sa chute. Je ne puis résister à l'envie de transcrire le morceau, qui nous montre, bien plus avancée que nous ne l'avions pensé mille fois, toute la théorie du crédit public à cette époque. Écoutez Saint-Simon :

« Le système de Law tirait à sa fin. Si on se fût contenté de sa banque, et de sa banque réduite en de justes et sages bornes, on aurait doublé tout l'argent du royaume et porté une facilité infinie à son commerce et à celui des particuliers entre eux, parce que la banque toujours en état de faire face partout, *des billets continuellement payables de toute valeur auraient été de l'argent comptant*, et surtout préférable à l'argent comptant par la facilité du transport. Encore faut-il convenir, comme je le soutins à M. le duc d'Orléans dans son cabinet, et *comme je le dis hardiment* en plein conseil de régence, quand la banque y passa, *comme on l'a vu ici alors, que tout bon que pût être cet établissement en soi, il ne pouvait l'être que dans une république* ou que dans *une monarchie telle qu'est l'Angleterre, dont les finances se gouvernent seulement par ceux-là qui les fournissent, et qui n'en fournissent qu'autant et comme il leur plaît;* mais, dans un État léger, changeant, *plus qu'absolu*, tel qu'est la France, *la solidité y manquait nécessairement*, par conséquent, la confiance, au moins juste et sage, puisqu'un roi, et, sous son nom, une maîtresse, un ministre, des favoris, plus encore d'extrêmes nécessités comme celles où le feu roi se trouva dans les années 1707, 1708, 1709 et 1710, *cent choses enfin pouvaient renverser la banque, dont l'appât était trop grand et en même temps trop facile.* »

Ainsi donc, au jugement de Saint-Simon lui-même, il n'a manqué à Law, pour être un des plus grands ministres de la France, que la Charte et les deux Chambres, l'éloge n'est pas médiocre, à mon sens. Lémontey en juge comme Saint-Simon (1).

Cette *Histoire de la Régence* se compose de tableaux qui en font autant d'histoires détachées. On voit que l'auteur s'est initié de bonne heure dans les secrets de l'école historique dont Salluste est le maître et le roi, à laquelle nous devons *la Guerre de Catilina* et *la Vie d'Agricola* de Tacite. Lémontey est, en effet, un écrivain de la vieille école qui a beaucoup lu Tacite et Voltaire, moqueur et enthousiaste en temps et lieu, vrai, spirituel, sûr de son style, sévère sur son histoire, maître de ses matériaux, sans amour et sans haine pour personne, et surtout sachant bien son xviiie siècle, ce beau siècle, si mal compris et si mal étudié !

II

La peste et la rhétorique. — Le petit roi. — Son enfance et sa jeunesse. — Le luxe sous la Régence. — Révolution de costumes. — Mérites et charmes du xviiie siècle. — Règne des gens de lettres et des artistes.

Dans ce qui précède, nous avons parlé du régent, de Law et de Dubois, nous avons traversé le système, la conspiration de Cellamare, et même la peste de Marseille dont je n'ai pas parlé. Si je n'ai pas parlé de cette peste, c'est que Lémontey, fidèle et trop fidèle en ceci à ses habitudes de rhétorique, s'est amusé à faire de cette peste un morceau tout à fait oratoire. Lémontey a autant travaillé sa peste que Thucydide a travaillé la sienne ; il l'a presque autant travaillée que Boccace : Boccace, ce honteux témoignage de l'égoïsme florentin ! Pour ma part, depuis surtout que, nous aussi, nous avons subi toutes les terreurs du fléau, depuis que

(1) M. Thiers a écrit un livre définitif sur le célèbre financier, l'*Histoire de Law*. Un vol. in-18, édition Hetzel et Lévy.

la contagion, tombant tout à coup au milieu de nous, est venue nous plonger dans les indicibles terreurs d'un mal inouï que personne ne connaît, j'ai pris en horreur le récit des pestes dans les histoires. Je sais bien que, pour un écrivain, c'était autrefois une bonne fortune qu'une très-belle peste à raconter. Cela coupait merveilleusement la monotonie du récit, cela jetait de la diversité dans les histoires de guerre et de paix ; l'historien allongeait sa période, arrondissait sa description à plaisir ; il s'abandonnait à toutes les recherches les plus précieuses du langage ; l'antiquité n'y a jamais manqué, non plus que les temps modernes. Les poëtes, à leur tour, ont lutté avec les historiens à qui ferait les plus belles pestes. Misérables efforts ! vaine science ! descriptions futiles ! Lémontey sera, j'espère, le dernier chez nous qui ait écrit sa peste. Chez nous, depuis le choléra, nous savons trop, malheureusement, ce que c'est qu'une peste, pour en permettre désormais la description poétique aux faiseurs de beau langage, de descriptions apprêtées avec soin, de douleurs méthodiques et de terreurs de deuxième main. Nous avons passé par la peste, nous autres, et c'est pour cela que nous demanderons aux écrivains à venir, quand il s'agira de ces fléaux qui ravagent le monde en silence, d'être plus que jamais clairs et simples, de raconter gravement, et sans apprêt, des douleurs si sérieuses et si spontanées, de se préserver surtout d'une tristesse étudiée. Si ce fut jamais le cas d'oublier sa rhétorique, c'est en présence d'un peuple qui meurt, d'un hôpital qui regorge, et d'un corbillard qui s'en va au galop. Qu'il soit résolu chez nous, une fois pour toutes, qu'on n'écrira plus de belles pestes, soit en prose, soit même en vers. Je passe donc sous silence la trop belle peste de Lémontey.

Ce qui est très-bien raconté, et très-bien écrit, et très-bien compris dans la seconde partie de cette importante histoire, c'est la minorité de Louis XV. Cette nation française, qui regarde avec tant d'avidité et d'amour, le rejeton de Louis XIV, est sans contredit elle-même un spectacle digne d'intérêt. Regardez-la, cette

nation froissée par le grand roi, mais si soumise encore! Elle se
fie à ce frêle enfant pour son bonheur à venir; elle étudie dans ses
premiers gestes, dans ses premiers regards, dans ses premiers
mots, ce jeune roi, roi absolu, qui doit décider de son bonheur ou
de sa misère, de son opprobre ou de sa gloire : lui tout seul. A voir
la France entourant ainsi, applaudissant, admirant, adorant ainsi
son petit roi, priant pour lui à deux genoux quand il est malade,
cette France déjà sceptique! on dirait des soins et de l'amour d'une
bonne nourrice pour son enfant. Voyez, pendant la Régence, sous
le ministère de M. le duc, sous le cardinal de Fleury, la France est
occupée uniquement de son petit roi, qui grandit tous les jours.
Elle s'informe bien plus de ce qui se passe à son berceau, que de
ce qui se passe au conseil de régence. Le gouvernement est pour
le moins rendu aussi facile par cette préoccupation du royaume,
que par le mouvement imprimé aux finances. Pendant qu'on se
demande : « Que fait le roi? » personne ne songe à demander :
« Que fait le principal ministre? » De là vint aussi en grande partie,
la faveur qui s'attacha à tous les ministres de cette époque. Le
peuple porta aux gouvernants un peu de l'amour et de la faveur
dont il entourait l'enfant royal. Voilà comment Louis XV, enfant au
berceau, eut tout le pouvoir de Louis XIV sans avoir aucune de
ses haines. Sous Louis XV enfant, c'est partout la même maxime
de souveraineté absolue, étendue autant qu'elle peut s'étendre; le
plus violent arbitraire frappe, comme nous l'avons vu, les mon-
naies, les rentes et les offices; la peine de mort est étendue à des
cas nouveaux; le parlement de Paris est exilé en corps pour la
première fois; vingt-six charges sont arrachées au parlement de
Rennes, rien n'y fait, pas un murmure ne s'élève de la nation; au
contraire, la nation se plie à toutes les volontés du berceau royal.
Dans la conspiration de Cellamare, sous ce roi enfant, un complice
très-subalterne de cette malheureuse intrigue qui servit de jouet à
Dubois, ne put trouver d'asile au fond de la Bourgogne, même dans
la maison de son père! Sous ce roi enfant, au milieu de la chute du

papier-monnaie, un édit, hasardé en tremblant, ordonne aux mécontents d'apporter leur or au trésor royal, et, dans l'espace d'un mois, on y déposa quarante millions de livres! Jamais enfin, à aucune époque de l'histoire, roi de France ne fut plus obéi que cet enfant; jamais on n'avait mis plus en oubli parmi nous l'institution féodale, cette première liberté de la France, toujours si prête dans notre histoire à donner une tête et des bras à la révolte.

Ce sont là certainement des faits étranges, et, si le grand roi eût pu voir ce qu'était son petit-fils, le grand roi eût été singulièrement surpris! Louis XIV, il est vrai, avait été bien grand dans ses ruines. Jeune roi, il avait vu les habitants des campagnes border les chemins et se jeter à genoux sur son passage; mais, enfant, il avait été chassé de sa ville capitale, et il lui avait fallu grande hardiesse pour entrer en parlement le fouet à la main. Son petit-fils inspirait une autre sorte d'idolâtrie plus tendre et plus douce. Sa beauté, sa faiblesse, ses prétendus périls, l'entouraient d'un culte populaire; et, quand le czar Pierre Ier, vainqueur de Charles XII et de la Russie, vint à Paris, au milieu de l'étonnement du peuple, qui ne savait pas ce que c'était qu'un Russe, rien ne fit plaisir à ce peuple comme le respect et l'attendrissement du czar toutes les fois qu'il rencontrait et qu'il prenait dans ses bras le jeune roi, soit que Pierre Ier, touché du sort d'une nation aimable qu'un luxe effréné entraînait à sa perte, prévît les malheurs d'un enfant destiné à cette frêle couronne, soit qu'il se rappelât que lui-même, à pareil âge, avait été en butte aux trames des assassins, comme de sinistres et injustes murmures en menaçaient encore le descendant de Louis XIV.

Avec un peuple ainsi fait, plein d'âme, plein d'amour, si riche, si habile, si spirituel, si florissant, si dévoué, il ne manqua au roi Louis XV, à ce beau roi, pour être un grand monarque, qu'un peu plus de sang royal dans les veines, l'enfance vagabonde de Louis XIV, par exemple, ou la mesquine et tenace autorité de Mazarin. L'enfance de Louis XV alla trop toute seule pour que le roi se sentît un homme. L'adversité lui manqua. Le succès fit sa perte. Il eut de bonne heure l'antipathie du trône ; semblable aux enfants gâtés qui ont trop de jouets et qui les brisent, ses courtisans le fatiguèrent de bonne heure ; on en fit un roi sitôt qu'il se fit simple particulier, un esclave dès qu'il fut le maître. Un jour qu'il avait été contraint à quelque acte de représentation, il en fut excédé, et la duchesse de Ventadour, sa gouvernante, en écrit ainsi à madame de Maintenon : « Il fit ensuite son potage lui-même et trouva du soulagement à ne plus faire le roi. » — « Il a des vapeurs, ajoute la gouvernante, et il en a eu au berceau ; de là ces airs tristes et ce besoin d'être réveillé. Naturellement, il n'est pas gai, *et les grands plaisirs lui seront nuisibles parce qu'ils l'appliqueront trop.* » Paroles prophétiques que le roi n'a que trop justifiées depuis.

Toute l'histoire de Lémontey est remplie de ces détails. L'enfance de Louis XV y tient une grande place ; et ce n'est pas un des moindres charmes de cette lecture de n'y rencontrer, à propos de ce monarque, qui fut le roi du Parc-aux-Cerfs et l'amant de madame Dubarry, que des détails de maisons de campagne, de laiterie, de fromage, de potage qu'il fait lui-même pour se soulager du métier de roi. On dirait de l'enfance de quelque chaste monarque du commencement de la monarchie. Le roi est heureux de tout, d'une petite vache que lui donne une intrigante de ce temps-là, d'un magasin d'ustensiles pour le jardinage que lui envoie son grand-père le roi de Sardaigne. Malheureusement, la campagne et les troupeaux ne furent pas ses seuls passe-temps. On fit violence de toutes les manières à ce naturel sauvage. Son gouverneur, le maréchal de Villeroy, vieillard frivole, aussi dur dans ses caprices qu'il était bas dans ses complaisances, doubla son aversion pour toute démarche publique en le forçant de danser sur le théâtre, parce que Louis XIV y avait dansé. Un jour, le duc de la Ferté eut l'indignité de faire exécuter devant le roi un ballet par des enfants déguisés en chiens. Un autre jour, des valets de cour entassèrent des oiseaux de la fauconnerie dans une vaste salle, et le jeune prince n'eut plus qu'à les tuer à coups de bâton. Les impies! Ils faisaient finir Louis XV comme Louis XI avait commencé! Heureusement pour les corrupteurs eux-mêmes, ces hideux spectacles de cruauté, qui auraient pu faire de Louis un roi cruel, n'en firent qu'un homme insensible. Il n'y eut pas jusqu'aux sermons de Massillon lui-même, jusqu'au *Petit Carême*, ce calme chef-d'œuvre, dont la perfection inanimée se ressemble toujours, qui n'augmentât pour ce jeune prince la fatigue et les ennuis précoces de la royauté.

L'habileté de Lémontey à mener de front toutes les parties de cette grande histoire est une chose digne de remarque. Son livre est un grand témoignage en faveur de l'ancienne méthode historique, qui consiste à diviser l'histoire en plusieurs parties très-distinctes, sauf à les lier entre elles quand chacune de ces parties séparées est arrivée à sa plus grande clarté. Ainsi, un morceau excellent, c'est l'histoire du mariage du roi avec Marie Leczinska, la fille du roi détrôné Stanislas; le renvoi de l'infante et la rupture de cette union avec une fille espagnole, le chef-d'œuvre de la politique de Dubois. Lémontey donne à ce sujet des explications réelles et précises. Il écrit en peu de lignes l'histoire de la cour d'Espagne, les emportements de la reine, les folles boutades du roi. Dans ce temps-là comme de nos jours, la cour d'Espagne ne ressemble à aucune autre cour du monde. Ce sont des mœurs inouïes, ce sont des coutumes inconnues, c'est un despotisme étrange et bizarre, nuancé de mille manières différentes. Il est impossible de mieux expliquer que ne le fait Lémontey la tempête générale excitée en Europe par le renvoi de l'infante.

Or, toutes ces intrigues secondaires et suivies de si grands résultats étaient d'autant plus difficiles à expliquer qu'à cette époque de révolution diplomatique, la prétendue science des rapports naturels des peuples eût vainement cherché à s'orienter sur son propre théâtre, tant le jeu des événements avait déplacé les rôles et les acteurs! C'est, en effet, une bizarre époque, n'est-ce pas? que celle où l'on rencontrait un gouvernement italien en Espagne, allemand en Angleterre, russe en Pologne, autrichien en Italie, anglais en Portugal, pendant qu'en Russie se rencontraient toutes les sortes de gouvernement, excepté toutefois un gouvernement russe. Ce sont là autant de difficultés dont notre historien s'est tiré avec le plus grand sang-froid, avec le plus rare bonheur.

Pour moi, avec mes malheureuses habitudes de feuilleton, tous ces grands intérêts de l'histoire m'éblouissent et exigent une contention d'esprit dont je suis devenu très-incapable à force de travail. L'histoire des traités me fatigue, les détails de finances me fatiguent. Permettez-moi donc de vous laisser là tout au milieu de la minorité de Louis XV, comme l'a fait Lémontey, et de passer avec lui à l'histoire plus simple et plus claire des travaux et des délassements de l'esprit dans ce beau XVIIIe siècle, si supérieur à tous les autres par l'esprit considéré comme délassement.

Déjà, dans notre premier chapitre, nous avons vu le luxe s'introduisant en France à la suite du système. Le luxe et le plaisir marchèrent toujours de front depuis ce temps-là. Le nombre des équipages doubla en peu d'années, celui des valets prit un accroissement fatal. L'Inde nous inonda de ses porcelaines et de ses curiosités frivoles. Tout le XVIIe siècle s'en va ainsi peu à peu. Les domestiques deviennent des laquais; ils portent des plumes et des habits écarlates; ils ne jouent plus du violon dans les antichambres, ils jouent aux cartes; les femmes leur attribuent des fonctions contraires à la modestie des anciens usages. C'en est fait, les demoiselles de qualité n'envoient plus vendre au marché les jolis oiseaux des Canaries élevés par leurs soins. L'éducation, à son tour, voit s'en aller ses vieilles disciplines : des charlatans qu'on retrouve à toutes les époques, et qu'on a retrouvés surtout dans la nôtre, prétendent enseigner la science en huit jours !

La révolution opérée dans l'éducation et dans les mœurs se fait bientôt sentir dans le costume. L'ample vêtement des courtisans de Louis XIV, tout chargé de dentelles et de rubans, véritable mode italienne et castillane, fait place aux habits resserrés du

Nord. Les perruques ploient leurs ailes immenses et les chapeaux déploient leurs ailes trop courtes. La poudre, qui adoucit les traits et confond les âges, disparaît peu à peu ; les parfums conservent leur empire, grâce au régent, qui, en sa qualité de grand chimiste, en savait composer d'excellents.

Voilà pour les hommes.

Quant aux femmes, vous pensez bien que la mode ne les laissa pas telles qu'elles étaient sous Louis XIV, en longues robes chargées de contre-poids de plomb, enflées et plissées de toutes parts, la coiffure exhaussée sur un échafaudage de fer. Tout cela tomba en un jour pour les femmes, les plis, les hautes coiffures, les poids de plomb, le masque lui-même, cette commode invention italienne si favorable à l'intrigue et à l'amour. Alors les femmes s'élevèrent à une nouveauté inouïe dans l'histoire de nos mœurs, qu'on pourrait presque regarder comme l'emblème de toute la Régence, elles s'élevèrent jusqu'au *négligé*. On fut obligé d'inventer un mot pour exprimer ce qui n'avait pas eu d'exemple. On appela *négligé* l'état dans lequel une femme ose se produire au dehors avec l'espèce de désordre que permet la liberté de la chambre. L'art et la grâce épuisèrent leurs ressources pour parer cette indécence, et il en résulta une confusion piquante de recherche et d'abandon, de luxe et de simplicité. Toute une révolution se trouve encore dans ce brusque changement d'habits. Une fois que les plus grandes dames eurent dit adieu aux riches étoffes des femmes de leur condition et de leur fortune, la fille du peuple put donner, elle aussi, dans les modes peu coûteuses de chaque jour, au grand détriment de ses mœurs. Et voilà comme on entre rapidement et sans le savoir dans le chemin des révolutions !

Un critique, homme d'esprit, de talent et de goût, me reprochait, l'autre jour, mon affection pour le XVIIIe siècle ; mais vraiment je ne conçois pas comment on pourrait ne pas l'aimer, ce siècle insouciant et spirituel qui court à sa perte avec tant de gaieté et de bonheur ! C'était un siècle savant et philosophe et qui a fait faire un grand pas à l'humanité, tout en lui faisant dépasser le but. Il eut dans les sciences Castel, Sénac, Maupertuis, d'Alembert ; il découvrit la petite vérole artificielle ; il eut Voltaire, Diderot, Buffon, Montesquieu et Rousseau ; il s'imposa à lui-même la littérature du grand siècle auquel il rendit tous les hommages qu'il méritait. C'est la première fois peut-être qu'un siècle ne déchire pas à belles dents le siècle qui l'a précédé et auquel il doit tout.

Au moment où le gouvernement passait d'un monarque absolu à un conseil de régence, le sceptre de la littérature était tenu, comme à Sparte, par deux rois d'un pouvoir illimité, Fontenelle et Lamotte : il était impossible de commencer sous les auspices d'esprits plus fins, plus satiriques, plus moqueurs.

En un mot, le XVIIIe siècle est le père de la belle prose de chaque jour, de la prose à l'usage des passions et des besoins de tous, de la prose de toutes les heures, de la prose constitutionnelle, pour tout dire ; il a produit les *Synonymes* de Gérard, les *Révolutions romaines* de Vertot ; il a produit le *Traité des Études* ; il a produit *Gil Blas, Manon Lescaut ;* il a produit Le Sage, Marivaux, Destouches, Dancourt, etc.

Dans les arts, le XVIIIe siècle a fait Watteau, peintre réhabilité de nos jours, comme Quinault le fut par Voltaire ; il a fait François Lemoine, célèbre par son salon d'Hercule ; il a fait Bouchardon, le sculpteur ; il a fait David et sa grande école, si grotesquement insultée de nos jours : c'est un siècle noble et beau ; c'est le siècle des gens de lettres d'ailleurs ; ils sont les rois et les maîtres de ce monde ; ils règnent à leur tour quand chacun a régné à son tour : le prêtre, le soldat, le seigneur féodal, le roi enfin, puis les philosophes et les poëtes, jusqu'à ce qu'enfin règne le peuple à son tour.

Je regrette beaucoup que Lémontey n'ait pas poussé plus loin son histoire. La mort l'a surpris au milieu de ce grand travail. Il s'est arrêté au cardinal Fleury, ce calme vieillard qui conduit par la main un jeune homme beau et timide; il s'est arrêté au moment le plus périlleux, le plus animé et le plus intéressant de notre histoire, sans contredit.

CORRESPONDANCE INÉDITE DE DIDEROT

Les philosophes aux champs. — Madame d'Aine. — Leçon d'humanité. — Une larme de Fréron. — Les pauvres de l'archevêque de Paris. — La société de ce temps-là. — Les romans de Crébillon et les lettres de Diderot. — Le sort du génie aux époques de décadence. — Influence de de Diderot sur son siècle.

Puisque aussi bien la littérature contemporaine nous laisse un peu de trêve, parlons de Diderot. Nous allons descendre des ouvrages sans façon que vous savez, tels que l'*Encyclopédie*, les *Bijoux indiscrets*, la *Religieuse* et le *Neveu de Rameau*, — l'*Iliade* de Diderot, son chef-d'œuvre! le *Neveu de Rameau*, contre lequel Rossini échangerait, à coup sûr, son *Barbier*, — à des lettres familières, à des lettres d'amour, à la *Correspondance inédite de Diderot*.

Parcourons ces nouveaux Mémoires tels qu'ils ont été faits, sans trop de souci de l'opinion, nous souvenant toujours, quel que soit notre lecteur, qu'il ne s'agit pas ici d'un philosophe moderne, sage et réservé comme un Allemand, mais d'un incrédule Français, aussi peu discret qu'un abbé de cour. Et puis le lieu de la scène est tout autre aujourd'hui qu'au temps de Diderot.

Pour bien comprendre ce genre d'existence, il est nécessaire de se transporter dans ces salons dorés avec des Amours au plafond, des guirlandes de roses et des porcelaines de la Chine; il faut se mettre au milieu de cette société *poudrée*, en petits paniers, en déshabillés galants, ou mieux encore.

Nous sommes à la campagne chez le baron d'Holbach ; on travaille, on mange, on digère si l'on peut, on se chauffe, on se promène, on cause, on joue, on soupe, on écrit à son ami, on se couche, on dort, on se lève, et l'on recommence le lendemain. Il y a, dans cette société mêlée, des athées, des petites-maîtresses, des esprits forts, des Anglais, ce qui était une grande curiosité alors ; surtout ce qui nous manque et ce qui complétait fort bien les sociétés de ce temps-là, ce sont les femmes d'un âge mûr, les femmes de la Régence, de si bel air, de si friands souvenirs, et encore si blanches et si belles. Par exemple, par une froide nuit d'automne, au moment où chacun est endormi dans la maison du baron, entendez-vous dans le grand corridor madame d'Aine, la belle-mère du baron d'Holbach, qui pousse de si grands cris ? « A mon secours, mes gendres ! Au secours ! au secours ! » Ainsi crie madame d'Aine, rebondie, potelée, à demi nue ! C'est ce scélérat de M. Leroy qui l'a rencontrée ; et les gendres d'accourir au secours de leur belle-mère, et M. Leroy de faire retraite, et Diderot de prétendre, le lendemain, que madame d'Aine a été secourue trop tard, et toute la maison de rire, et en voilà pour jusqu'au lendemain soir à la partie d'échecs ou à la troisième dissertation sur les Chinois. Tout cela est bien mieux dit dans le livre ; mais, je vous le répète, si vous ne voulez pas accepter toute la conversation de ce temps, toute sa nudité, tout son fard, toutes ses petites minauderies en même temps que toutes ses saillies, toute sa verve et tout son emportement, ne lisez pas *la Correspondance inédite* de Diderot.

L'espace compris dans ces deux volumes de lettres contient presque toute la vie littéraire de notre auteur. Comme ce n'était pas un homme vivant seul ; au contraire, comme il avait besoin, pour être lui, de s'entourer de ses amis, et qu'il en avait beaucoup, on peut juger de l'intérêt d'une correspondance dans laquelle il parle de tout, marchant çà et là, par monts et par vaux, n'évitant pas le mot pour rire, non plus que la dissertation philosophique, tantôt sur la terre, tantôt dans les cieux ; recrutant avec le même abandon une belle action et une polissonnerie, se passionnant pour ses amis comme il se passionnait pour sa Religieuse. Vous verrez, dans ces lettres, le père Hoop : c'est un Anglais qui a le spleen, un Anglais comme le Martin de *Candide*, et que vous croiriez échappé à l'imagination de Voltaire. Vous y verrez bien des femmes de l'époque, beaucoup plus aimables que dans *les Confessions* de Rousseau. Vous trouverez que mademoiselle Voland, à qui ces lettres sont adressées, n'est, en effet, qu'un bon garçon, à qui on peut tout dire. D'ailleurs, les mœurs sont ainsi faites; il faut accepter encore une fois tout le décousu d'une pareille vie, à peu près comme vous acceptez l'épagneul dans les peintures de Watteau, et l'homme tourné contre le mur dans les tableaux de Teniers.

Mais tout cela s'ennoblit à chaque page, au moment où vous y pensez le moins. Quelle belle réponse que celle de Diderot à un abbé qui refusait de venir au secours de son frère! Cet abbé représentait à Diderot que son frère était un misérable et un infâme, un homme sans cœur et sans âme. « Je savais tout cela, monsieur, reprit Diderot; mais vous ne m'avez pas encore tout dit. — Juste ciel! s'écria l'abbé, et que pouvez-vous savoir de plus? — Vous ne m'avez pas dit qu'un soir, lorsque vous reveniez de matines, vous aviez trouvé votre frère à votre porte armé d'un poignard pour vous assassiner. — Si je ne vous ai pas dit cela, monsieur, c'est que cela n'est pas vrai. » Alors Diderot se lève, s'approche de l'abbé, lui prend le bras, et lui dit : « Eh bien, quand cette action serait vraie, il faudrait encore donner du pain à votre frère. »

La vie de Diderot est remplie de traits pareils. C'est un homme de passion violente et spontanée qui, un beau jour, s'est senti tant d'amour pour Claude et Néron, qu'il a abrégé sa vie à réhabiliter leur mémoire. Aussi combien vous trouverez le XVIIIe siècle mieux fait et plus beau dans ces lettres que partout ailleurs. Vous n'avez à craindre dans cette lecture ni la tristesse de J.-J. Rousseau, ni l'amère raillerie de Voltaire, ni la basse jalousie de M. de La Harpe, ni la mesquine personnalité de M. Grimm, ni les insupportables minauderies de Marmontel; à peine retrouverez-vous chez Diderot quelques traces de ces violents combats, de cette critique au fer chaud que se livrèrent les gens de lettres à cette époque. Chose étonnante, on ne retrouve qu'une anecdote sur Fréron, et encore une anecdote aimable et sans insulte; c'est Fréron qui pleure à une tragédie de Voltaire, et la larme, en tombant sur sa joue, fait *phsit!* comme une goutte d'eau qui tomberait sur un fer chaud; *apparemment que c'était le diable qui pleurait sous la figure de Fréron.* Diderot devait être, en effet, le plus indulgent, le plus tolérant des philosophes; il était si bon; il tenait si peu à la renommée; il était si peu homme de système et de parti. Dans les derniers temps de sa maladie, il recevait le curé de Saint-Sulpice; le curé l'engageait à faire une rétractation de ses œuvres : « Convenez, monsieur le curé, dit le malade, que je ferais un impudent mensonge. » Il alla un jour chez cet excellent archevêque de Paris, M. de Beaumont, contre lequel l'auteur d'*Émile* a écrit un de ses meilleurs ouvrages. Il s'agissait de demander une bourse pour le fils de M. de Beaufreville. L'archevêque reçut fort bien Diderot, lui accorda la bourse; mais il le garda longtemps. « Mon père, voulant aller voir sa maîtresse (c'est madame de Vandeuil qui parle), ne savait comment prendre congé; à la fin, il se lève, et dit à l'archevêque : *Monseigneur, je resterai ici jusqu'à demain; mais j'entends à votre porte les membres de votre Dieu qui murmurent contre moi.* C'étaient les pauvres de l'archevêque. » Diderot a partagé avec Voltaire le privilége de parler toujours avec convenance aux prêtres et aux grands seigneurs. S'il parle un peu plus librement aux femmes, c'est qu'elles le veulent, c'est qu'il les aime à la folie, c'est qu'en effet il est le plus étonnant, le plus souple, le plus chaleureux et le plus agréable parleur de cette France du xviiie siècle, où le salon était une puissance à laquelle on ne résistait pas.

Ce xviiie siècle est un siècle causeur. Il écrit comme il cause, il cause souvent mieux qu'il n'écrit. Diderot, jeune homme, arrive dans cette société oisive, élégante, aristocrate d'une façon très-prononcée, mais reconnaissant le talent comme une aristocratie. Diderot commence seul; il gagne sa vie d'abord, puis, un beau jour, il entreprend l'*Encyclopédie*, et, tout d'un coup, le voilà aussi grand seigneur que le baron d'Holbach. Aussi, il ne résiste pas à l'influence de l'atmosphère; tout ce monde qui l'entoure est amoureux, il redevient amoureux lui-même à quarante-cinq ans, sérieusement amoureux. Et comment eût-il fait autrement, lui marié avec une femme qui n'est qu'une commère comme la femme de Jean-Jacques, et qui se souvient toujours avec envie qu'elle fit un mariage d'amour. Comment eût-il résisté à l'exemple, lui trompé par sa première maîtresse, qui n'est qu'une coquette sans esprit, lui enfin qui se trouve mêlé pour le reste de sa vie dans cette société à part où vivait la tendre madame d'Épinay, si voluptueuse et si vive, la bouche entr'ouverte avidement aux paroles de Grimm; madame d'Houdetot, si tendre aussi, si aimable après boire, et qui s'enivrait du vin blanc que buvait Diderot; cette bonne madame d'Aine, qui tout à l'heure encore criait si bien *au secours* à la porte de sa chambre; et madame d'Holbach, que Diderot compare à une jatte de lait sur laquelle on a effeuillé des roses, femme si riante et si pleine d'abandon; et tout ce monde-là se voyait en déshabillé le matin dans le jardin, à la première rosée du jour; le soir, un bougeoir en main : parlant de la constitution anglaise, ou de ce barbare de Shakspeare, ou de leurs *étonnants, inconcevables* musiciens sur la mandore, le grand M. Schistre par exemple; sans compter tous les amants intéressés autour de ces femmes, militaires, philosophes, grands seigneurs jaloux, trompés, mourants de douleur; et J.-J. Rousseau bouillant sur le tout et faisant l'*Héloïse* à force d'avoir vu ces rubans roses, ces demi-nudités, ces bras blancs et potelés, ces cheveux en désordre. Certainement, toute cette société-là est brûlante, le feu la pénètre de toutes parts, et si, à l'*Héloïse*, au *Devin de village*, à madame de Pompadour, à l'exemple de Louis XV, aux bruits répandus sur le Parc-aux-Cerfs, aux exploits du premier valet de chambre, à toute cette rage de jalousie et d'amour, vous ajoutez Voltaire et *la Pucelle*, et les contes de Voisenon, et les poésies de Piron, et les romans de Crébillon, et l'Opéra, où se ruine la noblesse française, vous comprendrez pourquoi et comment Diderot devait être encore amoureux à soixante ans; pourquoi Mirabeau le fut plus tard aussi fort que s'il eût été de la société du duc de Lauzun. Cette France, qui naguère aimait avec l'esprit de Louis XIV et le cœur de Racine, la voilà qui aime à présent avec les sens de Louis XV et la tête de Diderot; sous ce rapport, je ne crois pas que l'histoire de cette époque ait jamais été écrite avec plus de vérité et de chaleur que dans la *Correspondance inédite* de Diderot.

Ce serait ici le cas d'un parallèle, et de montrer combien se ressemblent les romans de Crébillon le fils et la *Correspondance inédite;* combien c'est la même vie à la campagne, combien ce sont les mêmes unions fortuites, les mêmes discours alambiqués; combien c'est la même teinte d'épicurisme gracieux et spirituel. Car Diderot et sa société sont non-seulement des gens d'amour, mais ce sont des hommes de bonne chère, de longs repas, de sommeil sans fin, en un mot, de toutes les petites délicatesses qui faisaient alors la vie élégante et correcte. Jusqu'ici, amour ou bonne chère, il n'y aurait rien de très-intéressant dans cette vie de gens heureux; mais, en revanche, il y a philosophie, indépendance d'opinions, courage, constance, bonne foi, conviction. Enfin, comme je le disais en commençant cet article, on voit dans ses lettres que Diderot était un homme excellent; bon époux, vous le voyez jouer avec sa femme et tout l'entourage de sa femme, voisines, amis, tout le commérage du quartier; bon père, il quitte souvent tous ses plaisirs, tous ses travaux, *pour venir faire répéter les leçons de la petite;* bon ami, ses amis abusent de lui que c'est à faire pitié; l'abbé Raynal se fait faire par Diderot les deux tiers de l'*Histoire philosophique des deux Indes;* d'Alembert fait porter à son collaborateur tout le poids de l'*Encyclopédie;* le baron d'Holbach se fait dicter toutes ses théories d'incrédulité; de toutes parts ce ne sont que petits ouvrages, discours, tragédies, préfaces, que Diderot corrige, augmente, polit, achève pour le compte de ses amis, pour celui de ses libraires, pour obliger le premier venu qui a besoin d'un sermon, d'un discours académique ou d'un prospectus de charlatan, pour porter quelques secours à la malheureuse que son noble amant oublie à l'hôpital. Grimm, surtout le petit Grimm, insolent amant de grandes dames, littérateur parvenu, homme sans talent et de fort peu d'esprit, abuse de Diderot à la journée; Diderot fait tout pour Grimm : il fait le salon, la correspondance avec l'impératrice de Russie; il fait même ses lettres d'amour; il le loue, il l'admire, il l'embrasse; et Grimm est toujours froid avec Diderot.

Ainsi a été dépensé misérablement le génie de Diderot. Il a jeté au vent assez de belles pages, assez de grandes pensées pour laisser une réputation égale à celle de Voltaire. C'est que Voltaire, poëte moqueur, écrivain d'une merveilleuse souplesse à prendre tous les tons, s'accommodait fort bien d'une époque contradictoire où l'on pouvait, en même temps, et avec le même succès, écrire *la Pucelle* et *Brutus.* Diderot était homme tout d'une pièce. Je parlais tout à l'heure de Mirabeau. Le grand bonheur de Mirabeau, c'est d'être venu dans ces temps de mouvement qui sont longtemps jeunes et forts, c'est de s'être rencontré dans un point unique et bien tranché de l'histoire, c'est d'avoir assisté à un de ces moments de transition où les grands hommes éclatent tout d'un coup; tout d'un coup aussi, l'amant de Sophie, l'homme sans mœurs, a été grand homme. Diderot naquit, au contraire, dans un moment de décadence, dans ces époques douteuses qui vieillissent vite leur homme. Il n'a manqué à Diderot, pour être à l'aise, que d'être arraché à ses plaisirs d'amour et de table, et d'avoir une révolution à lui pour être Mirabeau.

Si Diderot était bon ami, que c'était aussi un bon fils! Rien n'est touchant comme le récit de la mort de son père; et quelles larmes il en coûte à son cœur filial pour entrer dans cette maison de Langres où s'était passée sa joyeuse enfance! Quelle fut sa douleur, quand il revit ce lit vide, ces outils qui lui rappelaient son premier métier et celui de ce père si honoré, si honnête homme, désormais inutiles! cette joyeuse boutique ouverte à tout venant, silencieuse aujourd'hui! Quand il faut procéder à l'inventaire de cette fortune, qui était considérable pour le temps, Diderot se précipite en pleurant entre les bras de son frère et de sa sœur. « Prenez tout, mon frère et ma sœur; mais aimez-moi! » Et les voilà qui s'embrassent et qui pleurent tous les trois! et le lecteur qui pleure aussi à ces pages touchantes, et qui s'étonne qu'on ait tant parlé de Goethe et de ses scènes d'intérieur, pendant que nous avions les scènes si naïves, si attendrissantes et si réelles de Diderot.

Je m'arrête. Comment passer en revue toute une correspondance dans laquelle sont comprises toutes les célébrités de l'époque; dans laquelle on peut suivre tous les progrès de la pensée publique, toutes les nuances de l'opinion. Ici, en effet, plaisirs, amours, folie, vers ou prose, tout devient sérieux, quoi qu'on en ait. Écoutez le vieil amant de cette vieille maîtresse, regardez-le embrassant cette main *ridée*, comme il le dit lui-même; eh bien, cet insouciant promeneur qui s'arrête devant la moindre gravure, devant le moindre bouquiniste, amoureux de tout, avide de tout, de parfums, de vers, de prose, de belles actions, de campagnes, de rêveries, de drame surtout, car nous devons tout notre drame à Diderot, et c'est son école qui domine quand celle de Voltaire est morte. Chose étonnante! cet homme si simple, cet enfant si amoureux, courbons nos fronts, voilà l'homme qui pensera pour tout son siècle; voilà le maître absolu de la plus importante époque dans l'histoire de notre âge. Après cela, concevez-vous quelque chose aux destins des idées, à l'existence des principes, à toute cette mortalité qui s'empare sitôt d'une religion éternelle, fondée avec tant de peine, sur laquelle Bossuet et Richelieu avaient pesé également, et qui s'écroule sous un souffle de Diderot?

En vérité, il faut que ces lettres soient importantes pour conduire à ces considérations un homme qui n'est point un penseur, pour faire aux yeux du lecteur un traité de philosophie d'une correspondance d'amour. C'est qu'en effet la *Correspondance inédite* n'est pas autre chose que l'histoire complète d'une époque que nous ne saurions trop étudier, si nous voulons comprendre quelque chose à ce qui se passe au milieu de nous; car, nous aussi, nous avons subi une révolution dans notre philosophie; une révolution dans cette poésie de la restauration à peine commencée; nous aussi, nous avons à découvrir quelque livre qui ne soit pas ce qui a été : le XVIIIe siècle nous a donné le doute; quel siècle à présent nous donnera la foi; je dis cette foi de deuxième expérience, et à laquelle on ne parvient qu'après avoir passé par le doute?

Il est vrai que nous avons eu des temps meilleurs. Un instant nos poëtes, égarés par les vieux préjugés de notre antique monarchie, ont demandé à la restauration une littérature nouvelle; un instant nous avons cru avoir enfin à nous une philosophie et une poésie, deux choses sans lesquelles il n'y a pour les peuples qu'ennui et désespoir. La révolution de Juillet a tout changé, dans l'art comme dans la politique. Tout cela est anéanti. Il faut encore une fois tenter de nouvelles voies; rien n'est plus de ce qui avait été entrepris dans l'art, et nous avons pu dire à ce que nous appelions le romantisme, ce que disait Diderot aux ouvriers qui lui apportaient un lit plus commode la veille de sa mort : *Mes amis, vous prenez là bien de la peine pour un meuble qui ne servira pas quatre jours.*

L'ABBÉ PRÉVOST

SA VIE ET SES ŒUVRES

Au milieu de tous les romans que nous a laissés l'abbé Prévost, il s'est rencontré une admirable histoire du cœur humain, *Manon Lescaut*, que la littérature française reconnaît à bon droit comme un de ses chefs-d'œuvre. Heureux l'écrivain facile qui laisse ainsi après lui, et sans trop s'en douter, quelques-unes de ces pages admirables qui survivent au chaos littéraire pour n'y jamais plus rentrer !

Ce facile génie, cet ingénieux inventeur de longues histoires, cet homme qui avait tant de drames dans la tête et dans le cœur, cet élégant et correct écrivain, un des premiers improvisateurs qu'ait eus la France, François Prévost d'Exiles était né, en 1697, dans une petite ville de l'Artois, d'une famille à bon droit considérée dans cette riche province. Il eut pour premier précepteur son père lui-même, qui était un savant magistrat, et de bonne heure il s'abandonna à tous les heureux penchants de la jeunesse ; car encore, en ce temps-là, n'était pas jeune qui voulait, les premières années de la vie étaient sérieuses et occupées. Quiconque avait du bon sens dans les veines appartenait de droit à l'ambition et à tous les travaux de l'ambition. Il n'y avait guère que quelques nouveaux venus sans nom à qui il fût permis d'être jeunes impunément. — Le jeune Prévost fut jeune tout à son aise, et à peine sorti du collége d'Harcourt, où il fut envoyé un instant par son père, le jeune homme se fit mousquetaire. Il obéit en aveugle à tous ses instincts belliqueux ; malheureusement, les beaux temps de la guerre étaient passés ; Louis XIV n'était plus jeune, et autour du roi, son armée même avait vieilli. Le moyen de se plaire au milieu de cette armée blanchie sous le harnois! — Aussi notre mousquetaire revint-il bientôt à la tranquille et studieuse maison d'où il était sorti. Et, comme il était beau, jeune, éloquent, plein de génie, comme déjà il savait écrire, vous jugez s'il fut reçu avec transport! On n'avait pas voulu en faire un lieutenant, les jésuites lui promirent les plus hauts emplois de l'ordre; lui, cependant, il se laissa faire jésuite, il prononça ses vœux; il fut heureux pendant six mois dans cette nouvelle position.

Mais à peine se trouva-t-il lié par un serment, et un serment religieux encore! que le voilà repris de son humeur vagabonde, — je veux dire de son humeur poétique. Il voulut encore une fois porter les armes et faire l'amour. L'amour et la guerre le reçurent cette fois à bras ouverts comme s'il n'eût pas été jésuite, ou peut-être parce qu'il était jésuite. Vous jugez du scandale! vous jugez du courroux paternel! On dit même que le brave homme mourut subitement rien qu'à voir son fils le jésuite donnant le bras à une belle dame de sa ville natale. — Mais laissez-le donc un instant à lui-même, ce pétulant jeune homme. Ne faut-il pas qu'il apprenne quelque part les passions qu'il va peindre, le monde dont il est l'historien, les vices mêmes qu'il doit mettre en scène, et, certes, vous ne voudriez pas qu'il apprît tout cela au couvent.

Il avait donc vingt-quatre ans, quand, un beau jour, sa jeune maîtresse, inconstante et volage comme Manon, aussi jolie sans doute, c'est-à-dire trop jolie, lui dit en souriant : *Adieu, je pars! adieu, j'en aime un autre!* Il courba la tête sous ce cri inattendu, son cœur se brisa comme se brise toujours le cœur la première fois qu'il se brise; il ne voulut plus entendre parler ni du monde, ni de l'amour, ni du métier des armes; il revint avec ardeur à la vie paisible, à l'étude, aux vieux livres, à la prière, à la méditation. — De soldat qu'il était, il se fit bénédictin, et encore un bénédictin de la vieille roche, c'est-à-dire un savant, un utile, un véritable bénédictin. Pauvre âme en peine, qui ne savait à quoi se rattacher ! pauvre cœur malade, qui ne savait ce qu'il fallait aimer ! pauvre imagination malade, qui se serait dévorée elle-même, si, après ces tristes écarts, elle n'avait pas trouvé à chaque instant, tout prêts à lui prêter son ombre touchante et sainte, ces doux refuges, ces secrets asiles du cloître toujours ouverts aux esprits bien faits et aux tendres repentirs.

Cette fois encore, blessé au cœur comme il l'était en pleurant l'infidèle qui aimait ailleurs, il prit son nouvel état au sérieux, tout comme il avait pris au sérieux les passions mondaines. Il se soumit à la règle, aussi ardent que lorsqu'il l'avait abandonnée pour obéir à tous les caprices de son cœur. Il avait un double penchant pour le bruit du monde et pour le silence du cloître ; il eût voulu être à la fois un saint ermite et un amoureux capitaine ; mais, dans l'un et dans l'autre état, dans le bruit et dans la paix, dans le cloître et dans le monde, c'était toujours la même âme, honnête et candide, qui courait après l'infini par les sentiers les moins frayés, par les routes les plus inconnues, sans jamais arriver à son but.

Ce nouvel état d'obéissance et de soumission dura six ans. Et, pendant ces six années si longues, l'abbé Prévost eut bien à combattre avec lui-même. De temps à autre, et quand il se croyait le mieux guéri, les tentations de sa jeunesse reparaissaient plus puissantes et plus vives ; ses passions, qu'il croyait éteintes, se ranimaient de plus belle ; l'obéissance lui pesait ; il aspirait à une liberté nouvelle. Il eût voulu, l'ingrat ! briser violemment ces liens sacrés qui d'abord lui avaient été si chers. A cette heure, il était à bout de supplices, son amour s'était usé, et, avec son amour, la résignation. L'étude l'éblouissait et le fatiguait sans lui rien apprendre. Il ne comprenait plus rien à ces labeurs historiques de Massillon et de dom Martin ; et il succombait sous ce rude fardeau, que d'abord il avait trouvé si facile à porter. Évidemment, il n'était pas fait pour pénétrer ainsi peu à peu dans les ténèbres de notre histoire, pour dérouler péniblement tous ces mystères ; quelque chose bourdonnait là dans sa tête, là dans son cœur, qui souvent lui arrachait des mains sa plume savante. Ce quelque chose qui bourdonnait, c'était le bruit du monde, comme fait la mer qu'on entend du cimetière de Pise, d'où elle s'est retirée cependant depuis des siècles. En vain ses supérieurs qui l'aimaient lui donnaient toutes les distractions possibles : — polémique religieuse, — enseignement des humanités, — prédications dans ces belles églises de Paris, qu'il remplissait de son éloquence ; — rien n'y fit, rien ne put le calmer, rien ne put faire rentrer le calme dans cette pauvre âme en peine ; rien, pas même tout un volume in-folio de la *Gallia Christiania*, qu'on lui donna à rédiger.

Il voulut savoir, sentir enfin le secret de son génie ; il voulut obéir à sa vocation. Cette fois encore, il passa à un nouvel état, non pas qu'il eût quitté le cloître cette fois, mais il le quitta par la pensée ; il redevint le vagabond d'un monde qu'il avait découvert dans son cœur ; il se sentit un romancier, et, entre deux amours, il se mit à écrire sa première fiction, les *Mémoires d'un homme de qualité*. Mais, hélas ! bientôt le vagabondage poétique ne lui suffit plus. Il s'échappa du cloître, et il s'enfuit en Hollande comme un déserteur, comme un relaps. — Cette fois encore, le voilà libre, mais damné et si pauvre !

Heureusement, la Hollande, en ce temps-là, faisait, entre autres commerces, le commerce des productions de l'esprit ; elle vendait à toute l'Europe ses harengs saurs et ses pamphlets. L'abbé Prévost, savant comme il était, habitué au travail, rempli d'idées, de visions, d'images, de personnages, de romans de toute espèce, devint bientôt le plus grand fabricateur littéraire de la Hollande. Il se trouva si heureux de vivre de son travail, et ce travail lui devint si facile ! Il vécut ainsi pendant six ans, compilant, traduisant, arrangeant, inventant, faisant en un mot le premier ce métier littéraire tel qu'on le fait de nos jours, mais avec plus de puissance et de talent. Dans les six ans de ce charmant exil, il a composé ses plus beaux livres, les derniers volumes des *Mémoires d'un homme de qualité*, *Cléveland*, *Manon Lescaut*, *le Doyen de Killerine*, charmantes histoires qui ont été le délassement de nos grands-pères, que nos pères ont eu à peine le temps de lire, et que nous autres, ingrats que nous sommes, nous ne lisons plus.

Pourtant quel charmant style, quelle exquise politesse, quelle imagination inépuisable! Comme vous retrouvez tout à fait dans ces livres oubliés les restes précieux de cette exquise et élégante société de Louis XIV, qui ne devait plus revenir dans ce monde que nous dépeint l'abbé Prévost. Tout se passe dans ces livres selon les règles d'une société depuis longtemps établie; rien de violent, rien de heurté; le grotesque est banni de ces fictions, la satire y est à peine tolérée, toutes choses s'y passent sans secousse et sans violence; et voilà ce qui explique pourquoi et comment nous avons laissé dans cet oubli profond des fictions charmantes, nous autres qui sommes blasés aujourd'hui par la terreur, par tous les crimes, par tous les adultères, par tous les remords du roman moderne.

Quand il eut ainsi jeté en dehors toutes les passions qui le tourmentaient en dedans, l'abbé Prévost se trouva quelque peu calmé; c'était, comme nous le disions plus haut, une de ces bonnes et faibles natures, peu obstinées et fertiles en ressources. Il obéissait à ses passions, à son talent, à l'imagination, cette folle du logis qu'il aimait tant, et, pour le reste, il s'abandonnait au hasard. Donc, l'amour l'avait poursuivi en Hollande comme il l'avait poursuivi au couvent, et même il quitta la Hollande, en 1734, emmenant avec lui une belle demoiselle protestante, qui le voulait épouser à toute force; à ce sujet, l'abbé Prévost, accusé d'avoir été enlevé comme Renaud ou Médor, trace ainsi son propre portrait :

« Ce Médor, si chéri des belles, est un homme de trente-sept à trente-huit ans, qui porte sur son visage et dans son humeur les traces de ses anciens chagrins, qui passe quelquefois des semaines entières dans son cabinet, et qui emploie tous les jours sept à huit heures à l'étude, qui cherche rarement les occasions de se réjouir, qui résiste même à celles qui lui sont offertes, et qui préfère une heure d'entretien avec un ami de bon sens à tout ce qu'on appelle *plaisirs du monde* et passe-temps agréables : civil, d'ailleurs, par l'effet d'une excellente éducation, mais peu galant ; d'une humeur douce, mais mélancolique ; sobre enfin et réglé dans sa conduite. Je me suis peint fidèlement, sans examiner si ce portrait flatte mon amour-propre ou s'il le blesse. »

Enfin, après six ans de cet exil, il lui fut permis de revenir en France sous la protection du cardinal de Bissy et du prince de Conti, qui le nomma son aumônier. Cette fois encore, il fut tout à fait heureux et tranquille ; il s'abandonna plus que jamais à l'oisiveté de la vie littéraire pour laquelle il était né ; cet homme aimait à écrire, comme les buveurs aiment le vin ; il s'enivrait de style ; il était d'une abondance inépuisable ; tout convenait à son talent, l'histoire, la géographie, les voyages, les petits contes, les romans sans fin ; sa plume appartenait à quiconque s'en voulait servir, plume facile, élégante, sans venin et sans fiel. Il avait fini, tout désintéressé qu'il était, par s'acheter une petite maison près de Chantilly, « où je suis trop heureux, écrivait-il, avec ma vache et mes deux poules. » Homme excellent ! Mais il ne jouit pas longtemps de son bonheur ; on eût dit qu'il devait mourir quand sa dernière passion se serait calmée ; il n'a pas eu le temps de finir ses derniers livres, de se reposer à l'ombre de son arbre ; il ne s'est guère assis sur son banc de gazon ; à peine a-t-il mangé les œufs frais de ses deux poules. Un jour, comme il se rendait à pied à sa modeste maison des champs, il tombe par terre frappé d'un coup d'apoplexie ; des paysans le portèrent chez un opérateur de village, qui, croyant avoir affaire à un cadavre, ouvrit ce pauvre homme, et l'abbé Prévost se réveilla, mais blessé au cœur. Il mourut donc d'une façon plus dramatique que tous les héros de ses livres.

Cette mort terrible couronna dignement cette vie si simple d'agitations et d'aventures ; le monde, qu'il avait tant charmé et qui savait à peine son nom, ne se douta pas qu'il perdait ce jour-là un véritable écrivain du xviie siècle, qui même en remuant la fange du siècle suivant, sera resté un correct et élégant écrivain ; un homme qui était quelquefois l'égal de Le Sage ; qui était plus écrivain que Racine fils, que madame de Lambert et le chancelier d'Aguesseau ; ce ne fut que plus tard et quand on put fouiller dans l'immense recueil de ses œuvres complètes, que le monde littéraire reconnut enfin quelle perte il avait faite, le jour où mourut l'auteur de ce chef-d'œuvre, *Manon Lescaut.*

Manon Lescaut est, en effet, un de ces chefs-d'œuvre remplis de passion, de douleur et d'amour, qui échappent à l'âme d'un homme de génie dans un de ces moments d'enthousiasme qu'il ne retrouve pas deux fois en sa vie. Livre merveilleux ! admirable histoire ! drame touchant qui se passe tout au bas de l'échelle sociale ! Que de larmes dans ce récit si naturel, si vraisemblable et si rempli ! Comme cette pauvre femme se sauve de l'opprobre, à force de beauté et de jeunesse ! comme ce jeune homme évite la honte, à force de dévouement et d'amour ! Et puis, quand l'un et l'autre, ils ont poussé à bout la destinée humaine, quand ils ont épuisé d'une lèvre avide la coupe enivrante de la volupté, la mort arrive, qui sanctifie tout ce délire, non-seulement la mort, mais encore la pitié et le pardon.

Il n'y a pas, dans toute la langue française, un livre mieux fait que *Manon Lescaut*. Le récit commence vite et bien. Vous entrez tout d'un coup dans ces adorables mystères du cœur que les autres poëtes ne développent que lentement et après mille détours. — La belle histoire, quand toute cette jeunesse s'allie avec toute cette innocence ! Et, tout d'un coup, voyez comme les deux charmants héros de ce livre se précipitent tête baissée dans ces tristes désordres, comme ils traversent toute cette fange sociale, sans rien perdre de leur grâce, de leur beauté, de leur esprit, de leur jeunesse !

En ce temps, quelle histoire remplie de variété et de mouvement sur ce fond unique de délire et d'amour ! Les deux héros sont charmants, jeunes et amoureux à outrance ; ils passent tour à tour, et du jour au lendemain, de la misère à la fortune, du boudoir éclatant et parfumé à la prison humide et sombre, de Paris à l'exil, de l'exil à la mort. Pauvre Manon ! tantôt haut, tantôt bas, grande dame et grisette ; aujourd'hui dans la soie, demain dans la bure ; adorée dans le monde et plongée au couvent des filles repenties ; rieuse, coquette, aimant les plaisirs presque autant qu'elle aime son amant, vagabonde et folâtre beauté, elle représente à merveille, dans son dévouement et dans ses caprices, la jeune fille parisienne, qui n'apporte, en venant au monde, pour toute fortune, qu'un grand fond de beauté, de grâce, d'insouciance, de scepticisme et d'amour !

Et ce pauvre Des Grieux, l'amant de cette belle fille, quel héros à part ! Il est jeune, il est beau, il est brave, il est amoureux, il est innocent, il est timide ; il n'a qu'à le vouloir, et sa fortune est faite, et il sera un homme considéré, estimé de tous, respecté, cher à tous. — Mais Des Grieux ne veut pas. L'amour qui remplit son âme le jette dans tous les transports. Adieu le monde, adieu la famille, adieu l'estime des hommes, adieu même la vertu ! La même passion les eût sauvés, ces deux enfants, dans un siècle réglé par le devoir : elle les perd sans rémission, dans un siècle en proie à tous les désordres, à tous les délires. Cependant, quelle lutte touchante contre les entraves de la société ! quel courage ! quelle imagination profonde ! Et, quand le malheur arrive, quand il faut céder enfin à la société qui se venge, et qui se venge toujours tôt ou tard, n'en doutez pas, vous rappelez-vous par quelles angoisses se termine ce drame, et quelle expiation est donnée enfin à toute cette vie perdue par l'amour et pour l'amour?

Il faut le dire tout bas, mais enfin il faut le dire, *Manon Lescaut* a été le type original de deux chefs-d'œuvre contemporains qui sauveront de l'oubli la littérature de notre époque : *Paul et Virginie* et *Atala*.

Virginie, qu'est-ce autre chose que *Manon Lescaut* purifiée? *Atala*, qu'est-ce autre chose que *Virginie* chrétienne? C'est pourtant l'abbé Prévost, cet ingénieux et admirable scrutateur du cœur humain, qui a découvert, le premier, ces poétiques déserts où se passent, où s'accomplissent ces trois drames : *Manon Lescaut, Paul et Virginie*, et *Atala*.

MIRABEAU PLAGIAIRE

ET M. ÉTIENNE DUMONT

I

Étienne Dumont, citoyen de Genève, comme l'était Jean-Jacques Rousseau, et avec non moins d'importance et d'emphase, s'est beaucoup occupé d'économie politique. Il avait commencé par être prédicateur dans sa patrie. Les troubles de Genève, qui paraissaient si burlesques à Voltaire, forcèrent Dumont de s'exiler à Saint-Pétersbourg, triste pays encore peu frayé pour l'exil. De Pétersbourg, notre Génevois vint à Londres comme précepteur des enfants du ministre lord Schelburn. Dans cette maison, M. Dumont se lia avec plusieurs célébrités naissantes de l'Angleterre : Sheridan, grand poëte et grand politique; Fox, dont le nom troublait déjà Mirabeau à son lit de mort; lord Holland; sir Samuel

Romilly ; Jérémie Bentham, qui faisait une révolution à lui tout seul, et M. Brougham, avocat, aujourd'hui lord chancelier de la Grande-Bretagne.

M. Étienne Dumont n'est pas un homme moins important par ses ouvrages que par ses hautes liaisons et ses voyages. Le monde politique lui doit, soit traduits, soit arrangés, plusieurs livres : — *Traité de législation*, — *Théorie des peines et des récompenses*, — *la Tactique des assemblées législatives*, et autres ouvrages excellents qui sont le résumé le plus clair et le plus précis qui se puisse faire des théories et des hautes idées de Jérémie Bentham, le maître et l'ami d'Étienne Dumont.

Aujourd'hui, voici qu'on met au jour les Mémoires posthumes de notre Génevois. Dans ces Mémoires, il est question, et beaucoup, de Mirabeau. Comme il nous importe de ne laisser passer inaperçu aucun document important, quelle que soit son étrangeté, sur la vie de l'homme qui eut le plus d'influence sur la révolution de 89, nous avons lu avec beaucoup de soin et d'attention les *Souvenirs* d'Étienne Dumont.

Ce fut en Angleterre, en 1784, que l'auteur vit Mirabeau pour la première fois. « Il était pauvre alors, dit M. Dumont. Il écrivit ses *Considérations sur la navigation de l'Escaut* d'après une lettre de M. Chauvet. Il étudiait un sujet en composant un livre, *il ne lui fallait qu'un collaborateur qui lui fournît le fond ;* il savait en employer vingt autres pour des additions et des notes ; il faisait travailler beaucoup de monde ; il avait le grand art de découvrir des talents ignorés. » Or, voilà justement pourquoi et comment Mirabeau découvrit M. Étienne Dumont, pour le faire éloquent à son profit.

Ainsi commence cette bizarre histoire. A en croire l'historien, Mirabeau n'a pas écrit un de ses livres, n'a pas inventé un de ses discours. Pendant qu'il copiait la *Navigation de l'Escaut* dans une lettre de M. Chauvet, *il prenait à D... l'histoire des révolutions de Genève ;* déjà, auparavant, il avait emprunté à Mauvillon son ouvrage sur *la monarchie prussienne*, cette brillante et puissante défense des principes d'économie politique d'Adam Smith!

Quand M. Necker arriva au ministère en 1788, M. Dumont vint à Paris pour intéresser le ministre à l'entier affranchissement de leur patrie commune. Justement, à Paris, Mirabeau était occupé à se faire dicter par M. Panchaud une réfutation du dernier ouvrage de M. Necker. A Paris, M. Dumont vit Mirabeau; il visita avec Mirabeau et Mallet-Dupan les horribles enceintes de la Salpêtrière et de Bicêtre. Après cette visite, un des étrangers, tout pénétré de cet horrible spectacle, écrit à ses amis de l'Angleterre une description de Bicêtre. Mirabeau lit cette lettre, il la trouve belle, il la traduit, il la publie, et, pour composer un volume d'une certaine dimension, il y ajoute la traduction d'un autre écrit sur les lois pénales de l'Angleterre. Quel éternel plagiaire que Mirabeau!

Notez bien qu'il en a toujours été ainsi, selon Étienne Dumont. Mirabeau, qui, déjà à cette époque, avait la réputation d'un éloquent et chaleureux écrivain, vivait uniquement sur l'esprit des autres. Son écrit sur *la Banque de Saint-Charles* était de Panchaud; sa *Dénonciation de l'agiotage* était de Panchaud; Clavière était le véritable auteur des *Lettres de cachet* et des *Considérations sur l'ordre de Cincinnatus*; de Bourges était l'auteur de la *Lettre aux Bataves*; enfin, vous le croirez si vous avez de la foi, il n'y a pas jusqu'aux *Lettres à Sophie*, ces lettres qui laissent si loin l'*Héloïse* — cette brûlante peinture de la passion du XVIIIe siècle — que M. Dumont ne dénonce comme un plagiat : « Mirabeau, dit M. Dumont, écrivant à sa maîtresse d'effusion et de cœur, copiait des pages entières de plusieurs écrits qui paraissaient alors! »

Je continue mon analyse, sauf à réfuter M. Dumont plus tard, si, vous-même, vous ne le réfutez pas tout seul.

Comment Mirabeau fut nommé député, élu deux fois; comment, par la seule puissance de sa parole, il mit en révolution tout le

Midi ; comment, tout seul, il sut parler au peuple, aux magistrats, à la noblesse, aux soldats, à ses amis, à ses ennemis, surmontant toutes les résistances, toutes les passions, toutes les misères ; comment Mirabeau fit cela tout seul, sans l'aide de Clavière, de Chauvet, du major Mauvillon, de Mallet-Dupan, et même de M. Étienne Dumont, — M. Dumont n'a pas pris soin de nous le dire. Seulement, en voyant Mirabeau revenir de la Provence député aux états généraux, M. Étienne Dumont a dû être bien étonné.

Ce fut un moment solennel dans la vie de Mirabeau quand il entra dans la salle avec le reste des députés de la Provence. A l'appel nominal des députés Mounier, Chapelier, Rabaud-Saint-Étienne, plusieurs marques d'approbation s'élevèrent dans l'assemblée ; quand vint le tour de Mirabeau, ce fut un murmure tout contraire. Lui, soit qu'il eût foi en son génie, soit qu'il se sentît près de Clavière et d'Étienne Dumont, fit face à l'orage. Il dévora ses larmes. Il répondit à ces clameurs par une chose inouïe en France, un journal politique et sans permission de censeur ! Même il est probable que ce fut Mirabeau qui écrivit la *Première Lettre à ses commettants* ; car M. Dumont ne nous dit pas qui l'a écrite.

Les travaux de l'Assemblée avançaient lentement. C'était une confusion inouïe entre tous ces députés venus de si loin et avec des mandats si divers. Les amis de Mirabeau profitèrent de ces premiers instants pour renforcer l'éloquence de Mirabeau. Ils le lièrent avec Duroseray, rédacteur du *Code de Genève*, avec Reybau, autre Génevois qui se fit longtemps tirer l'oreille pour prêter son secours au député d'Aix. Voici donc trois Génevois, et, si vous comptez M. Necker, quatre Génevois qui président à la révolution de 89 !

Même il arriva, dans une des premières assemblées du tiers état, que Duroseray, un des conseillers intimes de Mirabeau, pensa le perdre dès l'abord. Ces messieurs étaient si avides de conseiller, que l'un d'eux, Duroseray, fit passer à l'orateur une note écrite au crayon. Un député, témoin de ce mouvement, voulut savoir quel était cet étranger qui se mêlait de leurs affaires en pleine Chambre. Il monte à la tribune, il s'emporte contre cet étranger, il le dénonce comme un espion. Alors Mirabeau se lève, et, dans une improvisation rapide et véhémente, il prend la défense de l'imprudent Duroseray, s'essayant ainsi, sans préparation et sans conseil, à cette réplique irrésistible qui l'a mis au premier rang des orateurs.

Il me semble que ce fut là une grande défaite pour les conseillers Dumont et Duroseray ; cependant ils ne se tinrent pas pour battus. Ce fut à propos de cette expression décisive, *assemblée nationale*, que l'espoir leur revint. Ouvrir les états sous cette dénomination, *assemblée nationale*, c'est commencer par une scission entre la cour et la noblesse. Nous savons tous que Mirabeau, qui comprit l'un des premiers la véritable mission des états généraux, s'opposa autant qu'il put à cette rupture entre les ordres. Ce que nous ne savions pas, c'est qu'il suivit en ceci le conseil de MM. Duroseray et Étienne Dumont. Mirabeau suivit le conseil de Dumont, et il débita son discours. Il proposa comme moyen terme d'appeler l'assemblée *Députés du peuple français*. A ce mot *peuple*, l'Assemblée se révolte ; elle se figure qu'on l'insulte ; elle ne comprend pas que *peuple* est ici synonyme de *nation*.

Voilà Mirabeau bien embarrassé de sa motion ! Heureusement, Étienne Dumont vient encore à son secours : il fait un discours à la hâte sur ce mot *peuple*; il lit ce discours à Mirabeau ; Mirabeau le trouve admirable, et veut sur-le-champ répondre à ses agresseurs et *lancer ce carreau brûlant sur leurs têtes*. Duroseray en fit l'exorde ; Mirabeau copia le tout ; cela fait, il remonte à la tribune ; il débite son discours. Ce discours excite, non pas des cris, *mais des convulsions de rage!* Digne résultat de l'éloquence de MM. Duroseray et Étienne Dumont.

Je vous raconte toutes ces anecdotes comme l'auteur les raconte. Toute la vie politique de Mirabeau, de notre grand et immortel révolutionnaire, à en croire M. Dumont, n'est qu'une copie fidèle des pensées et des discours de quelques Génevois. Ils suivent Mirabeau pas à pas, ils le mènent à la lisière; c'est à peine s'ils lui laissent les mains libres dans les grandes circonstances, et quand eux-mêmes sont saisis de terreur. Pauvres gens! je m'étonne qu'ils ne revendiquent pas pour eux la scène du Jeu de Paume. Et, avant le Jeu de Paume, qui donc, je vous prie, brisa le premier la dernière séance royale, qui réunit en un seul corps les factieux et les trembleurs? quelle main imprima le mouvement à la révolution chancelante? quelle voix porta le dernier arrêt de la royauté qui espérait encore? Sans Mirabeau, qui pouvait répondre de l'indécision de l'Assemblée? La réponse à M. de Dreux-Brézé, qui l'a faite? Est-ce M. Dumont, de Genève, ou M. Duroseray, de Genève? En ce cas-là, c'est M. Dumont, c'est M. Duroseray qui ont fait en grande partie la révolution de 89.

En revanche, vous vous souvenez du beau discours de l'orateur sur le renvoi des troupes; vous vous rappelez l'émotion de la ville à l'annonce de cette malencontreuse fête de la salle de Versailles; ce discours, dit M. Dumont, *c'est moi qui l'avais composé.* Le lendemain, d'après le discours de M. Dumont, Mirabeau est chargé de rédiger le projet d'adresse au roi sur *le renvoi des troupes;* M. Dumont ajoute : *J'écrivis d'abondance, et avec la plus grande facilité, cette adresse au roi, dans l'intervalle d'une séance à l'autre.* J'espère que cela est assez clair.

Après la réponse du roi, réponse ambiguë et toute remplie de cette décision qui a perdu le trône et Louis XVI, Mirabeau, d'une voix enrouée par les veilles, la fatigue et l'inquiétude, prononce quelques paroles qui furent vivement applaudies. C'est là toute la part que M. Étienne Dumont laisse à Mirabeau dans cette affaire qui fut suivie du soulèvement de Paris, de la prise de la Bastille, et de la séance du 21 juin, qui fit dire à Mirabeau cette mémorable parole : *Celui qui a conseillé au roi cette démarche est un hardi mortel; sans cela, Paris était perdu pour lui!*

Pour achever et compléter tout ce grand travail, c'est M. Étienne Dumont qui rend compte lui-même, dans la *Dix-neuvième Lettre de Mirabeau à ses commettants*, du discours et de l'adresse qu'il a composés pour Mirabeau. Il est vrai que M. Dumont, qui est modeste, ajoute : « Mirabeau fit quelques changements et fit disparaître quelques traits de doute sur la conspiration de la cour. » Puis il finit par ces mots : *Cette lettre eut un prodigieux succès et nous en promit un personnel pour nous-même.*

Vous ne sauriez croire tous les désagréments éprouvés par M. Dumont à propos des lettres et du journal de Mirabeau. Cette pauvre madame Lejay, si respectable par son dévouement sans bornes à la mémoire du grand homme, est insultée à outrance par M. Dumont. Il est impossible de parler d'une femme plus distinguée et d'en parler avec plus de mépris et d'injures. De pareilles crudités ne devraient être permises à personne ; mais c'est la plus insigne lâcheté dans un mort.

Suivons toujours M. Étienne Dumont dans ses travaux législatifs. Après l'insurrection de Paris et la défaite de la cour, quand la noblesse se fut enfin réunie au tiers état, l'Assemblée pensa aux horribles massacres qui avaient gâté la victoire du peuple. — Nous étions encore éloignés quelque peu de cette politique de caverne aux jours de terreur, qui proposait des crimes comme des expédients. — Le sang répandu fit peur à l'Assemblée. Elle proposa de faire une adresse au peuple, ce roi régnant. Mirabeau fut encore chargé de cette adresse. « D'après le succès de la première, dit Étienne Dumont, je regardais les *adresses comme mon département*. J'en composai une qui était une espèce de sermon politique. Au premier tour, elle fut applaudie ; au second, elle fut rejetée. » M. Dumont ne nous dit pas si le rejet de son adresse affligea beaucoup Mirabeau.

Alors, au milieu des rumeurs de quelques sages qui trouvaient que le roi de France était indignement traité, commença dans l'Assemblée la fameuse *déclaration des droits de l'homme*. Cette longue discussion dura plusieurs semaines sans avancer d'un pas. Après bien des modèles rejetés, il y eut un comité de cinq personnes chargées d'offrir un nouveau projet. Écoutez M. Dumont : « Mirabeau, l'un des cinq, eut la générosité qui lui était ordinaire de prendre sur lui ce travail et de le donner à ses amis. Nous voilà donc avec Duroseray, Clavières *et lui-même*. » Entendez-vous? lui-même, lui, Mirabeau, c'est M. Dumont qui l'avoue. Cette fois, Mirabeau a travaillé à la *déclaration des droits de l'homme*. « Ainsi, dit M. Dumont, je sentis le faux et le ridicule de ce travail. »

Moi, cela me fatigue, et m'indigne de voir Mirabeau ainsi traité par un Génevois. Vous avez vu ce qui arrive quand Étienne Dumont prête son éloquence à Mirabeau : la première fois, Mirabeau est chargé d'outrages ; le plus souvent, Mirabeau est comblé d'éloges ; mais, quand, par hasard, il donne relâche aux ouvriers ordinaires de la fabrique, *car, dans la suite, cette fabrique eut un plus grand nombre d'ouvriers*, alors M. Dumont n'entend plus rien à son orateur ; il ne reconnaît plus son Mirabeau ; vous diriez, à son malaise, une poule qui a couvé un canard. Témoin le jour de la discussion du *veto*. « Ce jour-là, dit M. Dumont, Mirabeau ne fut pas fâché *pour une fois* de marcher sans nous... A peine eut-il parlé, que je reconnus, phrase à phrase, le discours et le style de Cazeaux! » Malheureux Cazeaux! son discours est sifflé, honni et conspué, comme l'avait été le premier discours de M. Dumont. Vous avouerez que ce n'était pas la peine de changer de faiseur, *même pour cette fois!*

Il n'y a pas jusqu'à des mots de ses amis Dumont et Duroseray que Mirabeau ne vole impudemment! La veille, il vole un mot à Duroseray; le lendemain, il improvise cet immortel discours sur la banqueroute : production égale à tout ce que Démosthène a trouvé de plus beau et de plus inspiré dans sa tête, dans sa science et dans son cœur. Cette fois, M. Dumont veut bien avouer que Mirabeau parlait d'abondance et que personne ne lui avait rien dicté ; modeste Étienne Dumont !

Une anecdote que je ne savais pas, et que vous savez sans doute, est celle-ci : Le grand comédien Molé assistait à ce discours sur la banqueroute ; la voix, les gestes, l'organe de Mirabeau, cette abondante parole, cette terrible image du gouffre entr'ouvert, frappent le comédien de stupeur. Quand Mirabeau descendit de la tribune, le comédien s'approche de lui. « Ah ! monsieur le comte, lui dit-il, quel discours ! quelle voix ! quels gestes ! Mon Dieu ! mon Dieu ! que vous avez manqué votre vocation ! »

J'interromps ici l'analyse de ces Mémoires ; mais j'y reviendrai bientôt ; il importe de les réfuter et de les réfuter complétement, et de montrer tout ce qu'il y a de vanité mesquine dans ces prétentions posthumes de M. Dumont, et qu'il n'y a qu'un orateur dans le monde qui soit Mirabeau, et qu'enfin dans le cœur, dans l'esprit, dans la colère, dans les emportements, dans la science administrative de ce grand homme, vous pourrez rencontrer parfois des subalternes qui travaillent, des arrangeurs qui préparent les faits, des historiographes qui cherchent des dates ; mais un orateur qui parle, un écrivain qui compose, un homme d'État qui imagine, vous ne trouverez jamais que Mirabeau.

II

Depuis mon premier article sur M. Dumont, plusieurs réclamations se sont élevées contre cet article. Parmi les lettres écrites à ce sujet, en voici une qui nous vient de Genève même, la patrie de M. Dumont. Comme cette lettre est dégagée de toute prétention, et que, d'ailleurs, elle entre parfaitement dans le sens de cette polémique, qui n'est pas sans importance, je ne saurais mieux commencer ce second article qu'en la citant textuellement :

« Le compte rendu, fort spirituel, mais un peu sévère, que M. J. J. a donné il y a quelque temps, dans les *Débats*, de l'ouvrage posthume de E. Dumont, sur Mirabeau, n'a pas été du goût de tous les Génevois; cela devait être. Les héritiers de M. Dumont ont demandé, aux divers journaux, à Paris, à Londres et ailleurs, des articles à la louange de leur parent et de son livre. Rien de plus naturel encore. Messieurs *** et *** se sont chargés, si je suis bien informé, de composer un ou deux de ces dithyrambes qui seront envoyés à l'étranger.

» Si M. J. J., que je n'ai point l'honneur de connaître personnellement, publie son second article sur le livre de M. Dumont, l'intérêt de la justice et de la vérité m'engagent à le prier de distinguer entre feu Dumont, homme plein de modestie et de tact, qui se serait donné garde de publier, dans les dernières années de sa vie, un livre tout empreint de la vanité du jeune âge, et ses indiscrets héritiers, qui ont cru, malgré l'avis des hommes sages, faire une spéculation excellente en donnant ces Mémoires.

» Le Dumont que j'ai connu (il avait trente ans de plus que l'homme qui a écrit l'ouvrage dont il s'agit) ne parlait de Mirabeau qu'avec enthousiasme. Il n'était plus persuadé, comme jadis, qu'il n'y a de talent et de bon sens qu'à Londres et à Genève, rendait justice à la France, admirait ce qu'il y a eu d'admirable dans l'Assemblée constituante, et ne représentait point Mirabeau comme une marionnette politique, dont Dumont tenait le fil. Il avait aussi cessé de parler de Duroseray comme du second homme de la Révolution, après Dumont-Mirabeau. — Que n'a-t-il jeté son manuscrit au feu? »

Sans nul doute, comme le dit notre correspondant, c'est là une publication maladroite, et c'est là d'abord ce que j'ai voulu prouver. Aujourd'hui, la seconde partie de ma tâche sera de vous démontrer que c'est une grave injustice. Quant aux éloges que tous les amis de M. Dumont donnent à son caractère, à son esprit, à sa bienveillance, à l'abondance de ses souvenirs, nous les croyons sur parole. Seulement, je ferai remarquer aux plus zélés que cette polémique à propos de ces *indiscrets* Mémoires a été entreprise, non pas pour accuser Étienne Dumont d'injustice et de vanité, mais bien pour défendre la mémoire de Mirabeau, si vivement attaquée; mais surtout pour en finir une fois pour toutes avec ces éternelles accusations de plagiat qui ont poursuivi et qui, ce livre aidant, poursuivent encore la mémoire de ce grand orateur.

En effet, cela est fatigant d'entendre dire à chaque instant que M. de Buffon ne savait pas l'histoire naturelle, qu'un pied-plat est l'auteur du *Joueur* de Regnard, que Beaumarchais n'a pas trouvé *Figaro*, et que *Gil Blas* est espagnol. Il y en a qui disputent à Homère *l'Iliade*. Accusations banales! récriminations stupides! On ne tient pas compte de ses maçons à l'architecte, et l'on inquiète le génie sur ses manœuvres! Cela ne peut pas durer, en vérité, surtout pour un homme tel que Mirabeau; surtout pour cette chose qu'on appelle éloquence! L'éloquence, cette puissance toute personnelle, ce mouvement spontané qui vient de l'âme, qui se fait jour de lui-même à travers les passions de celui qui parle, qui se démène à ses haines, qui se conduit par son amour; l'éloquence, qui est l'homme bien plus qu'un livre, bien plus qu'un drame; l'éloquence, dont la partie écrite n'est que la moitié, et la mauvaise partie encore! l'éloquence, qui se compose du geste, du cri, de la voix, de l'âme, du cœur, du visage, du regard! Venez donc prendre quelque chose à ce tonnerre qui éclate! venez donc revendiquer quelques-uns de ces éclairs qui tombent de la tribune nationale! Dites à la nation qui tremble ou qui s'émeut à la voix de Mirabeau : « Ceci est ma terreur! cette force est ma force! » Mensonge insipide! Pour nous, nous avons pitié de ces hommes qui crient en fausset : « C'est nous qui sommes Mirabeau! » nous avons pitié de ces pulmoniques qui grossissent leur voix et qui disent : « Nous sommes Mirabeau! » Citoyens! soufflez sur ces pâles visages, sur ces étiques visages, sur ces imberbes visages, qu'on vous donne pour le visage de Mirabeau! Couvrez d'un bonnet de coton ces crânes chauves qu'on veut vous faire admirer pour le crâne de Mirabeau! A de pareils amours-propres, nous devons toute notre colère; car nos pères entendent encore sa formidable voix; car sa parole puissante domine encore toutes les paroles de nos assemblées.

Ne savons-nous pas tous, à n'en pas douter, quel était ce redoutable visage, quelle était cette sublime laideur? combien c'était beau à voir, cette face bouleversée par les passions, sillonnée par la petite vérole et dans tous les sens? combien était difficile à supporter ce regard, qui devenait charmant quand il se posait sur une femme? combien était formidable cette voix, si douce quand il parlait à un enfant? comment, enfin, dans les instants de passion, se redressait sur son front élevé la crinière de Mirabeau, semblable à la crinière du lion en colère ou en amour?

L'âme, le cœur, le courage, ces choses *qu'on dit soi-même*, selon l'expression de Socrate, ce sont là, en effet, et principalement, les qualités qui font l'orateur, surtout l'orateur des temps modernes. La parole moderne est une puissance indépendante des rhétoriques. L'âme, le cœur, le courage, le sang-froid au milieu des orages; l'intelligence profonde des faits qui se heurtent, la prévision dans le monde politique qui se détraque; un regard élevé au milieu de ces ruines; un attendrissement profond à l'aspect de ce trône lézardé, et enfin des larmes véritables répandues sur les mains de cette reine de France, Marie-Antoinette, la première qui eût compris Mirabeau et sa valeur dans cette imprévoyante cour! voilà ce qui a fait de Mirabeau le roi des orateurs modernes. Mirabeau, montant à la tribune, est déjà orateur. Sa vie passée en bien ou en mal, qu'importe, le dénonce à l'attention publique. Il se trouve tout préparé aux luttes oratoires par ses luttes continuelles et déjà si admirablement éloquentes avec son père, avec sa femme, avec les parents de sa maîtresse, avec le lieutenant de police, avec Rulhière, avec l'opposition du Midi, par ses discussions de chaque jour avec Chamfort. Mirabeau empruntant son éloquence à quelqu'un, Mirabeau tendant la main au talent d'Étienne Dumont, Mirabeau fait orateur par les trois Génevois Dumont, Duroseray et l'autre! Mais, par le ciel, qui le croirait? Mirabeau n'était-il pas orateur avant que personne le fût en France et même à Genève, excepté Jean-Jacques Rousseau? Mais songez donc à cela, vous tous que Mirabeau a volés, et qui criez : « Au voleur! » quand Mirabeau est mort et quand, vous-mêmes, vous êtes morts, grands orateurs dont on n'a jamais parlé! songez donc qu'à la première lettre qu'il écrivit à son père, Mirabeau était orateur! songez donc que, chez mademoiselle de Marignane, à genoux devant elle, quand il l'enleva, lui, cet homme si laid, elle, cette jolie fille et d'un cœur si méridional, Mirabeau était éloquent! Et quand il défendit sa mère avec tant de cœur et de larmes! et quand il séduisit la femme du cantinier, au fort de Joux, était-il orateur? et quand il vit Sophie, quand il fit quitter à Sophie son mari, sa famille, sa patrie, ses remords, était-il orateur? et quand, au retour de la Hollande, suivant Sophie, poussé par l'amour, séparé de Sophie par l'exempt de police, quand il fléchit l'exempt lui-même, qui lui laissa sa maîtresse jusqu'à la frontière, était-il orateur? Regardez-le, je vous prie; regardez dans le donjon cet homme nu, sans linge, sans livres, abandonné à toute la rage de ses passions, se livrant corps et âme à cette horrible volupté de la tête et des sens qui a jeté tant de grandes âmes dans le délire; regardez cet homme! c'est Mirabeau, l'amant de Sophie, l'éloquent, le puissant Mirabeau! Lisez ses lettres du donjon, quoi qu'en dise M. Dumont, c'est de l'éloquence! Lisez ses plaidoyers à M. Lenoir, c'est de l'éloquence! Et les supplications à son père, qui font un si touchant contraste avec les imprécations du premier temps! n'est-ce pas de l'éloquence? Et quand il est sorti du donjon, sa plaidoirie au parlement d'Aix, quand il redemande sa femme, n'est-ce pas de l'éloquence, une vive, entraînante, soudaine, sympathique éloquence; l'éloquence du cœur, de l'âme, des sens, de la colère, de l'amour, de la pitié? Où donc étiez-vous, monsieur Dumont, et vous, monsieur Duroseray, et vous tous, collaborateurs de Mirabeau? Ils étaient à Genève, ils étaient en Russie, ils étaient en Angleterre, loin de la France, loin de nos mœurs, loin de ce mouvement de décadence qui jetait la nation à sa ruine.

Ceux qui crient le plus au plagiat, à propos de cette grande renommée, ne comprennent rien à l'éloquence de 89, et, en général, ne comprennent rien à l'éloquence de la tribune nationale. L'éloquence de la tribune échappe à l'art en France. Tous les arts sont accomplis chez nous, quand l'éloquence politique y prend naissance. L'éloquence politique, c'est bien plus un besoin, une nécessité de l'époque, qu'une spéculation de l'esprit. L'éloquence, c'est une supériorité qui arrive tout d'un coup, le jour où le peuple en a besoin; ce sont les langues de feu qui descendent du ciel sur quelques apôtres d'élite : ce n'est pas une science qu'on apprend, ce n'est pas une étude de rhéteur, ce n'est pas un morceau qu'on prépare comme un éloge de Thomas. Où eût été le temps pour se préparer à l'éloquence en 89? C'est quelque chose de subit et d'inspiré, qui naît et qui meurt, qui vient et qui s'en va, comme une cantate qu'on improvise. Qu'importerait que vous eussiez donné ou cru donner un jour à Mirabeau les paroles de sa cantate? Trop heureux ceux à qui Mirabeau les eût demandées, ces paroles! Rossini paye dix écus les libretti de ses opéras, et ces libretti sont bien payés. Moi qui vous parle, j'ai taillé, un jour, la plume de M. de Lamartine, j'ai donné une feuille de papier à M. de Chateaubriand : est-ce à dire que j'aurais bonne grâce à écrire dans mes Mémoires, quand je serai mort, et que Chateaubriand et M. de Lamartine seront plus vivants que jamais, l'histoire de cette plume et de ce morceau de papier?

Laissons donc à l'artiste le tableau qu'il a signé, à l'écrivain la page qu'il avoue. N'allons pas chercher le nom obscur de celui qui broya les couleurs. N'effaçons pas du Panthéon le nom de Mirabeau, pour y écrire celui de M. Dumont. Ayons assez d'intelligence pour comprendre quelle distance sépare les matériaux de la mise en œuvre, la matière de la forme, la parole de l'action, la page écrite ou bégayée de la page parlée, la note morte de la note chantée, la carcasse du drame, du tragédien qui lui donne le mouvement et la vie !

Voulez-vous avoir une idée de la manière dont Mirabeau prenait la prose étrangère ? Voici un exemple sur cent. Dumont lui porte un discours sur la traite des nègres ; dans ce discours, il y avait cette phrase : « Suivons sur l'Atlantique ce vaisseau chargé de captifs ; » Mirabeau ajoute ces mots à la phrase de Dumont : OU PLUTÔT CETTE LONGUE BIÈRE, et il termine par cette admirable figure une phrase froidement commencée. Je vous le demande, à qui appartient l'éclair de ce discours ? Appartient-il à Étienne Dumont ?

Il en est ainsi de tout ce que Mirabeau empruntait ; il le refaisait, ou plutôt il le faisait tout entier. Il lui donnait une forme, une couleur, un son ; il en faisait son bien à lui ; cela fait, il ne pensait plus au fœtus. Il est fâcheux que ces récriminations, qu'il eût méprisées si fort de son vivant, se soient produites après sa mort ; il est fâcheux que M. Dumont se soit exposé à ce reproche de légèreté que je ne puis rétracter malgré tous ses amis.

J'ai relevé comme je le devais les emportements du Génevois contre madame Lejay. Cette dame, qui est une grande dame, par son attachement inviolable à la mémoire de son ami, par son dévouement sans bornes à sa personne, par la vivacité de ses souvenirs, par son esprit toujours présent et actif, ne méritait pas les invectives de M. Dumont. Aujourd'hui, bien qu'il n'en ait pas besoin non plus, je dois prendre encore la défense de l'ami intime, du secrétaire de Mirabeau, M. Pellinc, et non pas M. Pélin comme dit Étienne Dumont. La manière dont Étienne Dumont traite le respectable M. Pellinc est indigne. Tout en lui reconnaissant un talent supérieur même à celui de Duroseray, j'ai presque dit à celui d'Étienne Dumont, M. Dumont accuse M. Pellinc d'une lâcheté dont il est incapable et d'une vénalité démentie par l'estime publique et par une vieillesse pauvre et sans reproche. Il est impossible d'abuser plus étrangement du caractère d'écrivain *posthume*. C'est un grand désordre trop fréquent de nos jours. Un homme qui écrit des mémoires ne devrait pas mourir avant d'avoir rendu compte de ces mémoires. Quand on calomnie, il faut être là pour soutenir la calomnie; au reste, M. Pellinc se défend assez de lui-même. Il est l'homme de France qui a le plus approché de Mirabeau, et, par conséquent, il est celui qui l'a le plus aimé.

Car c'était un des mérites de ce grand homme, être aimé! Cette puissance d'attraction ne s'étendait pas seulement sur les femmes. Il fascinait par son regard, par sa parole, par son sourire, quiconque l'approchait. Il a fasciné Étienne Dumont lui-même. Il y a des hommes qui n'ont pas eu d'autre existence aujourd'hui que d'avoir entendu, d'avoir approché, d'avoir vu mourir Mirabeau. Les pauvres femmes qui lui ont survécu, et auxquelles il a parlé, entendent encore sa voix dans leur cœur. C'était un amoureux plein de grâce, un ami affable et indulgent, le meilleur des pères. Que de belles pages il a écrites sur la mort de ses deux enfants! L'enfant de sa femme, son Ada, l'enfant de son amour, sa Sophie, deux enfants qu'il perdit comme Byron a perdu les siens, deux enfants pleurés comme les pleura Byron! Or, quand elles le quittent, ses maîtresses meurent de chagrin; quand il meurt, lui, quand il meurt au plus bel instant de sa gloire, quand il meurt à temps, comme tous les grands hommes, son secrétaire se poignarde, ses amis recueillent sa mémoire comme celle d'un saint, ses domestiques le pleurent avec des larmes de sang! toute la France est en deuil! la cour est en deuil! Quelle puissance dans ce prisonnier échappé de Vincennes! Après Mirabeau, quel roi de la terre mourra comme est mort Mirabeau? Venez maintenant disputer à sa mémoire les bribes de vos discours, Étienne Dumont et Duroseray!

Il est une autre page de M. Dumont que je veux noter pour en rire. M. Dumont parle quelque part d'un enfant de Mirabeau. Parlant de l'enfant, il ne peut s'empêcher de parler de l'amour du père pour le fils. « Mirabeau adorait son fils, dit-il. » Puis il ajoute : *Il dérobait les bons mots des autres enfants pour les attribuer au sien.* (*Il copiait ses Lettres à Sophie*, dit M. Dumont.) Quel plagiaire que Mirabeau ! Voler les bons mots des petits enfants pour son fils, et voler les discours de M. Dumont pour lui-même !... Puis M. Dumont ajoute d'une façon très-dégagée : *Je ne sais pas ce que cet enfant est devenu.*

En vérité, M. Dumont, de Genève, parlerait des propres enfants du citoyen de Genève qu'il ne les traiterait pas plus lestement qu'il ne traite les enfants de Mirabeau, reconnus et élevés par Mirabeau ; il me semble que, si M. Dumont eût pris la peine de s'en informer, il lui eût été facile de savoir ce qu'en effet cet enfant est devenu : le fils d'un homme comme Mirabeau ne disparaît pas tellement, qu'on ne le retrouve toutes les fois qu'on en a bien envie. Celui de Mirabeau est devenu ce que devient tout homme de cœur et d'esprit en un pays bien fait. Le fils de Mirabeau est un homme riche qui occupe dans l'administration une place importante. Il s'est donné tout entier à la gloire de son père. Il a recueilli tous les fragments épars de ce beau génie ; il a fait la collection de ses portraits et de tous ceux de la famille Riquetty, dont les belles et nobles figures forment la plus intéressante galerie de famille. Le buste de Mirabeau, par Houdon, est à lui. Il possède plusieurs ouvrages inédits et un nombre immense de lettres et autres matériaux de son père, avec lesquels il prépare une histoire qui sera digne, sans doute, de cette biographie, défigurée à plaisir par l'envie, par la peur, par les remords ou par la vanité de ses contemporains.

LORD BYRON

ET

LADY BLESSINGTON

Byron à Gênes. — Son portrait d'après lady Blessington. — Sa fausse réputation de dandysme. — L'homme et le poëte. — Lady Byron. — La comtesse Guiccioli. — Lucy Sheppard. — Les Anglais et les Anglaises peints par lord Byron. — Opinions et pensées du poëte sur les principaux écrivains de son temps, — sur Napoléon, — sur Sheridan, — sur Walter Scott. — Thomas Moore et les *Mémoires* de lord Byron. — Moralité des conversations recueillies par lady Blessington.

La première fois que lady Blessington vit lord Byron, ce fut à Gênes, en 1822. La vie du grand poëte, à cette époque, était déjà entièrement accomplie ; il n'avait plus rien à entreprendre en ce monde, excepté son voyage en Grèce. Cette pause d'un jour dans la vie de lord Byron quand il a achevé tous ses poëmes, accompli tous ses scandales, achevé tous ses amours, quand tous ses ennemis sont écrasés, quand son testament est fait, quand ses Mémoires sont écrits, quand il a jugé, à leur juste valeur, tous ses amis, excepté son ami Thomas Moore, celui-là même qui devait trahir si indignement la confiance et les haines, et les ressentiments, et les justes vengeances du poëte : ce moment, je ne dirai pas de repos dans la vie de lord Byron (il ne s'est jamais reposé), mais de sa halte au milieu de l'Italie, quand il a déjà son regard tourné vers la Grèce, est certainement une époque mémorable et digne d'étude. C'est là, d'ailleurs, que s'arrêtent les Mémoires mutilés de lord

Byron. Une grande dame anglaise, femme d'un grand esprit, d'un grand sens et d'un grand courage, puisqu'elle a osé regarder en face lord Byron et lui parler selon son cœur, lady Blessington a écrit la biographie de notre héros à cette époque, biographie incomplète, saccadée, sans commencement et sans fin, remplie de sarcasmes et de paroles d'amour, de regrets et d'enthousiasme, élégante, absurde, passionnée, telle en un mot que devait être la vie de lord Byron une fois qu'il sentit sa destinée accomplie. On ne lira pas sans un grand charme le livre de cette dame, qu'elle a intitulé : *Conversations de lord Byron.*

Le premier effet que produisit lord Byron sur l'esprit de sa belle compatriote dut être peu agréable au poëte, qui était si vaniteux de sa personne. Vu à travers son auréole poétique, vu de loin, vu sous le manteau de don Juan, lord Byron avait apparu à lady Blessington plus grand, plus imposant, plus digne, plus mélancolique, plus héros. Cependant, ce qui restait encore à l'homme faisait très-bien reconnaître le poëte. Sa tête était belle et bien faite; son front était découvert, élevé et noble; ses yeux gris et remplis d'expression étaient d'inégale grandeur; son nez, trop gros, était plus beau de profil que de face; sa bouche était admirable, bien faite, forte, moqueuse, dédaigneuse sans affectation, aux dents blanches et bien rangées; tout ce visage était pâle et maigre, mais c'était cette pâleur brune qui va si bien aux cheveux noirs. Du reste, c'était là tout le poëte. Son habit, que nos jeunes gens se figurent très-fashionable, son cheval que vous croyez très-beau, son ameublement que vous jugez d'après les descriptions de ses poëmes, tout cela n'a jamais existé; ce sont de vaines rêveries de son imagination et de la vôtre. On eût dit que lord Byron portait des habits achetés tout faits chez un tailleur du dernier ordre. Son habit était *trop large*. Quant à sa manière de monter à cheval, — j'en suis fâché encore pour nos dandys à longue barbe et en gants jaunes, qui se croient des lords Byrons, — lord Byron se tenait mal à cheval; il se servait d'une *selle à la hussarde;* son cheval était tapissé de *harnachements divers ;* quant à son costume de cheval, il n'était guère moins extraordinaire que son costume de ville.

En effet, que nos beaux messieurs se figurent le chantre de *Lara*, portant une veste de nankin et un pantalon de même couleur *rétrécis par le blanchissage.* La veste était brodée en jaune, *très-étroite* sur le devant et garnie de trois rangées de boutons ; *le dos très-étroit* et les manches établies comme quinze ans auparavant. Ajoutez à cet accoutrement un col noir très-bas, un bonnet de velours bleu foncé garni d'un gland d'or, des guêtres de nankin et une paire de lunettes bleues sur le nez, voilà lord Byron à cheval. A cheval, lord Byron est timide ; à chaque faux pas que fait son cheval, — *et il bronchait fréquemment,* — lord Byron ralentit le pas de sa monture ; il va au pas chaque fois que le chemin est un peu difficile. Voilà un portrait qui va contrarier bien des beaux écuyers qui vont toujours au galop, qui ne portent pas de vestes de nankin, de pantalons de nankin, et dont les chevaux ne trébuchent que rarement.

Quant à l'appartement du noble lord, il vaut son costume de cheval. Il est impossible d'avoir un goût plus mesquin pour tout ce qui regarde la toilette, les équipages et le train de vie. « J'eus occasion de voir son lit à Gênes, dit la comtesse dans son pudique langage anglais ; c'était bien le meuble le plus grossièrement vulgaire qu'on puisse imaginer ; les rideaux étaient du plus mauvais goût, et, sur l'appui du chevet, on voyait écrit sa devise de famille : *Crede Byron.* Ses équipages étaient dans le même goût ; on y remarquait une surcharge d'enjolivements mesquins en détail et clinquants dans l'effet d'ensemble. »

Vous ne sauriez croire combien ces lignes m'ont donné de joie. Depuis longtemps, j'étais fatigué de voir ce qu'on appelle le beau monde, faire de Byron un véritable faquin, un homme à la mode, un dandy, élégant cavalier, élégant de sa personne, élégant chez lui. Quelque chose manquait à Byron quand je le voyais ainsi attifé, ainsi occupé d'écurie, de voitures, de chevaux, de tailleurs, de toutes ces insignifiantes et ridicules supériorités. J'aime lady Blessington, qui, sans le vouloir, a justifié lord Byron de ce côté. Oui, lord Byron ne savait ni commander ni porter un habit ; oui, lord Byron ne savait pas harnacher un cheval ; oui, lord Byron ne savait pas meubler un appartement ; il a voulu l'apprendre et il n'a pas pu. Il a dit qu'il le savait et il a menti. Il a eu beau attacher sa couronne de comte sur ses rideaux de serge ; sa couronne de comte n'a fait que rendre son lit plus ridicule, j'en suis heureux pour lui ; lord Byron, en tout et pour tout, a été bien moins lord que poëte ; mettez Byron parmi les poëtes, laissez son nom parmi les lords, rayez-le complétement de la liste des dandys ; Byron un dandy, un homme de cheval, un homme de tailleurs, de harnacheurs et de tapissiers, grands dieux !

Cela dit, revenons aux conversations de lord Byron ; souvenez-vous, à l'heure qu'il est, que lord Byron n'écrit plus de vers, qu'il a très-peu de vers à écrire avant sa mort, que toute la poésie, et tout le fiel, et toute la douleur de son âme, vont passer dans ses discours. Que nous devons avoir de reconnaissance envers lady Blessington, pour nous les avoir conservés !

Vous sentez bien que, puisqu'il s'agit d'une simple conversation sur toutes sortes de sujets, je n'y puis pas mettre plus de logique que lord Byron n'en a mis lui-même. Nous allons donc prendre ces conversations comme elles se sont faites, au jour le jour.

La première personne dont il parle, après quelques médisances en l'air sur quelques-uns de ses amis, c'est de lady Byron.

« Je lui ai lancé bien des épigrammes, dit-il ; mais le sarcasme *n'était que de l'amour tourné dans mon cœur*, et je me repentais d'avoir ouvert ce pauvre cœur au public. »

Le lendemain, lord Byron, parlant de la belle comtesse italienne Guiccioli :

« Oh ! dit-il, c'est une femme généreuse et élevée ! Elle est noble, elle a fait pour moi tous les sacrifices possibles, elle a employé toute son influence pour m'empêcher de terminer, ou tout au moins, pour me faire corriger *Don Juan*. »

Et, comme lady Blessington lui faisait entendre que la comtesse Guiccioli pourrait être bien malheureuse avec lui :

« Vous avez raison, disait-il ; mes goûts et mes habitudes sont peu propres à faire le bonheur d'une femme, encore moins d'une Italienne. J'aime la solitude, et, avec ma maîtresse, je suis distrait, maussade et sombre. Je suis convaincu de ceci, voyez-vous, c'est qu'il y a dans le tempérament poétique quelque chose qui arrête le bonheur. Malheur à celle qui aime un poëte ! mais, si elle meurt avant lui, elle est bien vengée. »

Un autre jour, il apporte à lady Blessington la lettre que lui écrit un M. Sheppard. M. Sheppard, honnête homme anglais et chrétien, a perdu à Londres une femme qu'il aime, qui était jeune, belle, coquette et pleine de vertus. Dans les papiers de sa femme morte, M. Sheppard a trouvé une prière adressée à Dieu pour l'âme de Byron ; il est impossible de rien lire de plus touchant que la lettre de madame Sheppard.

« O mon Dieu ! dit-elle, la pauvre femme, avant de mourir, la foi que j'ai en tes paroles me donne le courage de te supplier en faveur d'une personne qui, dernièrement, m'a vivement intéressée. Puisse la personne que je te nomme ici, mais dans mon cœur seulement (et qui, aujourd'hui, je le crois bien, est aussi célèbre par l'oubli de toi que par les talents supérieurs que tu lui as départis), être éveillée enfin par le sentiment du danger qu'elle court, et se laisser aller à te demander cette paix de l'âme comme l'entend la religion, et qu'elle n'a pu trouver dans les plaisirs et dans les bonheurs du monde ! Faites, mon Dieu, que la fin de sa vie fasse plus de bien que ses écrits et sa jeunesse n'ont fait de mal ! Que le soleil de ta sagesse divine se lève un jour, comme je l'espère, sur sa tête, et répande autour de lui assez de lumière et de chaleur bienfaisante pour dissiper tous les nuages que sa conduite a amoncelés autour de lui. »

Ainsi est morte, en priant pour un homme qu'elle n'avait jamais vu, la douce et timide Lucy Sheppard.

« Et, dit lord Byron, les larmes aux yeux, c'est une douce chose pour moi que des prières si pleines de sincérité et de grâce, adressées pour moi par un être si éminemment bon, au lit de mort, et pour le salut d'un frère dont les trois quarts de ses compatriotes se sont plu à désespérer. »

Et lui, à son tour, sans avoir jamais vu Lucy Sheppard, se met à l'adorer comme on adore un ange. Il se la représente d'une figure mobile et variable, calme, rêveuse, réfléchie, toujours prête à sourire, *un clair de lune sur la neige*, comme dit Moore. Lord Byron, rentré chez lui, a dû verser plus d'une larme, ce soir-là.

Quelques jours après, vingt-quatre heures après, que sait-on? lord Byron aura lu le matin, en se réveillant, quelques-uns de ces pamphlets obscurs, sans style et sans nom propre, véritable honte de la pensée; lâche assassinat périodique, froidement exécuté par des misérables sans aveu, contre ce que le monde a de plus grand; dans ce pamphlet, lord Byron aura été tourné, non pas en haine, mais en ridicule, et voilà aussitôt ce grand génie qui se débat en écumant sous la piqûre de l'insecte littéraire. La veille, il était tendre, il était passionné, il était rêveur, il réunissait dans sa pensée, et presque dans son amour, lady Byron, Thérèse Guiccioli et Lucy Sheppard; aujourd'hui, il refoule toutes ses affections dans son âme, il est sceptique, il est farouche, il est moqueur, il crache à la face de la nation anglaise; c'est une verve intarissable, un sarcasme sans fin, qui déchire par lambeaux tous les amours-propres contemporains. Pour ma part, j'avoue que, si cela fait mal pour lui de voir Byron ainsi déchaîné contre le beau monde, cela est très-amusant quand on oublie ce qu'il a dû souffrir. Alors les portraits abondent dans son discours, admirablement encadrés dans la satire; alors il se déchaîne contre l'Angleterre en masse: hommes et femmes, tout y passe, sauve qui peut! Quand les dames anglaises jouent les dames à la mode, elles ne font que *saveter* leur rôle ; leur *hauteur* tourne à *l'impertinence ;* leur *nonchaloir*, à la *brusquerie ;* prenez une femme anglaise, vous en ferez une bonne femme, une bonne fille, une héroïne même, vous en ferez tout ce que vous voudrez ; vous n'en ferez jamais une *femme à la mode.*

« En Angleterre, le vrai est généralement bon ; *c'est le fard du fashionable qui gâte tout.* — En Angleterre, beaucoup d'hommes d'une supériorité marquée sont effacés par le frottement des médiocrités ou des nullités qui les entourent. — Les Anglais sont très-envieux ; ils ont, en général, la conscience de leur épouvantable pesanteur d'esprit ; ils sont bavards sans être spirituels, orgueilleux sans dignité et brusques sans franchise. Figurez-vous que j'ai vu à Londres, dans un des cercles les plus recherchés, un homme de lettres à la mode attaqué en chœur par la société, chacun lui jetant des éloges bien ternes, pour mieux faire ressortir de sanglantes critiques, et on ne lâchait le malheureux auteur que pour s'acharner contre un danseur ou un chanteur populaire ; tant il est vrai que toute supériorité de talent était impardonnable dans le cercle ! »

Que dites-vous de la peinture? Ne croirait-on pas être en France? Dans tous les cas, en France comme en Angleterre, malheur à l'homme de lettres qui se respecte assez peu pour se produire dans les cercles *les plus recherchés ;* il n'a que ce qu'il mérite quand il se laisse traiter ainsi.

Eh bien, ce misanthrope si emporté, cet aristocrate frondeur de toute l'aristocratie de son temps, ce même homme qui tout à l'heure ne voyait que des poupées des deux sexes dans cette Angleterre si puissante et si forte, l'Angleterre des lords Grey, Grenville, Wellesley et Holland ; l'Angleterre de Sheridan, de Canning, de Burdett et de Brougham aux Communes ; l'Angleterre de Walter Scott et de Byron ; enfin, ce vrai détracteur de toute la société de son temps, qu'un souvenir de la satire absente vienne frapper son cœur à l'improviste, et le voilà qui va pleurer. Un soir qu'il avait été plus emporté, plus railleur, plus sanglant que de coutume, il était assis avec lady Blessington à un balcon d'où l'on voyait la mer toute couverte de bâtiments génois et étrangers. Il faisait un beau clair de lune ; les pavillons des vaisseaux flottaient aux vents ; dans le lointain, on voyait revenir le pêcheur dont la barque porte au front, en guise d'étoile, une lampe renfermée dans un treillis, et lord Byron, à l'aspect du beau paysage, s'écriait : « Que nous sommes loin de la douce et terne atmosphère de Londres ! que nous sommes loin de l'importance empesée et impertinente, c'est-à-dire du suprême bon ton de mes compatriotes ! Regardez cette forêt de mâts, milady ; d'où viennent-ils ? où vont-ils ? Que de regards, que de pensées, que d'affections se rattachent à ces vaisseaux ! Combien de mères, de femmes, d'enfants et de maîtresses s'agenouillent en priant pour ces navires ! »

Ainsi il parlait. Tout à coup, dans le lointain, là-bas, quelques voix frappent ses oreilles. C'étaient des marchands anglais qui chantaient le long du mole, l'air national *God save the king !*

Lord Byron se leva tout ému et tout pénétré. Il garda le plus profond silence, et, quand le chant eut cessé :

« Eh bien, dit-il, nous voilà sous le crêpe sentimental. Je sens encore fermenter dans mon cœur ce vieux levain de patriotisme capable de me rendre fou. N'allez pas raconter cela à Londres au moins, à des Anglais civilisés ; je serais obligé de renoncer à mon stoïcisme. — Bah ! bah ! qu'importe ? Il est bien permis de se parjurer quelque peu pour un clair de lune, pour une belle vue et pour le chant national. »

Tout cela vous donne une idée de son âme ; il avait honte des plus nobles mouvements de son cœur ; il refoulait les larmes les plus précieuses et il renfermait avec soin au dedans de lui-même les sentiments les plus naturels, qui le rongeaient à l'intérieur, faute d'air pour s'exhaler.

Cette haute et dernière revue des derniers moments de lord Byron ne vous fatigue pas, j'espère ; vous savez que tout à l'heure il va mourir en Grèce. Écoutez-le donc parler, écoutez ses derniers jugements sur les hommes ses contemporains ; vous verrez s'il est possible d'avoir plus d'amitié naïve et plus d'admiration bien sentie que n'en avait cet homme pour les poëtes ses frères.

Il disait de Hope :

« Il faut que j'aime bien cet homme pour lui pardonner un ouvrage (*Anastasius*) si incontestablement au-dessus de toutes les productions de l'époque ; je donnerais mes deux meilleurs poëmes pour avoir fait *Anastasius*. »

Un matin, il montre à son amie lady Blessington le navire sur lequel s'était embarqué Shelley, — Shelley, l'homme le plus aimable et le plus aimant et le plus aimé qu'il eût connu de sa vie, qui manquait tout à fait de *sagesse humaine* ; et il pleurait en rappelant l'instant où mistress Shelley était tombée à ses pieds froide comme le marbre, en redemandant son mari, qui ne devait plus revenir.

Il rendait également justice à Leigh Hunt, et à M. Hobhouse, *qui lui a toujours dit ses défauts et ses fautes, sans en faire part aux autres.*

Dans un autre moment, il parlait d'Alfieri, et il faisait un parallèle entre lui, lord Byron, et Alfieri le poëte.

« Voyez un peu, disait-il, ce qu'il y a de commun entre nos goûts et nos travaux ? Nous vivons tous deux avec des femmes de distinction, tous deux nous avons la passion des animaux, surtout des chevaux ; tous deux nous aimons à vivre au milieu d'oiseaux et d'insectes de toutes sortes ; nous aimons avec passion la liberté, et nous sommes naturellement mélancoliques. »

De temps à autre, il parlait aussi de sa belle et adorée maîtresse, « d'une taille moyenne, bien faite, d'une beauté ravissante ; ses traits sont parfaitement réguliers, l'expression de sa physionomie d'une suavité, d'une mobilité charmante, et ses cheveux bruns foncés, longs, épais et soyeux. »

Souvent il parlait de Napoléon Bonaparte, et il avait le droit d'en parler, car il était le premier poëte du monde qui se fût imaginé que Bonaparte, tombé et vivant encore, était déjà un être poétique.

« Traverser l'Italie sans penser à Napoléon, disait-il, c'est passer à Naples sans voir le Vésuve. — C'est un colosse tombé de son piédestal ; mais, comme la statue de Memnon, renversée aussi, il n'a rien perdu de sa hauteur. »

Il fallait l'entendre parler de Sheridan, cet honnête homme d'esprit, que la société de Londres a usé à son profit, qu'elle a enivré comme un ilote. Rien n'est beau comme lord Byron s'écriant :

« Pauvre Sherry ! quelle grande âme refroidie en toi par la pauvreté ! Et voir nager dans l'or ceux avec qui il a passé sa vie, et dont il avait éclairé les sombres âmes du reflet de son génie ! sybarites dont le sommeil eût été troublé par le frôlement d'une feuille de rose, et qui le laissèrent mourir sur le grabat de la misère, tiraillé *par les myrmidons* de la justice !... Oh ! il y a de quoi dégoûter de la nature humaine, et surtout de quoi dégoûter de ces libéraux sans générosité et sans cœur. »

Avouez que Byron est bien beau parlant ainsi, et que jamais il n'a été plus éloquent, lui qui l'a été si souvent contre le dandysme.

Et, en effet, c'est là une tache ineffaçable au front de l'aristocratie anglaise, d'avoir laissé mourir sur un grabat ce pauvre et honorable Sheridan ! Ils avaient réduit cette grande âme à vivre d'humiliations de tout genre, à débiter, le matin, de folles plaisanteries pour apaiser ses créanciers, et, le soir, à pleurer et à sourire tour à tour pour le divertissement d'une table de convives stupides et blasés qui avaient besoin d'enivrer cette haute intelligence que de son vivant on appelait Sheridan, pour trouver du bouquet à ce même vin qui enivrait le pauvre ilote, sans dégeler le sang figé dans leurs veines !

Mais l'homme qui préoccupe le plus lord Byron, c'est son émule en renommée, sir Walter Scott. Il en parle toujours avec la plus vive admiration pour le génie de l'auteur et la plus affectueuse estime pour les qualités de l'homme privé. Walter Scott, c'était là, en effet, la seule gloire qui pût inquiéter Byron, parce que c'était une gloire heureuse, honorée, tranquille, aimée, et cependant une gloire incontestable. Or, il était dans la nature de lord Byron de s'adoucir et de s'attendrir sur l'influence du bonheur, comme il était de sa nature d'être roide et dur à l'adversité. Le stoïcisme lui servait de bouclier contre l'injustice; mais il avait bientôt dépouillé ce lourd manteau aux rayons pénétrants de la sympathie. Il regrettait le bonheur de Walter Scott sans l'envier; il le regrettait surtout parce qu'il reconnaissait en lui-même que, s'il eût trouvé plus d'indulgence chez les autres, il aurait été le meilleur des hommes.

Aussi l'adversité lui était-elle sacrée; et, un jour, comme on lui parlait d'un jeune homme malheureux par sa faute :

« Eh bien, dit-il, s'il est malheureux par sa faute, il est doublement à plaindre; car sa conscience envenime la plaie avec des remords. »

Puis il ajoutait :

« J'ai pitié pour les fautes; j'ai respect pour le malheur. »

Ce caractère excellent, que la poésie elle-même n'a pu gâter, éclate partout dans le livre de la comtesse Blessington. On y voit lord Byron tel qu'il est, beaucoup meilleur en effet qu'il ne voulait le paraître. Puisque cet indigne Thomas Moore a porté ses mains perfides sur les *Mémoires* de son ami, il faut dire que les *Conversations de lady Blessington* sont la biographie la meilleure et la plus vraie de ce grand poëte qui se puisse lire encore. Lord Byron n'est pas flatté, mais il est compris ; cette dame d'une haute vertu ne le défend pas, elle fait mieux que le défendre, elle l'aime. Elle a recueilli avec un soin religieux le dernier souffle de cet homme mort si loin, mort si jeune, mort à temps ; elle nous donne ce qu'elle a conservé de cette intelligence usée au feu des passions, elle le donne avec toute la grâce, avec toute la réserve, mais aussi avec tout l'abandon d'une femme. Nous lui devons bien des remerciments, nous autres Français, qui n'avons, Dieu merci, aucun reproche à nous faire envers le chantre de *Childe Harold* et de *Lara*.

CASANOVA

I

J'ai bien quelque regret de vous entretenir de cet aventurier, espèce de Lazarille italien, qui, dans tout le cours de sa vie, est aussi peu inquiet de faire un mensonge qu'une déclaration d'amour. Je sais fort bien que le temps pourrait être mieux employé; mais je sais fort bien aussi que, par ces accablantes chaleurs de juillet, vous n'êtes guère disposés à rien prendre au sérieux, pas même le temps qui passe lentement au milieu de cette lourde atmosphère; et puis, tout intrigant qu'il est, ce Casanova est un garçon ingénieux, plein d'esprit, plein de saillies, plein d'étourderies de tout genre; et puis encore on vient de mettre au jour ses Mémoires très-complets, trop complets, et qui le présentent en France, pour la première fois, dans la plus entière et la plus immorale nudité. Donc, en vous parlant de Casanova, je fais acte de complaisance d'abord; je fais acte de prudence ensuite; je me donne bien de la peine pour rendre vraisemblables des aventures sans vraisemblance ; je vous empêche de lire un livre dont beaucoup de pages sonneraient mal à de chastes oreilles, et qui seraient fort obscures aux intelligences peu avancées. Il est donc convenu, messieurs, et surtout il est convenu entre nous, mesdames, que nous enverrons à Casanova de Seingalt une robe nuptiale, avant de l'introduire parmi vous.

Cet homme singulier, qui est mort pauvre, obscur et presque mendiant, comme meurent la plupart des aventuriers, même les plus heureux, s'étant trouvé, sur la fin de sa vie, un vieux reste de dévotion italienne, mêlé à un grand fond de libertinage français, a écrit toute son histoire, non sans la faire précéder d'une espèce d'oraison chrétienne, dans laquelle il s'efforce de se démontrer à lui-même qu'il est chrétien et catholique romain. Eh! mon Dieu, que nous importe la croyance ou les croyances de M. Jacques Casanova? *Je crois en Dieu!* nous dit-il. Qu'est-ce que cela fait à Dieu, je vous prie? Quant aux *principes divins enracinés dans son cœur,* vous verrez, dans son livre, comment il arrange sa vie avec ses principes, divins ou non. Il n'y a qu'une chose à remarquer et à croire dans l'acte de foi de l'Italien, c'est qu'il aimait beaucoup le pâté de macaroni fait par un bon cuisinier, beaucoup la morue de Terre-Neuve, bien gluante ; beaucoup le gibier faisandé, beaucoup le fromage en putréfaction. Voilà le véritable *Credo* de notre homme. Ne vous occupez guère du reste de son évangile ; le macaroni, la morue gluante, le gibier avancé et le fromage plein de vers, voilà sa trinité en quatre plats. Cela dit, nous pouvons entrer en matière. Vous connaissez l'auteur de ce livre aussi bien qu'il se connaît lui-même ; ajoutez seulement à ces goûts avoués qu'il aime beaucoup le jeu et les femmes : le jeu, parce qu'il donne beaucoup de femmes, et les femmes, parce qu'on goûte bien mieux avec elles le macaroni, la morue, le gibier et le fromage, les premières et les dernières inclinations de Jacques Casanova de Seingalt.

Ce singulier historien s'est donné la peine, avant d'écrire son autobiographie, de se faire un arbre généalogique. Cet arbre généalogique n'est, à vrai dire, qu'une plante parasite qui a poussé au milieu d'une forêt de théâtre, et dont les branches se perdent dans un ciel de théâtre, portant, grotesquement pendus à leur sommet, l'Espagnol don Jacob Casanova, qui épousa une religieuse enlevée à son couvent ; don Juan, officier du roi de Naples, qui s'en fut, à la suite de Christophe Colomb, découvrir l'Amérique, où il laissa ses os ; Marie-Antoine Casanova, poëte satirique, qui mourut dans la peste de Rome, en 1526, et qui serait mort de faim sans la peste, bien différent en cela d'un autre faiseur d'épigrammes, Pierre Arétin ; Jacques Casanova, officier, qui se battit contre Henri IV, sans lui faire trop de mal ; Gaëtan Casanova, qui se fit danseur, épousa la fille d'un cordonnier, et qui devint le père du Casanova en question, du véritable Jacques Casanova, né le 2 avril 1725.

Un romancier n'eût pas inventé une généalogie plus appropriée à son héros que celle de Casanova. Il y a de toutes sortes de sang dans ses veines, sang espagnol, sang italien, sang français ; il y a de la nonne, il y a du prêtre, il y a du soldat, il y a de l'artisan, il y a de l'aventurier, il y a du comédien et de la comédienne, il y a de tout, excepté de l'honnête homme. Ce sont tous des gens de fortune qui contribuent à mettre au monde ce type singulier de l'arlequin civilisé. Du reste, s'il parle de sa famille, c'est moins par vanité que pour mémoire, c'est tout simplement pour montrer qu'il a une famille, et il a bien fait de le dire et de s'expliquer catégoriquement à ce sujet ; autrement, on aurait pu penser, sans lui faire le moindre tort, qu'il était tout simplement un enfant trouvé : je n'ai pas dit un enfant perdu.

La première impression qui vint à l'âme de Jacques Casanova enfant fut une impression de sorcellerie. Sa grand'mère, le voyant malade, le conduisit chez une sorcière, qui l'enferma dans une boîte avec mille simagrées. Sa première espièglerie fut de voler un verre à facettes à son père ; et, comme son père cherchait partout ce verre à facettes, Casanova le glissa dans la poche de son frère, qui fut fouetté jusqu'au sang. Toute l'enfance de Casanova se réduit à ces deux circonstances; après quoi, sa mère, qui, en sa qualité de comédienne et de jolie femme, n'avait guère le temps de s'en occuper, chargea l'abbé Grimani de mettre ce cher enfant en pension, moyennant la modique somme d'un sequin par mois, tout compris.

La maîtresse de pension du petit Jacques était la femme d'un colonel slavon, aussi crasseuse et aussi détestable que la vieille dont parle la Fontaine dans une de ses fables. Elle était grande et grosse comme aurait pu l'être feu son mari le colonel; elle portait moustaches comme lui, elle était jaune, elle était hideuse, elle avait une servante aussi laide qu'elle. Dans cette pension, on mangeait chaque jour, et dans un plat unique, une méchante soupe, une pomme et quelquefois de la morue *sèche*, dit le texte. C'est peut-être pour cela que l'enfant Jacques Casanova voua, pour le reste de sa vie, un grand culte à la morue *bien gluante*. Le mobilier de l'institution répondait au festin! Il y avait dans les lits de la vermine de quatre espèces, en comptant les rats du grenier qui servait de dortoir. L'éducation allait de pair avec l'ameublement. Jacques, mourant de faim, se mit à voler la Slavonne comme J.-J. Rousseau, à peu près à la même époque, volait chez son maître le graveur, où il était apprenti; mais Jacques ne raconte pas ses vols comme Jean-Jacques; c'est que Jean-Jacques enfant est déjà cet honnête homme, plein de naïveté, de candeur, de bonhomie, qui devait écrire les *Confessions* et l'*Émile;* on voit qu'il a lu Plutarque; on voit que sa mère était une honnête femme, et son père un homme de cœur. Jacques Casanova, au contraire, se ressent déjà, même chez sa Slavonne, de son père le danseur et de sa mère la comédienne, qui l'ont élevé au hasard. De chez la Slavonne, Casanova passe chez un indigne abbé, le docteur Gozzi.

Chez le docteur Gozzi, le tempérament sanguin de Casanova se déclare. Comme il était là bien nourri, bien logé, bien peigné, cet enfant se mit à devenir amoureux de la sœur du docteur, Béatrice, qui le peignait, qui l'appelait son frère, qui lui mettait des bas blancs dans son lit, qui le lavait tous les matins. Je ne saurais dire qu'il y ait beaucoup de charme dans ces premières amours de notre héros. L'idée de Béatrice est trop étroitement liée à cette idée de cheveux mal peignés et de pieds sales pour que nous nous intéressions beaucoup à ses amours : il faut être très-Italien pour avoir de pareils souvenirs, et pour se rappeler à la fois ses premières ablutions et ses premières amours.

L'histoire de Béatrice est fort longue. Elle ne vaut pas l'histoire fort courte de mademoiselle Galley, dans les *Confessions*. La pauvre enfant, je parle de Béatrice, se croit possédée du démon ; il fallut que l'exorcisme y passât. L'exorcisme n'y ayant rien fait, on maria Béatrice. Une fois mariée, son mari la battit, et elle n'eut plus le diable au corps.

Je ne puis m'empêcher de comparer encore les deux éducations, celle de Rousseau et celle de Casanova. J'aime Rousseau enfant, rêveur, dévoreur de livres, innocent, timide ; je hais l'Italien, son contemporain, malin, avide, audacieux, mal peigné, joueur déjà. Il resta ainsi à Padoue jusqu'à ce qu'il eût reçu les ordres mineurs ; puis il dit adieu au docteur Gozzi et à Béatrice, et le voilà à Venise. Venise était alors la belle ville des mascarades, des parfums et des courtisanes ; ville perdue, mais qui se tenait encore debout, comme toutes les autres ruines de ce XVIIIe siècle, si belles, qu'on ne pouvait pas deviner que c'étaient des ruines. Un des grands indices qu'une société se perd, c'est l'incurie dans les principaux hommes de l'État. Une fois que personne ne veut plus gouverner dans un État, une fois que les capables et les habiles se retirent des affaires, laissant aux premiers venus le soin de l'administration, tenez-vous pour bien assurés que cet État est près de sa ruine.

A Venise, le premier protecteur de Casanova fut un vieux séna-

teur retiré des affaires, homme de repos et de plaisir, un de ces
goutteux si spirituels et si moqueurs, que vous retrouvez partout,
à cette époque, en France et en Italie, riant tout bas d'une décom-
position sociale dont le spectacle les amuse d'autant plus qu'ils
savent fort bien qu'ils seront morts avant que la société tombe
en ruine; vieillards dont l'insouciance est le plus grand des
crimes, dont la sécurité est le plus profond égoïsme, dont le sourire si tranquille et si doux annonce et accepte une révolution.
C'est dans le palais d'un homme riche, oisif, insouciant, moqueur
et gourmand, espèce de *pococurante*, comme les appelle Voltaire,
revenu des affaires et des amours, et ne croyant plus à rien, pas
même aux femmes, que tomba Jacques Casanova. Cet homme
s'appelait le sénateur Malipierre. M. Malipierre, trop heureux de
trouver un jeune homme qui avait un grand appétit et des sens
tout neufs, s'amusait à le faire dîner comme deux et déraisonner
comme quatre; il se plaisait à faire de Jacques tout ce qu'on en
pouvait faire, un poëte, un gourmand, un beau parleur, un élégant. Un jour, il lui fit faire un sermon dans l'église du Saint-
Sacrement. Le lendemain du jour où il prêcha son premier sermon,
l'abbé Casanova, toujours grâce à son ami le sénateur, fut présenté chez une fille nommée Juliette. Après l'emploi du sénateur,
un des emplois les plus importants de la république de Venise,
c'était celui de courtisane. Juliette était une des célèbres courtisanes de Venise. Le marquis Santivalli l'avait achetée à ses parents
cent mille ducats. Du marquis, elle avait passé à un juif; elle avait
quitté le juif pour le théâtre; au théâtre, elle avait fait si bien,
que Marie-Thérèse, la mère de Marie-Antoinette, avait chassé
Juliette de Vienne; insigne honneur, après lequel couraient alors
toutes les comédiennes. En ce temps-là, pour déprécier une
chanteuse ou une danseuse, on disait : *L'impératrice la souffre à
Vienne.*

L'abbé Casanova fut présenté à Juliette dans son palais. L'abbé
s'amuse à décrire cette belle personne de la tête aux pieds, ou, pour

mieux dire, des pieds à la tête; car elle le fit asseoir au-dessous d'elle sur un tabouret, et puis, sans s'en occuper davantage, elle reprit la conversation commencée avec une foule d'abbés et de marquis qui faisaient leur cour. L'abbé décrit très-longuement les cheveux de Juliette la courtisane; mais nous sommes en droit de croire que le portrait est flatté; car, quelques années plus tard, un homme qui se connaissait en belles femmes, certainement, le roi Louis XV, voyant Juliette dans la galerie du palais, passa outre d'un air très-dédaigneux, en disant tout haut au duc de Richelieu : « Nous en avons de plus belles à Paris ! »

Qui le croirait? Casanova trouva le moyen de *compromettre* Juliette à Venise. Vous dire comment, cela est trop long; mais le fait est que la courtisane fut *compromise* par l'abbé. Dans un bal que celle-ci lui donna, il changea de vêtements avec elle, et toute la ville fut scandalisée de voir les libertés que prenait la courtisane Juliette avec le petit abbé Casanova. Singulière ville et singulière époque, en vérité !

Casanova, ainsi lancé dans le monde par M. Malipierre, se voit invité de toutes parts. Il voit beaucoup de jolies femmes, il les aime toutes, il en respecte quelques-unes,—Lucie entre autres, la fille d'un jardinier, jolie enfant, candide et naïve, qui est enlevée par un laquais, au grand désespoir de Casanova, qui se promet bien de n'être plus *la dupe* de l'innocence une autre fois, et qui la retrouve, dix ans plus tard, dans un *casino* hollandais abrutie par le vice et par l'alcool.

Pour tenir tout de suite son serment, l'abbé s'en va chez la mère de deux jeunes filles, Angéla et Nanette, et dans cette maison, chez cette mère, qui n'a aucun soupçon, avec ces deux jeunes filles, tout à l'heure si innocentes, M. l'abbé s'abandonne à toute la fougue de la jeunesse. Ici, on croit lire quelques-uns de ces romans de la même époque, où le libertinage est mis en action, est réduit en maximes, livres dangereux, peu dangereux cependant pour les esprits bien faits, parce qu'ils sont avant tout menleurs et absurdes, et qu'avec un peu d'intelligence, on a bientôt reconnu en rougissant qu'on était la dupe d'un mensonge sans vergogne, sans pudeur, sans vraisemblance et sans vérité.

Voyez-vous, les livres dangereux, ce ne sont pas les livres écrits pour les sens. On est bien vite à bout de ce chapitre-là, et il est d'une monotonie si insupportable, qu'il est bien difficile de le recommencer. Il arrive presque toujours aux esprits bien faits que le premier mauvais livre qui leur tombe sous la main est aussi le dernier ; après quoi, ils traitent ce genre de livres comme ces nourritures nauséabondes, auxquelles on goûte une première fois pour dire qu'on les a goûtées, mais auxquelles on ne revient plus. Les livres dangereux, ce sont les livres écrits pour les passions ; ceux-là sont les vrais livres qu'il faut craindre : ils portent avec eux quelque chose qui les rend honorables. On sait que, pour les écrire, il faut avoir beaucoup d'art et beaucoup de cœur. Ne craignez donc pas de vous aventurer avec moi dans ces alcôves où pénètre ce menteur dévergondé, Jacques Casanova de Seingalt ; il n'y a pas de risque que son exemple vous pique d'émulation, et puis, chaste historien de cette histoire critique, j'aurai toujours soin de tirer les rideaux de l'alcôve, de fermer à temps la porte du boudoir.

D'ailleurs, ces amours de Jacques Casanova ne sont pas tout son livre ; ils y tiennent, il est vrai, une grande place ; mais ce n'est pas la place la plus intéressante. Ce livre, très-amusant, est très-instructif, en ce sens qu'il donne une idée très-juste de ce qu'était le XVIIIe siècle en Italie d'abord, en France ensuite. Casanova, avant de venir en France, parcourut toute l'Italie dans toutes sortes de conditions et de fortunes ; il ne tient à aucune place, il ne reste à aucun poste. Tout à l'heure il était à Venise, chez M. Malipierre ; le lendemain, le vieux sénateur le chasse de chez lui à coups de bâton, avec ce prétexte pour toute consolation : *Sequere Deum ;* ce qui peut se traduire pour Casanova : « Va chercher autre part des filles, du gibier, de la morue et du macaroni. »

II

A peine sorti de la riche et oisive demeure de M. Malipierre, Casanova s'enferme au couvent de Saint-Cyprien; il dit adieu à ses amis; adieu, Angéla! adieu, Nanette! Le voilà qui vit au milieu de cent cinquante séminaristes; là, il parle poésie tout le jour, il parle de l'Arioste, du Tasse, de Pétrarque; il apprend, à ce qu'il dit, les vers d'Horace; mais, pour ma part, je suis persuadé qu'il savait très-mal et très-peu son Horace, il le cite trop souvent. Une aventure nocturne dans le dortoir du séminaire le fait mettre à la porte, non sans avoir été fouetté cruellement. L'abbé doit se souvenir du séminaire; il y est entré à coups de bâton, il en est sorti à coups de verges. A peine sorti du séminaire, on le met en prison au fort Saint-André.

Au fort Saint-André, l'abbé raconte une histoire de jeune fille très-facile à raconter devant tout le monde et très-digne d'être racontée. — Il était en prison au fort Saint-André avec le comte de Bonafede, ancien officier du prince Eugène, et qui était alors au service de la République. Cet homme, officier de la République, est mis aux arrêts pour vingt-quatre jours. Comme il était sur le donjon du fort avec Casanova, prisonnier comme lui, ils aperçurent une gondole à deux rames qui se dirigeait vers la porte de la prison : c'était madame la comtesse de Bonafede et sa fille, qui venaient voir, l'une son mari, l'autre son père. Ces dames avaient toutes les belles manières et toutes les apparences de femmes du grand monde. La jeune personne était blonde et rose, son sourire laissait voir de belles dents, sa taille était charmante. Elle était élégamment parée à la mode du temps, ayant de grands paniers et tout le costume des filles nobles. Casanova veut lui donner le bras; mais elle, avec beaucoup d'aisance et de grâce, le trouvant gauche, lui apprend comment un homme bien élevé offre la main à une jeune fille de qualité; elle, cependant, lui parle d'art, elle lui dit qu'elle est musicienne et peintre; voilà le jeune homme enchanté! En se retirant, madame la comtesse, avec un bienveillant sourire, invite Casanova à aller la voir, elle et sa fille; M. l'abbé se confond en respects et en remercîments.

A peine sorti de prison, Casanova se rend chez le comte, qui était sorti. Madame la comtesse était chez elle; le jeune homme entra dans un vaste salon, orné de quatre chaises d'un bois vermoulu et d'une table couverte de graisse. Madame la comtesse était enveloppée dans une robe en lambeaux, qui laissait entrevoir une chemise aussi noire que sa robe. Après le premier salut, madame la comtesse appela sa fille, et alors vint la pauvre fille, habillée comme sa mère. Elle fit entrer le jeune homme dans sa chambre; cette chambre était triste, et il n'y avait pas de draps sur la paillasse qui composait le lit. Elle raconta à l'abbé que leurs beaux habits de l'autre jour étaient en gage. Cette misère-là durait depuis dix ans. L'abbé en fut si touché, qu'il donna six sequins à la fille du comte. Telle est pourtant l'histoire de la bonne moitié de la noblesse au xviii° siècle. Il n'y avait qu'à laisser faire la misère, elle eût bien mieux fait justice des distinctions que le bourreau!

Il faut vous dire qu'en ce temps-là, un certain abbé français étant devenu évêque par la grâce de Dieu, du saint-siége apostolique et de madame Casanova, la comédienne, se chargea de l'avenir de Jacques Casanova. Il commença par donner à Casanova une lettre pour le père Lugari, au couvent des Minimes, dans la villa d'Ancône. Casanova quitta donc Venise pour se rendre à sa nouvelle destination. Il dit encore une fois adieu à ses deux amies, leur laissant tous ses papiers et *tous ses livres défendus*; il s'embarqua tristement pour Ancône, avec dix sequins, à la suite de l'ambassadeur de Venise. La cour de Sa Seigneurie, qu'on appelait *la grande cour*, était composée d'un maître d'hôtel, d'un abbé, d'une vieille femme de charge, d'un cuisinier et de huit ou dix domestiques.

Arrivé à la presqu'île de Chiozza, où s'arrêtait la tartane, l'abbé voyageur fait rencontre d'un sien ami de Padoue qui le présente sur-le-champ chez un apothicaire où se réunissaient tous les gens de lettres de l'endroit ; il dîne à l'Académie de Chiozza, il y lit des stances de sa composition, et il est élu membre de l'Académie de Chiozza à l'unanimité. Après la séance, on le mène au jeu, où il perd tout son argent, sa montre, ses habits, tout ce qu'il a ; le soir, il se couche lui douzième, dans un grand lit, d'où il est chassé à coups de pied par l'hôtelier ; le lendemain matin, il se rembarque, sans argent, sans habit, malade, et ne sachant que devenir.

Dans sa détresse, il est accosté par un moine de Saint-François. Ce moine le prend en amitié, et il partage avec lui tout ce qu'il a : son gîte et son souper chez les dévotes italiennes, son café aux presbytères du chemin, les trésors copieux de sa besace, pain, vin, fromage, saucissons, confitures et chocolat, mangeaille de toute sorte ; ils arrivèrent ainsi à Ancône, ce beau port élevé par Trajan. A Ancône, on fit faire aux passagers de la tartane une quarantaine de vingt-huit jours. Du lazaret, le père Stefano écrivait, par la main de Casanova, des lettres touchantes aux bonnes âmes d'Ancône, les priant de venir au secours d'un pauvre récollet de l'ordre de Saint-François ; les aumônes arrivaient en abondance. Au bout de quinze jours de repos et de régime, l'abbé se sentit rétabli. Pour se distraire, il regardait du matin au soir dans la cour du lazaret. Dans cette cour habitait une esclave grecque, d'une grande beauté, d'une grande blancheur, que rehaussaient encore deux grands yeux très-noirs. L'abbé devint amoureux de la femme grecque ; mais, comme il allait être aimé, la quarantaine finit. A Ancône, le père Lugari lui remit dix sequins de la part de l'évêque ; à Ancône, il quitta le père Stefano et sa riche cargaison de pain, de vin, de salé, de confitures et de chocolat.

D'Ancône, il s'en va à pied à Notre-Dame de Lorette. Il était harassé de fatigue, mort de faim et de soif. A peine est-il arrivé à Notre-Dame de Lorette, qu'un abbé le conduit à une maison de belle apparence. Dans cette maison, on lui donne un appartement de trois pièces, on le rase, on le met au bain, on lui sert un souper délicieux, on lui donne du linge blanc ; une servante, fort bien mise, vient faire son lit : quand il est au lit, on lui apporte une lumière de nuit, avec un cadran. Il était à l'hôpital fondé par monseigneur Caraffa.

Le couvent, les moines et le presbytère où le voyageur trouvait un asile le soir, c'étaient autant d'institutions favorables à la vie aventureuse. Aujourd'hui qu'il faut à toute force qu'un héros d'aventures paye son gîte le soir, aujourd'hui qu'il n'y a plus d'hospitalité qu'à prix d'argent, et que toutes les hôtelleries se ressemblent, il est bien difficile de jeter quelque variété dans son histoire. Chaque voyageur s'en va le long des grandes routes, et, qu'il soit riche ou pauvre, à pied ou à cheval, nous savons à un mètre près le chemin qu'il a parcouru, à vingt centimes près le souper qu'il a mangé. On a porté un grand préjudice aux romanciers en abattant les couvents, ce qui ne nous empêche pas d'avoir trente ou quarante romans nouveaux tous les mois.

Trois jours après, quand il eut bien fait ses prières à Notre-Dame de Lorette, Casanova se remet en route ; le premier homme qu'il rencontre, c'est le frère Stefano ; il voyageait à pied, lentement, sans se hâter, toujours sûr de trouver quelque âme dévote à saint François pour lui donner l'hospitalité le soir. Le moine propose à Casanova de porter sa besace, Casanova porte sa besace ; le lendemain matin, à un certain château, le moine se fait servir la messe par Casanova, et, après la messe, le moine confesse toute la maison, et, comme il refusait de donner l'absolution à une jolie petite fille de quinze ans, Casanova, hors de lui, le traite devant tout le monde d'imposteur et d'infâme ; le moine s'échauffe et donne un soufflet à son compagnon ; le compagnon riposte par un coup de bâton; ils se séparent. Casanova fait marché avec un muletier dont le mulet le jette dans un fossé sur le bord du chemin; il reste dans ce fossé tout un jour. Le soir de ce même jour, un homme vient à passer au bord du chemin et ramasse le voyageur estropié ; cet homme, c'est le moine Stefano.

Le personnage de ce moine Stefano est très-amusant dans ce livre. Il reçoit à chaque instant des coups de pied ou des coups de bâton de son camarade Casanova; il en est abandonné à tout propos, et toujours il arrive à temps pour lui donner à manger quand il a faim, pour lui trouver un lit quand il est à la belle étoile, pour le tirer du bourbier quand il y est tombé. Ce qu'il y a d'original, c'est que ce moine ne se sent pas un mouvement de charité chrétienne en tout ceci; il oblige Casanova uniquement parce qu'il a besoin d'un compagnon pour le distraire, pour manger ses vieux poulets rôtis ou pour porter sa besace quand elle est trop pleine. Il y aurait un excellent personnage de roman à faire avec le frère Stefano. Du reste, c'est bien le plus impudent moine mendiant qui ait mendié dans le pays de moinerie. Voici un exemple de l'effronterie de ce drôle, qui était chargé de toutes sortes de comestibles. Un soir, il s'arrête avec son compagnon dans une chétive maison à cent pas de la route; ils trouvent dans cette maison un vieillard décrépit et cacochyme étendu sur un grabat, deux vilaines femmes de trente à quarante ans, deux enfants tout nus, une vache et un chien. La misère était visible ; mais le cruel moine, au lieu de faire l'aumône dans cette pauvre maison, demande impitoyablement à souper; le moribond se lève en soupirant, et il dit aux femmes : « Allez tuer la dernière poule, allez chercher la dernière bouteille que je conserve depuis longtemps. » En même temps, le vieillard fut saisi d'une quinte de toux violente. Casanova et le moine soupèrent avec la poule et la bouteille de vin, à la lueur d'une misérable chandelle qui bientôt jeta sa dernière clarté. Pendant la nuit, le moine, obligé de se défendre contre les embrassements d'une des femmes, se défend à coups de bâton, et, d'un coup de bâton, il fracasse le crâne de son hôte; cela fait, ils s'en vont tranquillement. Le soir, ils soupent chez un riche marchand de vin que le moine insulte après avoir beaucoup bu; le matin, ils déjeunent chez un aubergiste qui leur donne gratis du vin de Chypre délicieux. Le moine, pour récompenser l'aubergiste, lui vole un sac de truffes. Comme l'aubergiste était une fort belle personne, ce vol indigne Casanova, qui bat le moine comme plâtre; il lui enlève le sac volé et il le renvoie à qui de droit. Le lendemain, Casanova entre seul à Rome *par la porte du Peuple;* à Rome, il va chercher son évêque : on lui dit que, depuis dix jours, son évêque est à Naples. Sur-le-champ il part pour Naples, *ne se souciant pas de voir Rome,* — singulière parole dans la bouche d'un homme qui est jeune et qui n'a encore rien vu! Mais ce jeune homme était déjà pris par le vice, corps et âme; que lui importait de voir Rome? Était-il sûr d'y trouver du macaroni, du gibier, de la morue et du fromage?

A Naples, après un voyage de six jours, il ne trouve pas son évêque; l'évêque était parti pour Monte-Maran. Comme il n'a plus d'argent, il va à pied jusqu'à Portici. A Portici, il entre dans une auberge et il se fait traiter en homme riche. Après le dîner, il va voir le palais. Il trouve, en visitant le palais, un brave marchand qui lui fait goûter son vin et qui lui propose de lui en vendre; il en a de toutes sortes, du vin de Cérigo, du vin de Samos et de Céphalonie; il a aussi du vitriol, du cinabre, de l'antimoine et du mercure. A ce mot *mercure,* l'instinct de Jacques s'éveille; il prie le Grec de lui confier un flacon de mercure; il va du même pas acheter chez un droguiste deux livres et demie de plomb et de bismuth; il rentre à son hôtel; il fait un amalgame, et il attend que le Grec soit de retour.

On dîne gaiement; on sable à longs flots le vin muscat du Levant. Tout en causant, le Grec demande à son hôte pourquoi il a emporté son flacon de mercure, et alors l'autre lui montre son mercure divisé en deux bouteilles. Casanova lui rend sa bouteille de mercure, et il envoie le garçon à l'hôtel vendre l'autre flacon ; le garçon lui rapporte quinze coulis.

Voilà le Grec hors de lui. Après bien des détours, le Grec dit enfin à son hôte : « Combien voulez-vous de votre secret pour l'augmentation du vif-argent, monsieur l'abbé ? — Deux mille onces d'or, dit l'autre effrontément. » Et, moyennant une lettre de change de même somme, Casanova lui enseigne ce secret, qui n'est un secret pour personne, l'agglomération du plomb et du mercure à l'aide du bismuth.

Avec l'argent extorqué au Grec, Casanova se rend à Salerne ; là, il achète des habits et du linge. De Salerne, il va à Cosenza, capitale de la Calabre ; de là, il se rend à Monte-Marano, côtoyant la mer d'Ausonie, et foulant la terre illustrée depuis trois mille ans par Pythagore. A Monte-Marano, il trouve l'évêque fait évêque par sa mère ; le digne homme était pauvrement logé ; il avait un mauvais lit qu'il fut obligé de dédoubler pour coucher son protégé ; sa table était encore plus frugale que son lit n'était mauvais ; ses ouailles étaient laides et pauvres. Que pouvait donc faire chez l'évêque de Monte-Marano Jacques Casanova, qui aimait tant les jolies femmes, la morue, le gibier et le fromage ? Aussi ne resta-t-il que deux jours chez l'évêque de Monte-Marano, qui le renvoya à Cosenza, en lui donnant une lettre pour l'archevêque. L'archevêque le renvoya à Naples. A Naples, il est reçu et fêté partout ; il rencontre un sien parent, homme riche et rangé. De Naples, il va à Rome. Il était fort élégant, fort en argent comptant, fort petit-maître ; il voyageait dans une voiture, avec deux belles dames, fort alertes et des plus élégantes. Le voyage fut long et charmant ; cet homme qui était entré à Rome en mendiant, tout couvert de la poussière du chemin, tout barbouillé par la charcuterie mendiée d'un moine, y rentre à présent dans la voiture d'une belle dame qui l'aime, dînant à Velletri, couchant à Marino, heureux, riche et honoré, car il avait une lettre de recommandation pour le cardinal Acquaviva.

Vous ne pouvez guère vous figurer aujourd'hui ce que c'était encore qu'un cardinal en ce temps-là. C'est là une de ces puissances évanouies comme toutes les autres, et qu'on ne peut se figurer, même en se l'exagérant à soi-même. Casanova fut présenté au cardinal Acquaviva, à la villa Négroni ; le cardinal l'examina pendant quelque temps de la tête aux pieds ; puis il lui ordonna d'aller trouver son secrétaire, l'abbé Gama. Le lendemain, l'abbé Gama lui apprit qu'il était logé et nourri au palais de Son Excellence avec soixante ducats d'appointements par mois ; le cardinal lui ordonnait, entre autres choses, de prendre sur-le-champ un maître de français.

III

Il y avait loin du palais du cardinal à l'humble maison de l'évêque de Monte-Marano ; la position était belle pour faire fortune. Il n'y eut pas jusqu'à notre saint-père le pape lui-même, cet aimable et savant Benoît XIV, le dernier pape de ce monde qui ait été une puissance hors de Rome, qui ne complimentât Casanova *d'appartenir à un cardinal d'une si grande importance.* Casanova parla à Sa Sainteté de l'évêque de Monte-Marano ; Sa Sainteté rit beaucoup du pauvre évêque. Puis, voyant que Casanova parlait mal le toscan, qui est un italien très-difficile à parler quand on ne l'a pas appris en naissant, Sa Sainteté lui dit qu'il pouvait parler le dialecte bolonais ; elle engagea même le jeune abbé à venir la voir quelquefois. C'était un pape charmant, Benoît XIV ; — Casanova n'a pas un mot d'éloge ou d'admiration pour lui.

Une fois que le pape lui eut parlé, Casanova fut un homme à la mode. La belle marquise G... (Casanova a quelquefois des réticences singulières) voulut qu'on lui présentât le protégé de Son

Excellence. La marquise était toute-puissante sur le cœur et sur l'esprit du cardinal; l'abbé lui plut; il était jeune; il faisait des vers; il la regardait avec amour et respect. Le cardinal, qui était peu poëte, fit de l'abbé son confident et le chargea de lui composer un sonnet en réponse à un sonnet de la marquise. Un jour, le cardinal était dans son appartement avec la marquise; le cardinal envoie chercher l'abbé; l'abbé descend. « Lisez ces vers, l'abbé, » dit Son Excellence. L'abbé lit les vers à la marquise; il les lit avec beaucoup de feu et d'expression. Il avait glissé dans ce sonnet quelques vers qui lui étaient personnels et que la marquise seule pouvait comprendre. Comme le cardinal s'était fait saigner le matin, il se mit au lit, priant la marquise de dîner dans sa chambre avec l'abbé. La marquise était dans un négligé galant; l'abbé se mit à table à côté d'elle; le cardinal s'endormit bientôt. Le repas achevé, les deux convives se levèrent sur la pointe du pied pour aller au belvédère; là, encouragé par les regards de la dame, l'abbé lui prit la main tendrement. Je ne répèterai pas tout ce qu'ils se dirent. Heureusement, le cardinal se réveilla à temps, et il vint les rejoindre, en bonnet de nuit, sur le belvédère, leur demandant — s'ils ne s'étaient pas ennuyés.

Eh bien, cette belle fortune si bien commencée, elle fut interrompue par un accident qui perdit Casanova. Il prêta les mains à l'enlèvement de la fille de son maître de français par un Italien; la jeune fille se réfugia chez le cardinal. La belle marquise, outragée, fit chasser l'imprudent Casanova.

« Il faut partir, il faut quitter Rome, lui dit Son Excellence; mais mes bontés vous suivront partout. Où voulez-vous aller? Je vous donnerai une lettre de recommandation partout où vous irez.

— Je veux aller à Constantinople, dit l'effronté jeune homme.

— Je vous remercie de ne pas avoir choisi Ispahan, reprit l'Excellence, car vous m'auriez embarrassé. »

Et il lui donna mille sequins et une lettre pour Osman-Bonneval, pacha de Caramanie, à Constantinople.

Casanova dit donc adieu une seconde fois à Rome; il revient à Ancône, trop heureux de pouvoir se livrer tout entier à son humeur aventureuse et libertine! Ses premiers pas loin de Son Excellence ne furent guère édifiants. Il rencontre une méchante comédienne fort misérable, mère de trois jeunes filles, qui le fait souper successivement avec ses trois filles; il enlève la plus belle et il l'emmène à Bologne; cette fille s'appelait Thérèse. A Bologne, il se sépare de Thérèse; il quitte le petit collet pour l'habit de soldat, et il s'embarque pour Corfou. Dans la traversée de Corfou à Constantinople s'élève une grande tempête; les vents soulèvent les ondes; le vaisseau est en grand péril; les passagers invoquent le ciel; les matelots, excités par un moine slavon, jettent à l'eau Casanova, qu'ils accusent de soulever les vents et l'orage. C'en était fait de lui, mais il resta suspendu à la branche d'une ancre. Enfin, le vent, devenu favorable, les conduisit en huit jours aux Dardanelles; ils arrivèrent à Péra, au palais de Venise, et, le lendemain, Casanova se fit conduire chez Osman, pacha de Caramanie, ce spirituel renégat, comte de Bonneval, dont l'abjuration causa tant de scandale à ce XVIIIe siècle, qui ne s'étonnait de rien. Le seigneur de Bonneval était vêtu à la française; il habitait un appartement meublé à la française; il vint au-devant de notre homme, lui demandant ce qu'il pouvait faire, lui, musulman indigne, à la recommandation d'un prince de l'Église catholique, qu'il ne pouvait plus nommer sa mère.

Le comte, voyant ce jeune homme si insouciant, et si jeune, et si abandonné à l'heure présente, et qui venait de si loin tout exprès pour lui porter une lettre d'un cardinal romain, et qui n'avait rien à lui demander, lui donna un de ses janissaires pour l'accompagner et l'invita à dîner tous les jeudis. A ces dîners, il lui fit connaître deux ou trois Turcs, hommes d'esprit et de sens et fort tolérants; à ces dîners, on buvait d'excellent vin de France. « Voilà ma bibliothèque et mon harem, » disait Bonneval en montrant son caveau bien garni.

Ce que raconte Casanova de son voyage à Constantinople ne me paraît pas d'une vérité incontestable. Son ami Youssouf-Ali, qui se conduit comme un bon mari de Paris, qui parle politique comme Charles-Quint et religion comme Voltaire, est peut-être un anachronisme. Toujours est-il que Youssouf-Ali est un homme amusant, un esprit distingué, et que Casanova eut bien tort de ne pas épouser sa fille, sauf à suivre l'exemple du comte de Bonneval; mais Casanova l'a dit dans sa préface, il est chrétien, et *catholique romain* encore; voilà pourquoi il n'est pas mort dans son harem, pacha à trois queues pour le moins.

Quand il quitta Constantinople, et vous vous doutez bien qu'il a quitté Constantinople toujours pour la même raison, un amour traversé ou découvert, son ami Youssouf-Ali le comble de présents, étoffes de Damas d'or et d'argent, argent en lingots, portefeuilles, ceintures, écharpes, mouchoirs et pipes. Le comte de Bonneval lui donna du vin de Malvoisie et de Scopolo. Voilà comment un renégat chrétien et un vénérable musulman acquittèrent la lettre de change du cardinal Acquaviva.

Il est bien malheureux que Casanova ne soit, à tout prendre, qu'un intrigant maladroit, un homme qui va par sauts et par bonds, qui ne met pas plus de transition dans les pages de son livre que dans les actions de sa vie; son livre serait bien plus intéressant s'il y avait plus d'ordre et de méthode. Comparez ces Mémoires aux Mémoires écrits par des hommes de sens, dont la vie a touché à un but et dont toute la conduite a été logique, même dans ses égarements et dans ses contradictions : comme tout se tient dans ces Mémoires! comme une action est la conséquence de l'autre action! comme l'écrivain, à tête reposée, s'explique à lui-même, puis explique aux autres comment il est allé d'ici là, de cette action à cette action, de telle vérité à telle vérité, de telle vérité à telle erreur, de telle erreur à telle erreur! C'est que la vie de ces hommes n'a jamais été tellement livrée au hasard, qu'on n'y puisse rencontrer, en la cherchant, une pensée dominante, une opinion chérie, une habitude constante, disons-le, un vice enraciné et qui se reproduit toujours. Il n'en est pas ainsi pour les hommes à aventures; qui dit un aventurier dit tous les hommes, toutes les positions, tous les contrastes, comme aussi il dit toutes les passions, toutes les habitudes, toutes les opinions, tous les vices, et surtout aucune vertu. Voilà tout à fait notre digne héros Casanova de Seingalt.

Il faut donc que vous ne preniez pas ce simple récit en mauvaise part, si fort souvent je ne vous donne aucune explication aux aventures de mon héros; le vagabondage ne serait pas le vagabondage si on pouvait lui donner une définition quelconque. Ainsi cet homme, fils d'une comédienne, qui se fait prédicateur à la suite d'un sénateur vénitien, mendiant à la suite d'un moine, poëte à la suite d'un cardinal, qui n'est catholique qu'une fois à Constantinople, cet homme revient de Constantinople pour se faire officier de la république de Venise. La république de Venise l'envoie à Corfou.

Les détails qu'il donne sur Corfou ne sont pas sans quelque intérêt. L'autorité souveraine y était exercée par le provéditeur général, M. Dolfino, vieillard sévère, ignorant et têtu. Il avait avec lui trois grands officiers des troupes légères, trois officiers des troupes de ligne et trois amiraux. Il avait, en outre, une dizaine de nobles, beaucoup de nobles de hasard et de Vénitiennes consacrées au plaisir. Casanova fut nommé adjudant de M. Dolfino. Naturellement, chez M. Dolfino, l'adjudant fait la cour aux dames; d'abord, elles sont cruelles, mais enfin elles cèdent. A tous ses agréments personnels, l'adjudant venait d'ajouter une force irrésistible: cette force, c'était le jeu. Le jeu est encore un de ces puissants agents dans le roman ou dans le drame qui manquent au drame et au roman modernes. Le jeu, c'est comme le couvent du grand chemin, toujours prêt à donner asile à l'aventurier qui passe. Quand votre aventurier n'a pas d'habit, n'a pas de gîte, le jeu est là qui lui donne habit, gîte, valet, belle femme, soupers magnifiques, grand train. Le jeu agit à peu près dans les romans et dans la vie du xviiie siècle comme la baguette magique ou le talisman tout-puissant dans les contes de Perrault. Vive le jeu pour expliquer tous les bonheurs et tous les revers, pour montrer un homme sous son côté inattendu, pour dégager une intrigue des langes qui l'enveloppent. A présent que nous savons Casanova joueur, et joueur *habile*, nous avons notre Casanova au grand complet. « Ta fortune est faite, mon fils, dans la voie scélérate où tu t'engages. » Lâchez-lui la bride ; qu'il aille à bride abattue et sans crainte puisqu'il est sans reproche ; il n'y a pas de sollicitude à avoir pour un jeune homme aussi avancé.

A Corfou donc, il joua, il fit l'amour, il gagna beaucoup d'or et beaucoup de femmes ; il ne garda ni son or ni ses femmes ; il devint, comme il le dit lui-même en tête d'un de ses chapitres, un franc vaurien : *Je deviens un franc vaurien*. A force d'être *un franc vaurien*, il est forcé de vendre sa charge. Il est rappelé de Corfou à Venise ; il revient à Venise plus pauvre qu'il n'en est sorti, mendiant, sans habit, ruiné et n'ayant pour toute ressource qu'un méchant violon sur lequel il faisait sa partie dans un orchestre d'opéra. C'était là tomber de bien haut pour un secrétaire de cardinal, l'amant de toutes les marquises et comtesses qu'il avait trouvées sur son chemin ! Cependant il se consolait de sa triste position à force de philosophie et d'ivrognerie dans les tavernes. Il avait fait société avec une douzaine de bons sujets comme lui, et, la nuit, ils s'en allaient, faisant toutes sortes de désordres dans la ville, frappant aux portes silencieuses, brisant les vitres, enlevant les enseignes, décrochant les nacelles qui ensuite voguaient toutes seules où elles pouvaient ; vivant au cabaret et y faisant mille folies. Un jour entre autres, c'était un jour de carnaval, une honnête famille vénitienne se livrait à la gaieté dans un cabaret retiré, au milieu de cette famille était une femme d'une grande beauté et d'une grande modestie ; nos huit garnements s'habillent en alguazils, et, ainsi déguisés, ils s'en vont, au nom du très-redouté tribunal des Dix ; ils arrêtent tous les hommes ; ils les conduisent fort loin, à Saint-Georges, sur l'autre rive du canal. Cependant la jeune femme était entraînée à l'auberge des *Deux Épées*, où elle soupa joyeusement avec les alguazils du très-redouté tribunal. De retour chez lui, le pauvre mari porta ses plaintes au sénat de Venise. Mais quoi ! il y avait un patricien parmi les honorables compagnons de Casanova. L'honnête Vénition n'eut donc aucune satisfaction ; c'était là une aristocratie qui avait pour devise *solo mihi !* Vous savez où sa devise l'a menée.

Notre homme, cependant, à force de jouer du violon, était plus misérable de jour en jour. Un soir, ou plutôt une nuit, qu'il avait raclé des airs de danse sur son instrument à quelque brillante fête dont il n'était que le spectateur le plus fatigué et le plus haletant, il s'en retournait tristement chez lui, pâle et harassé ; comme il descendait l'escalier, son violon sous le bras, il rencontra un sénateur en robe rouge qui était monté dans sa gondole, et qui, en tirant son mouchoir de sa poche, laissa tomber une lettre. Casanova ramasse cette lettre, et la remet au sénateur. Celui-ci, jaloux de rendre au pauvre musicien politesse pour politesse, veut absolument le reconduire chez lui. Ils partent. En chemin, Sa Seigneurie est frappée d'une attaque d'apoplexie ; Casanova le prend dans ses bras, le ramène à son palais ; le chirurgien arrive à temps ; Sa Seigneurie est sauvée. Son premier regard et son premier sourire sont pour ce jeune homme qui l'a secouru si à propos. Ce sénateur était M. de Bragadin, homme savant, bon, facétieux, sceptique, et qui n'avait que cinquante ans.

Voilà Casanova qui jette son violon aux orties, comme il a déjà jeté son collet d'abbé et son uniforme d'adjudant. M. de Bragadin l'adopte pour son fils ; il l'introduit dans sa société la plus intime, il l'initie à ses affaires les plus secrètes, il lui fait une pension très-honorable, il lui donne un bel appartement dans son palais ; le ménétrier devient tout à fait grand seigneur. Mais, hélas ! ménétrier ou grand seigneur, il ne changea rien à ses allures ; il s'adonna de nouveau, corps et âme, au jeu et aux femmes. Rien n'est monotone comme ces histoires de femmes ; qu'elles résistent longtemps ou qu'elles cèdent sur-le-champ, qu'il les rencontre dans un salon ou au coin de la borne, qu'elles le comblent de présents ou qu'elles le volent effrontément dans une maison de jeu, pour lui c'est à peu près la même chose, ce sont toujours des femmes ; quoi qu'elles fassent, il faut toujours arriver à la même conclusion ; et, arrivé à cette conclusion, il faut recommencer encore. Casanova est un si rude jouteur en fait d'amour, qu'il ne s'aperçoit pas que le plus simple récit de ses combats est déjà une fatigue ; et puis il y a une chose ignoble dans sa manière de raconter toutes ses amours, c'est cette atroce formule *tu* qu'il emploie à chaque instant et pour toutes les femmes. Telle femme qu'il appelle respectueusement *madame la duchesse* au commencement d'un chapitre, il lui dit *porte-toi bien* à la fin du même chapitre. Du reste, rien n'est épargné par ce galant effronté. La fille de joie, la grande dame, la villageoise ingénue qui cherche un mari, l'abbesse dans son monastère, la servante dans son cabaret, la femme de sénateur, la femme de théâtre, la femme d'alguazil, tout lui est bon ; ajoutez une demi-aune de longueur à la liste de don Juan. Il en fit tant, qu'il fut obligé de quitter Venise ; et il quitta Venise et M. de Bragadin, et cette haute position, et cette brillante fortune, et ce grand avenir, sans trop de regrets ; que pouvait-il faire dans une ville *où il n'y avait que les sénateurs à robe rouge et à longue perruque qui eussent le droit de tenir la banque de pharaon?*

IV

Il avait vingt-trois ans quand il quitta Venise, *la nuit*. Deux jours après, il était à Milan, libre encore une fois, encore en beaux habits et en argent comptant. Le soir, au théâtre, il rencontre une de ses anciennes connaissances, Marine, qui dansait un pas grotesque. A la fin du ballet, il va demander Marine. *L'ami* de Marine jette un couteau à la figure de la danseuse : Casanova appelle le champion en duel et il le blesse au bras; le voilà en pied dans les coulisses. Dans les coulisses, il trouve des officiers avec lesquels il joue; et il vole aux cartes, il mène sans remords la vie d'un misérable. Ce fut bien pis quand il fut à Césène; à Césène, il fait le magicien; il vend à un imbécile, et pour la somme de deux mille écus, une vieille botte qu'il donne pour un fourreau d'épée, et puis il entasse toujours de nouvelles amours sur les anciennes amours. Toute cette partie de la vie de notre aventurier est très-active, il se livre à une escroquerie de bas étage qui n'a rien de fort extraordinaire; mais cela devient d'un haut intérêt, quand enfin sa fortune, ou plutôt la nôtre, le jette dans la France élégante et croulante du roi Louis XV et de madame de Pompadour.

Rien n'est amusant et rien n'est vrai comme la peinture de Paris par Casanova. Il est venu à Paris comme il est allé à Constantinople, sans aucun but, et poussé uniquement par son humeur aventureuse. Arrivé à Paris, il va au Palais-Royal; c'était le matin, il entre dans un café; il demande du café à l'eau : on lui répond qu'on n'a que du café au lait, qu'on ne fait de café à l'eau que le soir, et on lui offre un verre d'orgeat. Pendant qu'il prend son verre d'orgeat, il demande au garçon ce qu'il y a de nouveau; celui-ci répond : « La Dauphine est accouchée d'un prince! » Un abbé soutient qu'elle est accouchée d'une princesse; un troisième qui survient, dit que la Dauphine n'est pas accouchée. En sortant, M. l'abbé donne à Casanova le nom et l'adresse de toutes les filles qui se promènent dans le jardin.

Au milieu du jardin, une grande foule se tient debout, le nez en l'air et la montre à la main : ce sont les bons Parisiens qui viennent régler leur montre à la méridienne du Palais-Royal. En sortant du jardin, la foule se porte chez un marchand de tabac ; elle ne veut que du tabac de la Civette, comme elle ne veut que l'heure de l'horloge du Palais-Royal.

De là, notre homme s'en va faire une visite à la comédienne Silvia. Chez Silvia, il est présenté à un bonhomme de quatre-vingts ans, vieillard encore très-énergique, Crébillon, l'auteur de *Rhadamiste*. Crébillon, haut de six pieds, énergique mangeur, grand amateur de bonne chère, intrépide fumeur, gouverné par sa cuisinière, par ses chiens et ses chats, se charge d'apprendre le français de Paris à l'Italien Casanova, et il l'invite à venir chez lui. Le soir de cette même journée, Casanova, en bel habit italien, en manchettes ouvertes, et couvert de boutons du haut en bas, se rend à la Comédie-Italienne. On jouait *Cénie*, pièce de madame de Graffigny. Pendant l'entr'acte, il demande à un homme qui était à côté de lui : « Quelle est cette grosse cochonne? » en même temps qu'il montrait une dame bien parée dans une loge voisine. « C'est la femme de ce gros cochon, » lui répond le voisin en se désignant lui-même. La grosse cochonne et le gros cochon invitent Casanova à souper pour le soir même : c'étaient M. Beauchamp, receveur général, et sa femme. Casanova accepte, et, dans cette maison, il rencontre l'éclat, la joie, un grand feu, une grande chère. La vie parisienne était ainsi faite alors : pleine d'éclat, pleine de grâces, affable, polie, flexible, insouciante, tout entière à l'heure présente, disposée à rire de tout et fort peu rancunière, comme vous voyez.

Le lendemain, notre homme va se promener aux Tuileries ; il est présenté à madame du Boccage, qui était en train de plaindre ce pauvre maréchal de Saxe, pour lequel on ne pouvait pas dire un *De profundis*, lui qui avait fait chanter tant de *Te Deum*. Des Tuileries, on le mène chez mademoiselle Fel, de l'Opéra, actrice bien-aimée de tout Paris. Mademoiselle Fel avait trois enfants charmants qui voltigeaient autour de la maison.

« Je les adore ! disait mademoiselle Fel.

— Ils sont beaux tous les trois, reprenait Casanova, mais d'une beauté différente.

— Je le crois bien ! disait l'actrice : l'un est fils du duc d'Annecy ; l'autre, du comte d'Egmont ; le troisième doit le jour à Maison-Rouge.

— Pardon, madame, lui dit Casanova ; je vous croyais la mère de tous les trois. »

A ces mots, mademoiselle Fel part d'un grand éclat de rire. Il faut avouer aussi que la réponse est innocente pour un homme comme Casanova.

Un autre jour, chez Lamy, maître des ballets de l'Opéra, il voit cinq ou six jeunes personnes de treize à quatorze ans, d'un air très-modeste et très-réservé ; elles étaient accompagnées de leurs mères ; l'une d'entre elles, se trouvant mal, dit à sa compagne : « Je crois que je suis grosse ! »

Casanova s'avance et dit : « Je ne croyais pas que madame fût mariée ! »

On éclate de rire comme chez mademoiselle Fel.

Ce Casanova, tout roué qu'il est, raconte de bonnes naïvetés.

Il raconte, entre autres choses, qu'un homme de lettres, nommé Patu, lui enseigna l'art de faire de la bonne prose. Ce Patu, qui concourait pour l'éloge du maréchal de Saxe, avait jeté sur le papier un grand nombre de phrases écrites en vers blancs de douze syllabes. « La prose devient plus belle, lui dit Patu, quand elle est écrite en vers blancs. » Il ajouta que Crébillon, l'abbé de Voisenon, La Harpe et Voltaire n'ont jamais fait autrement de leur bonne prose. Ce diable de Patu n'aurait pas écrit *Candide !*

Le soir, notre héros va à l'Opéra. On jouait à l'Opéra une fête vénitienne, où l'église de Saint-Marc était à droite et le palais ducal à gauche, ce qui, dans la réalité, est tout le contraire. Dans cette même fête, il vit danser le doge et douze conseillers en toge. Il vit aussi le fameux danseur Desprez; il le vit *arrondir* ses bras lentement, les *resserrer*, remuer les jambes *avec précision*, faire des *petits pas*, des *battements à mi-jambe*, une *pirouette* et disparaître *comme un zéphyr*. Cela n'avait pas duré *une demi-minute*. A la fin du second acte, le même Desprez se montre de nouveau; il s'avance solennellement sur le bord de la scène. Aussitôt mille voix s'élèvent dans le parterre; on s'écrie de toutes parts : « Il se développe! il se développe! » *En effet, il paraissait un corps élastique qui, en se développant, devenait plus grand.* L'instant d'après, Casanova, à peine revenu de son admiration pour Desprez, voit arriver une danseuse qui parcourt l'espace en faisant *des entrechats à droite, à gauche et dans tous les sens*; c'était la Camargo! Un vieil amateur qui était là lui raconte que, dans sa jeunesse, *la Camargo faisait le saut de basque et même la gargouillade*. — Il y a loin de Desprez, et même de *la gargouillade* de la Camargo, aux pas charmants et pleins de décence de mademoiselle Taglioni!

L'Opéra de ce temps-là était aussi suivi que l'Opéra de notre temps; ce qui rend l'identité parfaite, c'est qu'en ce temps-là, non plus qu'aujourd'hui, il n'y avait personne au Théâtre-Français, bien qu'on y jouât parfaitement avec mesdames d'Angerviliers, Dumesnil, Gaussin, Clairon, avec Préville, les chefs-d'œuvre du théâtre. Un soir, au Théâtre-Français, Casanova dit à sa voisine : « Voilà une jolie personne (elle jouait l'amoureuse). — Venez souper chez son père, lui dit sa voisine. » Et, comme il s'étonnait de cette grande facilité à donner à souper aux gens : « Mon Dieu, reprit-elle, vous êtes à Paris, monsieur; *on y sent le prix de la vie, et l'on tâche d'en tirer parti.* »

Et, en effet, c'était là tout le secret de cette admirable facilité parisienne; on sentait que la Révolution était proche, on le sentait confusément, et la société parisienne jouissait de son reste.

Casanova a vu en détail tous les comédiens de Paris. Un jour, on le mène dîner chez le fameux Carlin Bertinazzi, chez M. de la Cillerie, où il logeait. Chez M. de la Cillerie, il voit trois jolis enfants. « Ce sont les enfants de ma femme et de M. Carlin, » dit l'honnête mari. Au reste, Carlin ne faisait en ceci qu'imiter les plus grands seigneurs. Messeigneurs de Boufflers et de Luxembourg, en ce temps-là, avaient changé de femmes, et chacun d'eux appelait de son nom les enfants de ces deux dames. On s'y perd, en vérité, à voir cette corruption si échevelée, si naïve, si vraie, et qui se ferait presque pardonner à force de naïveté !

A la cour même du roi Louis XV, Casanova rencontra autant de bonhomie que parmi les artistes et les autres nobles. Le roi faisait tous les ans à Fontainebleau un voyage de six semaines qui coûtait cinq millions à la France; il emmenait avec lui tout Paris; on y donnait la comédie chaque soir. Casanova, assis au parquet, au-dessous d'une loge, écoutait avec transport la musique de Lulli. A l'entrée de la Renaud, il jeta un cri d'admiration, s'imaginant qu'il était dans son droit. Un cordon bleu, qui était dans cette loge, à côté d'une dame, lui frappa sur l'épaule et lui demanda :

« De quel pays êtes-vous?

— Je suis de Venise, » dit l'autre.

La dame, s'avançant au bord de la loge :

« Vous êtes de là-bas, monsieur?

— De là-bas? reprend Casanova. De là-haut, madame! »

A cette réponse, voilà toute la loge qui se consulte longtemps pour savoir si Venise est en haut ou en bas. On n'était guère fort en géographie à la cour de Louis XV.

Ce grand seigneur, c'était le duc de Richelieu.

Cette grande dame, c'était madame de Pompadour.

Casanova s'extasie à juste titre sur la beauté du roi Louis XV. Il le vit dans la galerie de Fontainebleau, comme il passait, le bras appuyé de tout son long sur les épaules du marquis d'Argenson. *Sa beauté et sa grâce forçaient l'amour de prime abord; c'était la majesté idéale.*

Il vit aussi la reine; elle était à table; elle mangeait une fricassée de poulet. Elle appela M. de Lowendal.

Un superbe homme s'avance et s'incline en disant:

« Madame!

— Je crois que ce ragoût est une fricassée de poulet, dit la reine.

— Je suis de cet avis, madame. »

Et le maréchal, s'inclinant de nouveau, reprend sa place à reculons.

C'était pourtant le vainqueur de Berg-op-Zoom!

Il a vu aussi Fontenelle, ce spirituel vieillard, le dernier bel esprit de la France, charmant égoïste, plus égoïste que le roi Louis XV; Fontenelle avait alors quatre-vingt-treize ans, et, comme l'Italien lui disait qu'il était venu à Paris tout exprès pour le voir: « Avouez que vous vous êtes fait bien attendre, » dit Fontenelle.

Il faut arrêter ici le cours de ces confidences. Ce diable d'Italien a écrit douze volumes in-8° avec ses aventures; vous me saurez peut-être gré de vous les avoir résumés en quelques pages. Je sais bien que ceci est moins glorieux à faire qu'une belle page de prose, mais ceci est plus amusant pour vous; et, en mettant à part la gloire que vous rapportent les romans et les contes, j'imagine qu'il y a plus que compensation.

MÉLANGES

VOYAGE EN AMÉRIQUE

A LA SUITE

DE MISS MARTINEAU

I

L'éternelle crise américaine. — La fête des aïeux. — Les journaux du nouveau monde. — Les émeutes de gens comme il faut. — Traduction du mot *union* dans la langue yankee. — Le préjugé de la couleur. — Le Nid du Faucon. — Les eaux sulfureuses de Lewisbourg. — Les Guelfes et les Gibelins de Colombus. — Les émigrants.

Quand miss Martineau partit, il y a quelques années, pour la Nouvelle-Angleterre, ce fut parmi ses amis à qui retarderait ce voyage. A entendre ces grands politiques, l'Amérique se trouvait dans la plus triste position où elle se fût jamais trouvée, elle marchait tout droit au désordre social, ou, qui pis est, au despotisme militaire, le pire des despotismes pour les nations qui ne renoncent pas au progrès. Ces tristes prédictions ne purent arrêter l'intrépide économiste; miss Martineau partit pour l'Amérique en songeant que, si l'Amérique était la proie des misères politiques, elle avait une ressemblance de plus avec l'Angleterre, sa mère patrie. A peine arrivée à Washington, voyant que le pays était tranquille, et, en fait de despotes militaires, ne rencontrant guère que quelques jeunes cadets qui faisaient l'exercice, elle n'eut rien de plus pressé que de demander des nouvelles de la *crise*; à quoi on lui répondit que la *crise* américaine durait depuis tantôt cinquante années, et qu'elle durerait pour le moins encore cinquante ans. A ces causes, miss Martineau, qui n'avait jamais eu grand'peur, se rassura complétement.

C'est que, en effet, s'il y a en Amérique, comme dans tous les pays de ce monde, deux partis politiques, ceux qui tremblent et ceux qui espèrent, ceux qui règnent et ceux qui attendent que leur jour de règne soit arrivé, du moins l'Amérique a ce grand avantage que ceux qui ont peur de l'avenir, c'est-à-dire les aristocrates, aussi bien que ceux qui n'ont foi que dans l'avenir, c'est-à-dire les démocrates, sont bien peu en peine les uns des autres, et, au contraire, qu'ils se tiennent par la communauté des mêmes principes. Les uns ne sont pas tellement en avant des autres, et ceux-ci ne sont pas tellement en retard de ceux-là, qu'ils ne puissent fort bien, même sans attendre ni une révolution ni une contre-révolution, être facilement rassurés les uns et les autres. Le nouveau monde est libre encore des deux fléaux qui ont fait presque toutes les révolutions de l'ancien monde, la pauvreté et l'ignorance : nous voulons parler de l'ignorance politique, la plus dangereuse de toutes les ignorances. Et encore quelle position savez-vous plus favorable à l'avenir d'un pays que l'absence de cette lèpre ou plutôt de cette lutte sociale qu'on appelle le paupérisme?

Nous ne dirons rien ici du gouvernement américain. Il a été

expliqué à la façon de Montesquieu, dans un livre célèbre. M. de Tocqueville, prenant à partie cette constitution modèle, l'a suivie depuis son point de départ (« Nous, le peuple des États-Unis, voulant former une union plus parfaite, etc... ») jusqu'à ses dernières conséquences, dans les divers États de l'Union. Nous abandonnerons donc miss Martineau à sa nébuleuse politique; les faits de son voyage, dégagés de tout commentaire d'économiste, nous suffiront.

Comme elle arrivait en Amérique, l'Amérique célébrait la fête des aïeux, l'anniversaire du débarquement des pèlerins sur le roc de Plymouth. Que ce dut être un moment terrible, quand les premiers habitants de ces déserts abordèrent sur cette rive sauvage, dans ce pays nu, inculte, glacial, la neige couvrant alors, comme elle la recouvre encore, toute cette contrée désolée! Plus de la moitié de ces hardis pèlerins succomba dans le cours du premier hiver. Ils ne se doutaient guère, les braves gens, qu'ils allaient utiliser un monde, ce qui est peut-être plus beau que de l'avoir découvert.

Les Américains ont honoré, à l'égal des plus saintes reliques, ce coin de terre qui, à vrai dire, est leur berceau. Le roc sur lequel les pèlerins prirent terre, a été entouré d'une grille de fer; les noms des aïeux sont écrits sur cette grille; un tableau, dans lequel est représentée la scène du débarquement, rappelle le tableau triomphal que commandèrent les Grecs après la bataille de Marathon.

Cette fête des aïeux fut célébrée à la façon américaine, c'est-à-dire qu'on y fit une grande consommation de cette éloquence marchande, turbulente, inutile et mal peignée, qui a passé de l'Angleterre en Amérique, et qui finira par envahir même la France, si nous n'y prenons garde. Celui qui jugerait les Américains sur leurs discours politiques, les pourrait prendre pour autant de cerveaux creux. Le fond de tous ces discours se réduit à prouver l'excellence du génie américain, l'excellence de la bravoure américaine, l'excellence de la liberté américaine. Ce sont là autant de fanfaronnades auxquelles il ne faut pas trop s'arrêter. Les Américains eux-mêmes ont trop de bon sens pour les prendre toujours au sérieux.

Mais, au moins, voici une scène touchante. Quand les furibonds orateurs eurent achevé leurs discours, la foule quitta l'église pour aller saluer en grande pompe une vénérable dame, presque centenaire, qui descendait en droite ligne de l'un des pèlerins de 1623. Cette dame avait conservé le fauteuil de son aïeul, dans lequel elle était assise. Elle reçut avec bienveillance tout ce peuple qui la saluait. La journée se termina par un grand bal plein de joie et de gaieté, plein de beaux jeunes gens et de charmantes jeunes filles; puis, quand la fête fut achevée, la baie de Plymouth rentra dans son silence accoutumé.

Après les mauvais discours en plein vent, un des fléaux de l'Amérique, c'est le nombre, la misère, le peu d'esprit et la vénalité des journaux. Ces journaux mentent et ils tremblent, c'est-à-dire qu'ils manquent des conditions essentielles de la presse périodique : la vérité et le courage. Ce sont de toutes parts de si étranges violences contre la vie, contre les mœurs des hommes jetés dans les affaires publiques, que très-souvent on a vu d'honorables citoyens refuser à leur pays leur assistance et leur concours, tant cette horrible calomnie vivante leur faisait peur. Dans le Saint-Louis, dans le Missouri, un homme de couleur est brûlé vif, sans jugement, en présence de *respectables* habitants; et, qui le croirait? pas un journal ne se rencontre pour dénoncer cet horrible crime à l'Amérique entière. C'était, disait-on, un petit crime de localité qui ne regardait que le Missouri, et dont on devait parler en famille. Les autres journaux de l'Union, voyant que les journaux de Saint-Louis gardaient le silence sur ce crime, n'osèrent pas être plus braves; et voilà un grand crime sans punition! et voilà toute une ville déshonorée par le lâche silence de la presse périodique!

Avec une presse ainsi faite, avec cette éloquence courante de table d'hôte et de place publique, le moyen de s'inquiéter de ses droits politiques? le moyen même de porter à la loi ce respect de toutes les heures, de tous les instants, que la loi exige? Aussi entendez-vous parler chaque jour de nouvelles émeutes et d'excès incroyables. A New-York, à Boston, à Baltimore, on assomme les abolitionnistes, on brûle leurs maisons, on arrête les malles-poste, on renverse les temples. Les nouvelles de ces fureurs arrivent en Europe, et l'Europe se demande avec inquiétude : « Que va-t-il donc arriver? » Hélas! rien n'arrive. L'homme est tué, la maison brûlée, le temple est rasé, la force publique est insultée : que voulez-vous qu'on y fasse? Ce sont, d'ailleurs, des émeutes de bonne compagnie ; ceux qui brûlent, ceux qui égorgent, sont pour la plupart de très-honorables citoyens, quelquefois même ce sont des magistrats du pays qui pendent par douzaines, et sans forme de procès, leurs adversaires politiques. Parlez-nous de cette émeute aux belles manières et non pas de l'émeute déguenillée des villes de l'Europe.

L'émeute, en Amérique, a encore ceci de particulier, elle est bien plus souvent une émeute religieuse qu'elle n'est une émeute politique. Quand vous entendez hurler dans les rues, tenez-vous pour assuré que ce sont toutes sortes de fanatiques et toutes sortes de communions qui s'en vont demandant, en hurlant, toutes sortes de libertés.

Ou bien l'émeute est une émeute non abolitionniste, c'est la plus furieuse et la plus implacable de toutes. L'abolitionniste Thompson devait, un jour, parler dans un comité de femmes; la veille de ce jour terrible, des placards sont affichés à la bourse de Boston, et, dans ces placards, il est dit que *les bons citoyens* sont invités *à mettre Thompson à la raison*, et que les dames sont averties *qu'elles seront tuées infailliblement*. Quand les dames abolitionnistes eurent connaissance de ce placard, elles en référèrent à M. le maire, qui leur répondit sèchement : « Vous me donnez beaucoup d'embarras. »

Il faut dire, à la louange de ces dames, que, nonobstant ce placard affiché à la bourse, elles se réunirent à l'heure désignée, au milieu des vociférations de la foule. La séance commença par une prière, et, après la prière, la présidente allait entamer un discours contre l'esclavage, lorsque M. le maire, qui était plus *embarrassé* que jamais, leur vint signifier en personne qu'elles eussent à se séparer immédiatement. Ces dames, toutes fières de n'avoir pas été *tuées*, comme on le leur avait promis, se séparèrent et traversèrent une à une cette foule irritée; mais, les malheureuses! elles oubliaient derrière elles Garrison, leur chef et leur apôtre, le plus implacable ennemi de l'esclavage; Garrison, découvert sous la table de la présidente, fut entraîné dans la rue, foulé aux pieds; on l'accabla de soufflets et de crachats, on lui passa une corde au cou et on le traîna ainsi dans le ruisseau; lui, cependant, impassible, ne veut pas demander grâce, et il va mourir fidèle à ses croyances quand un jeune ouvrier le tire des mains de ces forcenés gentlemen. Je vous demande cependant si cette émeute de gens comme il faut est de beaucoup préférable à nos émeutes de *populace?*

Malgré ce beau mot *union*, tous les Américains sont bien loin de s'aimer les uns les autres : autant d'États différents, autant de citoyens différents. Ce ne sont ni les mêmes habitudes, ni les mêmes mœurs, ni les mêmes sympathies; dans ce vaste territoire, fermentent toutes sortes de *haines locales*. Entendez-les parler les uns des autres! les citoyens de la Nouvelle-Angleterre sont des porte-balles ou des suspects, les hommes du Sud sont des païens, ceux de l'Ouest sont des barbares; Rhode-Island est peuplée d'idolâtres; les dames de Baltimore affirment que les dames de Boston n'ont jamais su porter un chapeau; les dames de Boston répondent qu'on ne saurait dîner chez les dames de Baltimore; ceux du Kentucky méprisent souverainement les Hurons; les Hurons ne voudraient même pas pour esclaves des gens du Kentucky.

Une des croyances les plus chères de cette Amérique, si fière de ses libertés et de son égalité, c'est le préjugé de la couleur. L'homme de couleur est séparé de l'homme blanc par des barrières qui semblent infranchissables. L'homme de couleur ne peut pas envoyer ses enfants à l'école, il ne peut pas s'asseoir dans un banc à l'église, il ne peut pas aller aux premières loges au théâtre; les fonctions municipales, les associations scientifiques ou littéraires lui sont expressément défendues : il est vrai qu'ils sont citoyens aux yeux de la loi; mais cependant la loi ne les protége que *dans l'intérêt public*. O terre heureuse de l'égalité et de la liberté!

Il n'importe, c'est un merveilleux spectacle et rempli d'intérêt que celui-là : étudier la société américaine, depuis l'endroit où elle commence jusqu'à la limite où elle s'arrête; assister aux défrichements du colon qui, la hache à la main, se fraye une route dans ces forêts vieilles comme le monde, suivre à la trace cette civilisation naissante jusqu'au moment où elle devient la corruption d'une cité déjà vieille, tel a été cependant le voyage de miss Martineau.

Cette terre des États-Unis est d'une immense étendue, et, en même temps, elle est fertile, elle est féconde, elle est remplie de carrières et de forêts et de manufactures; elle produit du blé, du coton, du sucre, du tabac, du chanvre, des pâturages, du vin, de la soie, du marbre, du fer, de l'argent, de l'or, de la houille, du bois, du plomb, du sel, des eaux minérales; elle a de grands fleuves pour la servir, et, pour l'habiter, pour la cultiver, pour la parer, pour la gouverner, pour la défendre, toutes sortes de peuples, des Allemands, des Hollandais, des Irlandais, des Écossais, des Africains, toute l'Europe, qui a envoyé là ses plus nobles aventuriers.

Ce vaste royaume se défriche peu à peu, se civilise, se peuple, s'agrandit peu à peu, mais sans cesse, mais chaque jour, mais à toute heure. La civilisation et le mouvement s'enfoncent dans les forêts et ils y font des progrès rapides. De mauvais chariots vous transportent dans ces contrées silencieuses. Vous rencontrez, de distance en distance, des maisons cachées dans les bois, des hommes qui travaillent à se faire un domaine, n'ayant pour les aider que leur femme et quelques petits enfants en bas âge. Vallées profondes, montagnes escarpées, grottes tapissées de verdure, ruisseaux murmurants, torrents grondeurs, vastes lacs, telles sont les rencontres de la route. Ou bien, monté sur un bateau à vapeur, vous pouvez admirer les rives de l'Ohio, vous prêtez l'oreille à tous les bruits du rivage : enfants qui bondissent, oiseaux qui chantent, brillants papillons qui traversent le fleuve, et, la nuit, les petites mouches qui versent en tourbillonnant le phosphore de leurs ailes sur les eaux.

Il arrive ainsi qu'on découvre d'un coup d'œil trois États souverains, l'Ohio, le Kentucky, la Virginie. Arrêtez-vous, s'il vous plaît, pour admirer un des plus beaux points de vue du monde, *le Nid du Faucon.*

La montagne au-dessus de New-River est rude et difficile ; cette montagne vous conduit sur une plate-forme de rochers qui se projette des flancs de la montagne, et qui domine un angle du fleuve mugissant, à une hauteur de douze cents pieds ! Ce fut ainsi, et en admirant toutes choses sur sa route, que miss Martineau arriva aux sources sulfureuses, près de Lewisbourg.

Ces sources sulfureuses ressemblent beaucoup aux eaux les plus élégantes de notre Europe. La belle société de l'Union y vient passer chaque année quelques semaines dans toutes sortes de délassements européens ; on se pare, on s'habille, on joue, on se promène, on lit les romans nouveaux, on prend même les eaux, qui sont d'une belle couleur et limpides : déjà ces eaux rapportaient cinquante mille dollars par an.

Non loin des eaux sulfureuses, dans la forêt peuplée de daims et d'oiseaux moqueurs, miss Henriette rencontra une famille d'émigrants, le père, la mère et neuf enfants ; ils se rendaient à pied de la Caroline du Sud dans l'Illinois ; ils allaient chercher un patrimoine qu'ils étaient sûrs de trouver enfin.

Pour vous reposer des émeutes de la ville et des belles petites-maîtresses qui prennent les eaux, passez, s'il vous plaît, quelques semaines de la belle saison chez un propriétaire du Kentucky. La maison est entourée d'arbres et de fleurs ; l'arbre est chargé d'oiseaux aux mille couleurs ; la table est digne d'un roi : viande tendre, légumes frais, vin de Bordeaux, vin de Champagne, fraises, crèmes glacées ; dans les écuries, cinquante chevaux tout prêts à traverser ces grands bois d'érables et de sycomores tout remplis d'ombre et de soleil ; dans le jour, la chasse au buffle ; le soir, sur la pelouse verte et fraîche, on se raconte de longues histoires, ou bien on joue au jeu de regarder les étoiles, ou bien on court après les nids d'abeilles ; heureuse vie toute remplie de sommeil, de mouvement et de loisirs !

Malheureusement, l'homme n'est pas assez sage pour savoir s'arrêter aux belles places où il se trouve le mieux. Quel est le voyageur qui s'arrêta jamais à la place où il est heureux ! Il faut marcher encore, il faut marcher toujours. J'avoue qu'à voir ainsi miss Martineau s'avancer dans les terres sans relâche, la fatigue me prend rien qu'à la voir marcher, à plus forte raison s'il faut la suivre. D'ailleurs, son livre est encombré de tant de choses oiseuses ; elle explique si peu la route qu'elle parcourt ; elle écrit si exclusivement pour les Américains ou pour les Anglais qui ont parcouru l'Amérique, que nous sommes bien forcé, malgré nous, de la laisser aller tout droit son chemin, sauf à l'atteindre quand elle voudra faire halte quelque part.

Laissons-la donc marcher à sa fantaisie, de Beverley à Marblehead, à Manchester, et quel Manchester ! une ville couverte de magnolias magnifiques ; à Glocester, terre de granit, parsemée de petits vergers ; elle arrive ainsi à l'extrémité nord de la baie de Massachusets. A Colombus, on lui raconta plusieurs assassinats tout récents et un duel à bout portant dont le gouverneur avait été le témoin, sans compter une querelle à main armée entre les Guelfes et les Gibelins de ce pays.

Quand une fois elle a mis le pied sur le territoire des Criks, à travers des chemins détestables, miss Martineau oublie quelque peu son métier de missionnaire, et elle s'abandonne plus librement aux impressions heureuses de la route. Ces bois superbes, ces taillis en pleines feuilles, ce sol parsemé de violettes, d'œillets et d'iris, toutes ces perspectives riantes calment un peu cette ardeur évangélisante. Des caravanes d'esclaves traversent la route : vieillards, enfants, jeunes gens, jolies filles; on rencontrait aussi des Indiens au maintien sérieux; quelques-uns allaient à cheval; d'autres étaient étendus au milieu de la route, ivres de wiskey, en véritables Indiens primitifs, et, ce qui complétait le tableau, le char d'un émigrant avait versé au milieu d'un ruisseau. — J'avoue que, pour ma part, ce qui m'intéresse le plus dans ce voyage, ce sont les émigrants.

Pensez donc, en effet, à cette admirable position d'un royaume si vaste, que chacun n'a qu'à marcher en avant pour y trouver son domaine; véritable terre promise du pauvre, qui, loin de reculer sans cesse devant ses efforts, lui promet, au contraire, de vastes prairies, des moissons faciles, de grands arbres pour s'abriter, de grands fleuves pour le porter. Émigration sans pareille! émigration vers la patrie, vers la famille, vers le bonheur, vers le bien-être ! L'émigrant marche à pas lents vers ces domaines lointains; il emmène avec lui sa femme, ses enfants, ses meubles; la nuit venue, toute la famille fait halte au bord de quelque ruisseau, un grand feu est allumé, on prépare le repas du soir, puis on s'endort sous les arbres de la forêt. Plusieurs familles d'émigrants sont ainsi en mouvement dans les sentiers frayés ou non frayés. A chaque pas, et comme pour les encourager à marcher toujours, ils rencontrent des plantations de coton et des troupes d'esclaves. Dans sa maison, le planteur américain règne en maître. Son bénéfice sur la culture du coton est de trente-cinq pour cent. Malheureusement, la civilisation ne marche guère du même pas que les hommes civilisés. La loi est impuissante dans ces lieux nouvellement défrichés. Les hommes libres se tuent à coups de pistolet ou de poignard ; quant aux esclaves, on les traite comme des bêtes de somme, ni plus ni moins.

II

Détroit. — Les cités improvisées. — L'Indiana. — Un anabaptiste. — Michigan. — Chicago. — La vente des terres. — Les prairies. — Galanterie des Américains. — Mackinaw. — Les fermiers. — Les *trembleurs* et les *rappistes*. — Les esclaves. — Bilan de la société américaine. — Les arts, les lettres et les sciences aux États-Unis.

Toujours marchant ainsi, miss Martineau arrive à Détroit, sur le lac Érié ; c'est un nouveau territoire qui vient d'être élevé à la dignité d'État et admis dans l'Union américaine. Il y avait déjà à Détroit des salons ouverts et des réceptions particulières, comme à New-York. On y donnait des bals et des fêtes, on y vendait des chapeaux d'osier ; et cependant on rencontrait encore, aux alentours, de pauvres Indiens qui, à l'approche de ces villes impitoyables, vont cacher leur douleur dans les forêts.

Les terres qui environnent Détroit, achetées il y avait trois ans, au prix d'un dollar par acre de terre, se vendaient vingt dollars. Et notez bien que, dans ces terres achetées un dollar, le propriétaire avait tué, la première année, trois chevreuils par acre de terre, lesquels chevreuils il avait vendus chacun trois dollars. C'était donc un domaine acheté moyennant deux dollars que l'acquéreur recevait !

Rien de plus facile que d'élever des maisons dans ces domaines improvisés ; on abat des troncs d'arbres les uns sur les autres, et la maison est faite. Elle est chaude en hiver, fraîche en été. Dans ces villages ainsi bâtis, le premier besoin qui se fait sentir, c'est le besoin d'un journal. La première hôtellerie n'est pas construite, que le premier journal est imprimé. Miss Martineau s'enfonce toujours dans les terres; elle rencontre des magasins qui ont pour enseigne : *Magasin du cousin George;* car, en Amérique, tout le monde a son cousin George. Les auberges ont écrit sur leur enseigne : *Notre maison.* Le raffinement de l'enseigne la plus civilisée se retrouve déjà dans ces déserts. Mais ces déserts servent de grande route aux émigrants; c'est par là qu'ils passent pour aller à leur facile conquête. En vain les chemins sont affreux, les torrents débordés, les ponts brisés; l'émigrant ne connaît pas d'obstacles; il faut qu'il marche jusqu'à l'heure où enfin la terre n'aura plus de maître, et alors il s'écriera : « La terre que je foule est à moi. » Le lendemain, un autre émigrant occupera la terre voisine.

Ou bien, tout d'un coup, la scène change. Les chemins brisés sont remplacés par des tapis de verdure, les ronces font place aux roses, aux blanches renoncules, aux lis rouges, aux lierres. On arrive ainsi jusqu'aux limites du territoire de Potowatomic, sur le fleuve Saint-Joseph. A cette place, les Indiens sont encore en assez grand nombre, le territoire leur appartient encore. Vous traversez le fleuve dans un bac; au delà du fleuve commence véritablement la lutte du blanc contre l'Indien. La colonisation s'essaye déjà sur ce territoire, que le blanc achète à l'Indien morceau par morceau. A peine établi sur un morceau de terre, le colon, quel qu'il soit, oublie tout à fait les lieux d'où il arrive. Une fois dans l'Indiana, le premier soin de miss Martineau fut d'aller admirer la prairie de Laporte, en se rendant à la ville de Michigan.

Un violent orage arrête les voyageurs au milieu de la prairie. Ils frappent à la porte d'une maison bâtie en troncs d'arbres. La porte leur est ouverte. La maison appartenait à un *non-résistant,* un anabaptiste d'une secte nouvelle. Le *non-résistant* remplit de son mieux les devoirs de l'hospitalité. L'heureuse doctrine de cet homme consistait à supposer toujours le bien dans les hommes ; cette foi consolante, qui avait sa source dans la sympathie universelle, l'avait rendu la plus heureuse créature du monde. Sa femme était affable et belle ; il en avait eu quinze enfants qu'ils avaient tous élevés, à savoir neuf fils et six filles. Le domaine était assez vaste pour employer tous ces bras et nourrir tous ces travailleurs, et encore les enfants de leurs enfants. — L'acre avait commencé par valoir un dollar ; maintenant, elle en valait soixante. Cet homme sage avait gagné quarante mille dollars à quitter l'Ohio.

De cette demeure hospitalière, nos voyageurs arrivent, à travers les plus profondes ornières, jusqu'à la ville de Michigan. Bâtie à l'un des coins de la forêt, à peine depuis huit ans, déjà Michigan ne compte pas moins de quinze cents habitants. La ville est tracée sur des proportions admirables ; elle est placée admirablement, entre le lac et la forêt. Ce lac est un océan d'eau douce, et la vaste forêt même semble absorbée par la majesté de ses flots. — Cette belle mer est entourée de fleurs. Une armée innombrable de papillons, de scarabées et de mouches brillantes, bourdonne sur ses bords. Un élégant petit *schooner* était à l'ancre et projetait sur ces ondes tranquilles l'ombre de sa voile blanche. Dans le ciel, le soleil couchant se reflétait dans ce magnifique miroir.

De Michigan, on se rend à Chicago. Un camp des troupes des États-Unis gardait cette frontière contre les soulèvements des Indiens. Chicago domine la rive gauche du lac. C'est à Chicago que se vendent les terres, et cette foire d'un nouveau genre attire un nombre infini de vendeurs et d'acheteurs. Dans les rues de cette espèce de Beaucaire improvisée, un nègre habillé de rouge et portant un drapeau rouge parcourt la ville, sur un cheval blanc, en criant les terres à vendre. Les spéculateurs entourent ce crieur public comme on fait d'un commissaire-priseur. A chaque coin de rue, à chaque boutique, vous êtes arrêté par une ferme qu'on vous propose, et par des emplacements de ville dont vous pouvez être le Romulus. En ce moment, on vendait à Chicago les terres situées le long d'un canal projeté, jusqu'à concurrence de deux millions de dollars, et chaque lot de terrain, lot inconnu que nul ne visitait, passait de main en main plusieurs fois en un jour. Ce qui se vendait cent cinquante dollars le matin, le soir était vendu cinq mille dollars. Un Français marié à une Indienne vendit un million de dollars un terrain qui en valait cent. — Cette spéculation, digne de la rue Quincampoix, était suivie de tous les plaisirs auxquels s'abandonnent volontiers les joueurs, comme si cet argent jeté à la folie était autant de gagné sur l'ennemi commun, le jeu! Ce n'étaient que fêtes, banquets, bals, concerts, brillants équipages. Et puis que pensez-vous qu'il arrive? Les uns sont ruinés et s'en vont vendre et acheter des terres ailleurs; les autres bâtissent des maisons dans la ville tracée, le canal projeté est creusé, les fermes sont mises en culture, et bientôt, sur cette terre à l'encan, vous aurez une belle ville de plus. — Après quoi, la spéculation se portera quelques lieues plus loin.

De Chicago, miss Martineau et ses compagnons s'enfoncèrent dans les prairies; dans ces prairies encore incultes brillait de son pur éclat virginal la primevère américaine. Cette prairie aboutit à une rivière qu'on passe dans un bac; la rivière passée, vous êtes dans le désert américain : sol vigoureux, vieux arbres, eau limpide, gazon; vous avancez toujours ainsi à travers les hautes herbes, les torrents fangeux, gravissant les montagnes, et descendant les vallées, vous arrêtant enfin sur le mont Jolyet, au centre d'un frais et calme paradis terrestre. — Heureux l'émigrant qui arrivera le premier à Jolyet, et à qui sa femme dira : *Seigneur, nous sommes bien ici; dressons-y, s'il vous plaît, trois tentes.*

Ici s'arrête l'excursion de miss Martineau dans le désert américain. Elle revient à Chicago par les lacs, dans un bateau à vapeur chargé d'Américains assez mal élevés, qui se couchèrent sans attendre que ces dames *eussent essuyé leurs plumes!!* A peine réveillés, ces messieurs crachaient et juraient à qui mieux

mieux. A fond de cale, quelques passagers parodiaient les sermons et les cantiques des méthodistes. Le navire cependant côtoyait Mackinaw, qui venait de publier le prospectus d'un journal, les îles Manitou, séjour du Grand-Esprit des Indiens, les îles du Renard et du Castor, l'île Mackinaw, la plus belle qui soit sous le ciel, baignée dans des flots de lumière, couverte encore des maisons d'un ancien village français, cachées sous le feuillage, encadrées dans la verdure : île charmante, qui se souvient encore de son origine française. On se promène dans de frais bosquets, sur des pelouses couvertes de fraises mûres et de fleurs sauvages; on grimpe un léger monticule, et, tout d'un coup, on se trouve sur une arche de rochers de cent cinquante pieds de haut sur cinquante de large; l'arche s'appuie d'un côté sur le roc, de l'autre sur la colline opposée. L'arche entière était remplie à la fois par l'horizon du lac et par l'azur des eaux. Sur le point culminant de l'île s'élève le vieux fort, et, de là, vous pouvez admirer un archipel de petites îles encadrées dans le bleu de cette onde, chargée de verdure, de fruits et de fleurs. Il faut qu'en effet cette île Mackinaw soit très-belle pour avoir remué à ce point l'esprit tant soit peu positif de miss Martineau, presque toujours occupé des intérêts matériels, et qui a mis en contes même l'économie politique.

Bientôt, il faut entrer dans le lac Huron, lac orageux. Le lac Huron vous mène vers la rivière Saint-Clair, remplie d'écueils; les eaux du lac Saint-Clair sont calmes et tranquilles. Mais nous n'avons guère le temps de suivre nos voyageurs jusqu'à leur retour à New-York.

Ici même s'arrête la partie vraiment intéressante, vraiment nouvelle, de ce voyage. Nous ne pouvons guère nous habituer, nous autres Français, à ces jugements féminins si nets et si tranchants, que certaines femmes d'Angleterre portent sans hésiter sur les lois, sur les mœurs et sur l'avenir du nouveau monde. Il nous semble que ces dames n'ont guère mission de se poser en autant de Montesquieu en cornette, et de dire, d'une grosse voix virile, à un peuple comme le peuple américain : « Viens ici ; — passe par là ; — arrête ; — marche !... » ou encore : « Tu n'iras pas plus loin... » Que ces législateurs d'un nouveau genre s'appellent miss Fanny Kemble, mistriss Trollope ou miss Henriette Martineau ; qu'elles louent, qu'elles blâment ou qu'elles conseillent, peu nous importe ; nous ne sommes guère disposés à accepter leurs jugements comme des jugements sans appel. Laissez-les donc voir et décrire, et ramasser leurs petites observations de mœurs, comme fait l'abeille son butin matinal : telle doit être l'œuvre de ces dames. Il y a en Angleterre, il y a en France, des hommes qui tireront les conclusions de leurs récits.

Ce n'est point que, dans le reste de ce livre, on ne rencontre des chapitres d'un grand intérêt ; mais ces chapitres n'ont pas l'air de tenir à l'ensemble ; ils sont placés là, les uns après les autres, sans trop de choix et sans trop de souci de l'unité. La femme perce toujours sous le législateur. Une dissertation politique à propos du Congrès américain va être coupée tout à coup par un détail de ménage ou de cuisine. Il faut donc lire ces chapitres avec une grande précaution, et ne s'inquiéter guère que des impressoins de miss Martineau, et non pas de ses jugements, de ce qu'elle a vu, et non de ce qu'elle a pensé.

Par exemple, cette terre américaine, que l'on nous représente comme l'Eldorado des pauvres, appuyée sur une ressource inépuisable, la vente des terres, fière de ses conquêtes récentes, la Louisiane et la Floride, et déjà aspirant à posséder le Texas, devrait cependant se méfier de cette manie de la propriété territoriale. En Amérique, la terre est tout, l'industrie n'est rien. Acheter des terres, c'est le point essentiel de la vie ; on les cultivera quand on aura le temps. Mais cependant, réduit à cette seule ressource, acheter des terres, que devient ce peuple de fermiers ? Ne possédant au monde que la terre, ils sont obligés de l'hypothéquer dans les années mauvaises, et ces années arrivent toujours au fermier qui n'a pas de capital. Ils s'adressent alors à la compagnie d'assurance de Boston, qui leur prête de l'argent sur leurs terres. Mais cette compagnie est un créancier impitoyable ; elle n'accorde pas un jour de délai, pas une heure ; l'échéance arrivée, il faut payer ou renoncer à sa terre. Le fermier vivait autrefois du produit de la laine ou du coton fabriqués dans ses fermes ; aujourd'hui, les manufactures ont ruiné cette branche d'économie domestique. Le fermier ne veut pas envoyer ses enfants dans les villes se faire domestiques, et voilà toute une famille inutile. D'ailleurs, ces fermiers, improvisés la plupart du temps, n'entendent rien à la culture des terres ; au lieu de labourer sa terre, le fermier la pare de choses de luxe ; il construit des maisons, il bâtit des pigeonniers, il s'entoure de palissades ; il a des volets verts à ses fenêtres ; il veut que sa fille et sa femme soient couvertes de belles étoffes. Il a tous les dehors de la fortune ; mais, au fond, il est pauvre et très-pauvre. Il est dominé de toutes parts, et à son insu, par le cultivateur allemand. Celui-là est sage, laborieux, modeste ; il ne sacrifie rien à l'apparence ; il est vêtu au plus juste prix. Au lieu de faire de sa femme une madame, il l'envoie travailler aux champs ; il redoute la *Grande Compagnie hypothécaire* à l'égal de la grêle ou de la peste. — Terrible concurrence pour le fermier américain !

Un autre danger de cette culture des terres indéfinie, c'est l'esclavage. L'esclavage tue l'agriculteur. Pour bien cultiver la terre, il faut l'aimer. Il faut encore bien du temps avant que les colons américains finissent par s'apercevoir qu'il faut deux blancs oisifs pour faire travailler un noir.

Après les Allemands, les plus riches propriétaires américains, sont les *trembleurs* et les *rappistes,* deux sectes fondées l'une et l'autre sur le célibat. Le trembleur est un admirable égoïste qui a fondé son bonheur sur le pain, le beurre, les tapis, les meubles bien faits, les lits moelleux. Ils ont avec eux des espèces de femmes vêtues d'une hideuse façon, qui ne leur sont rien, pas même des femelles à leur usage.

Les rappistes sont des espèces de trembleurs, peut-être moins ridicules. Ils élèvent des vers à soie et sont les plus anciens tisseurs de l'Amérique. Leurs femmes sont mieux vêtues, moins pâles, aussi sottes. M. Rapp est leur maître souverain; il les gouverne d'une façon absolue, par l'ignorance et par la vanité; il leur a persuadé que l'avenir du monde était aux rappistes, que l'univers avait les yeux sur les rappistes, et qu'un jour ou l'autre, il n'y aurait dans le monde que des rappistes. Tous ces fabricants de coton, de soieries et de sectes religieuses, encombrent l'Amérique au grand détriment des beaux-arts, de l'élégance, de l'esprit, du goût, de tout ce qui fait le charme de la vie. Ce pêle-mêle d'esclaves et d'hommes libres, de blancs et de noirs, est contraire à tous les principes. Le blanc espionne l'homme de couleur; le noir est l'ennemi du blanc. Grâce à ce mélange, toutes sortes de crimes atroces se commettent chaque jour, dont l'Europe n'a pas d'idée. La haine que porte l'esclave au maître ne peut guère se comparer qu'à la haine du maître pour l'esclave. On aime son chien, on aime son cheval; on hait son esclave, par le terrible motif que vous haïssez tous ceux à qui vous faites du mal. De temps à autre, on vous raconte que deux noirs ont violé une jeune fille blanche et ont été brûlés vifs sans forme de procès; ou bien qu'une jeune négresse a mis le feu, en se jouant, à un quartier de la ville; ou bien qu'un maître, possesseur de l'homme et de la femme, a vendu l'homme à vingt lieues de là, et qu'il a voulu marier la femme à un autre noir pour avoir de ses petits. Il y a de grandes peines pour le maître qui apprend à lire à un esclave. Il est même très-malséant de lui apprendre un catéchisme quelconque. Et cependant, ces esclaves, ces malheureux, ces brutes, ces monstres, ces idiots, c'est toute la main-d'œuvre de l'Amérique.

Ce n'est pas dans cette plaie si triste qu'il faut voir l'Amérique : il faut la voir dans plusieurs parties de son administration; il faut admirer surtout ses canaux et ses chemins de fer. L'Union est traversée par ces lignes rapides. Le canal Érié est le plus magnifique chemin qui soit au monde. Sur la terre et sur l'eau, la vapeur, cette âme du monde matériel, franchit les distances et réunit entre eux des États si divers. — Le commerce des États-Unis est l'objet de l'admiration de l'Europe et du monde; aucune crise, aucune révolution, pas même le grand incendie de New-York, n'a pu l'ébranler; la ville brûlée a fait face à tous ses engagements. Un Américain qui était au Havre apprend que ses magasins sont incendiés; il s'embarque pour New-York comme un homme ruiné; à peine a-t-il traversé l'Atlantique, qu'il reconnaît que sa fortune est doublée par la seule vente du terrain et de l'emplacement de ses maisons.

La question des banques est encore à cette heure un embarras pour l'Amérique; mais nul doute qu'elle n'en sorte à sa gloire. Seulement, elle aura appris, par l'expérience de ces dernières années, qu'il ne faut laisser à aucune puissance l'occasion d'intervenir, même sous sa responsabilité, dans la circulation du pays, et que l'impôt doit toujours être ramené aux besoins du gouvernement. Il faut se méfier des trésors trop pleins presque autant que des trésors vides. Hélas! voilà où en est le monde moderne! Il n'est plus à la gloire, il n'est plus à la poésie, il est à l'utile. L'*utile*, voilà le grand mot de ralliement. La voile d'un vaisseau marchand, voilà le pavillon universel. Avant peu, il n'y aura qu'une nation dans le monde, et ce mot si doux et si grand, — la *patrie!* sera effacé de tous les cœurs. Les chemins de fer, franchissant toutes les distances, combleront les vallées, aplaniront les montagnes, jetteront leur fumée sur les plus beaux petits coins de terre, et on ne pourra chercher une place à ses rêveries, sans entendre, au-dessus de son toit ou au-dessous de son lit de mort, rouler la machine infernale. Plus de princes, plus de nobles, plus de rois, plus d'artistes, plus de poètes, plus de poésie, plus d'amours, plus de repos surtout; il va falloir vivre, agir, travailler sans cesse; ce monde ne sera plus couvert que d'émigrants allant sans fin et sans cesse à la recherche des terres. Et pourtant est-ce là ce qui fait la vie heureuse? Consultez l'homme le plus heureux qui ait paru dans ce monde, et demandez-lui où était son bonheur? Il vous dira que ce bonheur était en lui-même, et non pas dans ses relations avec le monde extérieur. La main sur la conscience, pensez-vous que la poudre à canon, l'imprimerie, la vapeur et les chemins de fer aient beaucoup ajouté au bonheur de l'humanité?

Mais que dis-je? J'avais tant résolu de me contenir dans tout le cours de cette lecture! Mais le moyen de se contenir, à l'aspect de cette société américaine ainsi faite? Partout l'esclavage, et quel esclavage! Des jeunes filles élevées par leur père, homme libre, comme des filles libres : le père meurt, la mère de ces enfants était esclave, les enfants suivent la condition de leur mère, et on les vend pour les prostituer? Le planteur, chez lui, est un sultan dans son harem ; les produits de ses amours, il les vend au marché! Des enfants libres élevés pêle-mêle avec des esclaves et qui en prennent tous les vices! Des hommes qui se disent libres et qui font cette loi : « Quiconque tentera d'enseigner à une personne de couleur libre, ou à un esclave, à *épeler*, sera condamné à une amende de cinquante à cinq cents dollars! » Et, pour deux cents dollars, un maître peut torturer son esclave! Des hommes libres qui s'interdisent entre eux le droit d'affranchir leurs esclaves! des hommes libres, torturés, brûlés, pendus, pour avoir soutenu que tous les hommes sont frères ; — l'amour de l'argent remplaçant tout autre amour, la banqueroute passée dans les mœurs et devenant un titre de gloire quand elle est fréquente et qu'elle rapporte! — le duel, plus féroce en Amérique, plus impitoyable que partout ailleurs, menaçant toute famille, arrêtant les plus belles espérances! — l'opinion publique souveraine maîtresse, même dans les rapports de la famille, même dans les affaires de croyance ; —la pire de toutes les aristocraties, une aristocratie flottante, misérable, ridicule, malapprise, l'aristocratie de l'argent ; — l'esprit de caste, si violent, qu'il passe même des pères aux enfants en bas âge, même aux jeunes personnes, qui dans leurs pensions sont rangées par *catégories ;* — la fortune qui a ses quartiers comme la noblesse, si bien que les fortunes de deux générations ne fréquentent pas les fortunes d'une seule génération. — Et tout ceci dans une république ! — La passion du gain remplaçant toutes les autres ! — Point de littérature, car, là-bas, qui dit un écrivain ou un poëte dit un homme pauvre, et nul ne consentirait à avoir le génie de M. de Lamartine au prix de la pauvreté. — Les idées de vengeance personnelle poussées beaucoup plus loin que les *vendettes* tant reprochées aux Corses ; — un insatiable besoin de flatterie ; — des salons pleins d'ennui ; — des hommes qui fument toujours ; — des femmes oisives et sans idées ; — des jeunes gens rangés jusqu'au pédantisme ; — pas un bon domestique pour vous servir dans ce pays d'esclaves ; — des tables d'hôte où l'on dévore tout sans souci du voisin ; — l'ostentation dans toutes les classes ; — les esclaves et les valets copiant tous les ridicules de leurs maîtres ; — des femmes pédantes de toutes les variétés et de toutes les espèces ; — des maris durs et tyranniques ; — le mariage précoce ; le divorce facile au riche qui le paye, défendu aux pauvres par leur pauvreté même ; — les plus jeunes filles épousant des vieillards. — Point de famille, point d'intérieur, aucune des joies du foyer domestique, mais, au contraire, la vie en commun dans la pension bourgeoise, espèce de phalanstère à bon marché, dans lequel les hommes, les femmes et les enfants vivent pêle-mêle comme les voyageurs d'une diligence, à la table d'hôte. — Pour toute occupation intérieure, des cérémonies religieuses, des prédications fanatiques, voilà pour les femmes riches. Les femmes pauvres sont des femmes perdues dans toute l'acception du terme. Tel est le résumé des lamentables conclusions de miss Henriette Martineau.

En Amérique, les bains sont rares ; on se promène peu, soit à pied, soit à cheval. Les jeunes demoiselles restent incessamment accroupies à côté d'un feu de charbon. — L'orthopédie y est en grand honneur, et ce n'est pas sans raison ; on y mange toutes sortes de gâteaux indigestes, de pains tout chauds et de grosses viandes, et les dames se plaignent de leur estomac! La folie y est commune, les goîtres n'y sont pas rares ; il y a quelques femmes qui ne haïssent pas le vin ; plusieurs jeunes filles se sont adonnées aux *cordiaux* pour grandir. L'instruction des enfants est étroite et superficielle ; on leur apprend la politique dès le plus bas âge. On demandait à un de ces charmants enfants : « Qui tua Abel? » L'enfant répondit de la façon la plus aimable : « Le général Jackson ! » — Le système pénitentiaire américain tant vanté, l'isolement absolu, abrutit le coupable sans le corriger. D'autre part, sous ce prétexte que le châtiment doit réformer le coupable, bien souvent le crime est sans punition. Dès qu'il y va de la vie, le coupable est acquitté. Quant aux arts, ils sont nuls. En fait de sculpture, on a découvert une carrière de marbre ; en fait de peinture, on copie les gravures de modes de Paris : toute la littérature du pays repose sur les nouvelles de Washington Irving et sur les romans de Cooper.

Il faut dire cependant, et miss Martineau ne le dit pas assez, que, dans ces derniers temps, les Américains se sont donné toutes sortes de peines pour entrer enfin dans la culture des beaux-arts et des belles-lettres. Plus d'un jeune Américain a voyagé par l'Europe, cherchant avec ardeur l'émancipation intellectuelle. Naguère encore, les journaux de New-York nous racontaient la fondation de l'*Institut Stuyverant* sur le modèle de notre Collège de France. L'ouverture de l'Institut de New-York s'est fait en grande pompe ; un excellent discours, bien pensé et bien écrit, a été prononcé par M. Ward Junior, jeune homme de grandes espérances. Dans son discours, M. Ward ne s'abandonne pas à ces insipides flatteries nationales que nous indiquions tout à l'heure ; il avoue, au contraire, que l'Américain est un peuple jeune, qui n'a pas encore eu le temps de faire des monuments, et il se réjouit que cet Institut soit *presque un monument*. « Notre patrie, dit-il, a peu contribué jusqu'à présent, au fond général de la science; c'est que nous ne sommes que les enfants d'une seule génération. Nos pères nous ont donné la liberté : nous compléterons leur ouvrage, nous donnerons à nos enfants le goût des sciences et des lettres, indispensable complément de la grandeur morale d'un peuple. Tel qui n'eût pas osé entrer seul dans la carrière des beaux-arts, sera plus hardi maintenant que la carrière est ouverte à tous. A présent que nous sommes libres, soyons savants, profitons de ces loisirs que nous donne la fortune pour cultiver les sciences, les lettres, les arts, charme de la vie, orgueil des nations, afin qu'un jour nous ayons notre Tyrtée, notre Archimède, notre poëte Kœrner; rappelons-nous que notre père Franklin était un philosophe et un imprimeur ! Nous sommes un peuple de marchands; mais souvenez-vous qu'il y avait à Florence des marchands qui s'appelaient Médicis et qui ont sauvé l'Europe d'une nuit universelle. Faisons donc une immense confédération en faveur des lettres, des sciences et des arts! »

Tout le discours de ce jeune homme est rempli de ces vives pensées, exprimées dans un beau langage, et il a été entendu avec la plus grande faveur. Mais que de temps il faudra avant que New-York possède, nous ne dirons pas notre Académie des sciences; mais seulement notre Académie française; à plus forte raison, quand donc New-York aura-t-il ses Médicis?

Arrivée à la fin de ce livre, qui se compose de toutes sortes de divagations, vous sentez bien que miss Martineau n'a aucune conclusion à tirer de son livre. En effet, la société américaine en est à peine aux premières pages de son histoire, histoire bien commencée, il est vrai, et tout à fait dégagée de plusieurs entraves qu'ont rencontrées les plus grandes nations à leurs débuts, l'aristocratie héréditaire, une religion tout à fait indépendante du gouvernement, peu d'impôts, une responsabilité égale pour tous les citoyens. — Avec de pareils éléments, le moyen de ne pas tout espérer d'un peuple qui peut se dire : *L'avenir est à moi!*

UNE DES MISÈRES DE LA VIE PARISIENNE

Les provinciaux à Paris. — Le compatriote mis à contribution. — Promenade forcée au Jardin des Plantes. — Les hauts faits de l'ours Martin. — Visite d'agrément à l'hôpital de la Pitié. — Le Panthéon et ses tombeaux. — Les nécropoles du Luxembourg et de l'Odéon. — Ascension aux tours de Notre-Dame. — La Morgue, l'Académie, le Musée égyptien et autres curiosités parisiennes. — Le chapitre des commissions.

Vous êtes votre maître et vous allez sortir! Tout à coup, on frappe à votre porte, on entre! O ciel! c'est la province qui entre chez vous, suivie de son mari, de sa fille aînée, de son gendre futur et de ses deux petits garçons!

On est de Paris, il faut faire les honneurs de sa ville; en revanche, on vous fera les honneurs de la ville d'Argentan ou de la ville de Nevers, quand vous irez. Donc, mettez-vous en route! Tous ces provinciaux ont compté sur vous pour les traîner à la remorque à travers toutes les curiosités parisiennes.

La première chose que le provincial voudra voir, c'est le Jardin des Plantes : un beau jardin si vous voulez, mais perdu dans un des angles de Paris, sentant la botanique et la bête fauve, lieu d'asile qui sert de rendez-vous aux amours bourgeois de l'École de droit et de l'École de médecine. C'est au Jardin des Plantes que l'étudiant mène la femme qu'il respecte, de même qu'il conduit au jardin du Luxembourg la femme qu'il affiche. Au Jardin des Plantes, nos gens de province ne veulent rien perdre; ils contemplent toutes choses, depuis la carcasse de la baleine jusqu'au léopard récemment venu d'Afrique, depuis le cèdre du Liban apporté dans un chapeau jusqu'à la modeste renoncule. Ils se promènent dans le jardin, dont ils lisent distinctement les étiquettes accrochées aux plantes médicinales. Quand ils ont bien tout vu, tout flairé, quand ils ont jeté de la brioche à cet innocent ours Martin dont ils vous racontent d'épouvantables histoires, l'envie leur prend d'aller voir l'hôpital de la Pitié, qui est très-proche. Il faut tout voir. Vous avez beau dire que vous ne connaissez personne à l'hôpital, nos provinciaux ne sont pas au dépourvu. « Chacun son tour, notre cher Parisien, vous disent-ils ; vous nous avez montré les bêtes curieuses, nous allons vous montrer les malades. » Et, tout justement, nos provinciaux ont dans leur portefeuille, outre leur brevet de capitaine de la garde nationale et leur passe-port, une lettre du médecin de leur endroit qui les recommande à quelque interne de la Pitié, en faisant remarquer à l'interne, dans un *post-scriptum*, la physionomie piquante de mademoiselle Joséphine (la fille aînée du provincial) : grâce à cette heureuse précaution, vous entrez donc à l'hôpital, ce triste recueil de tant de douleurs. Là arrive l'homme pour souffrir, pour mourir ; là, tout est silence et gémissements. Quel horrible plaisir de se faire un spectacle de ces souffrances ! Notez bien que l'homme de province a, dans sa ville natale, un hôpital où il n'est jamais entré ; — mais un hôpital de Paris, c'est bien autre chose ! Ainsi ils parcourent ces longues salles de la Pitié, où meurt un homme à toutes les heures; ils vont dans les cuisines, où ils s'extasient sur l'immensité du pot-au-feu ; ils ne se refusent même pas l'amphithéâtre tout sanglant, où la dissection a laissé ses horribles vestiges. Toutes ces choses, horribles à voir, le Parisien les regarde de sang-froid; mademoiselle Joséphine elle-même les regarde, elle ne veut pas qu'il soit dit que celle qui a lu *les Mystères de Paris* sans sourciller, recule devant deux ou trois hommes disséqués. Ainsi se passe cette journée du Parisien, trop heureux si quelque imprudent ne parle pas devant ses provinciaux de la Salpêtrière, qui est proche ; autrement, il serait forcé d'aller voir les folles de la Salpêtrière. Horrible spectacle encore celui-là, qui vous attriste l'âme pour huit jours !

De toutes les misères parisiennes, le débarquement du provincial est la plus grande misère. Le provincial vous force de voir ce qu'on ne veut pas voir. Autant le provincial est endormi chez lui, autant il s'éveille et se remue une fois qu'il est à Paris. Nulle relâche, aucune trêve, rien ; il faut aller. Aujourd'hui, c'est le Panthéon qu'on visite, depuis la tombe de Jean-Jacques Rousseau, tombeau de bois blanc qui s'en va en moisissure, ô honte de la France ! jusqu'au dôme, qui a changé si souvent de croix, de bannières et d'étendards ; le Panthéon, ce grand mensonge, cette immense vanité, cette gloire impossible dans une nation changeante qui est la proie des révolutions ; le Panthéon, dont le provincial ne voit que la pierre. Laissez aller le provincial. Du Panthéon, il vous conduira tout droit au Luxembourg, demandant : *Où sont les sénateurs ?* comme il a demandé au Jardin des Plantes : *Où sont les bêtes ?* Et, si on lui répond : « Il n'y a pas de sénateurs aujourd'hui, » il se promettra bien de revenir quand le Luxembourg sera au grand complet. Sorti du Luxembourg, il passe sous les galeries de l'Odéon, et il vous dit : « Quel dommage qu'un si beau théâtre soit fermé ! » et : « Ce n'était pas ainsi du temps de Picard. » En même temps, il tire son *vade-mecum*, et il s'écrie : « Diable ! et Notre-Dame de Paris que j'allais oublier ! » A ce mot, mademoiselle Joséphine pâlit et tremble ; elle s'est rappelé Claude Frollo et Quasimodo le sonneur. O malheureux Parisien ! après avoir grimpé sur le dôme du Panthéon, il te faut escalader les tours de Notre-Dame !... Et ils montent, et ils grimpent, et ils s'arrêtent, et ils remontent, et ils cherchent sur les murailles ce mot grec qui veut dire *la fatalité*, et qui a donné le sujet du célèbre roman de Victor Hugo ; et ils vont toujours ainsi, et enfin, arrivés tout en haut, ils tirent un couteau de leur poche et ils écrivent leurs noms : « Pierre Bigonnes, sa femme et sa fille et ses deux garçons; *anno* 1835 ! »

Des tours de Notre-Dame à la Morgue, le chemin est facile. On entre à la Morgue, dont, malheureusement, les tréteaux noirs sont privés de cadavres; mais, en revanche, tous les haillons des morts sont là étalés si horriblement ! Mademoiselle Joséphine est fâchée qu'on ait badigeonné la Morgue : elle était bien plus pittoresque auparavant. Mais où vont-ils ? ou plutôt où ne vont-ils pas ? Tout leur est bon ! le Palais-Royal et le château des Tuileries, l'Académie des sciences et l'Académie française, le Louvre et les eaux de Versailles, le Musée égyptien et le Panorama, les marchandes de modes et la boutique de Véro-Dodat. « Menez-nous voir, disent-ils, *la* Taglioni et *la* Mars. — Voulez-vous accepter une bouteille de bière au *Café des Aveugles*? — La belle limonadière doit être bien vieille à l'heure qu'il est? Et le sauvage, est-on parvenu à l'apprivoiser? » Et autres questions du même genre. Hélas! malheureux Parisien, ainsi attaché à la curiosité de tes compatriotes, tu regrettes de tout ton cœur la cabane recouverte de chaume, dans quelque beau vallon au pied d'une montagne chargée de sapins toujours verts.

Je n'en finirais pas si je voulais énumérer tout ce que le Parisien est obligé de voir dans l'année malgré lui et pour faire plaisir aux autres : par exemple, il faut qu'il descende dans les Catacombes tous les dix ans, il faut qu'il aille voir les figures de cire tous les six mois; il est, en outre, chargé toute l'année de ridicules commissions : acheter un chapeau de femme au Palais-Royal; aller réclamer une gravure de *l'Artiste*; classer des feuilles pittoresques. Quoi encore? Le pauvre homme est l'intendant et le domestique de la province, qui le pousse si fort à bout, enfin, qu'il se demande s'il ne lui vaudrait pas mieux renoncer aux bénéfices de la vie parisienne si chèrement achetés, et devenir tout simplement, à son tour, un provincial.

EXTRAITS

DE MON VOYAGE A BRINDES

I

SPA

La vallée de la Vèse. — Spa. — La ville et ses promenades. — Le Waux-Hall. — Les buveurs d'eau. — Le Pouhon. — La Sauvenière. — La Géronstère. — L'empreinte miraculeuse. — Vertus des eaux de Spa. — La Redoute. — La roulette. — Où va l'argent du joueur.

... On dirait, à l'heure où j'écris (25 août), que tout le soleil de l'Europe s'est réfugié dans ces vallées, au sommet de ces jolies montagnes. La moisson courbée se relève à cette bienfaisante chaleur, l'oiseau reprend sa chanson interrompue; ce petit coin du ciel est tout bleu comme un ciel d'Italie. Hier encore, nous étions sur le Rhin chargé de nuages; aujourd'hui, mille petits ruisseaux d'une eau blanchissante égayent ces douces campagnes. Donc, reposons-nous un instant dans cette oasis inespérée. Mais aussi quel plus aimable petit coin de terre, et plus retiré des bruits de ce monde! Quel plus frais ensemble de collines, de plaines, de vallées, de ruines, de maisons riantes, de jardins, de forêts!

A mesure qu'on approche de Spa, l'espace se resserre, la route se perd en mille détours, la montée se fait sentir. On monte, en effet, jusqu'à ce que l'on arrive enfin à ce beau village bâti pour les grands seigneurs, pour les belles dames, pour les poëtes, pour les artistes ; village de fête, de santé, de plaisir, d'oubli surtout ; car ils s'y rendaient pour oublier, le laborieux ses travaux, l'homme oisif son oisiveté pesante. Une fois arrivé dans ces montagnes, trêve générale à la pensée, à l'ambition, à la passion, à tout ce qui tue, à tout ce qui brise ; nous sommes ici pour y vivre, c'est-à-dire pour rêver tout à l'aise à ce qui n'est plus la vie d'hier, à ce qui n'est pas encore la vie de demain. Oisiveté, voilà le grand mot ! le repos, voilà le grand œuvre de ces campagnes ; et vous ne sauriez croire, en effet, par quelle attraction irrésistible, une fois que vous avez foulé ces herbes d'oubli, vous tombez dans la divine paresse. Soudain toute pensée de bruit ou de gloire s'arrête pour faire place à quelque facile sommeil ; le rêve tout éveillé s'empare de votre esprit et de vos sens ; vous oubliez votre livre commencé, votre tableau resté à l'état d'esquisse ; à peine s'il vous souvient de vos amours. On va, on vient, on regarde, on se promène, on chante au dedans de soi-même les mille chansons que renferme l'âme humaine abandonnée à ses plus honnêtes instincts.

J'appelle ce village de Spa *un village*, tant c'est là un aimable séjour. Les géographes, moins bienveillants, appellent Spa une ville ; village au milieu d'un site champêtre, ville par l'élégance et par le luxe des habitations. Vous n'y trouverez pas une seule chaumière, sinon pour la forme ; en revanche, vous y rencontrez trois palais. Par quel miracle, au pied de ces rocs abruptes, de pareils édifices se sont-ils élevés? Rien de plus simple : ceci est le palais du jeu, car le jeu seul est assez riche pour s'élever à lui-même ces splendides murailles ! Vieillard quinteux, difficile, grand ami des élégances coûteuses, très-habile à semer un écu pour recueillir un louis d'or, le jeu a prodigué sur le penchant de ces rochers les plus folles dépenses. On lui doit ces magnifiques promenades, ces vastes hôtels, ces claires fontaines. Il a comblé la vallée ; il a abaissé la montagne ; il a planté ces longues allées ; il a appelé la vie, le mouvement, la passion, les plus belles dames et les plus grands seigneurs de ce monde dans ces sauvages solitudes. Rien qu'à voir tant de travaux, entrepris et exécutés par la fée noire et la fée rouge, les deux fées de ces domaines séparés du monde connu, on reste confondu à l'idée seule de l'argent qui s'est dépensé, non pas seulement à rendre ces lieux habitables, mais à les faire charmants. Il faut que toute l'Europe ait apporté son argent et ses loisirs dans ces quelques arpents d'une terre inculte. Sous Louis XV surtout, quand chacun comprenait confusément que la fin du monde était proche, et quelques jours avant 1789, quand, semblable au chien qui porte le dîner de son maître, tout homme possédant quelque chose voulait dévorer au moins un lambeau de sa fortune menacée, le jeu prit soudain des dimensions immenses. Chacun apportait sur ces tapis du dernier jugement son or, son argent, son nom, et quelquefois son honneur. On jouait avec folie, on gagnait avec rage, on se ruinait avec joie. C'était autant de pris sur l'ennemi ; c'était autant d'enlevé à la Révolution, qui allait venir. Violentes journées de tant de passions exaltées, il serait difficile d'en retrouver même le souvenir aujourd'hui. De ces trois maisons de jeu, incessamment ouvertes à tout ce délire, il en est deux qui ne servent plus qu'aux fêtes innocentes. Le Waux-Hall n'a conservé que ses ombrages et ses fleurs ; ses vastes salons sont déserts, ses galeries sont dépeuplées ; l'orchestre sonore attend, mais en vain, le signal du menuet ; les tables de jeu, veuves de leur roulette, ressemblent à des volcans éteints. Voilà donc ce qu'ils sont devenus, ces pièges à loup de fortune ! voilà donc ce qui reste de ces signes cabalistiques ! L'araignée file sa toile sur ce tapis vert où le joueur posait sa main brûlante ; aux mêmes lieux où l'or se démenait dans l'ivresse tournoyante de la roulette, la brise du matin soupire doucement. A cet enivrement de tous les sens a succédé le grand silence d'une maison inhabitée ! Rien n'entre plus dans ces demeures splendides, sinon le chant de l'oiseau et le rayon du soleil. Toute autre fête a disparu, cédant la place à la fête éternelle. Semblable à tous les rois de l'Europe moderne, le jeu a diminué, et de beaucoup, le nombre de ses serviteurs, le train de sa maison, le taux de sa liste civile. A la fin du siècle passé, trois palais lui suffisaient à peine dans ce village de Spa ; une seule maison lui suffit aujourd'hui ; il recherchait le bruit, l'éclat, les folies ; il avait chaque matin à raconter mille histoires de fortunes subites, de désastres éclatants, de chances incroyables ; tel, passant de la livrée à l'éclat d'un prince ; tel autre, riche hier, obligé de tendre la main huit jours après. Le jeu avait des caprices étranges, des fantaisies fabuleuses : il faisait des princes, il faisait des mariages, il donnait des dots aux filles nubiles, il ne haïssait pas autour de son hôtel somptueux les chevaliers errants de Saint-Louis et de l'Éperon d'or, les joueurs mal famés et les ceintures brodées des bals de l'Opéra ou de la Muette. C'étaient des bruits à ne pas s'entendre, c'était un pêle-mêle équivoque de tous les tumultes. Ah! si ces plafonds pouvaient parler, si ces jardins pouvaient jaser, si seulement ces vieux arbres n'avaient pas recouvert de leur écorce sévère tant de chiffres entrelacées, on écrirait une belle histoire !

La ville est une longue promenade ; vous avez la promenade de *Sept-Heures*, où les arbres ont cent ans ; vous avez la place Royale, l'allée du Marteau, autant de longues avenues où l'on se promène le matin en se levant, à midi en fumant, et le soir en causant. La vie se passe au grand air, au grand jour, à cheval, à pied, en voiture, en causeries, en douce flânerie. On a un jour de plus, c'est vrai, mais un jour si léger à porter ! Dans ce nombre de vos années, ce n'est pas celui-là qui peut vous compter, Dieu merci ! Jours supplémentaires et bénignement octroyés par la Providence qui fait notre compte. Ce qu'on fait durant ces vingt-quatre heures, on n'en sait rien, et c'est tout dire. Si vous saviez combien il faut être attaché à son œuvre de chaque jour pour vous écrire, même en se jouant, les pages que voilà !

Et les malades ? A Spa, il n'y a pas de malades, il n'y a que des gens qui sont guéris. Ces belles malades viennent se guérir par le bal d'avoir trop dansé l'hiver, par le chant d'avoir trop chanté ; il leur est permis, que dis-je, permis ! il leur est ordonné, de par toutes les Facultés, de se faire belles, parées, souriantes. On boit trois petits verres d'eau ; mais aussi on fait trois grandes toilettes par jour ; on se promène pour se délasser du cheval, on monte à cheval pour se reposer de la voiture ; le spectacle est le bienvenu après le bal ; le bal est l'avant-coureur du concert. Tous les instruments sont les bienvenus, le piano de Liszt et le violon des deux petites Milanollo, Paganinis en jupon court et en tresses blondes ; on accepte même les instruments inconnus : il y avait ce matin, dans la grande salle de la Redoute, un brave homme qui *rinçait* dans des verres remplis d'eau l'ouverture des *Huguenots* de Meyerbeer.

Un mot sur les eaux, car enfin l'eau est le grand prétexte de ces voyages ; ôtez les trois sources, et le moyen que tant de belles dames persuadent à messieurs leurs maris de les envoyer à cette fête de toutes les heures ? A Spa, l'eau existe froide, claire, limpide, d'une très-supportable saveur. Voilà le Pouhon ; c'est la fontaine principale, consacrée à Pierre le Grand. L'autre source, à une demi-lieue de la ville, c'est la Géronstère, tout un bouquet d'arbres, encadré dans un cadre de verdure. Un peu plus près est la Sauvenière ; il s'est fait à la Sauvenière plus d'un miracle. Remarquez, sur le bord du puits, l'empreinte d'un assez grand pied, assez mal conformé, lequel pied devait appartenir à quelque ermite ! Si par bonheur vous amenez en ce lieu quelque frêle Parisienne, étiolée par les grandes clartés du bal, pâlie par les veilles, succombant sous le fardeau écrasant de ses vingt ans, inutile à elle-même, une créature infortunée qui se meurt sans savoir pourquoi, — et si par hasard cette frêle personne vient à mettre en cachette son petit pied chaussé de satin dans l'empreinte repoussante de ce grand pied plat armé de sandales, soudain le charme opère, la fleur penchée se relève, les yeux éteints se raniment, la poitrine se relève épanouie, et... vous m'en direz de bonnes nouvelles dans quelques mois !

Ces eaux sont bonnes un peu à toutes les maladies qui nous affligent ; mais surtout elles servent à rendre la force aux jeunes gens, la beauté aux jolies personnes, l'espérance aux cœurs contents, le sommeil aux égoïstes, la gaieté aux gens heureux. Le fer est le médicament qui convient aux frêles natures, aux imaginations nerveuses, aux maladies des riches. Le fer réjouit, il réconforte, il donne au cœur un battement plus vif, au regard plus d'activité, au sourire plus d'énergie et de passion. On raconte que les bons bourgeois de Francfort, aussi sages que feu Malthus, considérant les vertus fécondantes de ces eaux sulfureuses, avaient grand soin de stipuler, dans leur contrat de mariage, que leurs femmes n'iraient pas plus de deux fois en leur vie se baigner dans les eaux de la Sauvenière et du Pouhon.

Et le soir, après le dîner, qui n'est pas toujours dépourvu de quelque beau coq de bruyère tué au vol dans ces bruyères, la Redoute s'illumine, les portes s'ouvrent à deux battants pour le bal, pour le jeu, pour le concert, pour la causerie. Cette Redoute est un sévère et beau bâtiment contemporain des salons de Marly. C'est l'usage d'y aller chaque soir, et l'on s'y trouve dans la meilleure compagnie. Il n'y a pas de cela trois semaines qu'une fameuse danseuse de la Porte-Saint-Martin et du Palais-Royal se présentait à Spa pour tout brûler, et Dieu sait si elle a des yeux qui entendent l'incendie ! La dame se présentait avec grand tapage de sa jeunesse et de sa beauté, car c'est une fille qui sait faire claquer son fouet. D'un coup d'œil, elle avait donné rendez-vous à toute la ville pour le bal du soir ! O surprise ! on lui fait dire poliment qu'il faut être invitée à ce bal ! La dame ne fut pas invitée, et elle est partie. — *Ingrate cité, tu n'auras pas mes os !*

Cette rigueur n'empêche pas les bals de la Redoute d'être charmants. Quatre ou cinq royaumes y sont représentées par de très-jeunes et très-jolies personnes qui dansent avec toute l'innocence de leur âge. Les grandes coquettes y sont tolérées, mais il faut qu'elles soient parfaitement coquettes. Le salon est éblouissant de lumières et de parure; l'orchestre est dansant que c'est un plaisir. De plain-pied s'ouvre le théâtre, et l'on y joue tous nos chefs-d'œuvre de la semaine passée. La jeune première est très-gentille, et l'Arnal ne manque ni de vivacité ni d'entrain. Dans un coin modeste et s'effaçant pour faire place à toutes les joies, se trouve le jeu, un petit jeu qui ne fait pas de bruit, très-modeste, très-simple, comme il en faut aux honnêtes joueurs. Je sais très-bien tout ce qu'on peut dire à ce mot de *jeu* et quelles déclamations toutes faites! Mais cette humble roulette et ce jeu de cartes si peu bruyants, vous le voyez, c'est la fortune de cette vallée, c'est le revenu de ces campagnes, c'est la vertu de ces eaux célèbres. C'est l'argent du joueur, et non pas l'argent du malade, qui a tracé ces belles routes, qui conserve ces belles forêts, qui protége ces belles eaux; c'est l'argent du joueur qui ouvre le bal, qui illumine la montagne, qui jette tout un orchestre dans les endroits les plus sauvages! Chassez de ces lieux ces riches blasés qui n'ont plus d'autre émotion que celle-là, et vous chassez en même temps les malades, car le malade et le joueur s'entendent à merveille! Et, le malade parti, que reste-t-il au paysan? Un cheval qu'il faut vendre, une vache qu'il faut tuer, une maison dont il ne peut plus payer l'impôt! Laissons déclamer les déclamateurs, et rappelons-nous cette grande colère de Benjamin Constant. Un jour qu'il avait tonné à la tribune contre les maisons de jeu, il arrive au *Cercle des étrangers* que le cercle n'était pas encore ouvert. Aussitôt voilà notre orateur qui s'emporte de plus belle : « Eh quoi! le salon encore fermé à cette heure !... » Le salon s'ouvre enfin, et Benjamin Constant passe toute la nuit à une table de jeu.

Sans tant déclamer, il était bien plus simple de faire ce que font tant d'honnêtes gens, qui regardent le jeu comme on assiste à un spectacle plein d'intérêt, et qui rentrent chez eux après avoir perdu ou gagné des sommes énormes sans bourse délier.

Par les vacances qui vont finir, j'ai pensé qu'on ne lirait pas sans quelque intérêt cette description d'un petit royaume qui, pendant trois mois de l'année, appartient à toutes les nations, à toutes les passions de l'Europe ; qui appartient le reste du temps à l'inondation, aux frimats, au silence, à l'hiver.

II

PARIS

Il y a ville et ville. — La ville par excellence.

... Les villes ont bien souvent les destinées des hommes. Il y a des villes qui vendent, qui achètent, qui fabriquent, qui placent leur argent à gros intérêt, qui pensent à l'avenir et qui s'inquiètent du cours de la rente ; il y a d'autres villes qui pensent, qui rêvent, qui dorment la nuit sous leurs toits bien chauffés, ou le jour à l'ombre de leurs arbres ; il y en d'autres enfin qui n'appartiennent ni à la spéculation commerciale, ni à la spéculation philosophique : ce sont des villes tout à fait bourgeoises, retirées depuis longtemps des affaires et des idées, nonchalantes cités qui n'ont plus qu'à se laisser être heureuses ; qui s'amusent à médire en hiver, et, en été, à regarder les nuages qui passent ; qui savent le nombre des cailloux de leurs rivages parce qu'elles ont eu le temps de les compter, et qui vous diront combien de fagots a produits l'an passé le vieil orme de leur place publique. Laquelle de ces villes vous paraît préférable à votre sens ? La ville qui travaille toujours, la ville qui rêve toujours, ou la ville qui se repose toujours ? En fait de ville qui travaille, parlez-moi de Paris ;

parlez-moi de Paris en fait de ville qui pense; en fait de ville qui se repose, parlez-moi de Paris encore.

III

DIEPPE

Les Anglais à Dieppe. — Londres n'est plus dans Londres. — Les baigneurs. — M. de Chateaubriand. — Madame Récamier. — Ballanche. — L'abbé Lacordaire. — M. Vallette. — Meyerbeer. — Flers. — Cabat.

... Ce qui attriste tous ces lieux que baigne la mer, ce qui fatigue dans toutes ces montagnes d'où jaillit l'eau chaude ou l'eau gazeuse, c'est une race à part de voyageurs anglais, qui sont bien les plus tristes hommes de ce monde, les plus ennuyeux et les plus ennuyés à la fois; race nomade qui n'a point de patrie, et qui colporte son opulente misère de Florence à Paris, de Paris à Pétersbourg, des eaux salées aux eaux sulfureuses; pâles Anglais qui vont partout, qui se reposent partout, qui mangent et qui dorment partout, excepté en Angleterre. Vous ne sauriez croire, combien cette nouvelle race de bohémiens civilisés est d'un effet désagréable dans tous les lieux où on les rencontre. Parlez-moi d'un Anglais en Angleterre! Un Anglais à Londres est un être intelligent, actif, occupé, laborieux, tout entier aux affaires présentes, en proie à toutes les nobles passions, généreux, riche, élégant, spirituel à sa façon; mais un Anglais en France, un Anglais aux bains de mer, oh! la triste et lamentable figure! Ils arrivent chez nous dans leurs plus vieux habits et avec leur physionomie la plus dédaigneuse; à les voir attelés l'un à l'autre, et suivis pour la plupart de pauvres servantes qu'ils font griller au soleil sur le siége de derrière de leurs voitures, quand ils ont des voitures, on dirait un troupeau de moutons mal lavés et mal peignés. A peine arrivés dans une ville, ils s'en emparent, ils en sont les maîtres, la ville est à eux, il n'y a plus de place pour personne ; ils parlent tout haut dans leur langue impossible ; ils disputent tout haut ; ils prennent le haut du pavé sur tout le monde, comme s'ils étaient à Londres sur le pont de Waterloo ; on dirait qu'une troisième invasion les a vomis dans nos murs, tant ils sont orgueilleux et superbes. Et je vous avoue qu'en ceci ces messieurs sont logiques. Ils ont vu tellement se prosterner vers eux les avidités de nos aubergistes, postillons et marchands de toute espèce, qu'ils se sont figuré et qu'ils se figurent encore que la France ne vit que par eux et pour eux. Ainsi, à Dieppe même, quels hôtels, ou plutôt quelles hôtelleries rencontrez-vous en débarquant? Des hôtelleries à l'enseigne de l'Angleterre : *hôtel d'Angleterre, — hôtel du Roi d'Angleterre, — hôtel de Londres, — hôtel d'Albion, — hôtel du Régent, — hôtel de Windsor;* je vous dis que la ville est à eux. Et pourtant Dieu sait si la ville n'est pas pour le moins aussi redevable de sa prospérité aux pauvres Français qui ne sont que des Français, qu'à tous ces milords équivoques auxquels elle fait de si grandes avances? Quoi qu'il en soit, on laisse les Anglais aller par troupes, avec leurs grandes femmes sèches et jaunes et leur petits enfants de vingt à vingt-cinq ans, qui s'en vont un cerceau à la main, les cheveux épars, comme de jolis petits garçons ou de jolies petites filles dans le jardin des Tuileries. Voilà donc en partie les plus aimables habitants de la ville ; car, pour les véritables habitants, on ne sait pas où ils se tiennent, et, dans les murs de la ville de Dieppe, un citoyen de Dieppe est une rare curiosité. En effet, aussitôt que la saison des bains est arrivée, chaque propriétaire d'une belle et bonne maison met un écriteau anglais à sa porte, annonçant à tout passant, en anglais, que ladite maison est à louer. C'est une règle générale pour quiconque possède une table, un fauteuil, un lit passable, une chambre honnête, de tout céder au premier venu, pourvu qu'il soit Anglais. A ce prix, lit, table, fauteuil, tout y passe ; chaque recoin de cette honorable maison est ainsi mis à l'encan par le propriétaire, et, quand la maison est pleine, le propriétaire s'éclipse on ne sait où : divinité présente, il est vrai, mais invisible, qui voit tout et qu'on ne voit pas, qui comprend l'anglais pour le moins aussi bien que le français, et qui ne parle ni l'une ni l'autre langue. Ce n'est que lorsque le froid a chassé le dernier Anglais de cette ville que les propriétaires de ces maisons louées se hasardent à rentrer dans leur lit, dans leur chambre et dans leur fauteuil. Ainsi donc, pour l'étranger, je veux dire pour le Français qui est à Dieppe, il ne faut pas compter sur cette population d'hiver.

Mais aussi quel bonheur quand, au milieu de ce désert habité, vous rencontrez un homme de votre vie de chaque jour, une belle et aimable Française de Paris, un petit coin de voile blanc ou de joue toute rose, et comme vous lui savez gré de ce bel air natal qui lui va si bien dans ce pays ennemi ! Alors vous comprenez qu'il y a des gens dans le monde qui ne sont pas des vagabonds d'Angleterre ; alors vous êtes sur le point de chanter comme Tancrède : *O patria!* Voilà ce qui fait qu'à Dieppe on a vite établi une amitié de France à France, de main blanche à main blanche. Sur la mer, dans la mer, partout, les Français se recherchent et s'appellent, se liant, se reconnaissant, s'admirant les uns les autres. Jamais on n'a tant aimé ses semblables ! jamais on ne s'est senti si heureux de se voir et de se revoir ! C'est ainsi qu'on élève autel contre autel ; c'est ainsi qu'on se renforce contre l'Anglais les uns les autres, et qu'on répond à ses cris par des sourires, à sa joie si triste par une franche gaieté, à son appétit farouche de table d'hôte par quelques repas élégants et choisis au parc aux huîtres, à son amour pour la bière ou pour le cidre *à dépotoyer* par quelques joyeux verres de vin de Champagne, ce vin français qui reconnaît au premier bond un Français de France, et qui le remercie en frémissant de plaisir de lui épargner la douleur de passer le détroit. Voici comment, à Dieppe, nous autres Français, nous avons élevé autel contre autel, France contre Angleterre, gaieté et bonne humeur contre ennui et tristesse, le vin de Champagne contre le cidre, et vive la joie ! Tout l'avantage a été pour nous.

Or, voici ce qui se passait un soir sur la jetée, par un beau soleil couchant qui enveloppait la mer d'un voile d'or et d'azur.

Un homme se promenait en silence, la tête nue et dans l'attitude du recueillement. Chacun s'écartait devant lui, par intérêt et par respect. Tout le monde avait les yeux fixés sur lui, et personne ne paraissait le voir. C'était la plus belle tête qui se puisse voir en ce monde, aujourd'hui que lord Byron n'est plus. Son grand œil noir plein de feu parcourait la vaste étendue de la mer ; ses cheveux, bouclés et blanchissants, voltigeaient autour de sa tête ; c'était le plus grand génie de la France, c'était M. de Chateaubriand.

Voilà ce que c'est que la gloire ! rendre attentif même le rude matelot qui ne sait pas lire et qui pourtant sait votre nom.

Vous sentez bien que M. de Chateaubriand n'était pas seul à Dieppe. Quand M. de Chateaubriand est quelque part, tenez-vous pour assuré que ses amis ne sont pas loin. Madame Récamier l'avait suivi, et, par conséquent, M. Ballanche. Singulière trinité, poésie, amitié, philosophie, l'éclair et le nuage qui paraissent sur le même fond. La vie de madame Récamier est, en vérité, une belle vie. Parmi tous nos orages, elle a sauvé du naufrage la conversation et l'amitié ; elle a sauvé l'esprit intime, le plus difficile et le plus rare de tous les genres d'esprit ; cet esprit qui n'est pas un esprit de livres, ni de revues, ni de prose, ni de vers. Autour de madame Récamier, et comme dans un calme et inabordable sanctuaire, se sont réfugiés les loisirs poétiques de quelques hommes d'élite fatigués des adorations de la foule. Quel bonheur pour madame Récamier d'avoir ainsi tendu sa petite main à M. de Chateaubriand, toutes les fois que M. de Chateaubriand a été surpris par l'orage! mais aussi quel inestimable bonheur pour M. de Chateaubriand d'avoir ainsi trouvé une amie dévouée, attentive, patiente, résignée, toujours prête, jamais abattue, jamais découragée même par les malheurs de ses amis, qui sont les siens, jamais orgueilleuse de leurs succès, qui sont les siens! Et, comme toute cette belle action a sa récompense, dans ce monde et dans l'autre, le nom de madame Récamier est attaché à jamais au nom de M. de Chateaubriand.

Quand une femme naturellement élégante arrive quelque part, fût-ce dans la plus mauvaise hôtellerie de Dieppe, sa première pensée, c'est de parer de son mieux le taudis qu'elle doit habiter, ne serait-ce que pour vingt-quatre heures. Aussitôt toute cette chambre, naguère si triste et si misérable, se pare à peu de frais et comme par enchantement. Le propriétaire lui-même aurait peine à la reconnaître, tant sa chambre est propre, luisante, odorante, habitée. Ce qu'une femme du monde fait pour sa chambre d'auberge, madame Récamier le fait, à coup sûr, pour son salon d'auberge. A peine arrivée quelque part, elle installe sa conversation spirituelle, sa causerie amicale, ses révélations littéraires ; on dirait que rien n'est changé pour elle, et qu'elle a transporté de si loin son salon de l'Abbaye-aux-Bois. M. Ballanche est posé dans son coin habituel comme un de ces vieux meubles si chéris dont on ne saurait se passer; M. de Chateaubriand retrouve sa place accoutumée, la plus belle et la plus honorable. Madame Récamier s'arrange de son mieux sur ce dur sofa de velours d'Utrecht, et, là, elle est aussi à l'aise que si elle était encore à demi couchée sur sa bergère, protégée par la *Corinne* de Gérard ; en même temps accourent dans ce temple improvisé tout ce qui a de l'esprit, tout ce qui a de l'imagination, tout ce qui a de la grâce. C'en est fait, ils ont dressé leurs trois tentes, Moïse, Élie et l'autre ; et voilà leur fête de chaque jour qui recommence même à Dieppe! Pendant que les Anglais bourdonnent autour du sanctuaire, le sanctuaire s'éclaire au dedans ; *le livre* est précieusement tiré de sa cassette et la lecture des Mémoires de M. de Chateaubriand recommence : grande lecture sortie tout armée des souvenirs du poëte ! A mesure qu'une page nouvelle est ajoutée à cette histoire, cette page est livrée à ces âmes d'élite qui arrivent là des premières par le saint privilége de l'amitié et du dévouement. Ainsi, à Dieppe même, la lecture des Mémoires de M. de Chateaubriand a suivi son cours.

Il y avait encore sur le rivage de la mer ou dans la mer plusieurs de nos contemporains qui se sont fait un nom dans les lettres ou dans les arts. M. J.-J. Ampère, le fils de ce savant M. Ampère qui est plus savant que n'était Cuvier, c'est-à-dire qui est trop savant; M. J.-J. Ampère, un des fervents adorateurs de M. de Chateaubriand et de son génie; il y avait encore ce jeune homme que tout Paris a reconnu être un orateur, M. l'abbé Lacordaire : rien qu'à le voir se jeter hardiment dans la mer, vous reconnaissez tout de suite le disciple hardi et passionné de M. de Lamennais, bien que, depuis, M. l'abbé Lacordaire se soit persuadé qu'il avait abandonné son maître. Qu'on y fasse bien attention, avant peu, et surtout si la loi contre la presse est adoptée, toute la liberté de la parole et de la pensée va appartenir de plein droit à trois ou quatre de ces jeunes orateurs chrétiens, qui, du haut de la chaire, parlent aux peuples avec tant de liberté et d'énergie. Il est bien difficile que la censure, cette honte des nations constitutionnelles, puisse atteindre un homme ainsi placé au milieu d'une cathédrale, et parlant, à haute voix, à des milliers de personnes assemblées. Depuis surtout que la jeune Église, marchant malgré elle, et peut-être sans le savoir, sur les traces de M. de Lamennais, a fait rentrer l'Évangile dans les doctrines républicaines, cette parole chrétienne a dû prendre un grand ascendant sur l'esprit des peuples. M. l'abbé Lacordaire est, sans contredit, le premier de ces jeunes orateurs dont la parole, suivant la belle expression de Saurin, doit produire sur les âmes l'effet *de torches ardentes jetées sur des gerbes de blé!* Ajoutez qu'il y a dans ces jeunes éloquences tous les genres de courage, tous les genres de dévouement à leur cause, toutes les convictions profondes, et que, s'il y a quelqu'un en France prêt à mourir pour sa cause, prêt à tout supporter pour la défense de la vérité qu'il enseigne; s'il y a un martyr tout prêt aujourd'hui, c'est ce chétif petit abbé que vous voyez là si grêle, si fatigué, si usé par le travail, si bon, si timide, si naïf et si doux?

Il ne faut pas que j'oublie un homme d'un grand esprit et d'un grand sens, qui parlait fort bien de Platon et de chiens de chasse, railleur en dedans, et cependant bon homme, dont il eût été bien difficile de dire le nom et la profession, car il savait mille choses opposées; c'est l'élève chéri de M. Laromiguière, M. Valette, professeur de philosophie à la Sorbonne, dont je n'ai su le nom que plus tard.

Enfin, la veille de mon départ, j'aperçus sur le rivage un homme qui regardait la mer en grelottant. Il avait l'attitude du plus malheureux homme de ce monde, et son visage faisait peine à voir. Il avait l'air de se dire, en regardant la mer : « Il faut donc que je me précipite dans cet abîme si froid et si salé ! » Or, cet homme malheureux, cet infortuné si digne de pitié, c'était l'auteur illustre de *Robert le Diable;* c'était Meyerbeer, c'était la musique en personne, qui s'était échappé des mains de M. Véron et de M. Duponchel pour venir prendre, en tremblant, quelques bains de mer, étrange soulagement à la plus inquiétante, à la plus grave, à la plus triste des maladies, — la maladie qu'on croit avoir et que, grâce au ciel, on n'a pas.

Voilà pour le personnel des bains de mer. Il faut y joindre encore M. Flers, l'excellent paysagiste, et le patient et grand coloriste Cabat, qui bientôt n'aura pas d'égal.

... Dites-moi, je vous prie, comment sont faits ceux qui aiment les voyages pour les voyages; dites-moi, je vous prie, ce qui a poussé M. de Lamartine à quitter sa belle maison et ses vieux arbres pour aller se perdre dans les sables de l'Orient? Vive le repos de chaque jour! vivent les ombrages de chaque été! bonjour à mes meubles qui me connaissent, à mes livres qui s'ouvrent tout seuls au plus beaux endroits, à mes chiens qui me saluent, à mon fauteuil qui est fait pour moi, à mes amis visibles et invisibles les bien-aimés de mon cœur! bonjour même à mes chers calomniateurs de chaque matin et de chaque soir! bonjour, bonjour à tous ces biens de la vie auprès desquels il faut rester, puisqu'on ne peut pas les emporter avec soi!

DÉDICACE

DE LA COMTESSE D'EGMONT

A UN AMI

Veux-tu, mon cher ami, que je te laisse, en quittant ces beaux lieux, un petit récit que j'ai repris à ton intention, ajoutant plus d'une page et plusieurs détails au récit primitif? Ces modestes ornements d'une légende contemporaine de Voltaire et de Diderot ne nuiront pas, je l'espère, à cette douce héroïne que j'ai trouvée au milieu des poussières et des ruines du siècle passé.

Ce n'est pas une grande fête, ce petit livre-là, et, certes, je n'aurais pas songé à l'offrir au brillant écrivain qui, vivant, écrivant avec nous, donnait naguère la vie et la grâce à tant de beaux livres de la fantaisie et du monde parisien. Quelle joie en ces heures si loin de nous, quand nous étions occupés uniquement des travaux du style et des fêtes de l'imagination! Étions-nous assez libres en ces temps fortunés! étions-nous loin de songer qu'un jour, parmi nous, les enfants de la Muse, il y aurait des exilés et des proscrits! Belles journées, trop vite envolées! On se voyait à toute heure du jour, on avait toute l'année à se parler de ces choses divines : l'art, le talent, le chef-d'œuvre! On voyait marcher devant soi les grands poëtes, les grands génies de ce siècle, Hugo et Lamartine; on rêvait à leur ombre; on se chauffait à leur soleil; on participait à leurs vives et éloquentes clartés!

En ce temps-là, il nous semblait que toute chose nous était due, et que c'était notre antique patrimoine, la liberté d'écrire et la liberté de parler! Il nous semblait que la route irait ainsi, joyeuse et sans fin, à travers des printemps éternels, et que les heures de la nuit étaient loin, si loin de nous, qu'elles ne devaient jamais venir! — Nous vivions en famille, au sein d'une paix profonde; en grand travail, au milieu des faciles loisirs. On n'entendait que nous, on ne lisait que nos contes, on ne savait que nos poëmes. L'Europe entière acceptait nos paroles. Il y avait au sein de la ville une haute montagne, un Sinaï glorieux, et, de ces hauteurs, se faisaient entendre, également écoutés, les avocats de ces grands principes que 1789 a jetés à la dispute et à l'avenir des nations modernes. Que de tempêtes dans cet océan, et combien d'éclairs! Que d'espérances dans tous ces doutes! L'Europe entière étudiait nos discours, lisait nos livres, et nous saluait, agitée et contente; elle partageait nos espérances, elle était de moitié dans nos passions!

Maintenant, l'heure sombre des écrivains est arrivée, l'heure du silence et du regret pour tous les hommes qui parlaient à la foule. Nous ne sommes plus que des voix dans le désert, et des compagnies dans la solitude; nous faisons peur à tout le monde, et chacun nous répudie, tout nous gêne, et tout nous renie! à peine avons-nous le droit de nous souvenir! Aussi nous voilà humbles, éperdus, tête baissée; et que de soucis sur nos fronts, jadis si joyeux! Que de tristesses au fond de nos cœurs, énivrés de tout ce qui était beau et bon ici-bas! Le τό καλόν s'est voilé, l'étoile est tombée, et notre petit monde est divisé en deux parts, — la part de ceux qui restent, et la part de ceux qui sont partis.

Eh bien (et c'est justement pour te dire ici ces choses consolantes que j'ai songé à t'offrir ce petit livre), ne disons pas trop de mal de l'exil : il a ses consolations, il a ses espérances, il a sa force, il a son charme. Avec beaucoup d'esprit, des gens d'esprit ont fait l'*éloge de la goutte*, de la *fièvre quarte* et de la *folie*. Avec un peu de sang-froid, un homme d'honneur ferait volontiers l'*éloge de l'exil*, et cet *encomium* inattendu ne serait pas sans quelque bonne grâce et sans quelque charme.

Hier encore, ne t'ai-je pas vu, sur le bord du petit ruisseau jaseur, ta femme et ton jeune enfant près de toi? Vous marchiez tous les trois au hasard de cette rive, songeant sans doute aux doux ombrages de nos îles bien-aimées. Ta femme souriait, ton enfant chantait doucement; vous alliez tous les trois oubliant votre peine, et vous abandonnant à ces méditations qui abaissent les montagnes, qui comblent les vallées, arrêtent l'heure, et franchissent la distance.

En ce moment, — même sur les bords enchantés de la Seine, qui unit au château du Louvre le palais du royal Fontainebleau, — il n'y avait pas un père, une mère, un jeune enfant plongés dans une rêverie plus douce et plus entière! Vous étiez trois propriétaires de votre âme; une patrie allait avec vous sur ces rives claires, sous ces vieux chênes, au murmure de cette onde qui s'enfuit à travers le gazon.

L'exil a cette grâce encore, il augmente, aux cœurs bien faits, la sympathie et l'amitié. Pendant que les âmes vulgaires se prosternent aux rayons du soleil qui se lève, il arrive que l'exil même devient un juste motif de reconnaître des grandeurs longtemps méconnues; et tel qui n'eût pas salué le vainqueur d'hier salue humblement le vaincu d'aujourd'hui. « Honneur, dit-il, au courage, à la conscience, au malheur, à la conviction! »

Ainsi, moi qui t'aimais toujours dans le camp où je n'étais pas, au plus fort de nos douleurs passées, maintenant que je te retrouve ici, loin de tout ce qui était ta force et ta gloire, il me semble que je t'aime davantage. Je t'avais perdu, je te retrouve; on a dit un jour que tu étais mort : Dieu soit loué ! te voilà vivant ! Dieu soit loué que je puisse encore te donner, en toute assurance, une main fraternelle, et que tu puisses la prendre avec joie !

Ainsi la fidélité tend la main au malheur, et ils se consolent l'un l'autre en songeant qu'ils ont sauvé de tant de naufrages l'estime et le respect qui leur sont dus.

Reçois donc, cher ami, ce petit livre que je t'offre, et ces quelques lignes que je t'adresse en signe de sympathie, et comme le gage public d'une amitié que rien ne peut briser désormais, puisqu'elle a résisté également au triomphe et à la défaite, à la prospérité aussi bien qu'au malheur.

Je ne te dirai pas ce que disait l'orateur romain, que la patrie est partout pour un brave cœur (1); je te dirais une chose que je ne pense pas, et tu n'es pas de ces hommes que l'on console par une fiction et par un mensonge. Au contraire, en fait de patrie, il n'y a que la patrie; il n'y a pas de bel exil! Il n'y a rien au delà de ces limites charmantes, loin du soleil paternel, loin du sol natal, loin du souffle et de l'inspiration de la vieille terre où reposent les aïeux, où les enfants ont vu le jour! Il n'y a rien qui te vaille et qui te remplace, accent du pays de Voltaire et des chansons de Béranger!

Seulement, je te dirai que, s'il n'y a pas de bel exil, il n'y a pas d'exil éternel! On a beau dire, les colères s'apaisent, les douleurs se calment, les haines s'endorment; l'espérance, exilée, elle aussi, n'est pas longue à déployer ses ailes, et la voilà qui revient tout d'un coup, comme fait l'hirondelle aux toits des chaumières, en deuil de son gazouillement! Plus l'hiver était long, et plus épaisse

---

(1) *Omne solum forte patria.*

était la neige, plus le printemps nous revient en toute hâte, apportant sa douce haleine, et ses fleurs, et ses chansons !

C'est surtout après les révolutions que *le temps est un galant homme*, et qu'il se conduit comme un homme d'honneur !

TRIM LE JOURNALISTE

CONTE FANTASTIQUE

Ce Trim est un assez bon garçon, quoi qu'on dise ; il a, comme nous tous, ses moments de bonté et de fureur ; il est gai, il est triste, il est grave, il est fou, il passe du malheur extrême à l'exaltation la plus vive, de la nuit au jour ; il était au ciel, il est dans l'abîme ! bref, il est homme et journaliste, c'est-à-dire qu'il éprouve doublement toutes les passions humaines. — Quand Trim passe, on le laisse passer ; quand il parle, on le laisse dire ; quand il se tait, ma foi, tant mieux, c'est autant de gagné. La vie de cet homme exposé à tant d'exagérations, à ce qu'on dit, à ce qu'il pense lui-même, est, au contraire, l'existence la plus simple, la plus calme, la plus monotone de ce monde ! Il court à perdre haleine, mais c'est plutôt pour son plaisir que pour la joie d'autrui. S'il est essoufflé, c'est qu'il a marché plus vite que les événements qu'il poursuit ; il est le maître de sa propre fantaisie, et, comme disait ce philosophe d'Athènes, il la possède sans qu'elle l'ait jamais possédé. Au demeurant, assez peu crédule, on dit même un peu esprit fort, et, à force de s'être étonné de tout par métier, ne s'étonnant plus de rien, par habitude et par inclination. Ajoutez, pour compléter l'invraisemblance du récit qui va suivre, que ce digne homme est en plein âge mûr, de bonne santé, de bonne humeur, exempt d'ambition, plus que pas homme en ce monde, et qu'il ne donnerait pas... *ça!* des plus hautes dignités de la terre. Ah! l'animal indécrottable! En voilà un qui n'est pas facile à dompter! Il est content de peu, c'est-à-dire content de tout, et ne se souvenant guère plus des malices qu'on lui a faites que de celles qu'il a faites lui-même; bref, sans crainte, sans regrets, sans haine et sans remords. Le moyen qu'un pareil être s'abandonne volontiers aux fascinations, aux rêveries de l'esprit, aux charmants et décevants paradoxes du cœur!

Ce brave Trim! pas plus tard qu'hier au soir... — une heure venait de sonner à tous les bals masqués de Paris; la brise soufflait au dehors; M. Musard, au dedans, soufflait dans ses amoureuses trompettes, frappait de toutes ses forces sur son galant tamtam, brisait à tout rompre ses tendres ophicléides, agitait comme un fou son poétique et sylvestre chapeau chinois; — la fête et le feu là-haut; ici, dans la rue, la bise, le froid, le manteau collé à la poitrine, le nez rougi, l'oreille saignante, les doigts, ah! les doigts! et songer qu'à cette heure même, et quand se fait la *chaîne anglaise*, il y a des doigts qui brûlent dans leurs gants glacés! — Trim n'y songeait pas; mais il s'en revenait chez lui, dans son quasi-grenier, chantonnant et songeant à sa tâche du lendemain. Notre homme venait du manége de Fitte, situé au beau bout de la rue de la Chaussée-d'Antin, dans un coin du ci-devant jardin de mademoiselle Guimard. — O misère! des chevaux qui piaffent aux mêmes lieux où les amoureuses de l'Opéra jouaient en aparté les lestes comédies du théâtre grivois de Collé! — Dans ce manége changé en salle éclatante, Trim avait entendu pincer de la harpe; il avait entendu les sons nerveux d'une immense harmonie, il avait entendu une fraction de l'*Orphéon universel*, réjouissant l'âme errante de ce pauvre Wilhem, ami de Béranger, que Béranger a fait immortel! — En un mot, sauf le froid, sauf la bise, et son logis qui était très-loin, très-loin de là, Trim avait daigné être content, il avait ri lui-même, et il avait applaudi comme un simple mortel!

Il s'en revenait donc par cette rue mal pavée, quand, au détour, sur la borne, les pieds dans la boue, la tête dans la neige, vêtue d'une mauvaise robe feuille-morte, la tête penchée et la voix chevrotante, Trim rencontra une femme d'un étrange et bizarre aspect et telle qu'il n'avait pas vu sa pareille depuis vingt ans sur aucun théâtre de Paris, où, Dieu soit loué! les femmes excentriques ne manquent pas. Trim, qui ne se méfie jamais de son premier mouvement, parce que son premier mouvement n'est jamais bon, regarda cette pauvre diablesse en homme qui est sûr de suivre son chemin, lorsque, au second coup d'œil, notre homme se sentit arrêté malgré lui par cette force irrésistible qu'on appelle la pitié. Oui, c'était vraiment de la belle et bonne pitié, mêlée de curiosité, il est vrai; mais la curiosité était restée au fond de l'âme comme reste la lie au fond de la bouteille remplie d'un vin généreux. Qui était cette femme? d'où venait-elle? que veut-elle? pourquoi en ce lieu? En moins de temps que je ne vous le dis, Trim s'arrêta et se mit à regarder de tous ses yeux. Notez bien que son œil est petit, assez clair, un peu hagard, mais pas assez pour être louche..., un œil fin parfois, bête le plus souvent, fatigué, non pas usé, myope assez pour ne pas tout voir, mais suffisant pour en voir assez; un microscope pour les infiniment petits. — Il regarda, et, bientôt, il put se rendre compte des singularités qui signalaient cette lamentable personne à l'intérêt de l'observateur. Évidemment, cette femme avait été jeune, et belle, et fêtée; elle était toute jeune encore, à ne compter que les journées qui pesaient sur sa tête brune et bouclée, et cependant elle se mourait de vieillesse! Hélas! les fleurs de ses cheveux n'étaient pas tout à fait ternies; les diamants fixés à ses doigts par des anneaux d'or jetaient encore un feu pâle et douteux; sa dentelle était déchirée par le vent, non pas usée par le temps; sa robe de frimas était encore à la dernière mode. On eût dit une reine tombée de son trône tout d'un coup; on eût dit une fiancée plantée là, sur la dernière marche de l'autel, au moment où elle va prononcer le *oui* final! on eût dit une morte, — cette morte de la légende des Beaumanoir qui, à peine au cercueil, met au monde un bel enfant!

Trim, très-étonné de son propre étonnement, très-étonné de son émotion, prit les deux mains de cette femme; — une de ces mains était glacée, l'autre main brûlait, sous l'étreinte ardente de la fièvre; puis, tenant toujours ces deux mains dans les siennes:

« Madame, dit-il en prenant sa petite voix, — la voix ordinaire de Trim est un diapason aigu, il parle comme un homme habitué à haranguer la tempête;—madame, dit-il, peut-on vous être bon à quelque chose? Le temps est mauvais, la neige va tomber, la nuit est profonde; permettez-moi de vous reconduire chez vous. »

Rendons à Trim cette justice, il y avait longtemps qu'il n'avait si bien parlé, je veux dire avec tant d'âme et si peu d'esprit. Son bon génie, qui l'écoutait, se voila le visage:

« Ah! se dit-il, voilà mon ami Trim qui, de journaliste, va se faire berger. Où allons-nous, grand Dieu! où allons-nous? »

Trim n'entendit pas cet aparté de son ange gardien (un vieil ange gardien, sur ma parole! il était au berceau de Fréron, il était au cercueil de Geoffroy); et, quand bien même Trim le journaliste aurait entendu cette voix dans l'air, rien n'eût pu le distraire de la dame inconnue et assise sur la borne.

« Madame..., » reprit-il.

Mais la dame, comme si elle n'eût pas voulu abuser de la pitié de Trim, se levant soudain, et rangeant les plis de sa robe, dont le bas se perdait au beau milieu du nuage que le pavé de Paris exhale en cette saison:

« Monsieur Trim, lui dit-elle, je suis bien contente de vous voir et j'accepte votre bras très-volontiers. »

En même temps, elle prenait le bras du pauvre homme, de façon à briser ce bras gauche dans son étreinte de fer; ainsi, malgré la bonne envie qu'il avait eue de s'enfuir et d'abandonner à son malheureux sort cette demoiselle errante, Trim fut forcé d'aller au pas, en se maudissant lui-même de son imprudence.

« Ah! se disait-il tout bas à lui-même, vous ne serez donc jamais sage, ami Trim? vous aurez donc toujours un bon cœur? Et, voyez la belle aventure, mon cher ami, si l'on vous rencontre bras dessus, bras dessous, avec cette aventurière! Et que vont dire les petits journaux, demain matin? Trim! Trim! vous êtes un fou, un jeune fou! Fi donc, votre gros ventre et vos cheveux ébouriffés, une femme de ce calibre à votre bras, dans les rues, à une heure du matin! »

Ainsi pensant, il allait, rêveur, le long de la rue imbruyante.

La dame, qui n'était pas une sotte, non, certes, bien qu'elle ait dit et qu'elle ait fait cent mille sottises dans sa vie courte et coupée, comprit à merveille la pensée et l'oreille basse de son guide, et, d'une voix moins chevrotante et déjà railleuse :

« Monsieur Trim, dit-elle, je ne comprends rien à votre malaise; à qui en avez-vous, monsieur, pour me témoigner si peu de reconnaissance pour la preuve d'estime que je vous donne? O Dieu de mes sœurs aînées! ô Dieu de mes filles à venir! est-ce donc que je sois déchue à ce point, que, moi, la fille des plus anciennes générations, moi, la mère des noblesses les plus reculées dans l'avenir, j'en sois réduite à remercier un barbouilleur de papier, un faiseur d'esprit, un diseur de riens, un homme qui a perdu sa soirée à voir M. Sainville et M. Leménil montant à cheval, ne pas oser, passé minuit, me donner le bras, de peur de se compromettre aux yeux des journalistes attardés dans les rues! »

Elle disait cela avec un ton si vrai et si net de grande dame hautaine, que Trim se hasarda à la regarder en face (justement, ils passaient sous un réverbère recouvert de givre). Et, en effet, il comprit, rien qu'au regard et au geste de la dame, qu'il avait sous le bras quelque chose de plus illustre et de plus antique que la plus jeune princesse de la maison de Bourbon! On eût dit même que la dame retrouvait peu à peu son port de reine, et que Sa Majesté, accablée un instant, se montrait de nouveau radieuse! Encouragé par ce dédain qu'on lui témoignait (cela se passe ainsi au bal masqué et dans le monde), Trim, lui aussi, releva la tête, et en cet instant même il eût rencontré le rédacteur de la *Casquette de Loutre* ou du *Colimaçon littéraire*, qu'il eût ôté fièrement son chapeau afin d'en être bien reconnu.

La dame, qui le vit silencieux et cependant bien disposé, reprit la parole, non pas cette fois comme une grande dame qui veut être obéie; mais, ce qui vaut mieux, comme une vraie grisette qui veut être écoutée. Vous le savez peut-être, la grisette commence toujours par un gros soupir : « Ah! ah! monsieur Trim!... »

Puis, comme le Trim en question ne répondait pas encore, la vieille dame en question reprenait :

« Ah! ah! monsieur Trim, je suis donc bien changée! Ah! ah! mon ami Trim, où est le temps heureux de nos amours, quand j'étais jeune, naissante et rebondie, quand vous teniez entre vos dix doigts amoureux ma taille souple comme le jonc, quand vous me chantiez vos plus douces paroles, quand vous étiez à genoux devant moi et si rempli d'une admiration éloquente, que je pouvais dire à tout venant : « Trim est mon ami! » Trim est mon prophète! Trim, les jours de cérémonie, s'estime » trop heureux de porter la queue de ma robe entremêlée de » diamants et de perles! » Oh! le beau temps! oh! les beaux jours! les heures fugitives, quand Trim était mon esclave et que j'étais sa belle, son heureuse, son adorée, sa despotique souveraine! T'en souviens-tu, mon bon Joseph?—car, en ce temps-là, je t'appelais Joseph et non pas Trim; t'en souviens-tu, toi-même? je t'ai vu, à mon berceau, m'offrant l'encens et la myrrhe de ta plume fraîchement taillée! Mes moindres désirs étaient des ordres pour toi, mes plus légers caprices étaient des événements dans ta vie! Un signe de ma tête, et tu courais d'un bout de la ville à l'autre; un froncement de mon sourcil brun et fourni, soudain tu tremblais consterné; où j'allais, tu étais; où j'étais attendue, tu m'attendais; mon moindre sourire te faisait heureux pour huit jours... O heureux esclave, ingrat esclave, créature perverse, oublieux naturel! Comme tu m'as aimée! comme tu m'as fêtée! Tu baisais, prosterné, la trace de mes pas! tu dévorais, bouche béante, la moindre parole sortie de mes lèvres! tu répétais mes bons mots, tu chantais mes chansons! Si je dormais, tu faisais silence à mon seuil, ou bien, sous ma fenêtre fermée et sourde, tu chantais des élégies que tu avais copiées dans les poëtes grecs ou latins! Le plus petit brin qui tombait de ma fraîche couronne, tu le ramassais avec tes lèvres! même les perles fausses de mon collier étaient pour toi des trésors infinis! Les chiffons que j'avais portés, l'éventail que j'avais brisé, la douce odeur restée dans mon flacon d'ambre et de cristal, que dis-je! le soulier de mon dernier bal, le ruban fané de mon corset, l'ombre fugitive de mon jeune visage, ou le miroir de l'eau qui s'en va emportant l'image, c'étaient là les vraies fêtes de ta pensée, de ton imagination, de ton esprit, de tes sens. O courtisan perfide et lâche! ô profanateur des saintes amours! oh! que te voilà indifférent pour une personne que tu as tant aimée! Du moins, monsieur Trim, rendez-moi mes bienfaits, rendez-moi mes gages d'amour, et puis, au milieu de ce froid, de cette pluie, de ce silence, de cette misère, abandonne une infortunée, ô toi qui l'as trahie, toi qui l'as vendue, toi qui la méconnais à l'instant où elle n'est plus qu'une ombre! »

Ainsi parlait la belle dame, affaissée sur elle-même, la voix éteinte, les yeux pleins de larmes; ainsi elle parlait, et semblait sur le point d'expirer entre les bras de ce malheureux Trim, qui, à vrai dire, commençait à se trouver passablement intrigué.

Il avait beau chercher le nom de la malheureuse créature ici présente, et se demander qui diable cela pouvait être ;... plus il cherchait, moins il trouvait! — Comptez aussi qu'il s'étonnait fort qu'il eût jamais témoigné un si grand amour à qui que ce fût parmi les filles d'Ève. Lui, Trim, un homme sensé, un goguenard, un philosophe, s'amuser à faire un petit trésor de rameaux brisés et de gages touchés? lui, à genoux si longtemps et pour si peu? C'était impossible!

« Madame, dit-il, vous vous trompez ; il y a méprise, à coup sûr; voyez donc qui je suis et à qui vous parlez... Ai-je donc l'encolure d'un amoureux, d'un rêveur, d'un porteur de message, d'un joueur de guitare, d'un faiseur d'échelles de cordes? Mon manteau est d'un gris clair, et non pas couleur de murailles. Il y aurait dans cette rue galante vingt portes ouvertes, que je n'entrerais pas! Pardon, madame, je vous dis encore une fois que vous vous méprenez, et puisque, en effet, vous êtes, ce me semble, assez leste encore pour retrouver votre maison, bonsoir, madame, laissez-moi suivre mon chemin.

— Et moi, reprit la dame, et moi, je te dis que tu as été le plus attentif de mes serviteurs, monsieur Trim! Cinquante-deux fois de suite, toi et moi, nous avons dansé une sarabande amoureuse. Ah! nous avons dansé, toi et moi, toutes les danses et sur tous les tons de la gamme : tantôt le grave menuet, tantôt les pas qui s'improvisent au Château-Rouge; moi qui me traîne à peine aujourd'hui dans le brouillard, j'ai été tour à tour la Taglioni inspirée et la Carlotta bondissante, et même la Mogador échevelée. Ingrat! quelle fête j'ai menée avec toi! C'était pourtant à qui viendrait m'inviter dans le tourbillon du bal universel, tantôt le guerrier, tantôt le poète! Mais je te préférais toujours. L'homme politique s'arrêtait devant moi, me regardant d'un œil inquiet; l'orateur n'était pas content qu'il n'eût touché la frange de mon manteau; le peintre et le sculpteur se disputaient à qui reproduirait d'une façon plus fidèle le portrait fugitif de ma beauté; le musicien adressait à moi seule ses plus touchantes mélodies; j'acceptais tous ces sacrifices, mais pour revenir toujours, les mains pleines, à mon bon ami Trim. Quelle vie j'ai menée! la vie d'une déesse! Que d'encens brûlé sur mes autels! que d'hécatombes sur mon tombeau! Car, vois-tu (et elle montrait à Trim un pan de sa robe, relevé sans grâce sur son bras gauche), dans le pan de cette robe qui suinte le froid, l'hiver et la mort, j'emporte, pour en faire le jouet de mon agonie, plus d'un sceptre et plus d'un miroir brisés; j'emporte des couronnes devenues trop lourdes pour les têtes qui les portaient, et souvent, avec la couronne, j'emporte la tête; le pli de ma robe, quand je l'entr'ouvrirai pour la dernière fois, laissera tomber dans ma tombe réjouie un monceau de beautés, de gloires et de grandeurs, glorieux hochets d'une agonie que je veux illustrer! La jeunesse, la gloire, la vertu, le crime, le bruit, la foule, l'homme choisi, j'emporte avec moi ces vaines poussières pour m'en faire un lit de cendres froides; mon linceul se compose à la fois de l'épais manteau des vieillards, du voile frêle et brodé des jeunes fiancées, de la cuirasse du soldat et du surplis de l'évêque. Eh bien, eh bien, me reconnais-tu à ces signes? sais-tu qui je suis maintenant? Te rappelles-tu tes amours et comprends-tu que je prenne ton bras pour ne pas mourir au coin de cette borne d'une rue profane? Saluez-moi jusqu'à terre, monsieur Trim, je suis *la vieille année!* je suis l'année qui va mourir! je suis l'année qui a vécu une heure de la vie universelle! je suis ce quelque chose formidable, comparé à l'âge de l'homme, ce néant imperceptible dans l'âge des siècles! je suis le son de la cloche bruyante qui s'efface dans l'air au cri rauque des corneilles, je suis un cri dans l'éternité. Hier encore, j'étais jeune, belle, heureuse, enviée, et j'allais, les mains remplies de poésies, de gloires, d'espérances, que je semais dans le monde au gré de mon caprice ou de mon génie. Reine fêtée de l'univers, les rois eux-mêmes et les peuples me saluaient en me donnant la bienvenue; rien de trop beau pour moi, rien de trop grand; et maintenant, fantôme déchu, rayon éclipsé, fleur desséchée, couronne d'épines sanglantes, linceul, néant, et, qui pis est, vieille femme de cent ans, pauvre et sans enfants, je suis trop heureuse de rencontrer par hasard le bras de M. Trim, qui revient du manége de Fitte, et qui se trouve compromis s'il fait l'aumône d'un peu de pitié à cette majesté vaincue dont il était l'humble suivant ! »

Ici Trim, rappelant quelque peu sa haineuse gaieté, et retrouvant son sang-froid, qui l'a si bien servi en tant de circonstances importantes :

« Ah! dit-il, vous êtes *l'année passée!* J'aurais dû m'en douter à vos haillons, à vos grelots fêlés, au clinquant de votre couronne, à ces diamants pâles comme la face pâlie de l'aurore de demain! J'aurais dû m'en douter à votre voix stridente, à votre regard lugubre, à vos dents longues et creuses pleines de famine! Vous êtes l'année d'hier, et vous osez, mourante, parler encore de vos beaux jours! Année d'hier, il ne s'agit pas d'être si fière et de mépriser votre dernier bâton de vieillesse. Je ne suis que Trim le journaliste, et, tout comme un autre, il est vrai, j'ai été fasciné de vos sourires décevants; je ne suis que Trim le journaliste, je reviens du manége de Fitte; mais, pour Dieu! j'aime mieux être Trim le journaliste que d'être à votre place, horrible vieille année qui étiez l'année nouvelle il n'y a guère que trois cent cinquante-neuf jours. Oh! je te le demande, horrible vieille qui as la face de la jeunesse, à quoi as-tu employé ton printemps et ton été? à quoi te sert ton hiver? Tu as semé des fleurs, et les fruits ont manqué! tu as ensemencé les campagnes, et les sillons sont restés stériles! ta gerbe n'a pas eu de grain; la vigne a produit plus de feuilles que de vendange; la lyre touchée de tes mains inhabiles n'a donné que des accords et pas de chanson; perfide comme l'onde, menteuse comme une courtisane, stérile comme le sable, nous t'avions aimée, adorée, servie parce que tu étais féconde en sourires, féconde en promesses; tes bienfaits, où sont-ils? tes chefs-d'œuvre, qu'en as-tu fait? tes grands hommes, et même les grands hommes de l'année qui était ta mère, que sont-ils devenus? Tes présents même, ces présents grandis sous la sueur humaine, tu les as empoisonnés de ton souffle, et ces triomphes du génie de l'homme, tu les as gâtés par le meurtre, par l'incendie! Ton printemps était un nuage, ton été un incendie, ton automne n'a pas rempli nos greniers vides, et les premiers jours de ton hiver ont été signalés par un déluge. Vieille année à la Dorat, frivole, brodée et musquée, tu te vantes de tes chansons, de tes festins, de ton bal universel! Dieu soit loué, tu n'es plus qu'un nom, un souvenir, et ce souvenir va se perdre dans l'hosanna universel du nouvel an qui va poindre, brillant, glorieux, jeune, bienfaisant, doucement épanoui dans ce ciel attristé. »

Parlant ainsi, maître Trim se trouva éloquent, et, se trouvant éloquent, il se mit à l'aise avec cette douairière de l'univers dont il entendait le dernier souffle. Trim s'occupait à sa façon de cette grande coquette qu'il avait adorée à genoux, il faut le dire, et il lui faisait payer par des sarcasmes amers tant de jours passés sans gloire, tant de nuits qu'il avait passées sans sommeil. Ce bon Trim était méchant dans l'occasion, et d'autant plus méchant, qu'il l'était même en tout bien tout honneur, sans le savoir et presque sans le vouloir. C'est ainsi que, pour troubler l'agonie de cette vieille qui se traînait à peine, Trim lui raconta en bloc tous les romans qu'elle avait enfantés, tous les vaudevilles qu'elle avait chantés, et les drames, et les comédies, et les tragédies. O année menteuse en fait de tragédies! Trim lui conta une à une les religions nouvelles, les théories nouvelles, les lois nouvelles, les gloires nouvelles, les vanités nouvelles, le pain nouveau, les mots nouveaux de la langue nouvelle; Trim raconta à cette vieille éplorée les folies du jeu, les folies de la mode, les vieilles folies de l'amour, les honteuses folies de l'argent; Trim, l'inspiré Trim (et quel malheur qu'il ne porte pas cette inspiration dans son journal!), comme il tenait cette année en défaillance, ne lui fit grâce ni de ses ridicules, ni de ses vices, disant à chaque instant :

« Voilà ce que tu étais, vieille année qui n'es plus ! »

Hélas ! Trim se mit aussi à compter les morts précoces, les funérailles injustes, les amis séparés d'un ami, les enfants séparés d'un père, les villes qui perdent leur bienfaiteur, les pauvres qui perdent leur providence ; et Trim d'ajouter :

« Voilà ceux que tu as tués, vieille année, vieille année que je vais ensevelir sous les livrets de tes philanthropes, sous les pamphlets de tes docteurs. »

Disant ces mots, Trim riait, hurlait, criait, blasphémait ; Trim se vengeait ; Trim le journaliste ne pensait pas en ce moment que cette vieille année, après tout, emportait avec elle les derniers lambeaux, les plus précieux lambeaux, les vivants lambeaux de notre esprit, de notre cœur, de notre génie, de nos amours !

Il chantait comme un sage qui est en délire, et, ainsi chantant, il tomba, au coin du boulevard, dans une bande de masques ; car c'était une des folies de feu l'année qui n'est plus, d'ouvrir le carnaval avant même que la nuit de Noël, le transparent et féerique Noël, eût fait luire l'étoile des trois mages dans la voie lactée et splendide qui guide à l'étable de Béthléem. Cette bande de masques était, à tout prendre, une bande joyeuse, des amours de l'année prochaine, des passions du jour de demain, des fêtes enivrées qui viennent d'ouvrir leurs beaux yeux à la clarté des lampes brillantes d'or et de lumière ! Ces jeunes fous, ces jeunes folles, voyant au bras de Trim cette femme qui se cache le visage :

« Ohé ! ohé ! dirent-ils (*evohe*, en latin), venez au bal avec nous, ami Trim ; vous êtes un peu vieux, mais ainsi on vous aime ; venez et amenez avec vous cette belle langoureuse, cette feuille morte tombée de quelque oranger en fleur ; venez, nous chanterons, nous danserons, nous crierons, nous mènerons la grande bacchanale des années qui finissent et des siècles qui commencent! Venez, la belle dame, nous vous lirons l'almanach des jours qui vont s'ouvrir ; nous vous montrerons Matthieu Laensberg qui va venir ; nous vous ferons danser avec *le Messager boiteux* de l'année qui expire ; ça sera beau, ça sera gai, vive la joie ! »

Soudain, à ce discours qui chatouille ses vieilles oreilles, vous eussiez vu la vieille dame, attachée au bras de Trim, quitter vivement le bras de Trim pour suivre un jeune gars habillé en débardeur.

« Prends garde à toi ! disaient les amis au débardeur ; la vieille en tient, prends garde ! »

Et la troupe joyeuse s'en allait sur le boulevard du côté de l'Opéra, attirée par la vacillante clarté des torches qui dansaient comme des folles, excitées, attirées, enflammées, ardentes, par la toute-puissance magnétique de M. Musard.

Et cependant Trim restait seul, les bras pendants, et se demandant s'il n'était pas le jouet d'un songe, lorsqu'il s'aperçut que la vieille femme lui emportait, ô misère ! tout un côté de ses cheveux, à lui, Trim ! et le portrait de sa maîtresse, à lui Trim ! portrait enseveli dans une boîte de chagrin, qu'il ouvrait encore de temps à autre, lui, Trim, par contenance, et quand sa voisine du troisième étage le regardait par un certain coin du rideau. Bien plus, ô Trim ! ô pauvre Trim ! cette vieille année méchante lui emportait son dernier cigare (on sait la passion de cette vieille pour le tabac) ; mais bientôt, reprenant sa course et sa colère, Trim cria :

« Arrête ! arrête ! Ohé ! les autres ! »

Et les masques s'arrêtèrent, et le jeune débardeur, qui sentait déjà son bras se paralyser au contact de la dame inconnue, ne fut pas fâché de s'arrêter.

« Sans doute, dit-il, que ce pauvre Trim redemande cette dame, et, ma foi, je serais fâché de l'en priver. »

Et Trim, tout essoufflé :

« Jeune homme, jeune homme, dit-il, ô jeune homme tout bouclé, tout souriant, tout enivré du nectar printanier ; jeune homme convié à la fête des amoureux qui ne dorment pas, jeune homme, le premier placé dans les banquets où l'eau même vous enivre, parce que de belles lèvres ont touché cette goutte d'eau enivrante, jeune homme, prends garde ! Tu tiens sous le bras une vieille femme dont tu pourrais être le père depuis un an ; et cependant cette femme, toute vieille qu'elle est, est plus que l'aïeule de ta grand'mère ! O jeune homme à la ceinture flottante et relâchée, ne sens-tu pas le froid de la mort qui te gagne ? Va-t'en, fuis ! laisse là cette morte, et frappe l'air de tes cris de joie et de tes deux mains. »

Il dit : les masques répondaient en chœur... ce que répondent les masques à une heure du matin, et la vieille resta seule avec Trim le journaliste.

« Mon cigare ! disait Trim, — et mon portrait ! — et mes cheveux ! »

On lui rendit un cigare, amas de cendres ; — le portrait de la belle, une ruine ; — ses cheveux, une poignée de cheveux blancs, et encore le compte n'y était pas.

La vieille cependant se désolait.

« Ah ! méchant Trim, tu m'empêches d'assister à mon dernier bal !

— Je t'écraserai de mes mains, disait Trim ; oui, il faut que tu meures, que tu meures de mes mains, et que je délivre le monde de toi, maudite vieille ! Allons, allons, rien ne passe, je suis maître de toi, il faut mourir ! »

La vieille alors se jeta aux pieds de Trim :

« Non, non ! dit-elle. Non, non, par pitié, par le souvenir de ta mère, par l'espoir de ta vieillesse, par ton ancien amour pour moi que tu as aimée, par tes travaux commencés, par les travaux que tu espères finir, ne tue pas, ne tue pas une infortunée qui t'implore ; épargne ma vieillesse, épargne-moi ! Loin d'ici, loin d'ici, loin de ce bal, loin de ces fêtes, loin de ces jeunes gens qui passent et qui demain fouleront mon tombeau, emmène-moi, je le veux bien; cache-moi dans quelque lieu béni du ciel, et laisse-moi mourir! »

Elle parla si bien, et, d'ailleurs, l'ami Trim était si peu cruel, que Trim la laissa vivre.

« Allons, dit-il, sortons de ce lieu de fête, plongeons-nous dans la nuit, dans le silence, dans les ténèbres enveloppées de neige. Il faut mourir décemment, ma mère, bien que vous ayez assez mal vécu. Et quelle honte pour vous de mourir dans la folie enivrante... enivrée du bal masqué! Venez donc, venez avec moi, je vous mènerai dans mon grenier, près du ciel; je vous coucherai sur un lit de journaux, je vous ensevelirai dans un vieux journal, votre digne linceul; en guise de pompes funèbres, je placerai sur votre cercueil l'almanach chantant de l'an passé. Venez, bonne mère, vous mourrez en silence, vous mourrez inconnue, vous mourrez dans un calme sommeil; je ferai votre oraison funèbre, pour tout dire. »

Ainsi parlait l'ami Trim; et la vieille année eut encore un sourire, une ironie! Cette ironie fut la dernière; car, cette fois, et pour tout de bon, la pauvre vieille se mourait.

Trim logeait bien loin, très-loin d'ici; car c'est l'habitude de ces sortes de créatures fabuleuses de se loger là où elles n'ont rien à faire. Ils marchaient, elle et lui, pensifs : lui, songeant que c'est peu de chose, une année; elle, songeant que ce n'est rien, une année. Ils passèrent les ponts. Bientôt ils s'avancèrent dans les quartiers maudits, habités par la faim, par le froid, par toi aussi, frêle santé des humbles créatures de Dieu, à qui Dieu ne donne pas toujours le pain ou la raison! — Et plus Trim marchait dans ces misères, plus la vieille année baissait la tête. Ah! ces mères sans enfants, ces enfants sans pain, ces marchands sans argent, ce poëte là-haut qui appelle l'inspiration, sourde à ses cris, voilà ton œuvre, année de malheur!... Trim, le bon Trim, voyant la pauvre vieille si malheureuse, en eut pitié pour la troisième fois.

« Bon! dit-il, j'ai été peut-être injuste!... Écoutez! dans cet air que refroidit le froid matin, n'entendez-vous pas toutes sortes de mélodies scintillantes? »

En effet, à mesure que se montrait le petit jour, on voyait surgir, à cette clarté douteuse, un essaim de farfadets mélodieux, enfants perdus de la poésie et de la musique, tenant dans leurs petites mains de grandes basses, de grands violons, d'immenses clarinettes, des orgues, des lyres, des harpes, de prosaïques guitares, et chantant, et se roulant, et gambadant, et soufflant, et des trios, des quatuors, des duos, des romances, des élégies, des chants de guerre, des chansons à boire, concerts ailés qui vont et qui viennent, comme les flammes bleues dans le cloître du troisième acte de *Robert*; c'étaient toutes sortes de musiques... seulement, ce n'était pas la musique de Meyerbeer!

« Si je les entends, répondit à Trim *le consolateur* la vieille année quelque peu réjouie; si je les entends! Je les entends et je les reconnais; les voici dans leur habit d'or et de pourpre, dans leur toilette endimanchée, tout flamboyants d'or et de soie, et tout parés par les mains heureuses d'Alophe, de Lemoine, de Nanteuil, de Mouilleron, de Jules David et de Gavarni, ces chanteurs aimés des belles dames parisiennes, Arnaud, Antoine de Latour, Paul Henrion, Bérat, le Rossini normand, et toutes les chansons du *Ménestrel*, faciles mélodies, romances, poëmes, rêveries, je les reconnais, je les entends, elles chantent, mais elles ne chantent pas pour moi! Tous ces poëtes, tous ces chanteurs, ces gais artistes, ils ne chantent, ils ne crayonnent que pour l'année qui commence, et, moi, je ne suis plus que l'année qui s'achève! Non, non, ce n'est plus pour moi que s'est éclairé l'arbre de Noël; ce n'est plus pour moi que se sont parées tant de caravanes; ce n'est pas à moi que les enfants et les amoureuses tendent leurs mains avides et charmantes; ce n'est pas pour moi que brille l'or, que blanchit la perle, et ce n'est pas pour moi, une ombre, que tant de beaux livres sont sortis tout parés de leurs écrins; et tes fleurs, ô printemps, et ta parure, ô bel automne, et ta musique, ô Rossini, et tes peintures, ô toi le Salon qui va s'ouvrir, et ton bœuf gras, joyeux mardi des bombances et des mascarades... tout cela, tous ces biens, hélas! non, ce n'est pas pour moi, c'est pour l'année qui va venir. »

Ainsi elle parla dans une douleur suprême! Ce furent ses dernières paroles; Trim était à bout de ses consolations, la vieille année était à bout de ses plaintes. Ils arrivèrent ainsi au fond du Marais, à la pointe de l'île Saint-Louis, dans une rue sérieuse et sombre, à la porte d'un hôtel endormi; seule, la maîtresse du logis veillait, pensant à ses pauvres.

« Quelle est cette porte? où sommes-nous? » dit l'agonisante.

Cette porte est noble et charitable, reprit Trim; on y peut frapper la nuit et le jour, soudain la porte va s'ouvrir. Dans cette maison, réparée par ses soins, une noble dame, la princesse Czartoryska, a l'asile de sa bienfaisance; là, elle règne pour la charité; là, elle crée des prodiges, elle fait des miracles, elle vient en aide à tout un peuple... Noble et sainte maison! Elle fut jadis le séjour des fêtes et des élégances de l'esprit; Le Sueur et Lebrun prodiguèrent sur ses lambris dorés les plus rares magnificences de leur pinceau; aujourd'hui, ces galeries somptueuses sont devenues un bazar où les plus belles et les plus nobles marchandes des salons de Paris tendent leurs blanches mains au nom de la Pologne exilée. »

Ainsi parla Trim, et il avait vraiment une vraie émotion dans la voix.

D'une voix qui s'éteignait de plus en plus :

« Ami Trim, reprit la vieille, c'est ici que je m'arrête; ami Trim, c'est à ce noble seuil que je consacre les derniers moments qui me reste à vivre. Eh! je te prie, quel plus noble endroit, dans toute cette ville qui dort, pourrait me servir de tombeau? »

Elle dit, elle s'agenouille sur le seuil, elle prie pour la France, elle prie pour la Pologne, elle prie pour tout ce qui est grand ou malheureux en ce monde : sa prière achevée, la vieille année tombe et meurt. — Pleurez-la! — et réjouissez-vous! La fille de l'année qui n'est plus, l'année nouvelle, la voici; saluez-la jusqu'à terre, bénissez-la en vous bénissant les uns les autres, et répétez avec Trim le journaliste : Paix là-haut, paix ici-bas, aux années et aux hommes de bonne volonté !

LE SUPPLICE

DU JOURNALISTE LINDAHL

I

A Monsieur le Directeur de l'INDÉPENDANCE BELGE.

Je reviens de la prison où M. Lindahl, rédacteur du *Faederneslandet*, a été enfermé, après sa condamnation à la peine de mort par la hache, pour avoir accusé d'un crime horrible, impie, invraisemblable, Henriette Mendelsohn, une des beautés de la ville, qui chante avec tant de grâce et tant de goût les mélodies de Schubert. Tout le monde ici connaît la jeune Henriette : elle a dix-huit ans, elle est blonde, élégante, avec des yeux un peu voilés, d'un bleu très-calme. Elle écrit bien en prose, elle fait des vers agréables; il n'y a rien de plus charmant que sa belle taille, et si frêle! Avant cette horrible accusation, elle était gaie, elle aimait à rire, elle dansait, et elle dansait bien ; c'était vraiment une fleur de la Norvége, et rien qu'à l'entendre parler son dialecte suédois, nous étions attentifs. Ainsi toutes les pensées, tous les discours, toute la sympathie et tous les respects, dans cette déplorable affaire, étaient pour Henriette Mendelsohn. « Pauvre enfant! disait-on, chère et poétique victime! » et chacun se détournait avec horreur du criminel M. Lindahl.

J'étais au tribunal le jour de l'accusation, par la protection spéciale de notre savant criminaliste M. Hornung, et j'ai pu entendre dans tout ce qu'elle avait de terrible l'accusation éloquente de Frantz Kugler, et la réponse, hardie autant que dangereuse, du docteur Gabriel Uggla, défenseur de M. Lindahl. Je me souviendrai toute ma vie — et Dieu me vienne en aide, il me semble que j'ai longtemps à vivre encore — de l'attitude et de l'accent de mademoiselle Mendelsohn, lorsqu'elle parut devant ce tribunal redoutable. Elle portait un habit de deuil, qui relevait merveilleusement la blancheur de son visage et la beauté de ses belles mains, la main droite posée sur la main gauche. Évidemment, elle était perdue au milieu des indignations et des colères qui s'agitaient dans son âme, et pourtant on voyait qu'elle avait fini par se dominer elle-même, et qu'elle arriverait sans peine au simple langage de l'innocence et de la vérité. Vous savez que ces sortes de crimes exceptionnels, qui touchent à l'honneur des personnes, sont jugés chez nous par exception, dans une complète solitude, comme si la justice eût redouté d'ajouter à la calomnie et à la diffamation en la répétant à des témoins inutiles. Ce jugement à portes fermées ne manque pas de solennité et de grandeur ; l'accusé et l'accusateur y sont en présence l'un de l'autre, et d'une façon beaucoup plus stricte que si la foule était là pour les entourer de ses bruits, de ses silences, de ses mouvements, de ses passions. Ainsi l'accusation est plus directe, et rien ne vient en atténuer la violence, en même temps que la défense est plus vive et plus désespérée au milieu de cette solitude austère et de ce silence implacable. Ajoutez ceci que le peuple absent, mais amoncelé au pied de l'édifice, contemple d'un regard avide et d'un esprit curieux ces murailles sombres, derrière lesquelles s'agite un si grand drame, et, par ces murailles fermées, par ces soupiraux bouchés, par ces caveaux, par ces tourelles, par ces remparts qui suintent le désespoir, le crime et l'infamie, il semble à ce peuple ameuté dans ses propres étonnements que parfois il entend la plainte, le remords, la pitié, la douleur, le désespoir, les larmes, que récitent ces voûtes silencieuses et sans écho.

Quand le juge eut donné à mademoiselle Henriette Mendelsohn le temps de se remettre, et quand il la vit calme et prête à répondre, il ordonna, non pas sans s'incliner, que le greffier lût à haute voix la féroce accusation du *Faederneslandet*, et le greffier, qui était un vieillard, son front se couvrit de rougeur quand sa main tremblante déploya cette feuille infamante. O misère, à son âge, et père de famille, et grand-père de jolis petits enfants et d'une petite fille appelée aussi Henriette, il fallut que ce vieillard répétât ces infamies à cette enfant, qui ressemblait au marbre même de la Résignation. Elle écoutait, les yeux fixés sur les yeux du juge; à ses côtés, son père, homme de soixante ans, d'une figure vénérable et dont la vie entière s'était usée au travail, assistait, la tête baissée et sans rien entendre, à ce drame où son propre honneur était en jeu. Assis sur la sellette, où s'étaient assis avant lui tant de misérables, l'accusé Lindahl appelait en vain à son aide cette énergie impitoyable et cette féroce audace dont il était si fier; à chaque ligne de son crime, on voyait palpiter tous les muscles de son visage, on entendait son cœur battre en frémissant dans sa poitrine haletante; il était là, ce malheureux, immobile, écrasé, muet, sous la terrible étreinte de ce crime inexplicable, et face à face avec sa calomnie et son mensonge; il détournait la tête, il n'osait pas les regarder. Et le greffier, comprenant que déjà le supplice commençait pour cet homme, se mit à épeler mot à mot, syllabe par syllabe, ce tissu de trahison, de perversité, d'indignité. Il appuyait sur chaque parole, et sa voix lente, et son regard fixé sur ce misérable Lindahl, semblaient enfoncer dans ce cœur sans pitié des pointes rougies au feu des parricides. Et telle était la violence de ces syllabes meurtrières, que le magistrat frémissait sur son siége, et que le garde armé portait la main sur son épée, comme s'il eût voulu se bien assurer qu'il pouvait châtier un pareil crime à lui tout seul. Cette horrible lecture étant achevée, et quand l'intime frisson qui parcourait toutes ces âmes attentives, eut produit tout son gémissement, le juge, se tournant vers mademoiselle Henriette Mendelsohn :

« Que répondez-vous, mademoiselle, lui dit-il, aux paroles de M. Lindahl? »

Elle détacha ses mains l'une de l'autre, et, levant la main droite, où brillait l'anneau de sa mère, que la mort avait emportée, il y avait vingt-ans :

« Je réponds que cet homme en a menti, dit-elle, et j'en veux faire ici le serment. »

Alors le chapelain de la prison, ouvrant le saint livre, le présenta à mademoiselle Mendelsohn en lui disant : « Jurez. » Elle baisa le livre en s'inclinant ; puis, relevée, elle le toucha d'une main solennelle, en répétant que cet homme avait menti, et qu'elle était prête à soutenir par la mort ce qu'elle affirmait en présence de Jésus-Christ lui-même.

En ce moment, les yeux de mademoiselle Mendelsohn brillaient d'un feu sombre; il y avait dans ce feu plus d'une larme; sa voix forte et d'un beau timbre était faite pour exprimer comme il convient les plus nobles et les plus fiers sentiments de l'âme humaine. Ah! la belle et grande image! ah! l'éloquente et superbe douleur! Quand elle eut juré, elle baisa de nouveau le livre, et elle le rendit à l'aumônier, qui la connaissait bien, qui savait qu'elle était vraie, et qui croyait à son serment.

« Ma fille, lui dit-il, ayez confiance, vous êtes en présence d'honnêtes gens, fidèles serviteurs du roi notre sire, et du Christ notre maître, et cependant je garderai précieusement ce saint livre, qui fut le témoin de votre foi et de votre honnêteté.

— Mademoiselle Mendelsohn, reprit le juge, avez-vous un avocat?

— J'ai mon père, » dit-elle en touchant respectueusement le vieillard, qui semblait anéanti.

On vit alors une chose à la fois si touchante et si forte, que rien n'apparut de semblable en toute l'histoire de la Suède, et dans les annales criminelles. M. Mendelsohn, le vieillard qui était venu là, se traînant à peine, et qui restait immobile, sans pensée et sans regard, ce pauvre homme accablé sous les accusations de ce pamphlétaire, et qui semblait marcher et respirer comme on marche et comme on respire en rêve, à peine il eut senti le doigt de son enfant, qu'il sembla sortir d'une profonde léthargie : il releva la tête, regardant tout le monde, à savoir les juges, le président, le greffier, le garde et M. Uggla lui-même ; et, comme ses yeux, fatigués par l'âge et par le travail, ne distinguaient pas bien M. Lindahl, il s'approcha de l'accusé pour le bien voir. L'accusé sentit sur son front le souffle du vieillard... Cela fait, M. Mendelsohn revint à sa place, à côté de sa fille, et, d'une voix qui semblait sortir des ténèbres, il commença par expliquer lentement la douleur qui l'avait frappé, quand, après les cent mille murmures de la ville entière, il avait fini par comprendre de quelle accusation funeste sa fille et lui étaient l'objet.

« Il me sembla, disait-il, que j'étais frappé de démence ou le jouet d'un mauvais rêve, et je fus quelque temps à me rendre compte de la réalité de ces crimes. »

Telle fut son exorde, et bientôt, sans y songer, par des transitions inattendues et dans une véritable tempête de tous les sentiments les plus opposés, il arriva à une véritable éloquence. Il demandait, entre autres questions qu'il adressait à la justice, à la vérité, à toutes les lois, à toutes les traditions, à tous les esprits, si c'était bien le résultat d'une civilisation chrétienne, qu'une enfant, une jeune fille, une orpheline de sa mère, pût être accusée, au milieu de sa ville natale, à l'ombre auguste du temple et du trône, et sous l'œil même des magistrats, d'un crime infâme à ce point, qu'il est relégué parmi les fables antiques, et dans les métamorphoses païennes ? Il demandait aussi d'une voix qui allait s'élevant, si le père attentif à son œuvre, à son labeur de chaque jour, la providence de sa fille, pouvait se voir traîner tout d'un coup, dans ces gémonies, sur cette claie immonde.

« Et maintenant que faire, et que devenir? Comment, désormais, pourrais-je embrasser mon enfant? Je n'ai que cela dans le monde, elle est ma vie et ma force, elle est mon espérance et mon bonheur, elle est… ou plutôt elle était l'image heureuse et charmante de sa mère que j'ai perdue, et voilà des brigands qui s'embusquent dans mes sentiers, pour corrompre et pour déshonorer ma joie. Oh ! les malheureux ! ils n'ont jamais eu d'enfant, ils n'ont jamais eu de père ! Ils ne savent pas la première des saintes lois du foyer domestique. »

Ainsi parlait le vieillard ; son accusation était terrible et sa plainte était touchante, et, comme il allait succomber sous la peine, il finit par ouvrir ses bras à sa fille, et, l'un et l'autre, ils éclatèrent en sanglots.

Vous pensez si nous étions émus ! Le vieux greffier détournait la tête pour qu'on ne vît pas ses larmes. Ce fut l'accusé qui les vit. Ses juges eux-mêmes semblaient pris d'épouvante, et contemplaient cette scène touchante, non pas comme des juges, mais comme des spectateurs remplis de toutes les passions de la sympathie, et tout près de crier vengeance ! Assis sur son banc d'infamie, impassible et morne, l'accusé Lindahl s'entourait d'un rempart de nuages et d'orgueil.

Quand le père eut parlé, il alla s'asseoir avec sa fille aux pieds du juge, et, de même qu'il s'était élevé par gradations à la plus sublime éloquence, il retomba dans sa première inertie, et toute cette éloquence fit place à un suprême abattement.

« M. Lindahl, dit le juge, il faut maintenant répondre à ces accusations, ou vous soumettre. Avez-vous un avocat ? »

En ce moment, le docteur Uggla prit la parole. On sait dans tout le royaume que le docteur Uggla est un bel esprit. Son regard est affable, sa voix sonne agréablement, son geste est d'un homme élevé aux bonnes écoles. Il manie avec un grand art le sarcasme et l'ironie; il en fait un auxiliaire puissant de son discours. Le voilà donc qui, d'un air libre et aisé, vient en aide au *Faederneslandet* et à son rédacteur. Il explique à qui veut l'entendre que l'improvisation ardente emporte, et trop souvent, l'écrivain au delà des limites; que vous dirai-je? il appelle à son aide les arguments connus, disant que mademoiselle Mendelsohn et son père étaient si parfaitement à l'abri même du soupçon, qu'il ne comprenait pas tant de plainte et de douleur. Bref, il fut charmant, si charmant, que le président le priva pour un mois des insignes et des droits de sa profession, pour complicité, disait le juge, — et ce mot *complicité* fit pâlir M. Uggla.

Je dois dire qu'en ce moment, le ciel, qui avait été serein jusqu'alors, se couvrit de nuages; la pluie, à torrents, frappa les vitres retentissantes du tribunal, la foudre éclata profonde au milieu du nuage déchiré; l'anxiété était immense; et, cependant, les juges délibéraient dans la chambre à côté.

Après une heure, la porte intérieure s'ouvrit avec un grincement plaintif.

Les juges et le président reparurent, le président tenait une baguette blanche à la main.

« Lindahl, dit-il d'une voix sévère, écoutez avec respect la sentence de vos juges et soumettez-vous à la loi qui vous frappe. Pour avoir calomnié ce vieillard et cette enfant, pour avoir déshonoré ces cheveux blancs et ces vingt ans à peine accomplis, pour avoir jeté l'épouvante dans le royaume et la désolation dans les familles, pour avoir si cruellement abusé du droit d'écrire, un des plus beaux priviléges que nos constitutions aient reconnus, pour tous ces crimes, la loi de notre pays, qui est la loi même des Douze tables romaines, veut que vous montiez sur l'échafaud et que vous périssiez par la hache. Et maintenant repentez-vous et que Dieu vous vienne en aide! »

En même temps, il brisait la baguette et la jetait aux pieds de l'accusé.

Quand il eut entendu sa sentence de mort, M. Lindahl, qui s'était mis à genoux, se releva, et, après avoir salué le juge, il quitta la salle, ramené dans la prison par son garde.

En ce moment, il me semblait qu'un abîme s'était ouvert sous mes pas, et je sortis plus éperdu que le condamné lui-même, et plus épouvanté.

J'avais connu Lindahl dans les premiers jours de notre jeunesse à l'université de Bonn, et bien souvent, compagnons des mêmes études, associés aux mêmes plaisirs, nous nous étions promenés sur les bords de ces doux rivages. En cherchant bien, on trouverait nos noms inscrits sur l'écorce des platanes de Nonnenwerth. Il était bon compagnon, mais d'un esprit frivole et d'un cœur volage. Il s'était épris follement de toutes les nouveautés françaises; il sacrifiait volontiers la vieille patrie allemande. Il eût donné, sans hésiter, Gœthe et ses poëmes pour les ballades de M. Victor Hugo, et tout le *Cosmos* du baron de Humboldt pour un récit de M. de Balzac. Sa verve ingénieuse et trop féconde eut bientôt dépassé toutes les limites, et nous avions à peine achevé nos études, que, sans le savoir, sans le vouloir peut-être, il se laissait entraîner par le courant de ce grand fleuve appelé le journal. Le flot emporte le flot; l'eau, tour à tour claire et fangeuse, reproduit tantôt les rayons du soleil, tantôt les cavernes de la rive obscure. O fleuve et torrent, dont pas une force humaine n'a jamais remonté le cours! Une fois pris dans cette étreinte, il faut aller toujours jusqu'à ce qu'on se noie au fond de l'abîme, ou que l'on soit broyé sous le rocher. Telle était l'histoire de ce malheureux. Il avait commencé par résister au torrent comme on fait toujours; il s'était dit qu'il ne se laisserait pas entraîner comme les autres; il promettait, il se jurait à lui-même de rester dans le droit, dans la justice et dans le bon sens; promesse vaine, et serment futile: il tomba dans l'abîme, il s'enivra dans cette coupe ardente où bouillonnent incessamment les passions, les vengeances, les calomnies, les fantaisies de chaque jour; et le voilà maintenant condamné!

Depuis dix ans, je l'avais perdu de vue; il vivait dans son monde, et je vivais dans le mien, qui est un monde à part de théologiens, de philosophes, d'historiens, de prédicateurs, de physiologistes : les Jean Muller, les Winer, les Ladislas Bartfay, les Schlagentweil, les Maurice Wagner, les esprits posés, pleins de leurs rêves, de leurs songes, contents de tout, vivant de rien. Nous sommes comme cela une race à part dans tous ces pays du Nord, dont l'Allemagne est la mère et l'institutrice, et si peu mêlés à toutes les émotions d'alentour, que peu d'entre nous lisaient la feuille de Lindahl. Nous savions seulement que c'était un homme d'esprit, prompt à l'attaque, habile à la répartie et qui savait écrire à la façon des écrivains modernes. Nous le savions honnête homme aussi, et, comme il était jeune, intelligent, nous disions, si parfois son nom tombait dans nos discours :

« Laissons le faire, et il verra la vanité de sa gloire et le néant de sa renommée; alors, lui-même, il s'amendera, et, marié, père de famille, il portera tout comme nous le joug salutaire. On ne vit pas toujours de bruit, de fumée et de vanité! »

Quand donc je le retrouvai dans cette position misérable, accablé par ces accusations terribles, et par ses propres remords, mes anciennes amitiés me revinrent, et je fus pris d'un vif désir de le revoir. Grâce à mon titre de conseiller aulique, la prison me fut ouverte, non pas sans que le geôlier me laissât le temps de lire, au fronton de l'édifice, ces terribles inscriptions empruntées à la fameuse caserne de Prague, sur le Fischmarkt :

Nemesis bonorum custos, — sontium castigatrix, — publicæ securitatis vindex.

Quand je me fus nommé, et que j'eus dit mon titre, on fit demander au prisonnier s'il voulait me recevoir, et, sur sa réponse, l'on vint me dire que ma visite était la bienvenue; je fus conduit, par un escalier sombre, dans le cachot de Lindahl. La porte ouverte et refermée, il se leva de son siège, au bord de la fenêtre étroite et grillée, et il me tendit une main convulsive et pleine de fièvre. Son œil était brillant mais hagard; toute sa personne manquait, je ne dirai pas de force, mais de calme, et l'on pouvait lire sur son visage, mêlé aux remords de son crime, l'étonnement de la peine. Évidemment, l'infortuné ne se rendait pas compte du châtiment qu'il allait subir, il ne comprenait pas qu'on pût le livrer si jeune au dernier supplice, pour un crime improvisé pour ainsi dire, et dont il n'avait vu l'importance qu'à l'aspect des larmes que son crime avaient fait couler. Cependant il s'efforçait de sourire encore, et de prolonger le rôle auquel il s'était condamné.

« Mon cher Gabriel, me dit-il, je te sais gré de ta visite, et je m'y attendais peu, car tout nous séparait et voilà bien longtemps que nous sommes séparés. Cependant fais-moi grâce de tes réflexions et de tes reproches. Je sais tout ce que tu vas me dire, et déjà je me le suis dit à moi-même. Enfin, il n'est plus temps, tout est fini, résignons-nous, et, puisqu'il faut mourir, je te promets de mourir comme un homme. »

Il quitta ma main qu'il serrait fortement, et il alla s'asseoir à la fenêtre, la tête appuyée sur les barreaux. Je m'aperçus alors, bien que nous fussions du même âge, qu'il avait l'aspect d'un vieillard; des rides nombreuses sillonnaient son front dépouillé; ses cheveux avaient blanchi en si peu d'années, en si peu de jours peut-être, et, sous mes yeux, il restait là, immobile, inerte, absorbé dans ses vaines pensées.

« Il faudrait, lui dis-je, aviser à quelque moyen d'obtenir grâce et merci. Le repentir a bien de la force ici-bas et là-haut. Si Dieu est loin, le prince est proche, et plus la loi qui te frappe est impitoyable, plus il me semble qu'on peut l'adoucir. »

Il poussa un profond soupir, plein de pitié pour lui-même, d'un regret pour son crime; mais cette pitié et ce regret n'égalaient pas son orgueil. C'est le grand caractère de ces tristes délits de la plume et de la parole : on met une certaine gloire à les soutenir, et plus la menace est vive, plus il semble à l'écrivain qu'il ne peut pas effacer honorablement ces diffamations qui ne sortent pas de la conscience, et ces violences qui ne sont pas dans son cœur. Chaque homme ici-bas est une espèce de héros, arrangeant son héroïsme à sa guise, et se drapant dans le manteau de sa vanité. Je connaissais par expérience ces caractères faibles et féroces tout ensemble, et je n'essayai même pas de le battre en brèche, tant il semblait impossible de l'entamer.

« Eh! oui, dit-il, j'aurais mieux fait de rester fidèle au mouvement de l'école allemande, et de m'en tenir aux leçons peu dangereuses de Boëckh, de Bernhardy, de Hegel et de M. de Hayen; j'aurais mieux fait de suivre le cours du grand criminaliste Édouard Hetzig; j'aurais bien fait de me méfier un peu plus de ces vaillants champions de l'art moderne, d'Adalbert de Chamisso, de Clément Brenato, de Fouquet, d'Hoffmann, de Haltey, de Gaudy. Ah! si j'avais seulement soixante ans!... Mais, enfin, ce qui est fait est fait, me voilà condamné, et, je te le dis ici, justement condamné. Il ne me reste plus qu'à mourir avec courage, et j'espère, s'il plaît à Dieu, que, du moins par ma façon de mourir, j'obtiendrai mon pardon de ma victime, la pitié des honnêtes gens, la sympathie, et aussi peut-être quelques regrets de ces belles-lettres que j'ai tant aimées et dont j'ai si cruellement abusé. »

Disant ces mots, il porta sa main sur ses yeux, et je vis qu'il pleurait.

Je le laissai pleurer; chaque larme qui tombait de ses yeux, rougis par l'insomnie et par les veilles, semblait dégonfler sa poitrine, et remettre un peu d'ordre en ce visage dévasté; évidemment, il était plus calme et plus fort.

« Voudriez-vous, lui dis-je, implorer la clémence royale? Elle aura sans doute pitié de votre sort?

— On l'a fait pour moi, reprit-il: mon père et ma mère se sont jetés aux pieds du trône en criant grâce et pitié; mais, cette fois, la Couronne a renoncé à son droit de grâce. On l'a dit à mes parents, qui me l'ont rapporté; une seule personne aujourd'hui, dans le monde entier, peut me sauver la vie, et c'est la seule personne à qui je ne puisse pas demander pardon : mademoiselle Henriette Mendelsohn. »

Et, comme j'allais me récrier, il m'arrêta d'un geste énergique et passionné.

« Pas un mot, me dit-il ; ce que j'ai refusé aux larmes de mon père, aux sanglots de ma mère, aux ordres de mon roi, vous n'avez pas le droit de me le demander; sinon, je vous prie à l'instant de sortir. »

Je me tus. Il y avait sur sa table, à côté de quelques papiers pliés avec soin, quelques livres, la Bible du docteur Michaëlis, et l'Homère d'Ernesti.

« Vous lisez Homère? lui dis-je après un grand silence.

— Hélas! non, reprit-il, je ne puis plus lire; il me semble que je suis déjà mort, et pas un des poëtes anciens que nous avons tant aimés ne suffirait à retenir ma pensée un seul instant. »

Après une pause, et le voyant toujours plongé dans ces abîmes :

« Parmi ces poëtes grecs, lui demandai-je, avez-vous souvenir de Stésichore, un poëte dont Horace a parlé? »

Et, comme il me regardait sans rien répondre :

« Il avait outragé, dans ses vers, ce poëte Stésichore, Hélène, la belle Hélène, et jamais peut-être la satire n'avait été plus cruelle. Il maudissait la fatale beauté qui avait perdu Troie, et qui avait fait des dames troyennes autant d'esclaves; et si violente était l'invective, que la Grèce entière se souleva, et maudit le poëte à son tour. Une nuit, la nuit était sombre, et le poëte endormi rêvait à toutes sortes de fantômes, lorsqu'il sentit une main qui pesait sur son épaule; il se réveille aussitôt, et il voit, debout à son chevet, un des jumeaux, Pollux, le frère d'Hélène.

« Tu as outragé ma sœur, » lui dit Pollux, « je viens pour te

» châtier. » En même temps, il lui creva l'œil droit d'un rayon de son étoile; puis il disparut lentement, et remonta dans le ciel, que son absence avait attristé. D'abord, le poëte imagina qu'il était le jouet d'un rêve; mais, le jour venu, il trouva que, en effet, il ne voyait plus que de l'œil gauche, et que le dieu l'avait châtié. Huit jours après, comme il s'était arrangé de son œil unique, et comme il était plongé, cette fois encore, en un profond sommeil, il sentit une main qui le touchait à l'épaule gauche. Il se réveille, et, cette fois, c'était le frère d'Hélène et de Pollux, Castor lui-même. « Et » moi aussi, » lui dit-il, « je viens pour tirer un châtiment de » l'outrage fait à ma sœur. » Parlant ainsi, il ôta l'étoile qui rayonnait sur son front, et la posa sur l'œil gauche de Stésichore. L'étoile brillante produisit l'effet d'un fer rougi au feu, et le poëte borgne devint aveugle. Aveugle, il sentit fléchir son courage, et, par la grandeur de la peine, il comprit l'immensité de la faute. « O dieux et déesses, » disait-il, « que je suis malheureux!... » Je ne la verrai plus, je ne la verrai plus! » Le sage Arthémidor qui passait sous les fenêtres du poëte entendit sa plainte. « Ami, » lui dit-il, « qu'est-ce à dire et de qui parlez-vous, en disant : *Je* » *ne la verrai plus?* — Hélas! » reprit le poëte, « je parle en effet » de la belle Hélène. Elle était toute ma joie, et mon plus grand » bonheur était de voir le coin de son voile, quand elle passait au » bras de Ménélas son époux. — Homme étrange! énigme inconce- » vable! » reprit le philosophe Arthémidor en s'éloignant, « il » l'aime et il l'insulte; on lui crève les yeux précisément parce » qu'il était aveugle, et maintenant il se récrie, il pleure, il se » lamente, il accuse les dieux! » Ainsi parlant, le philosophe Arthémidor s'éloigne, et s'en va dissertant sur les caprices de l'esprit humain.

Mon histoire eut l'honneur de rendre attentif M. Lindahl. Il me regarda avec un demi-sourire.

« Et, dit-il, votre récit ne finit pas là?

— Non, lui dis-je, et voilà le meilleur de mon récit : la belle

Hélène était femme, et belle, et naturellement compatissante. Elle entendit parler de la plainte et des regrets de Stésichore; elle voulut le voir, elle le vit qui pleurait; elle voulut l'entendre, elle l'entendit appelant Hélène, et qui répétait sans cesse et sans fin : « Je ne puis plus la voir! je ne puis plus la voir! » Alors elle eut pitié de ce pauvre homme : elle baigna ses yeux meurtris d'une eau fraîche puisée à la fontaine de Castalie, et de son souffle, embaumé des divines senteurs de l'Ida, elle rendit la vue au poëte satirique. Il la reconnut à sa grâce, à son sourire, à sa toilette, à son pas de déesse, et surtout à son pardon.

— Oui, reprit M. Lindahl, et, le lendemain, la satire ingénieuse devint une ode éclatante, et Stésichore donna l'exemple fatal aux poëtes qui l'ont suivi : il inventa la palinodie, une chose qui déshonore après tout.

— Une chose qui l'a sauvé, monsieur. D'abord, elle l'a rendu à la douce lumière du jour, pour parler comme votre Homère; elle lui a ramené l'estime des honnêtes gens, le sourire d'Hélène, la faveur de Castor et de Pollux, et, plus tard, Platon, dans son école, a cité avec honneur Stésichore et la palinodie. Horace aussi l'imita, et je ne sais rien de plus touchant que son ode à cette fille de la beauté, plus belle que sa mère. Ah! ami, que je vous plains si vous ne savez pas vous repentir. »

Je parlais encore, lorsqu'un faible coup fut donné à la porte de la prison. Comme le jour était tombé, je pensais que le geôlier venait m'avertir que l'heure de la retraite avait sonné pour moi; mais que j'étais loin de m'attendre au spectacle qui s'offrit alors à mes yeux! Sur ce seuil de fer et de chaque côté de la muraille, une douzaine de soldats attendaient, l'arme au bras; le vieux greffier, l'homme aux cheveux blancs, donnait le bras au directeur de la prison; l'aumônier marchait en avant; l'heure suprême du condamné avait sonné.

Alors le directeur de la prison, d'une voix ferme et d'un visage attristé, s'adressant au prisonnier, qui s'était levé pour le recevoir :

« Lindahl, lui dit-il, on vous attend dans la seconde cour.

— Je suis prêt, » reprit Lindahl.

Puis, s'adressant à l'aumônier, qu'il embrassait :

« Mon père, dit-il, je n'ai rien à ajouter à notre conversation de ce matin. Je vais subir la mort que j'ai méritée, et du moins verra-t-on tout à l'heure que j'étais un homme de cœur. »

Il prit quelques-uns des papiers qui étaient sur la table et les confia à l'aumônier. Une lettre écrite et cachetée de noir était dans la Bible ; il prit la lettre et la cacha dans sa poitrine.

« On la trouvera là, dit-il, quand je serai mort, et vous la remettrez fidèlement à son adresse... Allons, messieurs !

— Si pourtant, reprit le directeur, vous vouliez adresser vos pardons à mademoiselle Mendelsohn, elle a le droit de vie et de grâce.

— Allons, messieurs ! » reprit Lindahl.

Et, donnant le bras à l'aumônier, avec lequel il s'entretint à voix basse, il descendit l'escalier du Nord, traversa d'un pas ferme la cour de Charles XII, qui sépare le donjon de la plate-forme. L'échafaud était là, tout dressé. Le billot, la paille et la hache, l'homme qui la tient, rien n'y manquait.

Une douzaine de spectateurs — c'est la loi qui l'exige — avaient été choisis pour être les témoins de cette peine accomplie. Aux pieds de l'échafaud s'arrêta Lindahl. On lui lia les mains, on lui banda les yeux.

« Adieu, messieurs ! nous dit-il ; à ceux qui ont vu ma vie, ayez soin de raconter ma mort et mon repentir. »

Il avait déjà franchi les deux marches du fatal escalier, lorsqu'il sentit délier les cordes qui lui liaient les mains, lorsqu'il sentit arracher le bandeau qui lui voilait les yeux.

C'était mademoiselle Mendelsohn.

« Monsieur Lindahl, lui dit-elle, je vous pardonne. »

Lui, alors, se jetant à ses pieds, et tirant la lettre de son sein, tiède encore des dernières palpitations de son cœur :

« Madame, lui dit-il, j'accepte votre pardon! car ma dernière pensée avait été de l'implorer de votre clémence, et j'étais sûr que vous l'apporteriez au moins sur mon tombeau. »

Dans toute la Suède, on ne s'entretient que de cette aventure, où force est restée à la loi, où des deux côtés l'honneur est sain et sauf, où la jeune fille qui pardonne a le beau rôle, où l'homme amnistié a racheté son crime par son courage et par ses remords.

Le conseiller aulique,
GABRIEL ERLEANGEN (1).

II

Quinze jours après la publication du récit qui précède, on lisait dans *l'Indépendance belge* :

« Nous avons publié tout récemment un feuilleton qui a été fort remarqué et que la plupart des journaux de l'Europe ont reproduit en tout ou en partie, sur l'affaire de M. Lindahl, ce journaliste suédois condamné à être décapité pour avoir calomnié dans son journal une demoiselle de Stockholm.

» L'auteur de ce feuilleton — écrivain très-remarquable, comme le prouve le succès même qu'a obtenu son récit — s'était proposé de faire ressortir, sous une forme saisissante, ce qu'a d'étrange, au XIXe siècle, — alors même que la condamnation

(1) Nous avons été indécis pour savoir si nous ne nous bornerions pas à emprunter au feuilleton de *l'Indépendance belge* les pages éloquentes qu'on vient de lire, et qui resteront comme une des œuvres les plus singulières et les plus émouvantes de ce temps-ci. Mais nous avons pensé que, ne fût-ce qu'à titre de curiosité littéraire, il nous était impossible de séparer de l'œuvre principale ce qui en est la suite, ce qui en fut la conséquence. La presse de tous les pays a cru au supplice du journaliste Lindahl. Les lecteurs de ce volume, après avoir partagé l'émotion extraordinaire qu'a causée cette palpitante fiction chez toutes les nations civilisées, nous sauront gré de leur donner aussi le mot de cette dramatique énigme. (*Note de l'Éditeur.*)

ne serait pas exécutée — une législation qui punit de la mort par la hache un délit que la législation moderne, dans tous les pays civilisés, ne frappe que d'un emprisonnement de quelques mois. Dans ce but, il avait brodé sur le fond même de cette affaire, parfaitement exact, des détails destinés à captiver l'attention du lecteur. Rien n'était plus facile, toutefois, que de distinguer dans son récit, à côté de la part de la vérité, une part de fantaisie. Il n'y avait pas jusqu'à ce titre de *conseiller aulique*, donné au prétendu signataire du feuilleton, qui ne fût un indice — mis là avec intention — du caractère de cette correspondance; car personne n'ignore que le titre de conseiller aulique n'existe pas en Suède.

» Il paraît, cependant, qu'à Stockholm même, on a paru croire — et ceci doit flatter beaucoup notre collaborateur anonyme — que ce feuilleton avait la prétention d'être et était, en effet, de nature à être accueilli comme vrai dans tous ses détails. C'est du moins ce qui ressort d'une lettre qui nous est adressée par un écrivain — très-réel, cette fois — et des plus distingués de Suède, M. le docteur Sturzen-Becker.

» M. Sturzen-Becker réclame de notre impartialité l'insertion de sa lettre, pour relever les *inexactitudes* du récit publié par *l'Indépendance*. Nous déférons d'autant plus volontiers au désir de l'éminent écrivain suédois, que sa lettre aura, à son tour, sans contredit, un grand intérêt pour nos lecteurs. La voici donc telle que nous l'avons reçue :

PAUVRE SUÈDE!

*A Monsieur le Directeur de l'*INDÉPENDANCE BELGE.

Bien que je n'aie pas l'avantage d'être en « correspondance particulière » avec votre très-honorable journal, permettez-moi, monsieur le directeur, de vous adresser directement quelques mots respectueux, qui, du reste, ne sont réellement qu'un seul, mais énorme soupir, sorti du fond d'un cœur patriotique, dont la touchante mélancolie dans cette occurrence exceptionnelle vous paraîtra, je l'espère, parfaitement légitime.

Je suis, monsieur le directeur, tant soit peu journaliste, moi aussi ; journaliste politique, sérieux, grave, formidable parfois ; d'autres fois, feuilletoniste facile et non sans quelque prétention à la science. Si je suis, en outre, un peu homme de lettres, en prose ou en vers, en grand in-8º et très-petit in-32 (format poche de gilet), je n'en parlerai pas ici ; mon seul but est de vous dire que je me connais vraiment un tantinet en *feuilleton* ; ajoutons, monsieur, que je suis *Suédois*.

Or, figurez-vous, s'il vous plaît, un moment les sentiments d'un honnête suédois, né à Stockholm même, « à l'ombre auguste de ces temples et de ce trône, » et se connaissant un peu en feuilleton, après avoir lu (je l'ai lu trois fois!) ce feuilleton intitulé majestueusement le *Supplice du journaliste Lindahl*, inséré, à titre de « correspondance particulière de Stockholm, » dans le numéro 198 de votre très-estimé journal. Mettez-vous un instant à ma place et daignez du moins excuser mon audace de vous envoyer ces quelques lignes.

Je n'ai pas besoin de vous dire, monsieur, que la correspondance en question, bien qu'elle m'ait assez vivement impressionné, ne m'a aucunement causé quelque chose comme cette indignation olympique — *cœlestes iræ* — qui pousse un individu à préparer ses pistolets et à aller tout droit à la recherche de sa victime, soit un « conseiller aulique. » Du tout. Le feuilleton, c'est incontestable, a ses libertés et ses priviléges à lui, un droit sacré de certaines petites extravagances, même aux dépens de la vérité historique, et, une fois habitué à ses franches allures, on aurait tort d'y regarder de trop près. *Hanc veniam, etc.* ; cette liberté, nous nous la demandons et nous nous l'accordons réciproquement. Mon Dieu! moi-même, si le public de mon pays (et heureusement je n'ai pas d'autre public) n'avait pas constamment eu la complaisance d'avoir égard à cette légitime licence poétique du genre feuilleton, j'aurais été moralement perdu mille fois, sinon écrasé sous les coups vigoureux d'un formidable sous-lieutenant; ceci est chose absolument certaine.

Ainsi, monsieur, ne croyez nullement que l'article de M. Gabriel Erleangen m'ait mis en une fureur, ou seulement en une extase, qui serait ici du plus mauvais goût; mais, franchement, il n'a pas manqué toutefois d'exercer sur moi un effet très-sensible. Personne, je le répète, ne sait respecter plus que moi la liberté du feuilleton; je l'aime, ce genre, même sous son habit un peu décolleté et avec la chevelure un peu dérangée, et je lui pardonne beaucoup d'écarts; mais toute liberté a pourtant ses limites, « en dehors desquelles le juste ne peut plus subsister, » et la forme y est comme toujours pour beaucoup. Une causerie spirituelle peut être très-comme il faut sans être mariée à la haute vérité, et ne me croyez pas, de grâce, assez pédant pour aller chercher, la lampe à la main, le fond des choses sur une conversation de salon! Le feuilleton n'est pas l'histoire; mais, justement parce qu'il ne l'est pas, il doit se bien garder d'en prendre l'air et les façons austères. Il me semble que ceci est arrivé dans le feuilleton que je critique et voilà ce qui me désole. L'article du *conseiller aulique* est décidément un peu sorti de sa spécialité en se présentant comme une « correspondance particulière » de bonne foi, et en accusant les prétentions d'une certaine connaissance de faits; voilà où est le tort.

Mon langage vous assurera, j'espère, que je ne suis pas un Roland plus ou moins furieux; mais pardonnez, en présence de toutes les choses inadmissibles, contenues dans cette correspondance, sous la forme d'une chronique du jour, la simple exclamation d'un digne fils de son pays : Pauvre Suède!

Au fait, nous, Suédois, Dieu le sait, nous ne sommes pas des enfants gâtés, quant à la manière dont nous traitent les grandes littératures; au contraire, nous sommes sur ce point habitués depuis longtemps à beaucoup de choses. Je ne m'arrêterai pas à des bagatelles, telles que l'orthographe, dans les livres et les journaux étrangers, des noms propres de nos plus ou moins respectables personnes et de nos localités historiques; mais des sujets tirés de notre histoire sont souvent exploités, par des auteurs français par exemple, avec une légèreté, un abandon, un *chic* qui est le privilége du génie sans doute, mais qui n'est pas moins pour nous, Suédois, quelque chose d'excessivement curieux. Toutefois, tant que ces naïvetés et ces petites nonchalances se trouvent seulement chez les grands poëtes, romanciers, auteurs dramatiques, nous ne les prenons pas trop à la rigueur, et nous sommes certainement bien loin d'en vouloir à cet aimable M. Scribe ou à cette admirable plume qui est pour le moment en train d'achever, dans la *Revue des Deux Mondes*, le roman de *l'Homme de neige*, bien que les figures et les situations *suédoises* qui y sont entremêlées ne nous paraissent pas d'une ressemblance irréprochable.

Mais la chose se présente sous un aspect différent, chaque fois que ces inexactitudes et ces libres fantaisies se glissent dans un ouvrage sérieux ou s'avancent vers nous avec le pas ferme et plein de gravité — oh! monsieur! — d'une correspondance particulière datée de tel lieu, de tel jour, de tel mois, à plus forte raison parafée d'un *conseiller aulique*.

Cette histoire mélodramatique de « M. Lindahl, le journaliste, » est-ce par hasard un roman? D'aucune manière. Tout le monde, en la lisant, se dira que c'est un petit bout de cause célèbre, de stricte actualité, un tableau suédois, peint d'après nature, par un homme qui, lui-même, a été pour quelque chose dans tout cela et qui a tracé son esquisse toute fraîche, « en revenant prestement de la prison, » du héros du sombre drame. Je suis fâché de me trouver dans la nécessité de troubler pour vos lecteurs, monsieur, l'impression produite par cette merveilleuse mystification; mais que faire? Ne faudrait-il pas que j'eusse un cœur de granit de Dalécarlie pour laisser faire sans réclamation leur tour d'Europe, que dis-je! de l'univers, à des insertions « ruisselant d'ironisme, » sur le compte de mon pauvre pays, telles que celle-ci, par exemple, que, chez nous, en Suède, on trouve des demoiselles âgées aujourd'hui de « dix-huit ans » (voir le commencement de l'article de M. Erleangen) dont « la mère a été emportée par la mort il y a vingt ans! » (voir le même article un peu plus loin!); ou bien cette autre, que la loi actuellement en vigueur en Suède est celle « des Douze tables romaines; » ou encore cette troisième, cette cinquième ou vingtième, ma foi, je ne saurais pas en finir!

Sérieusement, mon cher directeur, permettez-moi de vous assurer que les choses ne se passent réellement pas en Suède (ni je pense ailleurs) telles qu'elles sont mentionnées dans la correspondance du conseiller aulique. Le président du tribunal ne porte vraiment pas de « baguette blanche; » il est un homme très-respectable sans cela; le droit de grâce et de vie n'appartient chez nous à personne autre qu'au roi; « la douzaine de spectateurs » de rigueur « exigée par la loi » pour être témoins de toute exécution, est aussi de pure fantaisie; la loi, chez nous, n'a vraiment pas de ces idées romantiques. Bref, la Suède n'est pas un pays exceptionnel de merveilles physiologiques, d'usages orientaux, de législation théâtrale; c'est, après tout, un pays comme un autre et passablement européen, d'aucuns disent même passablement gallomane et formé sur le moule français. Et observez, s'il vous plaît, que ce n'est pas tout à fait inutilement que la vapeur, cette merveilleuse force motrice en fait de fusion des mœurs et de généralisation même de la vie publique, a depuis vingt ans rapproché la patrie des « hommes de neige » de la grande métropole de la civilisation moderne, si bien qu'elles ne sont plus, l'une de l'autre, qu'à une distance de trois ou quatre journées.

Ceci quant à la couleur locale de la narration du conseiller aulique! Que dirai-je quant au fond même de cette chronique criminelle? Il existe, c'est vrai, à Stockholm, une petite feuille intitulée *Faederneslandet*, dont le gérant a été, jusqu'à présent, un certain M. Lindahl ; ce monsieur journaliste, cet écrivain distingué, cet homme d'esprit d'une « verve ingénieuse, mais trop féconde, » à la manière de « Victor Hugo et Balzac, » cet élève des grands philosophes de l'université (bien entendu allemande) de Hall, permettez-moi de vous assurer que la littérature suédoise ne connaît pas du tout ce personnage-là !

Permettez-moi d'ajouter que la chronique du jour ne le connaît que comme un pauvre diable, qui a été dans le temps quelque chose comme un marchand de fourrages et loueur de rosses, mais qui, depuis, a été *loué* lui-même par quelques entrepreneurs de scandale pour porter la responsabilité légale du libertinage littéraire dudit journal. Je suis désolé d'être obligé de faire descendre le héros de M. Gabriel Erleangen, du haut de ce piédestal romanesque, où une plume pleine de « verve ingénieuse » vient de le placer ; mais j'espère que vous ne prendrez pas en mauvaise part la fierté assez naturelle d'un homme qui est un peu lui-même homme de lettres suédois, et que vous ne me repousserez pas quand je vous prie de bien vouloir croire que nous n'avons vraiment pas de ces camarades-là. Nous ne sommes pas de grands seigneurs, mais nous sommes jaloux de notre pauvre petit honneur ; chacun suivant sa condition.

Il est vrai encore qu'il existe dans la capitale suédoise une certaine mademoiselle Mendelsohn, qui a eu « dix-huit ans » il y a trente années, qui n'a pas été « une des beautés de la ville, » appartenant, du reste, à une famille juive (que devient la scène dramatique devant l'image de Jésus-Christ!). Il est vrai encore que la feuille dite *Faederneslandet* avait trouvé de son intérêt de renouveler un ancien bruit relativement à une affaire d'amour plus que fraternelle, qui aurait eu lieu entre cette demoiselle et son *frère* (ce qui, dans tous les cas, n'est pas justement son *père*, ce vénérable patriarche de la correspondance aulique) ; que ce monsieur son frère s'est pourvu en calomnie contre M. Lindahl ; que celui-ci, en vertu de la lettre de la loi, a été condamné à la peine de mort, à laquelle peine il ne sera toutefois pas donné suite, du moins d'après toute probabilité, vu des circonstances fort atténuantes. Voilà le canevas ; jugez à présent, monsieur le directeur, de la manière d'exécution de l'honorable M. Gabriel Erleangen, ce grand pseudonyme, dont le titre même de « conseiller aulique » — pour en finir une fois — *n'existe pas* dans cette pauvre Suède !

Pour ne pas imiter à mon tour une mascarade littéraire, peut-être un peu hasardée en pareille circonstance, permettez-moi, monsieur le directeur, de signer d'un nom qui, du moins, n'est pas comme celui de M. Erleangen, tout à fait inconnu dans mon pays.

Le docteur STURZEN-BECKER.

III

Réponse au docteur Sturzen-Becker.

La Chapelle, près Paris.

Monsieur,

Je m'appelle Jean Palaiseau ; et plus je lis des noms suédois, plus je suis content de porter un nom facile à retenir : « Choisis un joli nom, court, et qui plaise aux jeunes filles. Celui qui porte un nom court plaît à tout le monde, et tout le monde boit à sa santé un verre de bière, un verre de vin. » C'est un couplet de la chanson du tonnelier allemand. Ce nom de Palaiseau appartient à un village, fameux pour avoir donné le jour à une pie ; or, cette pie avait une servante, et la servante fut pendue haut et court, parce que la pie avait volé un couvert d'argent. Ce crime est resté célèbre en France et dans le monde entier, d'abord à cause de la pie, et, plus tard, à cause de certain chef-d'œuvre appelé *la Gazza Ladra*, que vous avez traduit sans doute en bel et bon suédois.

Vous comprenez, monsieur, qu'avec une pareille histoire attachée au nom que je porte, il était bien difficile, à moins d'avoir un cœur de rocher, de ne pas être sympathique, non-seulement à tous les supplices injustes, mais à tous ces supplices cruels, impitoyables, à cette infernale imagination des lois anciennes, qu'un jurisconsulte appelait des contes en l'air : *Antiqui juris fabulas*. Je n'avais pas quinze ans, que déjà mon jeune cœur bondissait au seul récit de ces châtiments exagérés, qui démontrent plutôt la férocité du juge que la sainte magnanimité de la loi. Mon premier prix d'amplification au collége de Juilly, ce fut justement le récit du supplice du baron de Goertz, un ami de votre grand roi Charles XII, et je me rappelle encore le grand effet que je produisis, lorsque, dans un style ingénu, je montrai à toute l'école le baron de Goertz traîné au supplice à travers les rues de Stockholm. Je disais les flots de ce peuple ameuté contre cet infortuné ; je montrais, à qui le voulait voir, ce monticule funèbre, où de nombreux gibets étalaient les restes déchirés d'un tas de malfaiteurs. Bientôt le baron de Goertz arrivait au lieu du supplice. Il était vêtu d'un habit en velours noir à brandebourgs ; il défit luimême avec le plus grand soin les brandebourgs de ses vêtements funèbres ; il ôta sa cravate, et mit sur sa tête vénérable un bonnet de nuit que son valet de chambre lui présentait. Puis, comme il cherchait des yeux l'échafaud, le bourreau lui montra un monceau de sable au pied d'une fosse... On ne lui fit même pas l'honneur d'un échafaud. Ainsi, grâce à ma péroraison, toutes les classes du collége de Juilly ont frémi pendant huit jours de la mort du baron de Goertz, et l'on me regardait avec une certaine épouvante, comme si j'avais été en communication avec le bourreau.

Une autre fois, mais, cette fois, il s'agissait d'une composition latine, je remportai gaillardement le premier prix de rhétorique, pour avoir raconté le supplice du comte de Brahé et du baron de Horn, chefs des *bonnets suédois*, égorgés par l'ordre des *chapeaux suédois*. Ainsi l'avait ordonné la haute cour de justice secrète. Vous l'entendez, *secrète*, et voilà, sans doute, ce qui aura induit en erreur M. Gabriel Erleangen. Cependant, je doublais ma rhétorique, lorsque M. Scribe fit représenter à l'Opéra *la Mort de Gustave III*, et, cette fois, notre professeur, qui aimait les beaux-arts, nous donna pour sujet de vers latins la mort d'Ankarstroëm. Ah! pour le coup, j'appelai à mon aide une indignation à la Juvénal. Je racontai les moindres détails de ce supplice affreux : la charrette, la place du faubourg du Nord, le condamné attaché au poteau et frappé de verges, comme meurtrier du roi (*Kongung's mordnar*). Puis on le laissa, pendant cinq heures, exposé à toutes les insultes d'un peuple féroce. Je dis aussi l'exposition du lendemain sur la place du Riddarholm, et comment les plaies de la veille furent déchirées et mises à jour de nouveau. Le surlendemain, la flagellation recommença sur la place de l'Opéra, mais plus violente encore, et, cette fois, le misérable fit entendre un cri qui retentit dans tout Stockholm. Le quatrième jour, enfin, le bourreau trancha la main droite, et puis le corps fut coupé en quatre quartiers, et, comme dit la complainte que je traduis de mon mieux :

> L'habit au bourreau,
> Le corps au corbeau,
> Les cheveux au vent,
> L'âme au Tout-Puissant.

Vous voyez, monsieur, que j'ai commencé de bonne heure à m'apitoyer sur le sort des victimes. A toute exécution, je porte le deuil, et je ne suis pas de ces disciples de M. de Maistre qui regardent l'échafaud comme un autel, le bourreau comme un sacrificateur et le supplicié comme une hostie. « L'échafaud est un autel dressé sur les places publiques, » disait M. de Maistre; triste autel, abominable autel! Voilà pourquoi, lorsqu'il y a trois mois déjà, il fut imprimé, dans tous les journaux de l'Europe, que le journaliste suédois Lindahl, pour avoir outragé indignement mademoiselle Mendelsohn, ÉTAIT CONDAMNÉ A MOURIR SUR L'ÉCHAFAUD PAR LA HACHE, aussitôt je sentis frémir en moi-même toutes les cordes sensibles de mon cœur, tant le supplice est incroyable, inouï, hors de nos mœurs, et de tout ce qui ressemble à la loi, à la justice, à l'équité, à l'humanité.

Pourtant ceci était bien écrit, et très-sérieusement annoncé : *l'échafaud, la hache, la peine de mort*, pour un article de journal !

Alors, voyant cette exagération de la peine, et que le condamné était un écrivain, un journaliste, exerçant plus ou moins glorieusement la même tâche que MM. Beskow, Hierta, Hydquistt, Lindgren, Johanson et Scheuty, ces vénérables journalistes de la Suède, remarquables à tous les titres de la modération, de la justice et de l'urbanité : « Voilà, me dis-je à moi-même, une énorme affaire et qui produira, sans doute, un grand bruit dans le monde. Un journaliste égorgé par une loi sans nom! Que diront les journaux de l'Europe, à commencer par les journaux de la Suède, l'*Aftonbladet*, le *Stockholm Posten*, le *Granskaren*, le *Heinsdall*, le *Journalen* et le *Stockholm tidning*. Que diront les célèbres journalistes M. Léopold, et M. Bellgren? Quelles paroles va faire entendre à la Diète le bon orateur et le bon écrivain M. Nordenfalke? En même temps que de cris, que de réclamations et de prières pour arracher ce malheureux Lindahl à la mort qui le menace. Oui, certes, les voix les plus écoutées de la France et de l'Angleterre, de la Belgique et de l'Allemagne, du Nord et du Midi de l'Europe et de l'Amérique, vont protester en faveur de ce malheureux. » Hélas! monsieur, cette nouvelle funèbre n'a pas rencontré plus d'écho dans le monde qu'un mélodrame de la Porte-Saint-Martin. Pas un des journalistes de l'Europe n'a entrepris le voyage de Stockholm, pour s'assurer par ses yeux de la position de M. Lindahl, et moi seul peut-être, moi, Jean Palaiseau, je me demandais, chaque matin, ce qu'était devenu l'infortuné rédacteur du *Faederneslandet?* Ce n'est donc pas sans une profonde reconnaissance, au moment où je ne l'espérais plus, que j'ai lu le récit du conseiller aulique Gabriel Erleangen, un récit que vous auriez dû faire vous-même, vous, monsieur le docteur Sturzen-Becker, en votre qualité de *journaliste politique, de journaliste sérieux, grave et formidable,* à ce que vous dites. Peut-être, en ce récit, tel que l'a fait le conseiller Erleangen, auriez-vous manqué à quelques-unes des conditions de la vérité historique; mais, en même temps, vous auriez eu l'honneur de forcer la formidable justice de votre pays à expliquer toute sa pensée, et à nous dire, enfin, si elle compte à tout jamais gouverner le journal par l'échafaud, par la hache et par le bourreau.

Quant à moi, je ne connais pas M. Gabriel Erleangen, mais je lui tiens un compte infini de sa bonne action. Par le drame qu'il a raconté dans le véritable accent d'une profonde pitié, il a réveillé la Suède endormie au chapitre des délits et des peines; il a sollicité la lumière dans les sanglantes ténèbres de votre justice; il a forcé l'Europe à se rappeler qu'un malheureux écrivain subit, depuis trois mois, dans vos cachots, un supplice plus grand que la mort; enfin, il a forcé le docteur Sturzen-Becker, docteur de la docte université d'Upsal et de Lund, où les professeurs sont payés en tonnes de grains, à venir s'expliquer lui-même, et à parler au nom de sa patrie... *O pauvre Suède,* en effet, si elle frappe à coups de hache les écrivains maladroits!

Certes, le docteur Sturzen-Becker plaisante agréablement le conseiller aulique Erleangen, sur l'âge de madame Mendelsohn la mère, morte avant la naissance de sa fille. Il dit aussi d'assez jolies choses sur ce titre un peu risqué de conseiller aulique, « O pauvre Suède, » encore une fois, qui n'a pas de conseiller aulique! Mais ces plaisanteries étant acceptées, et dignes du *feuilletoniste facile,*

— c'est encore un titre que se donne le docteur d'Upsal et que je ne lui refuse pas, — il m'est impossible, à moi qui suis à peine un bachelier de l'université d'Asnières, de laisser passer sans les contredire énergiquement (agréablement, je ne saurais, je ne suis pas *si léger* que le docteur) une seule de ses propositions. La première de ces propositions doctorales, c'est *que la loi des Douze tables romaines n'est pas la loi en vigueur en Suède*. A la bonne heure, et je suis tout à fait de l'avis du docteur. Cette loi des Douze tables, à en juger par ce qui nous en reste, est mille fois trop féroce pour avoir été conservée même dans le pays du roi Christiern, *le Néron du Nord*. Non, et, quand le conseiller aulique Gabriel Erleangen, citait la loi des Douze tables, une loi qui chante horriblement, *exhorrendi carminis*, au dire de Tite-Live, évidemment le conseiller Erleangen cherchait à expliquer la loi suédoise. Il a donc cité, avec la meilleure intention du monde, cette loi de fer, afin d'y chercher une excuse à la condamnation de Lindahl, et le docteur Sturzen-Becker, loin d'en faire un crime à M. Erleangen, l'en devrait remercier. Non, quoi qu'en ait dit M. Erleangen, la loi romaine elle-même, en ces temps de barbarie, quand elle était la loi sans pitié, *lex immanis*, n'eût jamais livré à la hache le rédacteur du *Faederneslandet*. Elle haïssait la calomnie et la diffamation tout autant que M. de Chateaubriand, un des grands défenseurs de la liberté de la presse, mais elle n'a jamais appliqué la peine de mort aux diffamateurs. C'est du moins l'opinion de Tite-Live, de Denis d'Halycarnasse, de Leibnitz, d'Heineccius et de Vico. La loi des Douze tables, moins féroce, je le répète, que la loi suédoise, condamnait le calomniateur à être frappé de verges, s'il était un homme libre (*fustibus*), à passer par les lanières (*servilia verbera*), s'il était un esclave. Ainsi parlent les Pandectes, ainsi parle Horace, le poëte d'Auguste (*formidine fustis*). Vous voyez, monsieur le docteur, qu'en fait de science, vous en savez plus long que Gabriel Erleangen, qui n'est pas un savant homme, il est vrai. Il aura confondu la loi des Douze tables avec le rescrit de l'empereur Valentinien, où il est dit que la calomnie est un crime capital, et encore, ce mot capital (*capitalis pœna*), au commentaire de très-bons auteurs, veut dire tout simplement que le calomniateur perd son droit d'élection. Donc, je ne me fais pas le garant de la science de Gabriel Erleangen, et très-volontiers je le renvoie au *collége...* des Pandectes. Il aurait dû savoir aussi que déjà, du temps de Cicéron, la loi des Douze tables était abrogée, à ce point qu'on ne prenait même plus la peine de la lire (*quam jam nemo discit*).

Mais, en revanche, je prendrai, s'il vous plaît, contre la Suède entière, la défense de M. Gabriel Erleangen, lorsque, par l'exemple de M. Lindahl, condamné à mort, il s'applique à faire comprendre à l'Europe civilisée l'atrocité de la peine de mort appliquée aux écrivains qui ne sont que des écrivains. Moi qui vous parle, je cherche en vain, dans les temps les plus reculés et dans les pays les plus sauvages, même dans le droit norvégien, une peine comparable à la vôtre, et, sur ma parole, je ne la trouve pas. Le moyen âge disait, il est vrai, que *celui qui manque pour une virgule est un vrai criminel* (*virgula cadit, causa cadit*). Le moyen âge, même aux blasphémateurs, n'appliquait pas la peine de mort. On perçait la langue et les lèvres du condamné, quelquefois on l'arrachait, voire on la coupait par ordonnance du roi saint Louis ; *que la partie qui a péché soit punie*, disait Cujas ; mais ces ordonnances n'étaient pas toujours exécutées à la lettre. Dans les villes allemandes, et parmi les peuples du Nord, le calomniateur était amené devant le juge ; il se frappait sur la bouche, en disant : *Bouche, tu as menti !* puis il payait une amende, et il sortait du tribunal en marchant à reculons. Dans la coutume de Normandie, une loi qui n'était pas tendre au pauvre monde, le calomniateur se pinçait le nez, et demandait pardon à l'homme qu'il avait calomnié :

> *En la querelle je menty,*
> *Car tel vice n'est pas enty.*

Voilà, monsieur le docteur, des lois humaines comparées à la loi suédoise; voilà des lois équitables et que vous feriez bien d'imiter. Elles proportionnent la loi au délit, elles ouvrent une porte au repentir. Charlemagne, en ses *Capitulaires*, commande que les calomniateurs se couperont la barbe et les cheveux les uns aux autres; il ne leur fait pas même l'honneur de leur envoyer un bourreau pour cet office. Enfin, la Cour wehmique, une des grandes lois de l'Allemagne, et la plus féroce à coup sûr, ordonnait d'arracher la langue au condamné par la nuque du cou; c'était dur, mais à la rigueur on pouvait en réchapper.

La seconde objection du docteur Sturzen-Becker est encore plus incroyable que la première. Il s'agit du bâton que le président jette aux pieds du condamné. « Sérieusement, mon cher directeur, — ce sont les propres paroles du docteur Sturzen — permettez-moi de vous assurer que les choses ne se passent réellement pas en Suède, ni je pense ailleurs, telles qu'elles sont mentionnées dans la correspondance du conseiller aulique. » Eh bien, j'en suis fâché pour le docteur, mais ce bâton, ce rameau, cette baguette, se rencontrent précisément dans toutes les législations et chez tous les peuples de l'univers. Ainsi une branche d'écorce indique aux religieux de l'abbaye de Jumiéges que le duc de Normandie leur donne tous les bois d'alentour, ce qui compose un assez beau présent. Le duc de Bavière rend au duc Charles son duché en lui remettant un bâton. Le chevalier mal payé de son seigneur dépose sur son lit un bâton dépouillé de son écorce. Qui faisait une promesse devant le juge, mettait la main sur le bâton, et cela s'appelait *bâtonner le serment*. *Le bâton rompu*, tel que l'indique M. Gabriel Erleangen, indique un homme qui se sépare de sa chose sans regret; il indique aussi la rupture du lien juridique, et cela s'appelait, dans le latin des Francs Saliens, *exfusticare* (hors du bâton, hors la loi). Vous voyez donc, monsieur le docteur, que Gabriel Erleangen a raison contre vous. Aux obsèques des rois de France, le grand maître brise son bâton sur le cercueil du roi qui n'est plus. En Angleterre, encore aujourd'hui, quand la chambre des lords est constituée en commission, l'huissier brise la baguette pour indiquer que la commission est dissoute. Baguette ou bâton, M. Becker les retrouverait dans toutes les mains préposées à la défense des sociétés. Ainsi nous avons la baguette du constable anglais et de l'alcade espagnol, la verge noire des huissiers de nos cours royales. L'évêque et le berger portent le bâton ; chez les Romains, le licteur portait des bâtons de hêtre devant le consul. Il y avait une espèce d'affranchissement par le bâton, *vindicta*. Ah ! vous dites que le président du tribunal de Stockholm est trop respectable pour porter le bâton ; mais les maréchaux de France portent le bâton, et tous les rois, le sceptre. Encore aujourd'hui, en Hollande, les filles qui cherchent une condition, s'en vont dans la rue, un bâton à la main; c'est pourquoi ce merveilleux philosophe poëte appelé Luther se lamente sur la condition du petit peuple des filles qui cherchent leur vie un bâton à la main. C'est Luther aussi qui disait à l'évêque de Worms : « Nous demandons le droit de paille et de gazon, de branche et de fruit, de plume et d'encrier. Vous l'entendez, *de plume et d'encrier*, et voilà pourquoi, vous autres protestants suédois, vous condamnez à la hache et à l'échafaud le rédacteur du *Faederneslandet*, M. Lindahl.

J'arrive à la troisième et à la plus déplorable objection du docteur Sturzen-Becker. Même il serait impardonnable, si, véritablement, il y avait au fond des prisons de la Suède un écrivain quel qu'il fût, sous le coup d'une peine capitale, et qu'un écrivain quel qu'il soit, en parlât de cette abominable façon. En effet, ce condamné à mort, qui devrait du moins exciter toute la pitié d'un confrère, il n'est plus, dans la feuille du docteur Sturzen, que *le gérant d'une petite feuille, un personnage inconnu, un pauvre diable qui a été quelque chose comme un marchand de fourrages et loueur de rosses*, et autres urbanités que je ne veux pas répéter ici, mais qui seraient bien condamnables si elles étaient, en effet, déposées au seuil d'une prison, et sur les marches d'un échafaud. — « Sois sacré, *sacer esto,* » disait la loi païenne — « le misérable est chose sainte, » ajoutaient les philosophes antiques. Ils appelaient le supplice une supplication, *supplicione.* Même les fanatiques du moyen âge, ils avaient pitié du condamné, et cherchaient toutes sortes de formules encourageantes. Ils parlaient *de le ravir à la terre, de le vouer aux oiseaux, de le confier aux nuages.* Ils étaient moins furieux contre les voleurs de grand chemin que le docteur Sturzen contre le rédacteur du *Faederneslandet.* Quoi donc! pas de pitié, parce que le docteur Lindahl aura été loueur de carrosses! Mais un des plus grands archevêques de la Suède, Théodore, archevêque de Lund, était un barbier avant d'être archevêque de Lund, primat de Danemark, évêque d'Odensée. Le docteur Sturzen, en sa qualité de journaliste in-octavo et de journaliste in-32 (format poche de gilet, dit-il), il est, comme tous les journalistes de ce bas-monde, le fils d'un barbier, de ce barbier du roi Midas, qui disait aux roseaux du fleuve : *Il a des oreilles d'âne, le roi Midas.*

Enfin, pour terminer encore plus mal qu'il n'a commencé, voici que, après avoir foulé à ses pieds un homme enchaîné, l'impitoyable docteur se retourne contre mademoiselle Mendelsohn, la fille calomniée, et, pendant que M. Gabriel Erleangen, dans un but d'oubli et de pardon, représentait mademoiselle Mendelsohn sous les traits mêmes de la Clémence, aimable et forte, courageuse et charmante, avec tous les dons naturels qui disposent un noble cœur à l'indulgence, qui rendent probables et faciles tous les pardons, voici le *Micromégas* des journalistes suédois qui dit au monde attentif : « Prenez garde! cette mademoiselle Mendelsohn a quarante-huit ans, elle n'est pas belle, et, qui pis est, elle est juive; enfin, ce n'est pas avec son père, c'est avec son frère que s'est passé le crime dont parlait M. Lindahl. » Voilà comme il s'explique, oubliant que *plus il y a de vérités dans un écrit, plus l'écrit est un libelle.* C'est l'opinion de lord Coke, de Blackstone et de lord Mansfield, quand ils parlent de la calomnie; un mot que M. le duc de Broglie regrettait dans la loi française, et que la loi belge a sagement conservé.

Ses deux paragraphes relatifs à M. Lindahl et à mademoiselle Mendelsohn, le docteur Sturzen les regrettera sans doute, soit qu'il ait voulu rire ou parler sérieusement. Il ajoute, il est vrai, qu'il ne sera pas donné suite à la peine de mort, vu les circonstances atténuantes. Mais qui donc le lui a dit? comment le sait-il? qu'est-ce qu'il appelle, enfin, des circonstances atténuantes? A moins qu'il ne regarde comme atténuant les calomnies dont elle a été l'objet, l'âge de mademoiselle Mendelsohn, sa religion et son *frère*, remplaçant le vénérable vieillard dont parlait M. Gabriel Erleangen.

Véritablement, le docteur Sturzen ferait bien de faire inscrire, dans son cabinet, en lettres d'or, cette belle parole de M. de Bonald : « Il est nécessaire que l'homme pense sa parole avant de parler sa pensée. »

En résumé, tout homme de bonne foi qui saura lire, après avoir lu le récit de M. Gabriel Erleangen et la réponse inattendue du docteur suédois, conviendra que le beau rôle de tout ceci appartient à M. Erleangen. Averti, par le bruit public, des cruautés d'une loi pénale incroyable au XIXe siècle, et dont pas un homme ici-bas ne semblait s'inquiéter, M. Erleangen, le premier, a fait entendre une plainte écoutée ; il a proclamé les cruautés d'une loi inconnue ; il a montré la ridicule fiction d'une peine impossible ; il a rappelé le nom d'un condamné que tout le monde oubliait ; il a cherché à concilier le crime du calomniateur avec la pitié qu'on lui doit, la plainte de la victime avec les respects qu'elle mérite. Comme il voulait avant tout pénétrer dans les consciences endormies et les réveiller par sa parole, M. Erleangen a montré le drame où il était, et il a trouvé un dénoûment qui sauvait l'honneur du condamné, en même temps qu'il glorifiait la renommée inviolable de la victime. Il n'a pas cherché, dans cette cause, une *circonstance atténuante*, il n'en voulait pas; il reconnaissait le crime de l'écrivain, mais il aurait eu honte de le traîner dans les gémonies, accablé qu'il est encore en ce moment sous une sentence implacable. Aussi bien la conscience publique a répondu à ce drame aux accents si sincères, et des larmes véritables ont coulé sur tant de malheurs accumulés dans les colonnes d'un journal.

Que fait cependant le docteur Sturzen-Becker, au nom de *la malheureuse Suède*? Il se jette en cette mêlée où il n'avait que faire, et le voilà, lorsqu'il devrait expliquer au moins cette loi féroce et nous dire enfin d'où elle vient, qui l'a faite, et pourquoi *la malheureuse Suède* y tient encore, *per fas et nefas*, qui insulte à la fois au condamné et à sa victime, reprochant à celui-ci sa profession passée, à celle-là sa religion et son âge, et cherchant à expliquer, de la plus triste façon, comment il se fait que cet homme, cet écrivain, M. Lindahl, est, depuis tantôt trois mois, pour un article de journal, condamné à la peine de mort. M. le docteur Sturzen n'a donc pas vu qu'il allait en ceci sur les brisées des plus terribles criminalistes parmi les peuples teutoniques, lorsqu'ils appellent le proscrit *tête de loup* (wargr), *viande aux oiseaux* (volgelfrei); lorsqu'ils se vantent *d'abandonner le malheureux sur les quatre routes du monde, aux quatre vents du ciel*, le privant de toute chose, *feu et fumée, arme et bien*. O muse clémente, ô prière, fille de Jupiter, déesse boiteuse, allez, je vous prie, allez frapper à la porte du journal et du cœur de M. Sturzen-Becker, et répétez-lui le vieil adage allemand : *Mogen und Sollen*, afin qu'il éclaire un peu mieux qu'il ne l'a fait l'histoire et le procès du journaliste M. Lindahl.

Telle est, monsieur le docteur, la sincère prière de votre humble et respectueux serviteur,

Le bachelier JEAN PALAISEAU.

FIN

TABLE DES MATIÈRES

HISTOIRE ET HISTOIRES DE LA PRESSE

LES JOURNALISTES ET LES JOURNAUX

I

Les premiers journaux et les premiers journalistes. — La publicité à Rome. — Comment et par qui elle fut fondée. — Les lettres de Célius à Cicéron. — Le journal de Chrestus. — Les sténographes romains. — Les *Actes des apôtres*. — Les variétés, les faits divers et le feuilleton dramatique, en ce temps-là. 5

II

Le *Journal d'un bourgeois de Paris*. — La *Chronique scandaleuse du roi Louis XI*. — Le journal de Louise de Savoie. — Le journal de l'Estoile. — La *Chronologie* de Palma Cayet. — Règne du pamphlet. — Luther. — La dynastie des Estienne. — La *satire Ménippée*. — *Le Mercure de France*. 13

III

L'histoire écrite par *le Mercure*. — Les *Petites Affiches*. — La *Gazette de France*. — Renaudot et son collaborateur anonyme. — Les spécialités du journalisme. — La *Gazette en vers* de Loret. — Mademoiselle de Longueville. — Couplets à la main. — *Le Cid* et *Mirame*. 21

IV

Le *Journal des Savants*. — M. de Sallo. — Le premier homme de paille. — Naissance de la critique littéraire. — *Genus irritabile*. — Le *Journal de Trévoux* et la Société de Jésus. — Les *Provinciales*. — Pierre Bayle. — *Le Mercure galant* du sieur de Visé. — Madame de Sévigné. — Le duc de Saint-Simon. — Rollin 32

V

Le chocolat et le café considérés dans leurs rapports avec le journalisme. — *Le Nouvelliste du Parnasse*. — L'abbé Desfontaines. — Fréron et Voltaire. — Les journaux pendant la Révolution. — *Le Vieux Cordelier*. — *Le Père Duchesne*. — *L'Ami du Peuple*. — Linguet. — Olympe de Gouges. — Champcenetz 40

VI

Napoléon Ier et les journaux. — Le *Journal de l'Empire*. — La presse menée tambour battant. — Sa renaissance sous la Restauration. — Le quatrième pouvoir de l'État. — Les journaux et les journalistes d'aujourd'hui. — Ce qu'on les estime et ce qu'ils valent. 47

LE FEUILLETON, SON ORIGINE, SON HISTOIRE ET SA FONCTION EN CE MONDE 63

PROCÈS COMIQUE OU LE JOURNAL EN 1745

I

Les contes d'aujourd'hui et les contes d'autrefois. — Boccace, la Fontaine, Marguerite de Navarre. — La littérature périodique au xviiie siècle. — Ce qu'on trouve, en cherchant bien, dans *le Mercure de France*........................... 74

II

Quatre poëtes au coin d'un bois. — Leur état civil. — Joute lyrique. — Hilas et Timarette. — *Le Triomphe de Thémire*. — L'ode-fléau. — Chanson à boire. — Épître familière d'un chanoine.......... 77

III

Les bourgeoises en équipage. — Madame la baillive et madame la présidente. — Robes et harnais. — Dispute de femmes à propos de goûts et de couleurs. — La vengeance sous la figure d'un huissier..... 86

IV

Le prix d'une assignation. — Un journal et une cassette. — Le trousseau de la mariée. — Le logogriphe du *Mercure*. — Une vieille fille qui jette sa langue aux chiens............................ 93

V

Grand émoi d'une petite ville. — Jugement arbitral — Le bailli dans l'embarras. — Le mot du logogriphe. — Les deux robes roses. — Échec de la présidente......................... 98

RÉPONSE A M. DE BALZAC A PROPOS DE SA MONOGRAPHIE DE LA
PRESSE PARISIENNE

Colère de M. de Balzac. — Retour sur Horace de Saint-Aubin. — Défaite des femmes de M. de Balzac par les femmes de George Sand. — Essai malheureux de la femme de quarante ans. — Les Journaux de M. de Balzac. — Dictionnaire littéraire de M. de Balzac. — Pourquoi nous n'avons pas laissé sans réponse le pamphlet de M. de Balzac 106

CRITIQUE DU TEMPS PASSÉ

LA COMÉDIE A ATHÈNES. 117

BENVENUTO CELLINI. 126

LA STATUE DE PIERRE CORNEILLE PAR DAVID (D'ANGERS). . 152

HISTOIRE DE LA RÉGENCE ET DE LA MINORITÉ DE LOUIS XV
PAR LÉMONTEY

I

Comment Lémontey entreprit son histoire. — État de la France à la mort de Louis XIV. — Le ministère Dubois. — Histoire d'un chapeau rouge. — L'Écossais Law. — La rue Quincampoix. 156

II

La peste et la rhétorique. — Le petit roi. — Son enfance et sa jeunesse. — Le luxe sous la Régence. — Révolution de costumes. — Mérites et charmes du xviiie siècle. — Règne des gens de lettres et des artistes. 166

CORRESPONDANCE INÉDITE DE DIDEROT

Les philosophes aux champs. — Madame d'Aine. — Leçon d'humanité. — Une larme de Fréron. — Les pauvres de l'archevêque de Paris. — La société de ce temps-là. — Les romans de Crébillon et les lettres de Diderot. — Le sort du génie aux époques de décadence. — Influence de Diderot sur son siècle. 175

L'ABBÉ PRÉVOST, SA VIE ET SES OEUVRES. 181

MIRABEAU PLAGIAIRE ET M. ÉTIENNE DUMONT. 192

LORD BYRON ET LADY BLESSINGTON

Byron à Gênes. — Son portrait d'après lady Blessington. — Sa fausse réputation de dandysme. — L'homme et le poète. — Lady Byron. — La comtesse Guiccioli. — Lucy Sheppard. — Les Anglais et les Anglaises peints par lord Byron. — Opinions et pensées du poète sur les principaux écrivains de son temps, — sur Napoléon, — sur Sheridan, — sur Walter Scott. — Thomas Moore et les *Mémoires* de lord Byron. — Moralité des conversations recueillies par lady Blessington. 209

CASSANOVA. 220

MÉLANGES

VOYAGE EN AMÉRIQUE A LA SUITE DE MISS MARTINEAU

I

L'éternelle crise américaine. — La fête des aïeux. — Les journaux du nouveau monde. — Les émeutes de gens comme il faut. — Traduction du mot *union* dans la langue yankee. — Le Nid du Faucon. — Les eaux sulfureuses. — Les Guelfes et les Gibelins de Columbus. — Les émigrants 249

II

Détroit. — Les cités improvisées. — L'Indiana. — Un anabaptiste. — Michigan. — Chicago. — La vente des terres. — Les prairies. — Galanterie des Américains. — Les fermiers. — Les *trembleurs* et les *rappistes*. — Les esclaves. — Bilan de la société américaine. — Les arts, les lettres et les sciences aux États-Unis. 259

UNE DES MISÈRES DE LA VIE PARISIENNE

Les provinciaux à Paris. — Le compatriote mis à contribution. — Promenade forcée au Jardin des Plantes. — Les hauts faits de l'ours Martin. — Visite d'agrément à l'hôpital de la Pitié. — Le Panthéon et ses tombeaux. — Les nécropoles du Luxembourg et de l'Odéon. — Ascension des tours de Notre-Dame. — La Morgue, les Tuileries, le musée égyptien et autres curiosités parisiennes. — Le chapitre des commissions. . . . 272

EXTRAITS DE MON VOYAGE A BRINDES

I

SPA

La vallée de la Vesdre. — Spa. — La ville et ses promenades. — Le Waux-Hall. — Les buveurs d'eau. — Le Pouhon — La Sauvenière. — La Géronstère. — L'empreinte miraculeuse. — Vertus des eaux de Spa. — La Redoute. — La roulette. — Où va l'argent du joueur. 276

II

PARIS

Il y a ville et ville. — La ville par excellence. 283

III

DIEPPE

Les Anglais à Dieppe. — Londres n'est plus à Londres. — Les baigneurs — M. de Chateaubriand. — Madame Récamier. — Ballanche. — L'abbé Lacordaire. — M. Vallette. — Meyerbeer. — Flers. — Cabat. 284

DÉDICACE DE LA COMTESSE D'EGMONT A UN AMI. 291

TRIM LE JOURNALISTE, CONTE FANTASTIQUE. 295

LE SUPPLICE DU JOURNALISTE LINDAHL 312

FIN DE LA TABLE DES MATIÈRES

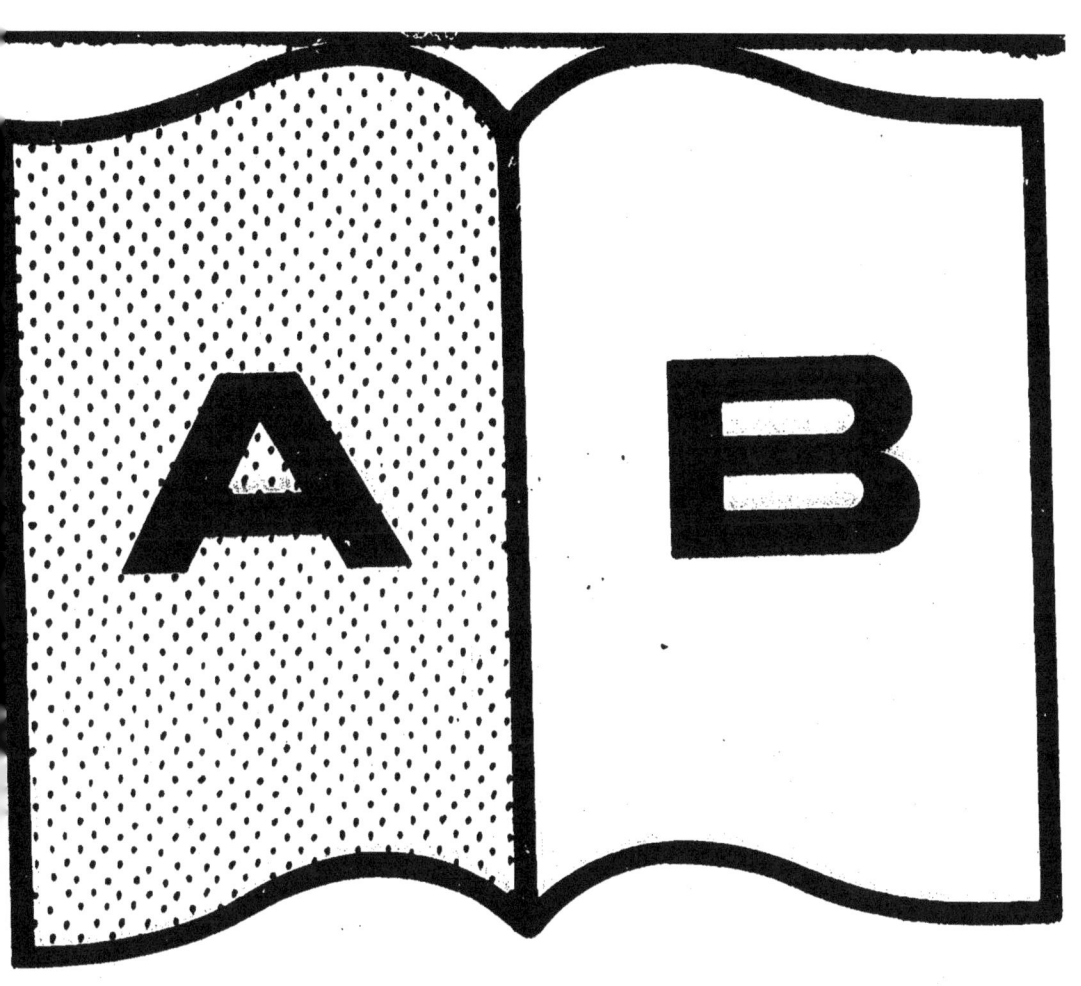

Contraste insuffisant

NF Z 43-120-14

www.ingramcontent.com/pod-product-compliance
Lightning Source LLC
Chambersburg PA
CBHW050806170426
43202CB00013B/2583